AF452677

TRAITÉS

DE
LA MAINMORTE,
ET
DES RETRAITS;

Par M. F. I. DUNOD, ancien Avocat au Parlement, & Profeſſeur Royal en l'Univerſité de Beſançon.

A DIJON, chez DE FAY, *& ſe vendent*
A BESANÇON,
Chez NICOLAS CHARMET Marchand Libraire, en la Grand'Ruë.
M. DCC. XXXIII.
AVEC APROBATION, ET PRIVILEGE DU ROI.

AVERTISSEMENT.

QUOIQUE la Mainmorte ait été le plus étendu des Droits seigneuriaux, qu'elle soit le plus ancien, & celui dont une grande partie de ceux qui subsistent aujourd'hui sont dérivés ; les Auteurs François ne se sont pas apliqués à l'aprofondir, comme ils ont fait si heureusement tant d'autres matieres de nôtre Droit : c'est aparemment parce qu'elle a été abolie dans la plûpart des Provinces du Royaume, & que les Coutumes de celles qui l'ont conservée, l'ont réglée différemment.

Cependant comme elle a des principes généraux, qui peuvent être expliqués utilement pour tous les Païs où elle est en usage, & que la Jurisprudence de ceux où elle est plus commune, peut servir à décider les questions qu'elle fournit dans les autres ; je me suis déterminé à en composer un Traité, qui paroît d'ailleurs nécessaire dans le Comté de Bourgogne, où la plûpart des personnes & des biens de la campagne, sont de condition mainmortable, & où le plus grand nombre des procès de ces personnes, entre elles, & avec leurs Seigneurs, roule sur la Mainmorte.

Il est vrai que nous y avons déja des éclaircissements considerables sur cette matiere dans les Thèses de M. Talbert ; mais le stile concis, qui étoit de la nature de cet Ouvrage, n'a pas permis d'y aporter assez de clarté & d'étenduë, & d'en apuyer les propositions par les raisons & les autorités nécessaires, pour convaincre de leur vérité. La Jurisprudence a changé sur quelques-unes, & la briéveté d'une Thèse, a fait omettre beaucoup de questions qui se présentent néanmoins communément. M. Talbert étoit perſuadé lui-même, qu'on pouvoit y ajouter, car M^rs. ſes fils, qui rempliſſent avec diſtinction des Places dans le Parlement & dans l'Univerſité de Beſançon, m'ont dit pluſieurs fois, qu'il auroit fait un Traité plus ample de la Mainmorte, ſi les affaires importantes de la Magiſtrature dont il étoit revêtu, lui en avoient laiſſé le tems.

J'entreprens de le faire à ſa place, quoique je n'aie pas ſes lumieres; me confiant que trente années d'exercice dans le Barreau, peuvent m'avoir inſtruit au moins d'une partie de ce que ces Thèſes nous laiſſoient à deſirer.

Je me ſuis attaché, premiérement, à la Coutume du Comté de Bourgogne, qui m'a paru l'une desplus parfaites ſur la Mainmorte, parce que c'eſt celle qui s'eſt le moins écarté de l'origine de ce Droit. Secondement, à la Juriſprudence du Parlement de Beſançon, qui eſt très inſtruit de cette matiere, par raport à la multitude des procès qu'elle fait naître dans ſon Reſſort. En troiſiéme lieu, à ce que le Droit Romain décide ſur les ſervitudes des perſonnes & leurs affranchiſſements, parce que je crois que la Mainmorte en a été tirée; & enfin au Droit général du Royaume, & aux Coutumes qui ont conſervé cette ſervitude.

J'ai joint un petit Traité des Retraits Lignager, Féodal & en Cenſive, à celui que j'ai compoſé ſur la Mainmorte, pour pouvoir faire des deux un juſte volume; & quoique j'aie pris pour régle des difficultés qui nous ſont propres dans les Retraits, la Coutume du Comté de Bourgogne & les Arrêts du Parlement de Beſançon, j'ai cependant raporté les principes généraux ſur cette matiere, tirés des meilleurs Auteurs & des opinions qui m'ont paru ſuivies dans la pratique univerſelle, pour que cet Ouvrage puiſſe être de quelque utilité à ceux qui me feront l'honneur de le lire.

TRAITÉ
DE LA MAINMORTE.

CHAPITRE PREMIER.

De la Mainmorte, & de son origine.

N distinguoit les personnes en libres & en esclaves, par le Droit Romain, qui étoit suivi dans le Comté de Bourgogne, avant que les Bourguignons s'en rendissent les maîtres; on les y distingua ensuite en Romains, c'étoient les anciens Habitans du Pays, qui continuérent à suivre leurs Lois anciennes; & en Bourguignons, pour lesquels le Roi Gondebaud fit des Lois particulieres. Ces deux Nations furent bientôt après confonduës, sous le nom de Bourguignons, qui étoit celui de la Nation dominante, & l'on vit alors naître une nouvelle distinction des personnes, en Nobles, en Bourgeoises, & en Mainmortables.

La Noblesse vint de la possession des Fiefs, qui furent établis par nos premiers Rois, distribués aux principaux de leur Nation, & probablement aussi, aux Grands du Pays; car nous voyons par la Préface des Lois de Gondebaud, qu'il y avoit à sa Cour des Comtes Romains, qui partageoient avec les Comtes Bourguignons, l'administration de la Justice, qui fait aujourd'hui la principale partie des Fiefs.

Comme sous la République Romaine, l'on apella Nobles, ceux dont les ancêtres avoient exercé les grandes Magistratures, *quasi notas & notabiles personas*; on donna la même qualité aux possesseurs des Fiefs, qui furent d'abord la ré-

A

compenfe des fervices & de la vertu , aufquels on joignit l'adminiftration de la Juftice, & qui devinrent enfuite héréditaires ; de là fe forma la Nobleffe de race, & la Coutume de nôtre Province , fuivant laquelle les Fiefs font affectés aux perfonnes Nobles.

Plus la Nobleffe eft ancienne , plus elle eft eftimée ; c'eft pourquoi nous diftinguons parmi les Gentilshommes, ceux de nom & d'armes; c'eft à dire, ceux qui n'ont point d'autre nom que celui des Fiefs que leurs ayeux ont poffédés ; parce que c'eft une preuve qu'ils ont été dans leurs Familles il y a plufieurs fiécles ; & plus ces Fiefs font confiderables , (comme fi ce font des Baronies, qui étoient autrefois les feules Terres de marque dans la Province,) plus auffi la Famille de leurs anciens poffeffeurs eft diftinguée; car nous en concluons, que c'étoit anciennement des perfonnes de la premiere confidération dans l'Etat. Les grands biens donnent de l'éclat à cette Nobleffe, & quand nous y trouvons encore l'illuftration, qui vient des actions de valeur, des alliances, des grands Emplois, des Commandemens, des Commiffions du Souverain, & des Ordres de Chevalerie, nous l'apellons haute Nobleffe. Nous avons auffi une Nobleffe tranfmiffible, qui vient de la poffeffion de certaines Charges, de Lettres d'annobliffement, & de la prefcription.

La qualité de Bourgeois , tient le milieu entre celle de Noble & de Mainmortable ; nous apellons aujourd'hui Bourgeois, ceux qui joüiffent de cette qualité d'un tems immémorial, ou qui ont des Lettres de Bourgeoifie, des Souverains , des Seigneurs ou des Communautés qui ont le droit d'en accorder. Ces Lettres font une affociation aux priviléges dont les Bourgeois joüiffent, dans le lieu pour lequel elles font données. Dans ce fens, la qualité de Bourgeois eft moins étenduë que celle de Franc ; car tout Bourgeois eft franc , & l'on ne donne des Lettres de Bourgeoifie dans le Comté de Bourgogne, qu'à ceux qui prouvent qu'ils font de condition franche; mais tout homme franc n'eft pas Bourgeois, car il y en a un grand nombre, qui n'ont ni Lettres , ni poffeffion de cette qualité.

Je crois qu'originairement ces deux noms étoient finonimes, & que Franc & Bourgeois, fignifioient la même chofe :

car nôtre Coutume dans les Articles trois & quatre du Titre des gens mariez, réglant le doüaire & le droit de participation aux acquêts des femmes de franche condition en général, ne rapelle que ce qui s'observoit *entre les Bourgeois* à cet égard ; & quand on affranchit un Mainmortable, on le déclare Bourgeois, quoiqu'il ne le soit pas à la maniére dont nous l'entendons aujourd'hui ; car il lui faut encore des Lettres de Bourgeoisie, pour qu'il joüisse des droits attachés à cette qualité, à moins qu'il ne s'agisse de la Bourgeoisie du Seigneur qui l'affranchit, & qui a droit de donner le titre de Bourgeois dans sa Terre.

Il me semble donc que les Bourgeois étoient les Habitans des Villes & des Bourgs de la Province, qui avoient conservé leur liberté, ou qui avoient été peuplés par les Bourguignons nos Conquérans : les Grecs nommérent Πυργ-γ les petites Forteresses ou Châteaux ; les Romains leur donnérent le nom de *Burgus.* [1] L'on apelle en Allemand *Burg* ou *Berg*, les montagnes ou lieux élevés ; [2] & nos Bourguignons ont probablement tiré le nom de *Burgundiones* , de ce qu'ils habitoient sur des montagnes qu'ils fortifioient. Les anciens Châteaux du Pays étoient tous forts & en des lieux élevés. Il y avoit ordinairement des habitations jointes, qu'on apelloit Bourgs, & qui étoient fermées de murs. Ce sont les chefs-lieux des grandes Seigneuries du Souverain & des Vassaux, dont les Habitans sont tous de condition franche ; & plusieurs Seigneurs qui n'avoient pas de Bourgs originairement dans leurs Terres, y en ont établi en affranchissant ceux qui habitoient en certains lieux de ces Terres, qu'ils ont apellés Bourgs, ou en promettant de tenir pour francs ceux qui viendroient s'y établir. Enfin le nom de Bourgeois ayant la même étimologie & la même cause que celui de Bourguignons (car ils viennent également de l'habitation dans les Bourgs, où les Bourguignons ont été confondus avec les anciens Gaulois) je pense que ce nom désigne une condition libre, telle qu'étoit celle des Bourguignons, qui ont peuplé la plûpart des Bourgs de la Province , dont les Habitants n'étoient pas destinés à la culture de la terre, qu'on laissoit aux Esclaves & aux Mainmortables.

[1] *L. 2 , §. 4.*
Cod. de Off.
præf. præf.
affr.
[2] *Gilb. cogn.*
p. 61.

A ij

4 Les Mainmortables habitoient la campagne, & comme ils étoient deſtinés à cultiver la terre, c'étoit ceux-là proprement qu'on apelloit Roturiers, à *rumpendis terris* : la Province en étoit remplie, on le reconnoît au grand nombre de perſonnes de Mainmorte qui y reſtent, & à la quantité d'affranchiſſemens qui y ont été faits : les ſujets des Terres de l'Egliſe y ſont encore preſque tous Mainmortables, parce que les Prélats & les Bénéficiers n'ont pas eu la liberté de les affranchir. Il en étoit de même des Terres des Vaſſaux, où ſi l'on trouve aujourd'hui plus de Villages francs, c'eſt parce qu'ils ont été affranchis.

L'on voit, par ce que je viens de dire, que les conditions étoient bien diſtinguées parmi nos anciens ; & il n'étoit pas facile de paſſer de l'une à l'autre, quoique l'entrée n'en fût pas entiérement fermée, pour que le mérite & les talens ſupérieurs, ne fuſſent pas obſcurcis par la baſſeſſe de la condition, & qu'ils puſſent trouver une récompenſe dans le paſſage à un état plus relevé. Les occupations n'étoient pas moins bien diſtribuées ; les Gentilshommes rendoient la Juſtice aux Sujets pendant la paix, & ſervoient à leurs frais à la guerre ; les Bourgeois exerçoient le négoce, les Arts & les Métiers dans les Villes & dans les Bourgs ; ils ſont les premiers, qui ayent réveillé les ſciences & l'étude des Loix ; & comme ils ont continué à s'y attacher, ils ſe ſont rendus néceſſaires à tous les Sujets, & ont acquis de la conſideration auprès de la Nobleſſe & du Souverain même : c'eſt ce qui leur a mérité à la ſuite, l'honneur que le Prince leur a fait, de leur confier l'adminiſtration de la Juſtice. Pour les Mainmortables, attachés par leur condition à la culture de la terre, ils ne ſongeoient qu'à la rendre plus fertile par leur travail ; c'eſt ainſi que nos ancêtres avoient ſagement réglé leur Etat, que toutes les parties s'y ſoutenoient réciproquement, & que chaque particulier concouroit dans ſa condition, à ce qui étoit néceſſaire pour le bien général & l'utilité commune.

Il me ſemble que les biens ont d'abord ſuivi la condition des perſonnes, quant à la franchiſe & à la Mainmorte. Je fonde cette conjecture, ſur deux raiſons. La premiere eſt que dans pluſieurs affranchiſſemens de Communautés d'Habitans, que j'ai vûs, il n'est parlé que des personnes, & que cependant en conséquence de l'affranchissement des personnes, les biens des territoires ont été réputés francs ; d'où je conclus, que les biens, quels qu'ils fussent, étoient regardés comme un pécule du Mainmortable, qui étoit de Mainmorte comme son possesseur, & qui devenoit franc de plein droit, quand on affranchissoit celui qui le possédoit. La seconde raison consiste, en ce que quand nôtre Coutume parle de l'aliénation des héritages Mainmortables, & des conditions requises pour y succéder, elle ne nomme que l'homme de Mainmorte, & qu'il a fallu faire des Edits, pour assujettir l'homme franc à ces conditions ; d'où il suit, qu'avant ces Edits, lorsque l'héritage du Mainmortable passoit à l'homme franc, celui-ci le tenoit comme libre ; mais les choses ont changé à cet égard, & nous avons à présent, la Mainmorte & la franchise réelle & personnelle, ensorte que les biens ne changent plus de qualité, en changeant de maîtres, & en passant du Mainmortable au franc, ou du franc au Mainmortable.

La Mainmorte est donc aujourd'hui, une servitude qui affecte les personnes & les biens, & dont les effets sont différents, suivant les différentes Coutumes des Pays où elle subsiste, ou suivant qu'elle a été constituée, par les conventions faites entre les Seigneurs & leurs Sujets Mainmortables. On l'apelle en quelques Provinces condition serve, comme dans le Nivernois & dans le Bourbonnois, parce qu'elle tient beaucoup de ce qui étoit réglé par le Droit Romain, à l'égard des Esclaves ; on la nomme en d'autres, Taillabilité, comme en Dauphiné & en Savoye, parce que ceux qui y font assujettis, étoient taillables & imposables à la volonté de leurs Seigneurs ; on lui donne ailleurs, le nom de Mainmorte, comme dans les deux Bourgognes & en Auvergne, à cause que le Mainmortable ne peut pas aliéner ses héritages de Mainmorte sans le consentement du Seigneur, & que faisant échûte à son profit de tous ses biens, lorsqu'il meurt sans communiers ; sa main qui est l'instrument du travail & du profit, est morte pour lui par avance, puisqu'elle ne lui produit pas des choses, dont il puisse disposer librement. C'est à peu près dans ce sens, que nous apellons gens de Mainmorte les Gens d'Eglife, Colléges & Communautés, qui n'ont pas la liberté de difpofer de leurs biens, & de les faire paffer à des héritiers. Nous lifons auffi qu'en certains lieux, lorfque l'homme de condition ferve, ne laiffoit pas à fa mort, quelqu'effet de prix, qui pût être prefenté à fon Seigneur, on lui coupoit la main droite, pour la prefenter au Seigneur; ce qui pouroit encore avoir donné occafion au nom de la Mainmorte. [1]

Cette fervitude, qui étoit fort commune en France avant le quatorziéme fiécle, a été abolie ou rachetée dans la plûpart des Provinces du Royaume : prefque toute la Campagne y eft fujette en Allemagne, & dans les autres Pays du Nord ; elle y différe peu de l'efclavage en plufieurs Provinces, & les familles qui en font affectées, font cenfées apartenir avec tous leurs biens, à leurs Seigneurs ; c'eft pourquoi on les y apelle, hommes du Seigneur dont ils dépendent, *homines proprios.* Nos Mainmortables du Comté de Bourgogne fe déclarent ordinairement hommes de leurs Seigneurs, dans les reconnoiffances qu'ils font ; le fujet en Haute-Juftice, fe dit auffi quelquesfois homme de fon Seigneur, mais il y ajoute la qualité de Sujet, qui le caractérife ; car la qualité d'homme d'un Seigneur convient proprement aux Mainmortables ; nôtre Coutume la leur donne, & en parlant du Seigneur dont ils dependent, elle fe fert du pronom poffeffif, *fon* Seigneur.

Les effets de la Mainmorte font réels ou perfonnels. Les perfonnels confiftent dans le Comté de Bourgogne, en ce que le Mainmortable ne peut difpofer par aucun acte de derniére volonté de fes biens, même de fes meubles & biens francs, qu'au profit de fes parens qui font en communion avec lui au tems de fon décès ; & que s'il n'a point alors de parens communiers, fon Seigneur eft fon fucceffeur univerfel. Les effets réels font que le bien de Mainmorte, ne peut être aliéné ni hypotéqué fans le confentement du Seigneur, & que fi la poffeffion réelle en eft prife fans ce confentement, en cas d'aliénation, il y a lieu à la commife.

Ce font là les effets ordinaires de la Mainmorte, que nôtre Coutume a réglés ; ce qui n'empêche pas qu'il n'y en ait d'autres, qui dérivent des conventions faites entre les Seigneurs

[1] Magn. Chron. Belg. p 153. ad ann. 1123. Bodin. de rep. liv. 7, ch. 5. Defid. Herald. rer. quot. lib 1, cap. 10, n 13. Gron. notæ in Grot. de jur. bell. & pac. lib. 2, cap. 5, §. 30. Ducange, V. manus-mortua.

& leurs sujets Mainmortables. Ainsi quoique la peine du for-mariage ne soit pas de Coutume générale dans le Comté de Bourgogne , elle ne laisse pas d'y avoir lieu dans quelques Seigneuries. Il y a aussi plusieurs Terres, dont les Sujets tandis qu'ils y résident, joüissent des Droits de franchise , soit pour aliéner , soit pour disposer par des actes de derniére volonté , en faveur de ceux qui y résident comme eux ; mais sitôt qu'ils sont établis hors de leurs Seigneuries, ils retombent dans la Mainmorte, ils n'aliénent plus librement leurs héritages qui y sont situés , & ce sont leurs parens demeurans dans la Terre, ou le Seigneur, qui leurs succédent , suivant qu'il a été déterminé par les titres, qui sont presque toujours des affranchissemens faits sous ces conditions , & qui sont les premiéres régles des questions qui se présentent dans le cas de ces Mainmortes.

Mais quelle a été la source & l'origine de la Mainmorte ? J'ai tâché de prouver par un autre Ouvrage , [1] que c'est un esclavage modifié , & que nos Mainmortables sont les descendans & les successeurs des serfs si communs dans l'Empire Romain. Les raisons principales sur lesquelles je me suis fondé, sont, 1°. Qu'on a vû naître la Mainmorte , dans le tems qu'on a vû disparoître l'esclavage ; 2°. Que la Mainmorte a été aussi commune que l'esclavage ; 3°. Que les Mainmortables sont occupés à la Campagne , au même travail dont on chargeoit les Esclaves ; & que seroit devenuë cette quantité prodigieuse de serfs dont le monde entier étoit rempli ? Croira-t-on qu'on les ait affranchis libéralement , dans le tems qu'on a pû en faire des Mainmortables , dont on tiroit de l'utilité ? 4°. Que les droits que les Seigneurs ont sur leurs hommes de Mainmorte, sont les mêmes , ou à peu près semblables à ceux que les maîtres ou les Patrons avoient sur leurs serfs & sur leurs Affranchis. Retouchons ici en deux mots cette derniére preuve , qui est la plus forte, & dont le détail nous donnera une premiére idée des droits de Mainmorte.

Les Esclaves servoient à la Ville, & à la Campagne ; il y avoit bien peu d'autres domestiques, & cultivateurs des héritages d'autrui. Ceux qui servoient à la Campagne , furent déclarés faire partie du fond qu'ils cultivoient, & ce

[1] Traité des Prescr. part. 3. ch. 10. p. 383.

fond ne pouvoit être aliéné sans eux, ni eux sans lui ; [1] ce qui fut précédemment ordonné, pour que les terres de la Campagne ne manquassent pas de cultivateurs : ils ne différoient des autres Esclaves, qu'en ce qu'ils pouvoient malgré leurs Maîtres, embrasser l'état Ecclésiastique ; qu'ils avoient droit de recourir à la Justice pour se défendre de leurs vexations ; [2] qu'ils étoient inscrits dans le cens du fond qu'ils cultivoient, & qu'ils n'en pouvoient pas être séparés ; de-là, ils furent nommez, *censiti adscripti.* [3] Ils étoient au reste, de véritables serfs ; ils n'avoient rien en propre ; leur pécule apartenoit à leurs Maîtres ; [4] & quand ils quittoient les terres ausquelles ils avoient été attachés, on en jugeoit comme des Esclaves fugitifs, qui étant toujours censés dans la possession de leurs Maîtres, ne prescrivoient jamais la liberté. [5]

La faveur de l'agriculture, fit qu'on autorisa par les Lois, que des personnes libres pussent devenir serves, en s'obligeant par convention à cultiver sous la qualité *d'adscriptices*, les terres d'autrui. [6] Elle fit aussi établir, que la terre prescriroit son cultivateur ; de sorte que ceux qui pendant trente ans, avoient cultivés le même Domaine, y demeuroient attachés, pour en continuer la culture : on apella ceux-ci, *glebæ addictos.* [7] Leur servitude passoit à leur postérité, *æternitatis jure detinebantur ;* [8] & ils n'en prescrivoient pas l'exemption, tandis que quelqu'un de leur famille, cultivoit encore ce Domaine ; au surplus, ils étoient libres, ils n'apartenoient à aucun Maître, *fundo non domino reddebantur,* & ils pouvoient avoir des biens en propre. [9]

Quant aux Affranchis, ils ne joüissoient pas d'une liberté parfaite ; car ceux même dont les affranchissemens avoient été faits avec les formalités ordinaires, restoient encore sous le patronage de leurs anciens Maîtres, qui leurs succédoient lorsqu'ils mouroient *ab intestat* & sans enfans ; ils devoient nourir leurs Patrons devenus pauvres, & étoient tenus envers eux, à de grands respects. L'état de ceux qui avoient été affranchis sans les formalités (comme par Lettres, en présence des amis, ou parce qu'ils avoient été admis par leurs Maîtres à manger avec eux) étoit en suspens ; ils pouvoient être rapellés à la servitude ; on les nommoit simplement,

ment,

---

1. *L.* 54, §. *ult. ff. loc. L.* 32, *ff. de pign. LL.* 2, 6, 7, 11, 13, 15 *& 23. Cod. de agr. cens. & col.*

2. *Nov.* 123. *cap.* 17. *L.* 23, § *Cave.int.Cod. de agr. cens. & col. tot. tit. in quib. cauf. col. cenf. dom. acc. poff.cod.*

3. *L.* 4, §. 5, *ff. de cenf. L. ult. Cod. de tranf. tot. tit. Cod.de agr.&c. Cujac. ad d.tit.*

4. *L.* 19, *L.* 21.*Cod.de agr. &c.*

5. *LL.* 3, 4, 7, 11, 21. *pen. & ult. eod L.* 2, *in quib. cauf. col. cenf. &c. & unicâ de col. Thrac.*

6. *L.* 22.*Cod. de agr. &c.*

7. *L.* 19. *L. pen. Cod. de agr.&c L.unic. de col. pal.eod.*

8. *L.* 10. *L. pen. & unic.*

9. *LL* 11,13, *& 19. Cod. de agr. &c. L* 1, *de præd. ram. & tot. tit.*

ment , *latini*, parce qu'ils n'avoient pas les droits des Citoyens; ils étoient semblables aux Esclaves qu'on envoyoit dans les Colonies; ils contractoient librement, mais n'ayant pas la liberté de tester, leurs Maîtres leurs succédoient , *jure peculii* ; c'est pourquoi l'on disoit d'eux, *vivunt ut liberi, moriuntur ut servi.* [1] Enfin les serfs qui avoient été punis pour quelque faute , ne pouvoient plus obtenir une liberté entiére , & quoiqu'affranchis à la suite , leur état n'en devenoit pas beaucoup meilleur ; car on ne pouvoit les élever qu'à la condition des étrangers , qui après avoir été vaincus, s'étoient abandonnés à la discrétion des Romains, qu'on apelloit *dedititios* , & dont la condition différoit peu de celle des Esclaves. [2]

> [1] *Instit. de succ. lib. §. ult. L. unic. Cod. de lat. lib. toll.*

> [2] *Cujas. ad tit. Cod. de dedit. lib. toll. Gol. ad L. unic. dict. tit.*

Tel étoit dans l'Empire Romain , le dernier état des Esclaves destinés à cultiver la terre , & des Affranchis. Il est probable, qu'on a réduit à cet état, tous les serfs ausquels on n'a pas voulu donner une liberté entiére , parce que c'est un esclavage adouci & modifié, qu'on a crû plus compatible avec la Religion Chrétienne , que la véritable servitude. L'on a pris une partie de ce que les Lois Romaines avoient réglé sur ces Cultivateurs & Affranchis, pour en composer une condition particuliére , qui est la Mainmorte , que Grotius apelle une servitude imparfaite. [3]

> [3] *Grot. de jur. bell. & pac. lib. 2. cap. 5, n. 30. Gronov. ad d. n.*

L'esclavage est donc la source & l'origine de la Mainmorte ; c'est la racine & le tronc, dont nos Mainmortables sont sortis. S'il y en a qui le soient devenus par convention , ou par leur établissement dans le lieu de Mainmorte , c'est par accident. Il en est comme de quelques étrangers, qui viennent demeurer dans un grand État , dans lequel ils se confondent bientôt.

Je conclus de là , que les Lois Romaines qui traitent des servitudes & des affranchissemens, sont aplicables à nos Mainmortes ; aussi les vois-je fort citées par nos Auteurs sur cette matiére , & je trouve qu'elles ont souvent été les motifs des Arrêts, qui y ont été rendus. Il n'est question que de bien distinguer celles qui nous conviennent , & desquelles on a tiré les droits ausquels nos Mainmortables sont sujets; & il me semble que dans les affaires qui se présentent à l'occasion de la Mainmorte , nous devons d'abord consulter le texte de nôtre Coutume, expliquer un Article par un autre, & les faire supléer les uns aux autres. L'on recourt à leur défaut, ou lorsqu'ils laissent du doute, à la Jurisprudence des Arrêts de nôtre Parlement, qui ont déterminé le sens douteux de la Coutume, & supléé aux cas omis. Si l'on n'a ni texte de Coutume, ni Jurisprudence d'Arrêts, le Droit Romain servira de régle, quand il poura être apliqué à l'hypotèse avec justesse & discernement, au moins comme la premiere & la principale autorité écrite, & comme on le regarde dans les Pays Coutumiers du Royaume. Nous pouvons aussi recourir aux Coutumes étrangéres, & particuliérement à celle du Duché de Bourgogne, dans les cas sur lesquels elles n'ont pas une disposition ou un esprit contraire à la nôtre.

L'on dit que la Mainmorte est odieuse, & qu'on doit la restraindre autant qu'il se peut ; cette proposition paroîtra encore mieux fondée, si la Mainmorte est un reste de la servitude des personnes ; car les Loix crient de toutes parts, que la liberté est d'un prix inestimable, *libertas, inæstimabilis res est,* [1] *& liberi hominis æstimatio præstari non potest* ; [2] Que les causes qui concernent la liberté, méritent une faveur de préférence, *libertas, omnibus rebus favorabilior est* ; [3] Qu'on doit juger pour elle dans le doute, & lorsque les voix des Juges ou les témoignages se trouvent égaux ; [4] Qu'on doit interpréter les actes en sa faveur, *quotiens dubia interpretatio libertatis, secundum libertatem respondendum erit, in obscurâ voluntate Manumittentis, favendum est libertati* ; [5] & l'on trouve plusieurs textes, par lesquels le Droit s'est écarté des régles ordinaires, pour favoriser la liberté ; [6] nous voyons enfin, que l'esprit général de la Nation, est d'affoiblir la Mainmorte, même de la bannir du Royaume, & que dans les Provinces où elle s'est conservée, elle a été beaucoup adoucie par la Jurisprudence des Arrêts, & par la réformation des Coutumes.

Cependant le Seigneur a déja fait une grande faveur à ses Mainmortables, en réduisant leur servitude au point où elle est. Ils sont censés avoir reçû leurs premiers biens de lui, & le moyen d'en acquerir d'autres ; la prohibition d'aliéner & d'hypotéquer leurs fonds de Mainmorte sans son

1 *L.* 106. *L.* 176. *ff. de reg. jur.*

2 *L.* 103, *ff. de verb. oblig. L.* 1, §. 5, *ff de his qui effuderint &c. eod.*

3 *L.* 122, *ff. de reg. jur.*

4 *L.* 38, *ff. de re jud. Cap. ult. Extr. de sent. & re jud. Cap. Licet, de conjug. serv.*

5 *L.* 20, *ff. de reg. jur.*

6 *L.* 10, §. 1. *ff. de reb. dub. L.* 16, *de man. test. eod. L.* 3, *in fin. de his quæ in test. de. lentur. L.* 31, *in fin. ff. de vulg. & pup. subst. L. ult. de jur. Cod. eod.* §. 34, *Instit. de leg. L.* 14, *Cod. de fideic. libert.*

confentement, les conferve à leurs familles & les empêche de les diffiper; la Mainmorte de ces fonds, tient lieu ordinairement des cens confiderables qu'on paye fur les biens francs; & le travail de plufieurs perfonnes réunies, profite bien plus, que fi tout étoit féparé entr'elles. Auffi l'expérience nous aprend dans le Comté de Bourgogne, que les Payfans des lieux Mainmortables, font bien plus commodes, que ceux qui habitent la franchife, & que plus leurs familles font nombreufes plus elles s'enrichiffent.

La condition de Mainmorte n'eft donc pas fi dure qu'elle paroît & qu'on la répute communément; c'eft pourquoi je ne crois pas qu'on lui doive apliquer indiftinctement, tout ce que les Lois ont établi en faveur de la liberté; & il me femble, qu'il eft jufte de la reftraindre à deux cas; fçavoir, lorfqu'il s'agit de juger de l'état de la perfonne, & fi elle eft franche ou Mainmortable; ou lorfqu'il eft queftion de la fucceffion du Mainmortable, entre le Seigneur & fes parens; parce qu'en ces deux cas, les droits du fang & de la nature concourent avec la faveur de la liberté; *infinita eft æftimatio, libertatis & neceffitudinis.* [1] Dans les autres cas, comme s'il s'agit de juger de la qualité des biens, ou de punir la fraude du Mainmortable; je ne vois pas qu'il y ait lieu à s'écarter des régles ordinaires, & de ce que les Lois ont ftatué pour les fervitudes réelles en général; d'autant que nôtre Coutume eft toute en faveur des Seigneurs; fi ce n'eft lorfqu'il eft en concours avec les parens communiers d'un défunt pour fa fucceffion. Dumoulin dit que l'humanité & l'hofpitalité ont fait des Mainmortables en bien des lieux, & particuliérement dans le Comté de Bourgogne, où plus de dix mille François, qui avoient quitté leur Pays, furent reçûs fous le regne de François Premier & d'Henri Second, à la condition de Mainmorte. *Servitus Manufmortuæ, non femper à barbarie, vel bellicâ & hoftili captivitate, cœpit; fed quandoque, ab humanitate; ut fub Francifco primo & Henrico fecundo, magna multitudo Gallorum (Francos vocare pudet) præfertim è Picardiâ & Neuftriâ, ingentibus infinitarum collectarum exactionibus oppreffa & expilata, in Comitatum Burgundiæ fenfim demigrantes, ultra decem millia, hofpitio fufcepti funt, in filvis ad culturam reducendis, fub conditione Manufmortuæ.*

[1] *L. 176. ff. de reg. jur.*

Ce n'eſt pas ce qui a introduit la Mainmorte dans le Comté de Bourgogne ; elle y étoit bien plus ancienne & plus étenduë ; car nos vieux titres prouvent, que c'étoit la condition commune des perſonnes de la Campagne. D'ailleurs le Pays avoit été peuplé ſous nos derniers Ducs, bien plus qu'il ne l'eſt à préſent ; mais après la mort de Charles le Hardi, Loüis XI. ayant voulu s'en emparer, ſes Généraux y trouvérent une réſiſtance infinie de la part des Habitans, qui demeurérent inviolablement attachés à Marie de Bourgogne leur Souveraine, quoique cette Princeſſe fut hors d'état de leur envoyer du ſecours. Ils ſoutinrent donc ſeuls le poids de la guerre, contre un grand Roi ; mais la plûpart y périrent, la Province fut dépeuplée, ſes Villes furent ſaccagées & brûlées, & ſes Châteaux, les plus beaux à la maniere du tems, & en plus grand nombre qu'il y en eut dans aucune Province du Royaume, furent ruinés. Les maſures de ces Fortereſſes, & les reſtes de leurs antiques tours, que le tems n'a pû détruire entiérement, inſpirent encore de la vénération, & ornent les beaux payſages, que le Comté de Bourgogne préſente preſque partout. Ainſi donc cette Province dépeuplée par une guerre cruelle après la mort du dernier de ſes Ducs, ſe rétabliſſoit inſenſiblement, lorſque du tems de François I. & d'Henri II. l'on y reçut un grand nombre d'Etrangers, pour en repeupler les Villages & remettre en culture les terres labourables qui étoient devenuës des forêts, à charge de les tenir en Mainmorte comme avoient fait les anciens Habitans, & conformément à la Coutume de la Province, qui avoit été rédigée par écrit long-tems auparavant.

CHAPITRE II.

Des caufes de la Mainmorte.

SI comme je viens de le fupofer, la Mainmorte eft une fuite & une modification de l'efclavage, elle doit venir des mêmes fources, & elle en vient en effet; car indépendamment de ce qu'un Conquérant qui ne réduiroit pas les vaincus en fervitude, pouroit néanmoins les rendre Mainmortables, la naiffance, & la convention produifent encore aujourd'hui parmi nous la Mainmorte, comme elles produifoient anciennement l'efclavage. Cette convention eft expreffe ou tacite, & parmi les conventions tacites qui caufent la Mainmorte, la plus commune confifte dans la fixation de fon domicile dans un lieu de Mainmorte, que nôtre Coutume apelle, *prife de meix.* Il y a donc trois caufes principales de la Mainmorte dans le Comté de Bourgogne, la naiffance, la convention expreffe, & la convention tacite ou *prife de meix ;* que nous allons traiter féparément.

Section Premiere.

De la Mainmorte qui fe contracte par la naiffance.

LA naiffance faifoit les Efclaves, auffi bien que la guerre & la convention, *fervi nafcuntur, aut fiunt ;* [1] mais l'enfant en ce cas, étoit de la condition de fa mere, *fervi nafcuntur ex ancillis noftris ;* [2] c'eft parce que l'enfant d'une femme qui eft fous la puiffance d'un autre que fon mari, n'a pas un pere affez certain, qu'il n'y avoit point de mariage avec un Efclave, & que l'enfant apartient à fa mere, comme la plante au fond qui la produit ; *Lex naturæ hæc eft, ut qui nafcitur fine legitimo matrimonio, matrem fequatur.* [3] Dans l'état même des ferfs *adfcriptices,* qui joüiffoient déja d'une

[1] *Inftit. lib.* 1, *tit.* 3, §. 4.

[2] *Inftit. eod.*

[3] *L.* 19. *L.* 24, *ff. de ftat. hom.*

eſpèce d'affranchiſſement, l'enfant ſuivoit la condition de la mere, quand elle étoit différente de celle du pere ; comme quand il étoit né d'un homme libre & d'une femme *condi-tionnée*, d'un pére *adſcriptice* & d'une véritable Eſclave, d'une femme libre & d'un pere *adſcriptice* ; mais dans ce dernier cas, le maître du pere pouvoit l'obliger à quitter la mere. [1]

1. *L.* 13, 16. 21 & 24. *Cod. de agr. cenſ. & col.*

Chaſſeneus eſtime qu'on doit juger l'enfant de la condition de ſa mere, lorſqu'il n'y a point de Lois contraires, [2] & il y a des Coutumes qui décident qu'il doit ſuivre l'état de celui de ſes pere & mere qui eſt de condition ſerve, lorſque les deux n'en ſont pas ; [3] mais je trouve bien plus juſtes & plus réguliéres, celles qui déclarent l'enfant de la condition du pere. Les raiſons qui le faiſoient juger de celle de la mere, ne ſont pas aplicables à nos perſonnes de Mainmorte, car elles ſont capables de contrats & d'effets civils ; elles ſont de véritables mariages ; les peres y ont leurs femmes & leurs enfans ſous leur puiſſance ; il ſe forme entre les gens de cette condition, des familles & des parentés, & l'on en doit juger comme de la nobleſſe & de la roture, qui ſe tranſmettent par les peres & non par les meres. Telles ſont les Coutumes des deux Bourgognes, qui peuvent encore être autoriſées ſur ce point, par les textes de la Loi Romaine qui réglent l'état de certains *conditionnés*, par celui de leurs peres, [4] & qui ſont bien plus convenables à nos mœurs & à nos Main-mortes, que ceux qui décident le contraire pour les perſon-nes de condition ſervile.

2. Sur la Cout. de Bourg. rubr. 9. § 3.

3. Niv. des ſerv. perſ. art. 22. Bourb. art. 199.

4. *L. Deſini-mus.* 13. *Cum ſcimus* 22. §. 1. *Cum ſuis* 23. §. 1. *Cod. de agr. & conſ. tot. tit. de decur. & fil. eorum. L. Filios* 3. *de municip. L. Stigmata* 3. *de fabr. eod.*

La condition de la mere n'influë donc point en Main-morte ſur les enfans, dans le Comté de Bourgogne ; la Cou-tume du Pays y eſt formelle : elle dit par l'Article dix, *qu'en lieu & condition de Mainmorte, l'enfant ſuit la condition du pere* ; ce qui eſt confirmé par pluſieurs autres Articles, car il y en a un qui porte, que ſi l'homme franc qui eſt allé de-meurer ſur le meix Mainmortable de ſa femme, y meurt, il eſt réputé Mainmortable *& ſa poſtérité* ; [5] & un autre, que l'homme qui s'affranchit par déſaveu, acquiert la liberté non-ſeulement pour lui, mais encore *pour ſes enfants déja nés, s'ils ſont en communion avec lui.* [6] La Coutume ne dit rien de pareil, à l'égard de la femme de Mainmorte ; quand elle

5. Art. 3.

6. Art. 4.

s'affranchit par désaveu, elle ne communique pas sa liberté à ses enfants ; quand elle épouse un homme franc, elle est affranchie quant aux acquêts qu'ils font pendant leur mariage ; [1] & la femme franche qui épouse un homme de Mainmorte, n'est réputée Mainmortable, que pendant la vie de son mari. [2] La femme suit donc elle-même parmi nous en Mainmorte, la condition de son mari, loin de communiquer la sienne à leurs enfants ; & si le mari aporte du changement à la condition de sa femme, il peut à plus forte raison imprimer la sienne, à des enfants qui n'en ont encore point.

L'on a pris occasion dans le Duché de Bourgogne de ces termes, *en lieu & condition de Mainmorte*, pour dire en faveur de la liberté, & par raport à la copulative, qu'il faut non-seulement que l'enfant soit né d'un pere Mainmortable, mais encore qu'il ait pris naissance dans un lieu de Mainmorte, pour qu'il soit de condition serve ; enforte que s'il est né en lieu de franchise, quoique d'un pere Mainmortable, on l'estime franc.

Nous avons crû en Franche-Comté, que le lieu de la naissance ne décidoit rien sur la condition de l'enfant, & que la Mainmorte est une qualité personnelle, qui se transmet comme la noblesse & la roture, avec le sang, indépendamment des biens, de la qualité d'héritier, ou du lieu où l'on a pris naissance ; *conditio hæc, magis inhæret personæ quam rei, personamque ipsam afficit & inficit ; & sufficit filium à patre Manumortali profluxisse, ut labem Manusmortuæ contraxerit.* [3] Dumoulin atteste, que c'est la disposition du Droit ; *in toto jure certum est, nativitatem loci, nihil facere ad statum personæ, sed nativitatem sanguinis.* [4] Les Coutumes des deux Bourgognes le décident, à ce qu'il me semble, assez clairement, quand elles disent, que l'homme de Mainmorte ne peut prescrire la liberté, par quel tems que ce soit, & *en quel lieu qu'il aille demeurer* ; ce qui s'entend naturellement de l'homme de Mainmorte & de sa postérité, quoiqu'ils aient quitté leur Seigneurie ; & quand elles ajoutent, que l'enfant suit la condition du pere, sans excepter celui qui naît en lieu de franchise ; que quand l'homme franc devient Mainmortable, c'est pour lui & sa postérité à naître,

1 Art. 5.

2 Art. 9.

3 Fab. de liberali causâ, def 3. Revel Stat. de Bresse rem. 42, après Colombet.

4. Molin conf. 16, n. 4.

& qu'elle ne défigne point d'autre moyen de s'affranchir &
d'affranchir fes enfants, que par le défaveu & le titre valable.
La faveur de la liberté n'eft pas fi grande en cette matiére,
qu'elle puiffe éteindre la Mainmorte de toute une poftérité,
par la fimple tranflation de domicile dans un lieu franc, fans
que le Seigneur puiffe l'empêcher, ni que la Coutume lui donne aucun dédommagement. C'eft déja une faveur affez grande,
que nos Coutumes ont faite au Mainmortable, de lui permettre de s'affranchir par défaveu malgré fon Seigneur ; elles
ne lui ont donné que ce moyen, & celui du titre valable,
l'on ne doit pas y en ajouter un troifiéme ; & fi elles ont ôté
à la prefcription & à la fortie de la Seigneurie, la force d'opérer la franchife, il n'eft pas probable qu'elles l'aient voulu laiffer à la feule naiffance dans un lieu franc.

Quant à la raifon tirée de ces termes, *en lieu & condition
de Mainmorte*, à caufe de la copulative qu'on prétend qui
exige conjointement la condition Mainmortable & la naiffance dans le lieu de Mainmorte ; il paroît que nos Coutumes n'ont voulu décider autre chofe, fi ce n'eft que l'enfant
en Mainmorte fuivroit la condition du pere & non de la
mere ; c'eft tout ce que l'on trouve dans leurs difpofitions.
Elles n'ont parlé du lieu de Mainmorte, que dans l'expofition
ou le narratif, & à raifon que c'eft où l'on trouve prefque
tous les Mainmortables ; mais elles n'en ont pas fait une condition, pour la tranfmiffion de la Mainmorte. Si elles avoient
voulu que l'enfant né en lieu de franchife, quoique de parents
Mainmortables, fut franc, elles auroient décidé clairement
une queftion de fi grande conféquence, qu'il n'y en a point
dans les matiéres de Mainmorte qui le foit plus ; cependant
elles n'en ont pas parlé, & en fupofant qu'elles ne doivent
s'entendre que de l'enfant né d'un pere Mainmortable en
lieu de Mainmorte, il s'enfuivra qu'elles ne fe font expli-
quées qu'à demi, n'ayant rien dit de celui qui feroit né en
lieu de franchife. Si l'on veut tirer une conféquence de ce
filence, ce ne peut être que celle-ci : les Coutumes difent
qu'en lieu & condition de Mainmorte, l'enfant fuit la condition du pere ; donc en lieu de franchife il doit fuivre celle
de la mere ; conféquence fauffe, & qu'on ne prétend pas induire du fens qu'on a donné à ces Coutumes dans le Duché :

 if

il faut donc regarder comme sinonimes, & relatifs seulement à l'état de la personne, ces termes, *en lieu & condition de Mainmorte* ; ou dire que la Coutume n'ayant pas parlé du lieu de franchise, il faut s'en tenir au Droit commun, suivant lequel le serf porte sa condition par tout, & la transmet à ses enfants, indépendamment du lieu de sa naissance. Enfin on les doit expliquer par les autres Articles, qui disant que l'homme de Mainmorte fait passer sa condition à sa postérité indistinctement, & qu'il ne prescrit jamais la liberté en quel lieu qu'il aille demeurer, ce qui doit s'entendre du lieu de franchise, donnent assez à connoître, qu'elles n'ont pas voulu décider, que la naissance en lieu franc emporte la franchise de l'enfant du Mainmortable.

Quoiqu'on pense dans le Duché de Bourgogne sur cette question, il est certain parmi nous, qu'on ne fait pas plus d'attention au lieu de la naissance de l'enfant, qu'à la condition de la mere, pour juger de l'état de l'enfant ; & que c'est la condition seule du pere, qui en décide, soit que l'enfant ait pris naissance dans un lieu de franchise, ou dans celui de Mainmorte. Mrs. Terrier, Boivin, Grivel, Jobelot, & Talbert, citent un grand nombre d'Arrêts qui l'ont ainsi jugé : il seroit inutile de les raporter ici, parce que la question ne souffre pas difficulté parmi nous, & je ne l'ai traitée, que pour faire voir les raisons que nous avons eu d'interpréter un même Article de Coutume, différemment de l'interprétation qu'on lui donne dans le Duché.

Nôtre Coutume doit être entenduë, de l'enfant né dans un mariage légitime, ou qui a été légitimé par un mariage subséquent. Je crois qu'on la peut même étendre, à ceux qui seroient nés d'un mariage nul, mais qui ne laisseroient pas d'être légitimes, par la bonne foi de l'un de leurs parents, [1] comme il a été jugé le 14 Janvier 1623 pour les enfants de Jean Maire ; parce que quand même il s'ensuivroit qu'ils seroient Mainmortables, leur pere se trouvant de cette condition, & la mere n'en étant pas, la légitimité qui les rendroit de Mainmorte, est un avantage préférable au mal que la Mainmorte leur causeroit.

L'on a douté si ceux qui sont légitimés par Rescrit du Prince, suivent la condition de leur pere, quand le Seigneur n'y

*1 Cap. Ex te-
nore. Extr. Qui
fil. sint legit.*
Loüet lett. **L.**
somm, 14.

a pas confenti, & qu'il en fouffriroit ; comme fi le pere étoit franc & la mere Mainmortable. Le Parlement de la Province a jugé pour l'affirmative, dans le cas même de l'enfant né d'un Prêtre franc & d'une fille de Mainmorte, par Arrêt du dernier jour du mois de Juin de l'an 1620, rendu entre Pierre Lambert & la Marquife d'Ogliani. Les raifons de cette Jurifprudence, font que la légitimation qui fe fait par le Refcrit du Prince, donne aux enfants naturels, l'état dans lequel les hommes naiffent communément, qui eft celui d'enfant légitime; que c'eft une grace du Souverain, qui couvre le vice de leur naiffance, qui les rend capables de poff. der les honneurs & les dignités, qui les met fous la puiffance de leurs peres & dans leurs familles & agnation; n'importe que le Seigneur en fouffre, parce que ce n'eft qu'indirectement *&* *in confequentiam*, par le fait du Prince, qui agit fuivant le Droit commun, & qui ufe d'une faculté qui lui eft propre & particuliére, pour changer l'état des perfonnes. C'eft pourquoi, encore que dans les Lettres de légitimation fur lefquelles l'Arrêt qu'on vient de citer fut rendu, l'on n'eût pas expofé que la mere étoit de Mainmorte, & que l'enfant changeroit de condition, on ne laiffa pas de les juger bien obtenuës, & qu'il n'y avoit pas lieu à l'échûte. Mr. Jobelot qui raporte l'Arrêt, obferve que cette circonftance fut difcutée.

Au refte, quand nôtre Coutume dit que l'enfant eft de la condition du pere, elle ne doit pas être entenduë des enfants naturels, parce qu'ils ne font pas réguliérement compris fous la dénomination d'enfants, dans la difpofition de la Loi ou dans celle de l'homme, à moins qu'ils ne foient l'objet, ou qu'il n'y ait même raifon pour les y comprendre que les légitimes. Or la raifon que nôtre Coutume a eu, de dire qu'en Mainmorte l'enfant fuit la condition de fon pere, eft non-feulement que le pere eft certain par le mariage, mais encore que l'enfant légitime d'un Mainmortable, eft de fa famille, de fon agnation & fous fa puiffance; ce qui n'eft pas à l'égard des enfants naturels, dont le pere n'eft pas certain d'une certitude légale, d'une préfomption *juris & de jure*, & qui ne font ni de fon agnation ni fous fa puiffance; [1] ainfi comme ils n'ont pas les mêmes raifons pour eux que les légitimes,

[1] *L.* 4. *ff. und. cogn. Paleot. de not. his & fpur. cap.* 59 *&* 60. Grivel *decif.* 144. Brodeau, *lett.* D. *fom.* 1.

& que la Loi municipale ne les a pas nommément compris dans sa disposition, ils demeurent dans celle du Droit commun, suivant lequel l'enfant qui est né hors d'un mariage légitime, suit la condition de sa mere.[1]

Fondé sur ces raisons, le Parlement de cette Province a jugé par deux Arrêts, l'un du mois de Fevrier 1587, entre Faulquier des Prels & l'Abbé de S. Claude, & l'autre du 17 Septembre 1620, entre Jean Fontain & la Dame de Falon, que la mere de l'enfant naturel étant Mainmortable, l'enfant l'étoit aussi, quoique le pere fût de franche condition.

Mr. Talbert estime que cette Jurisprudence ne doit avoir lieu, qu'à l'égard des enfants nés d'une prostituée ou d'une conjonction réprouvée par les Loix, *ex nefario coïtu*, mais que s'ils sont nés d'une concubine, ils doivent suivre la condition de leur pere; parce que leur pere est certain, qu'ils ne doivent pas être de meilleure condition que lui quand il est Mainmortable; que les bâtards sont compris sous le nom d'enfants *in odiosis*, & qu'en conséquence nôtre Coutume se servant du mot d'enfants en général, peut leur être apliquée.

Ces raisons ne me paroissent pas suffisantes, pour établir la distinction que fait Mr. Talbert. L'enfant né d'une concubine, n'a pas un pere certain d'une certitude légale, car il n'y a que le mariage qui la produise; c'est pourquoi la Loi décide en général, que l'enfant suit la condition de sa mere. Cet enfant n'est ni sous la puissance de son pere, ni dans sa famille; il ne lui succéde, suivant le Droit Romain, qu'au deffaut d'enfants légitimes, & en une petite portion seulement: la Religion & le Droit Canon ausquels nous déférons en ce cas, condamnent la conjonction dont il est né, & que le Droit Civil toléroit; les bonnes mœurs ne permettent pas qu'on l'égale aux enfants légitimes; on le réduit dans tout le Royaume, & même au Parlement de Toulouse, si exact observateur du Droit Ecrit, à ne pouvoir demander que ses aliments; & ce ne sera pas le traiter trop favorablement, que de le déclarer de la condition de sa mere, car ce sera faire plus d'enfants de cette espèce Mainmortables, qu'on n'en fera de francs, parce que ce ne sont ordinairement que des filles de la lie du peuple, qui s'abandonnent à la honteuse qualité de concubines.

C ij

---

[1] *L. 24. ff. de stat. hom. L. 9, ad municip. eod.*

L'homme franc, pouvant devenir Mainmortable par convention, ou par sa demeure dans un lieu de Mainmorte; l'on demande comment la condition de ses enfants doit être réglée en ce cas.

On distingue ceux qui naissent après qu'il a ainsi contracté la Mainmorte, de ceux qui étoient nés, ou déja conçûs auparavant. Les premiers sont Mainmortables comme lui, parce que nôtre Coutume disant, qu'en lieu & condition de Mainmorte, l'enfant suit la condition du pere, [1] on doit l'entendre, au moins de ceux qui sont nés depuis qu'il est devenu de cette condition. Mais il n'en est pas de même de ceux qui étoient nés auparavant, parce que cette disposition doit être interprétée par une autre qui porte, que l'homme franc qui devient Mainmortable par convention ou par sa demeure, transmet sa condition à sa postérité à naître, [2] & qui supose que les enfants qui étoient déja nés, conservent la liberté dont ils étoient en possession. C'est un bien de si grand prix, qu'il ne seroit pas juste qu'ils le perdissent sans aucun fait de leur part, & par celui de leur pere seulement. Il en est comme de l'Affranchi, dont les enfants déja nés, conservent la liberté lorsqu'il est rapellé à la servitude, en punition de son ingratitude envers son Patron. [3]

Que si le pere en se rendant Mainmortable, convenoit que ce seroit pour lui & pour ses enfants, on présumeroit qu'il n'a entendu parler que de ceux qui naîtroient à la suite, & qu'il a voulu se conformer en cela, à la disposition de la Coutume; sur tout dans cette matiere qui est odieuse, & où il s'agit du préjudice d'un tiers. [4] Il ne pouroit pas même convenir au préjudice de ceux qui sont nés, qu'ils seroient Mainmortables, parce qu'il n'est pas le maître de leur condition quand elle est déja formée, & que la puissance paternelle, comme elle s'exerce parmi nous, ne lui donne pas le droit de priver ses enfants de la liberté: il en est comme de la noblesse, que les enfans déja nés, ne perdent pas par la dérogeance de leurs peres.

C'est par cette raison, que je ne puis croire ce que dit Mr. le Président Favre, & Mr. Talbert après lui, que l'enfant né libre perd sa liberté, lorsqu'il se porte héritier de son pere devenu Mainmortable. Car ce qu'ils ajoutent, qu'il est

1 Art. 1.

2 Art. 2.

3 *L. Si manumissus. ff. de libertis & eor. lib. Fab. in Cod. lib.* 7, *tit.* 3, *def.* 7.

4 *Fab. de lib. cauf. def.* 7.

réputé en ce cas une même personne avec le défunt, qu’il est lié par son fait, & qu’il doit se l’imputer, parce qu’il n’a tenu qu’à lui de conserver sa liberté, en répudiant l’hoirie, ne me paroît pas aplicable : la fiction de Droit, par laquelle l’héritier représente le défunt, ne regarde que les biens, elle n’influë pas sur l’état & la qualité de la personne ; ce n’est pas non plus en ce qui regarde sa condition, que l’héritier est lié par le fait du défunt ; l’adition d’hoirie n’y change rien. Nôtre Coutume ne met pas au nombre des causes de la Mainmorte personnelle, la qualité d’héritier d’un Mainmortable. Il n’implique pas qu’un homme franc hérite d’un Mainmortable, pourvû qu’ils soient communiers d’ailleurs ; car les enfans de condition franche succédent à leur mere de Mainmorte ; des freres utérins dont l’un sera franc & l’autre Mainmortable, se succédent pareillement ; pourquoi est-ce qu’un enfant né franc, ne succéderoit pas à son pere devenu Mainmortable, & qu’il seroit réduit ou à perdre sa liberté, ou à renoncer même à sa légitime ? Est-ce que le changement volontaire du pere, peut ôter au fils des droits qui sont fondés sur la nature ?

Il me semble donc, qu’on doit réduire la proposition de Mrs. Favre & Talbert, au cas que le pere se soit assùjetti à la Mainmorte, moyennant quelque condition avantageuse, & que les enfans nés libres, voudroient profiter de cette condition.[1]

Quand nôtre Coutume dit, que l’homme franc qui s’établit dans le lieu de Mainmorte, ou qui s’assùjettit par contrat à cette condition, demeure Mainmortable pour lui & sa postérité à naître ; on doit l’entendre des descendants à l’infini, parce qu’il y a même raison pour tous, & que c’est le sens du mot, *postérité*. Mais quoique le mot *à naître*, semble désigner précisément le tems de la naissance, & puisse avoir été mis pour éviter la difficulté qu’il y auroit à sçavoir précisément celui de la conception, l’usage a néanmoins interprété l’Article, de l’enfant qui n’étoit pas encore conçû, de sorte que si l’on peut reconnoître que l’enfant étoit conçû quand son pere est devenu Mainmortable, on le jugera libre, à l’exemple de ce que le Droit Romain avoit statué pour l’enfant né d’une Esclave, qu’il suffisoit avoir été libre au

[1] *L. Si pactum. ff. de probat. L. Cum scimus. §. illud. L. Diutius. Cod. de agr. & censit.*

tems de la conception, de la groſſeſſe ou de la naiſſance, pour que ſon enfant le fût auſſi; & parce que quand il s'agit de l'avantage d'un enfant, particuliérement en ce qui concerne ſon état, celui qui eſt conçû, eſt réputé né. [1] L'on pourroit dire par la même raiſon, que ſi le pere ſe trouvoit avoir été franc pendant la groſſeſſe de ſa femme, quoiqu'il eût été Mainmortable pendant les tems de la conception & de la naiſſance, l'enfant ſeroit de condition franche.

L'on trouve dans nôtre Coutume, que l'homme franc qui ſe marie à une femme de Mainmorte & va demeurer dans le meix Mainmortable de ſa femme, demeure Mainmortable pour lui & ſa poſtérité, s'il y meurt; que cependant il conſerve ſa liberté, s'il quitte ce meix, comme il peut le faire pendant ſon mariage, & dans l'an & jour après que ſa femme eſt décédée. Il ſuit de là, que ſa condition & celle de ſes enfants ſont en ſuſpens, juſqu'à ce qu'elles ſoient déterminées par ſa mort ou par ſa ſortie du lieu Mainmortable; à l'exemple de ce que la Loi Romaine avoit décidé, pour les enfants de ceux qui avoient été pris en guerre. *Si quis capiatur ab hoſtibus, hi, quos in poteſtate habuit, in incerto ſunt, utrum ſui juris faƈti, an adhuc pro filiis familiarum computentur; nam defunƈto illo apud hoſtes, ex quo captus eſt, patres familiarum; reverſo illo, numquam non in poteſtate ejus fuiſſe creduntur.* [2]

Il en eſt de même, que de certaines Villes dont parle Mr. Favre, où les Mainmortables deviennent libres après qu'ils y ont demeuré l'an & jour, pourvû qu'ils y meurent; leurs enfants quoique nés dans ces Villes depuis l'an & jour, ne ſont véritablement libres qu'après la mort de leurs peres, parce que tandis qu'ils vivent, ils peuvent être revendiqués par le Seigneur, ou ſortir de la Ville privilégiée; & par conſéquent la condition ſous laquelle ils pouvoient tranſmettre la liberté à leurs enfants, n'eſt pas accomplie. [3] Si donc au cas que l'on propoſe, le pere meurt dans le meix de ſa femme après y avoir demeuré l'an & jour, les enfants qui y ont été conçûs après ce tems, ſeront de Mainmorte; & ils ſeront de franchiſe, ſi leur pere ſort de ce meix pendant la vie de ſa femme, ou dans l'an & jour qui lui eſt encore donné après le décès de ſa femme pour en ſortir. Que s'il meurt dans le

---

[1] *L. Qui in utero. ff. de ſtat. hom.*

[2] *L. In bello. §. 1. ff. de capt. & poſt.*

[3] *Fab. lib. 7, tit. 4, def. 4.*

meix Mainmortable pendant ce dernier an & jour, ses enfants seront de Mainmorte; parce que c'est une continuation d'habitation, dont on doit juger à plus forte raison, la même chose qu'on auroit jugé s'il y étoit mort du vivant de la femme; & que la Coutume le déclare indistinctement Mainmortable, s'il meurt dans le meix de Mainmorte pendant la vie de sa femme ou après qu'elle est morte.

Section II.

De la Mainmorte par convention expresse.

Après avoir expliqué, comment l'on est Mainmortable par la naissance; il est de l'ordre de dire, comment on le devient par la convention.

Les hommes naissoient égaux, & n'étoient point assujettis les uns aux autres dans le premier état de leur nature; mais ils ont pû perdre cette liberté, par leur fait, & par celui de leurs auteurs. Il n'y a rien en cela qui répugne essentiellement à leur état; *naturâ homo servus non est, sed jus non habet, ne unquam serviat.* [1] Ils peuvent donc s'assujettir, même à l'esclavage par convention: nous en avons plusieurs décisions expresses dans le Droit Romain. *Jure civili, servi fiunt, cùm liber homo major 20 annis, ad pretium participandum, se venundari passus est.* [2] *Dubitari non potest, quin ei quæ major 20 annis venire se passa est, ad libertatem proclamandi, licentia fuerit deneganda. His quoque danda non est, qui ex eâ nati, tempore servitutis ejus, erunt.* [3]

L'Empereur Leon a trouvé cette convention indigne de l'homme; il l'a réprouvée par sa Novelle 59, & déclaré ceux qui la feroient, punissables, pour avoir deshonoré la condition humaine. Mais outre que les Novelles de cet Empereur n'ont pas force de Loi parmi nous, il y a bien de la différence entre l'esclavage dont il parle, & la Mainmorte; particuliérement dans le Comté de Bourgogne, où l'on a la faculté de s'affranchir, en abandonnant les biens Mainmortables, & une partie de ses meubles à son Seigneur.

[1] *Grot. de jur. bell. & pac. lib. 2, cap. 22, §. 11. & lib. 3, cap. 7, §. 1.*

[2] *§. Instit. de jur. pers. L. 5, §. 1, ff. eod.*

[3] *L. 3. ff. quib. ad lib.*

On peut donc dans cette Province, de franc devenir Mainmortable par convention, & cette convention est expresse ou tacite; expresse, quand on convient d'être Mainmortable; tacite, quand cette convention suit de certains faits déterminés par la Coutume. L'Article deux au Titre de la Mainmorte, le déclare en termes formels, quand il dit, que *l'homme franc qui va demeurer en lieu de Mainmorte, s'il y prend meix,* ou devient par convenance homme de ladite condition, *il demeure Mainmortable pour lui & sa posterité à naître.* La convenance, est la convention expresse dont on traite ici; la demeure & la prise de meix, forment la convention tacite dont on parlera dans la Section suivante: la Coutume du Duché de Bourgogne contient une disposition semblable, à cela près, qu'au lieu de dire comme la nôtre, *s'il y prend meix ou devient par convenance,* &c. elle porte, *s'il y prend meix & devient par convention homme de ladite condition*; elle se sert de la conjonctive, au lieu de l'alternative que nous employons; ce qui fait conclure aux Commentateurs sur la Coutume du Duché, qu'il faut trois choses conjointement; sçavoir, la demeure, la possession d'un meix Mainmortable, & la convention. [1] Il paroît cependant que ces deux derniers pourroient suffire, & que ce seroit assés, pour qu'un homme franc devînt Mainmortable, qu'il eut reçû un meix à cette condition, sans qu'il y allât demeurer; d'autant que par un autre Article de la Coutume du Duché, [2] la seule demeure d'an & jour dans un lieu de Mainmorte, en payant les charges comme les autres Sujets, rend l'homme Mainmortable.

Nôtre Coutume n'exige que la convention; mais on demande si elle peut être gratuite, & si elle est sujette à relief, pour cause de lézion. Mr. Talbert, dit que la Mainmorte étant une servitude personnelle, elle peut s'établir sans qu'on ait rien reçû; d'où il prend occasion de conclure, que si un homme s'est fait Mainmortable sans rien recevoir, il n'est pas restituable; mais, que s'il a reçû quelque chose pour prix de sa liberté, il peut se faire restituer, lorsqu'il est lézé. [3]

Je douterois fort qu'un homme franc, pût disposer gratuitement de sa liberté pour lui & sa postérité, & que ce fut une matiére susceptible de libéralité & de donation : il est vrai que

1 Taisand sur l'art. 5. du tit. 9. not. 1. De-pringles sur le même art.

2 Art. 6.

3. Talbert, art. 2, ch. 11.

que la Mainmorte une fois conſtituée, ſubſiſte dans la perſonne de celui qui en eſt convenu & dans ſes deſcendants, quoiqu'ils ne poſſédent aucun bien mainmortable ; mais il ne s'enſuit pas qu'on puiſſe la conſtituer, ſans recevoir aucun prix : la Loi a permis de vendre ſa liberté, mais elle n'a pas permis de la donner. La Coutume parle d'une convention, ce qui ſupoſe un contrat ſinallagmatique ; & comme nous ne connoiſſons point de conſtitution de vaſſal ſans fief, ni de fief en l'air, nous ne devons point recevoir de conſtitution de Mainmorte perſonnelle ſans prix. Je penſe donc qu'il faut que celui qui ſe rend mainmortable par convention, y trouve quelque avantage, ne fut-ce que de joüir de quelques droits, dont joüiſſent les autres ſujets de Mainmorte du Seigneur ; & je ne crois pas que pour peu qu'il ait reçû, il puiſſe ſe dire lézé, parce que la liberté n'a pas un prix certain, & qu'elle ne doit être eſtimée qu'à ce à quoi l'eſtime celui-là même qui y renonce. La lézion fait bien reſcinder le contrat, en haine de celui qui y gagneroit trop ; mais ici la Loi & la Coutume autoriſent indiſtinctement la convention, par laquelle on perd ſa liberté pour un prix quel qu'il puiſſe être.

J'ai bien vû des actes, par leſquels l'on a donné des meix, à charge de les tenir en Mainmorte, & que le preneur ſeroit homme mainmortable du bailleur, pour lui & ſa poſtérité ; mais je n'en ai point vû, par leſquels la Mainmorte perſonnelle ait été conſtituée pour d'autres cauſes. Ainſi la queſtion de ſçavoir ſi l'on peut ſe rendre mainmortable pour rien, n'eſt pas importante, parce que le cas n'arrive pas. Il arrive même rarement qu'on voie les titres de conſtitution primitive de cette ſervitude, dont la preuve & le ſouvenir ne ſe conſervent preſque jamais que par des reconnoiſſances ; & comme il y a ſouvent des difficultés à l'occaſion de cette eſpéce de titre, il paroît important d'en aprofondir la matiére.

Les reconnoiſſances ſont des actes par leſquels on déclare ſa perſonne ou ſes biens, chargés de quelques droits au profit d'un autre. Elles ne conſtituënt pas ces droits, mais elles en renouvellent le ſouvenir, & en font la preuve. C'eſt dans cette vüe, & pour ſupléer à la perte ou à l'altération des titres conftitutifs, qu'on a introduit l'ufage des reconnoiffances.

Les perfonnes fujettes à la Mainmorte, à la Juftice, & aux autres charges perfonnelles, & les poffeffeurs des fonds chargés de cens & de droits feigneuriaux, font obligés de reconnoître ; cependant, puifque les reconnoiffances ne font pas des titres conftitutifs & d'aliénations, & qu'elles font forcées dans les cas aufquels les Seigneurs ont droit de les exiger, il s'enfuit qu'elles peuvent être faites par les adminiftrateurs, comme font le pere, le tuteur, le curateur adminiftrant, & le mandataire. [1] Mr. Favre dit que la reconnoiffance faite par le fils de famille, prouve contre lui, & même contre fon pere quand il eft abfent, ou qu'à raifon de fa vieilleffe & de fes incommodités, il laiffe le gouvernement des affaires à fon fils. [2]

Comme nos Mainmortables font obligés de vivre en commun, pour conferver le droit de fuccéder les uns aux autres, & qu'il y en a ordinairement un qui eft le chef de la communion, & qui adminiftre ; la reconnoiffance qu'il fera fous la qualité de chef, prouvera contre tous fes communiers, parce que c'eft un acte d'adminiftration ; que s'il a reconnu en fon nom feul, ou que la reconnoiffance ait été faite par celui qui n'adminiftroit pas, elle prouvera contre lui, mais elle ne fervira que de femipreuve ou d'adminicule à l'égard des autres. [3]

J'ai vû fouvent contefter des terriers, fous prétexte qu'ils n'étoient pas faits en vertu de Mandement de la Chancellerie : cette conteftation n'eft pas fondée. Les Mandements de terrier ne font pas de néceffité, ce ne font que des Commiffions générales, pour obliger tous les fujets & poffeffeurs des fonds à reconnoître, que les Juges inférieurs n'ont pas le pouvoir de donner ; c'eft pourquoi on recourt à la Chancellerie pour les obtenir, ce qui n'empêche pas que les fujets ne reconnoiffent valablement, quand ils le font de bonne volonté, & qu'ils n'y puiffent même être condamnés par les Juges ordinaires. [4]

Les Seigneurs font en droit d'exiger de nouvelles reconnoiffances, quand celles qui ont précédé font anciennes, de forte que fi on ne les renouvelloit pas, il y auroit lieu

1 *Molin. in Conf. Parif.* §. 7, gl. 1, n. 26. *D'Argent.* fur l'art 88 de la Cout. de Bret.

2 *Lib.* 7, *tit.* 1, def. 20.

3 *Fab. in Cod.* lib. 7, *tit.* 1, def. 3 & 20.

4 *Coq.* Cout. de Niv. tit. des rentes, Art. 8. *Loifeau* des Seign. ch. 12, n. 54.

de craindre la prescription ou la confusion des personnes & des choses ; ils peuvent aussi en demander aux tiers-acquéreurs , & l'on prétend qu'ils ont droit d'en faire faire dans tous les cas de mutation , même par succession & de pere à fils , soit de leur part , soit de la part de leurs sujets & tenementiers ; ce qui se pratique rarement parmi nous dans ce dernier cas.

Ils doivent instruire leurs sujets & emphytéotes , leur désigner les droits & les héritages qu'ils prétendent faire reconnoître , leur marquer les anciens & nouveaux confins des héritages , leur communiquer par serment les derniéres reconnoissances , & même les anciennes , & tous autres titres qu'ils ont, concernants les droits qu'ils prétendent. [1] J'ai remarqué dans les anciens terriers de la Province, qu'on en a toujours ainsi usé ; le sujet est pareillement obligé de communiquer les titres qu'il a , concernants les droits qu'on lui demande , ou de prêter serment , qu'il n'en a point, & n'a pas cessé par dol de les avoir. [2] Ce droit est réciproque , parce que le Seigneur & le vassal ont des obligations respectives & corrélatives , & que les titres qui forment ou qui prouvent ces obligations , sont réputés communs.

Il y a des Auteurs , qui tiennent que les reconnoissances doivent se faire aux frais des sujets & des tenementiers ; on ne le pratique pas parmi nous , & c'est avec raison à ce qu'il me semble ; parce que la reconnoissance se fait au profit du Seigneur, pour lui conserver la preuve & la liquidation de ses droits ; la connoissance & la charge particuliére de chaque tenementier , quand les Meix sont divisés. [3] Je crois cependant , qu'on en peut excepter le cas du nouvel acquereur , qui présente son titre pour le faire consentir ; parce qu'il doit prendre une nouvelle investiture , que nôtre Coutume apelle consentement , & que le Seigneur n'est tenu de le lui donner, qu'à condition qu'il passera reconnoissance à ses frais, [4] comme plusieurs l'inférent dans les consentements qu'ils donnent.

Le Notaire stipule dans les reconnoissances pour le Seigneur , & il oblige ceux qui reconnoissent , parce qu'il est censé Procureur du Seigneur & avoir charge de lui pour ce faire. Mais ce qu'il dit dans le préambule du Terrier ne prouve

D ij

[1] Henris tom. 1, liv. 3, ch. 18. *Fab. in Cod. lib.* 4, *tit.* 43 , *def.* 18. Basset tom. 1. liv. 3 , tit. 3, ch. 2.

[2] D'Arg. Cout. de Bret. art. 85, not. 1, n. 2.

[3] La Roche-flavin des droits Seign. ch. 1, art. 20,

[4] *L. Quod ni-si. ff. de oper. lib.* Coq. Cout. de Niv. tit. des rentes. art. 8.

pas , s'il n'eſt ſoutenu par les reconnoiſſances, parce que c'eſt lui ſeul qui parle dans le préambule.

Les Communautés en Corps , reconnoiſſent les droits généraux , comme de Juſtice territoriale, de directe & Mainmorte générale , de bannalités , de courvées ; elle reconnoiſſent auſſi dans le Comté de Bourgogne, le Domaine & Fief du Seigneur, ſon Château , ſes courvées , ſes héritages de Fief, & ſouvent l'étenduë & les limites de la Terre ; j'ai vû pluſieurs fois juger des limites des Terres contre des tiers ſur les reconnoiſſances , quand elles étoient anciennes & adminiculées. Les reconnoiſſances des droits généraux faites par les Communautés en Corps, lient non-ſeulement chaque Habitant , mais encore les Etrangers qui ont du bien dans le lieu, & c'eſt aux particuliers à prouver l'exemption, quand ils en prétendent contre ces titres généraux.

Puiſque les reconnoiſſances n'ont été introduites que pour prouver le droit , & qu'elles ne le conſtituënt pas ; il s'enſuit , que quand elles ſont faites par erreur, elles peuvent être reſcindées , ſans diſtinguer ſi l'erreur eſt dans le droit , ou dans le fait ; *error faƈti, ne manibus quidem, indamnis vel compendiis obeſt ; cæterum jutis error, in damnis amittendæ rei ſuæ, non nocet.* [1] Henris ſoutient que les tranſactions même qui contiennent des charges plus fortes que celles qui ſont établies par les anciens titres, ne ſont pas valables. [2] Cependant on préſume pour tout ce que contient la reconnoiſſance , ſurtout quand elle a une cauſe aparente ; c'eſt à celui qui prétend qu'il y a erreur à la prouver, & il doit ſe pourvoir par voie de reſtitution.

Cette erreur ſe prouve ordinairement , par la repreſentation des titres primitifs & conſtitutifs, ou d'autres reconnoiſſances plus anciennes ; il eſt juſte d'y réduire les reconnoiſſances nouvelles, parce qu'elles ont dû y être conformes, n'étant pas faites pour former une nouvelle obligation ; & cela quand même la reconnoiſſance auroit été faite , par celui qui a conſtitué le droit, *quia & in faƈto proprio , error non nocet, quando agitur de damno vitando.* [3] Ainſi par Arrêt rendu aux Enquêtes au Raport de Mr. Tinſeau le 18 Août 1713, entre le Sr. Diffes, & les Sieurs Grand Prieur & Religieux de S. Claude , une reconnoiſſance fut reſcindée , quoique le cens

[1] *L. Error. 8. ff. de jur. & faƈt. ign. Molin. §. 1, gl. 5 , n. 22 , §. 8, n. 94 & ſeq. §. 12, {n. 24 , & conſ. 50.* Catelan. tom. 1,liv. 3, ch. 3.

[2] Henris tom. 1, liv. 3 , ch. 3, queſt. 43

[3] *L. Error. 2. ff. de jur. & faƈt. ign. Gl. ad L. Cum de indebito. ff. de prob. & præſ.* Cancer var. 1 eſ. p. 3, cap. 13, n. 134 & ſeq.

eut été payé en conséquence pendant vingt-huit ans , parce qu'on prouva que l'héritage qui avoit été reconnu chargé de ce cens , n'étoit pas celui qui avoit été compris dans les anciennes reconnoissances.

On peut excepter de cette régle , le cas auquel il consteroit , que le reconnoissant informé du contenu au titre primitif ou dans les anciennes reconnoissances , a cependant bien voulu reconnoître au-delà de l'un ou de l'autre ; surtout quand on peut présumer une cause de l'augmentation; parce qu'alors ce n'est pas une rénovation du titre , mais une nouvelle obligation. [1] On pouroit encore y ajouter, celui du laps de trente ou quarante ans écoulés depuis la nouvelle reconnoissance, ou du moins de cent ans, pendant lesquels elle a été exécutée, parce qu'il y auroit prescription & qu'on pouroit présumer une nouvelle cause en ce cas. [2]

Du reste, le droit du Seigneur est le même que celui du vassal & de l'emphytéote, pour revenir contre une reconnoissance faite par erreur; ou pour être lié, quand il a accepté la nouvelle reconnoissance avec réflexion, ou qu'il a laissé prescrire son droit.

Les reconnoissances prouvent ce qu'elles contiennent , non-seulement contre les reconnoissants & leurs héritiers, mais encore contre les tiers détenteurs; pourvû toutesfois que ceux qui ont reconnu, fussent alors en droit de le faire, & propriétaires des biens qu'ils ont déclarés affectés de charges, ce qui se présume lorsque la reconnoissance est ancienne.[3]

C'est une question importante, commune dans l'usage, & fort controversée, de sçavoir si la dénonciation de certaines charges , faite dans le contrat de vente à l'acheteur par le vendeur , fait preuve. Legrand & plusieurs autres, estiment qu'elle ne prouve pas, à moins qu'il ne conste par les termes clairs du contrat, que le vendeur a voulu acquerir au Seigneur, le droit qu'il a dénoncé; parce que, disent-ils, hors de ce cas, il est plûtôt présumé avoir dénoncé le droit, pour se mettre à couvert de la garantie, que pour en charger l'acquereur, & qu'on n'acquiert pas par une simple dénonciation, à un absent pour qui personne ne contracte.[4]

L'on dit au contraire, que l'action utile s'acquiert par un tiers ; que le détenteur est Procureur légal du Seigneur, pour

1 *Molin.* §. 8. *gl. in v. dé-nombrement,* n. 96. *Cancer. var. ref. part.* 3, *cap.* 13, n. 141.

2 *Fab. in Cod. de eo quod metûs causâ, lib.* 2. *tit.* 11, *def.* 1.

3 *D'Arg. art.* 85, not. 5, n. 2. *Benedict in cap. Raynut. v. & uxor.* n. 446. Chorier liv. 4, sect. 5 , art. 2, Guipape decis. 272.

4 Legrand, Cout. de Troye, gl. 2 , art. 51, n. 26 & suiv. Guipape decis. 24, *& ibi* Ranchin & Terier.

dénoncer les charges de l'héritage qu'il aliéne ; qu'il ſtipule la charge pour lui en la dénonçant ; qu'il ne ſied pas à un acheteur de conteſter une charge ſous laquelle il a acquis, & qui a vrai-ſemblablement diminué le prix de ſon acquiſition ; qu'il profite de cette diminution, & que c'eſt une cauſe ſuffiſante pour le charger du droit dénoncé ; enfin que les dénonciations des droits ſeigneuriaux, ne doivent pas être regardées dans les contrats d'aliénation, comme de ſimples énonciations, mais comme des diſpoſitions.

Cette doctrine convient particuliérement aux Coutumes, par leſquelles le vendeur eſt obligé, comme parmi nous, de dénoncer les charges ſeigneuriales & fonciéres, à peine de commiſe. La Coutume ſupoſe en ce cas, que la dénonciation doit faire preuve, parce que ſans cela, elle l'auroit inutilement ordonné, ſous la peine rigoureuſe de la perte du bien aliéné ; d'où je conclus, que dans le Comté de Bourgogne, la dénonciation du vendeur, quand elle eſt claire & préciſe, d'un droit probable & bien ſpécifié, en faveur d'un Seigneur certain & dénommé dans le contrat, fait preuve de ce droit contre l'acheteur, & vaut à peu près une reconnoiſſance. C'eſt auſſi l'opinion commune. [1]

Les Seigneurs parloient ſeuls dans les anciens titres, de leurs droits & de ceux de leurs ſujets. C'eſt à raiſon de leur ſupériorité, ou parce que ces titres ſont des conceſſions ou l'exécution de quelques conceſſions, auſquelles les Seigneurs faiſoient la loi. Ces anciens titres ne ſont pas ſignés, mais ils ſont munis de ſceaux.

L'écriture ni la ſignature n'étoient pas de l'eſſence des actes parmi les Romains, ſi ce n'eſt de ceux dans leſquels elles étoient expreſſément ordonnées : on ne laiſſoit pas de faire des actes, dont les uns étoient apellés privés, parce qu'ils étoient ſouſcrits par les Parties ſeulement, & les autres publics, parce qu'outre les Parties, il y avoit trois témoins. On faiſoit auſſi ſouvent dreſſer les actes par des perſonnes publiques, qui en tenoient Régiſtre & délivroient aux Parties des groſſes, ſur leſquelles les Parties & les témoins ſignoient ou appoſoient leurs ſceaux. Mais ces actes n'étoient pas autentiques, s'ils n'étoient inſinués, ou les témoins qui y étoient dénommés, entendus en Juſtice, ou les ſignatures vérifiées par comparaiſon d'écritures.

---

[1] Coquille, Cout. de Nivern. ch. 7, art. 8. D'Arg. Cout. de Bret art. 85. not 5. Chenu ſur Papon liv. 13, tit. 3, art. 19. Charond. ſur le Code Henri, liv. 6, tit. 17.

L'ignorance fut ſi grande dans les premiers ſiécles de l'établiſſement de la Monarchie, qu'on trouvoit peu de perſonnes qui ſçuſſent écrire & même ſigner leur nom. Les actes publics & autentiques de ce tems-là, ſe faiſoient en préſence des Juges des Evêques, qui y appoſoient leurs ſceaux, ou d'autres perſonnes qui avoient des ſceaux connus, comme étoient les Grands Seigneurs, mais qui ne les ſignoient pas. Il y avoit d'autres actes, qui étoient dreſſés par des perſonnes publiques, mais qui n'étoient ſignés ni d'eux, ni des Parties, ni des témoins. On ſe contentoit d'y nommer les témoins qui avoient été préſens, & quand la foi de l'acte étoit conteſtée, on entendoit ces témoins en Juſtice.

L'uſage de faire ſigner les actes par les Notaires, les Parties & les témoins, ne s'eſt introduit que dans les derniers ſiécles. Les Ordonnances d'Orleans & de Blois ont preſcrit qu'ils ſeroient ſignés par les Parties, & celle de Blois s'eſt contenté de la ſignature d'un témoin, quand la Partie n'a pas pû ſigner. Parmi nous il eſt preſcrit aux Notaires par une Ordonnance du Duc Philippe le Bon, d'apeller deux témoins dans les actes de la valeur de cent livres & au deſſus, & que les actes de la valeur de plus de dix francs, ne feront foi s'ils ne ſont ſignés de la Partie, ou de l'un des témoins inſtrumentaux. L'on ne doit donc pas conteſter les actes fort anciens, ſous prétexte qu'ils ne ſont pas ſignés, particuliérement s'ils ſont munis de ſceaux, & que ces ſceaux fuſſent connus, comme ſont ceux des Princes, des Grands Seigneurs & des Prélats. [1]

Si une Partie ne convient pas que celui qui a reçû un acte fût perſonne publique, quoiqu'il en ait pris la qualité, il faut diſtinguer ſi l'acte eſt ancien de 30 ou 40 ans au moins, ou non; au ſecond cas, c'eſt à la Partie qui produit l'acte, de prouver que celui qui l'a reçû, avoit un caractére pour le rendre autentique; mais au premier, la préſomption de Droit eſt pour la qualité que celui qui a reçû l'acte s'eſt donné, ſauf la preuve du contraire. [2]

Les terriers en bonne forme, reçûs de perſonnes publiques, & les autres actes équivalents en cette matiére, font une preuve pleine, entre ceux qui y ont été Parties, & leurs héritiers, ou ayant cauſe; ils font auſſi une preuve

1 D'Argent. Cout. de Bret. art.85,not.3,n. 3. Gonf.Telles. *in Cap. Inter. Extra. de fid. inſtr.* Loiſeau des Off. liv. 2, ch. 5, Recherches de Paſquier, liv. 4, ch. 13. *Mab de re dipl. lib. 2, ch.* 4.

2 Expilli Arr. 23. Legrand, Coutume de Troye, art. 51, n. 25. Molin. §. 8 gl. in v. dénombrement, n. 22.

femi-pleine, ou une forte préfomption , contre des tiers. Il en eft de même des copies tirées fur les originaux , par les perfonnes qui les ont reçûs , ou qui en ont la garde d'autorité publique, quand même elles auroient fimplement figné ces copies ; & de celles qui ont été faites d'autorité de Juftice , Partie citée , ou dûëment apellée; ou par une perfonne publique, du confentement des Parties intereffées ; principalement quand elles font anciennes , & que les originaux ne fe retrouvent plus. Mais quand les copies font tirées en l'abfence des Parties , par d'autres Notaires que ceux qui ont reçûs les originaux , ou qui en ont la garde, elles ne font foi contre perfonne, fur tout fi elles ont été tirées fur d'autres copies ; à moins que leur grande antiquité , jointe à la perte par cas fortuit , ou par fouftraction des originaux , ou à quelqu'autre raifon , ne les faffe préfumer véritables. Le Juge arbitre fuivant les circonftances , quel doit être le tems qui forme cette antiquité : l'on peut voir la preuve de ces propofitions , dans Dumoulin, & plufieurs autres régles curieufes, touchant la foi que méritent en Juftice les inftruments publics & privés. [1]

L'une des principales queftions fur la preuve des droits feigneuriaux , eft , fi une feule reconnoiffance fuffit , ou s'il en faut deux. Nous diftinguons dans le Comté de Bourgogne , s'il s'agit de prouver les charges de la chofe, ou celles de la perfonne ; au premier cas, nous eftimons qu'une feule reconnoiffance , quand elle eft en bonne forme , fuffit ; [2] ce qui me paroît devoir être réduit , au cas de la preuve des droits ordinaires dans la Province ; car s'il s'agiffoit des droits infolites & extraordinaires , il me femble qu'on pouroit exiger la même preuve que nous demandons pour les droits feigneuriaux , qui diminuënt la liberté de la perfonne. Nous exigeons en ce cas , deux reconnoiffances , ou une reconnoiffance qui foit foutenuë de preffants adminicules. *Sancimus, folam confeffionem , vel aliam quamcunque fcripturam , adfcriptitiam conditionem non inferre ; fed debere hujufmodi fcripturæ, aliquod advenire adjutorium.* [3]

Deux reconnoiffances excluent tout foupçon de fraude & de violence de la part du Seigneur ; elles marques la connoiffance de caufe, & la réflexion de la part du fujet. Mr.

le

[1] *Molin.* §. 8, *in v.* dénombrement. Expilli, Arr. 24.

[2] *Fab. in Cod. lib. 4, tit. 4, def.* 10. *& lib. 7, tit.* 1, *def.* 19. Guipap. q. 272. Chorier livre 4, fect. 5, art. 2. *Molin.* § 8, n. 86. Dupereir, decif. liv. 4, n. 291. *Cancer. part.* 3. *cap.* 13. n. 141. Lapeirere, lett. R, n. 29 & 30.

[3] *L. Cum fcimus. Cod. de agr. & cenf.*

le Préfident Favre eftime qu'il fuffit qu'elles foient éloi-
gnées l'une de l'autre de dix jours. Il paroît que cet intervale n'eft pas affez long, qu'il y a de l'affectation à exiger
deux reconnoiffances en fi peu de tems, & qu'il eft à préfumer, que le Seigneur a profité de quelques conjonctures
favorables, pour engager le Sujet à reconnoître ainfi coup
fur coup, contre l'ufage ordinaire. Il convient donc qu'il
y ait 30 ans d'intervale entre les deux reconnoiffances, qui
eft le tems auquel on a coutume de faire renouveller les terriers ; ou qu'il y ait eu mutation de la part du Seigneur, ou
de la part du fujet, & que les deux reconnoiffances ne
foient pas reçûës du même Commiffaire. Les foupçons de
violence & de furprife ceffent dans ces circonftances. [1]

Mr. Talbert donne l'effet de deux reconnoiffances, à une
Sentence par laquelle un homme affigné pour fe voir déclarer Mainmortable, auroit été déclaré tel fur fa foumiffion.
Il me femble que ce feroit un moyen de faire fraude à la
régle par voie indirecte, & qu'une Sentence qui ne feroit
fondée en ce cas que fur la foumiffion ou l'aveu d'une Partie, ne doit pas plus opérer, qu'une reconnoiffance qu'elle
feroit pardevant Notaire.

Quant aux adminicules qui font valoir une feule reconnoiffance, celui qui eft le plus communément reçû, eft
lorfqu'une reconnoiffance deja ancienne, fait mention du
titre primitif, ou d'une autre reconnoiffance plus ancienne,
en les rapellant par leur datte, & énonçant ce qu'ils contiennent : [2] On peut même dire, qu'il y a preuve de la gémina-
tion des reconnoiffances en ce cas.

Les autres adminicules, font les dénonciations faites dans
les contrats d'aliénation, les dénombrements anciens, les
manuels de recette fignés, les comptes des Receveurs rendus & arrêtés, & tous les autres actes & moyens, qui prouvent l'éxécution de la reconnoiffance. En certains cas même,
la qualité du Seigneur influë pour foutenir la reconnoiffance ;
comme fi ce Seigneur eft territorial ; [3] car cette qualité lui
donne le droit de prétendre que chaque perfonne & chaque
héritage de fon territoire, eft fujet aux droits établis fur la
généralité. *Qui fundatus eft in toto territorio, fundatur in
qualibet parte territorii ; quia idem juris eft de toto ad totum,
quod de parte ad partem.* [4]

---

1 Collet,
Stat. de Breff.
liv. 3, fect. 1,
rem. 3.

2 *Fab. lib. 7,
tit. 1, de dedit.
lib. def.* 10. Le-
grand, art. 51,
gl. 2, n. 29.

3 Legrand,
art. 51, gl, 2,
n. 31. Coq. tit.
7, art. 8, Ferr.
Cout. de Pa-
ris, tit. 1, art.
8, n. 17.
4 *L. Quæ de
toto,ff. de reiv.*

Ainſi un Seigneur territorial, qui a une reconnoiſſance générale, ou des reconnoiſſances particuliéres de preſque tous les Habitans, peut obliger les autres à reconnoître les mêmes droits ſur leurs perſonnes & ſur leurs fonds, à moins qu'ils ne prouvent l'exemption. *Qui habet territorium limitatum ab antiquo, poteſt exercere intra metas illius, quod in toto univerſaliter exercet.* [1]

[1] *Fab. in brev. ad L. 1, Cod. de Summ. Trinit. L. Pupillus 23, b. territorium, ff. de V. S.*

La qualité de Mainmorte s'induit auſſi, & s'étend des finages aux communaux; enſorte que ſi un Seigneur prouve qu'il a la généralité de Mainmorte ſur les terres poſſédées par les Particuliers du Village, il ſera fondé à prétendre que les communaux de ce Village ſont de condition Mainmortable, parce qu'ils ſont cenſés laiſſés à la Communauté, ſous les mêmes charges ſous leſquelles les terres ont été données aux Particuliers. Le Parlement du Comté de Bourgogne l'a ainſi jugé en 1609, dans la cauſe du Sieur de Chanteran; cet Arrêt eſt raporté ſans autre datte, dans le Recüeil d'Arrêts de Mr. Jobelot; & parce que la franchiſe ſe trouva dominer parmi les héritages particuliers de Neuré, il fut jugé que les communaux du lieu étoient de franchiſe, le 17 Mars 1578, entre Mr. le Cardinal de Grandvelle & le Sieur de Neuré.

Lorſque les communaux ſont de Mainmorte, ils ne peuvent pas être aliénés ſans le conſentement du Seigneur; ſi fait bien quand ils ſont de franchiſe, en apellant pour délibérer ſur l'aliénation le Seigneur ou ſes Officiers, s'ils ſont ſur les lieux; parce le Seigneur n'eſt regardé en ce cas, que comme premier Habitant. Mais ils doivent être vendus, chargés des charges communes & générales dans le lieu, ſur les fonds des Particuliers; ainſi jugé en 1679, entre le Seigneur & les Habitans de Joüe.

L'on ſe prévaut ſouvent des énonciations contenuës dans les anciens titres, pour en induire de adminicules & des géminations de preuves. Comme la foi qu'on y doit ajouter, eſt plus ou moins grande, ſuivant une infinité de circonſtances différentes, c'eſt au Juge à l'arbitrer; l'on peut cependant donner quelques régles ſur cette matiére.

Les faits énoncés par les contractants, ſont préſumés vrais entre eux, leurs ſucceſſeurs, & ceux qui ont aprouvé leurs contrats, particuliérement quand il s'agit de foutenir par iceux, la validité de l'acte dans lequel ils font raportés ; ce qui n'empêche pas qu'on puiffe prouver le contraire, parce que ce n'eft qu'une préfomption de Droit, *quæ contrarii probatione, eliditur.* La vérité en eft préfumée de même contre les contractants, pour un tiers en faveur duquel l'énonciation eft faite, comme quand un fond aliéné eft déclaré chargé de cens, de Mainmorte, &c. envers un tel Seigneur.

La principale difficulté confifte à fçavoir, fi les énonciations prouvent contre des tierces perfonnes : réguliérement elles ne prouvent pas, fi ce n'eft lorfqu'elles font fort anciennes ; qu'elles font géminées & fuivies d'éxécution ; qu'elles font de l'effence du contrat dans lequel elles fe trouvent ; qu'elles y font faites comme étant une caufe, une condition, un effet, quelque chofe de connexe & de dépendant, une qualité de la chofe ou des Parties contractantes qu'il convenoit d'exprimer, *verba emiffa propter fe non propter aliud* ; en un mot, toutes les fois que ce qui eft énoncé, eft vrai-femblable, qu'il n'eft point étranger au contrat, qu'il paroît y avoir été mis pour caufe & avec réflexion. C'eft au Juge à eftimer par le concours d'une ou de plufieurs de ces circonftances, quand les énonciations forment un indice, une préfomption, une preuve fémipleine, ou une preuve entiére ; [1] car j'ai fouvent vû juger des perfonnes & des biens Mainmortables, par la force & le concours de plufieurs de ces préfomptions.

La Loi feconde au Code *de fide inftrumentorum,* dit qu'on ne doit pas agir en vertu d'un extrait ou d'une copie, mais en vertu de l'original autentique. La Loi derniére au *ff. teftam. quemadm. aper.* dit auffi qu'un teftament n'eft pas cenfé ouvert, quand on n'en a ouvert que la copie ; & on lit dans le chap. 3 de la Nov. 119, qu'il ne fuffit pas qu'un acte foit mentionné dans un autre, mais qu'il faut le produire. L'on ne feroit donc pas fondé à agir fur un inventaire, à moins, dit le Spéculateur, que l'acte fur lequel on le fonde, n'y fut raporté tout au long. [2]

Nous nous fommes un peu écartés de ces régles, à caufe des guerres qui ont fouvent boulverfé cette Province, particuliérement depuis 1636 jufqu'en 1649. La plûpart des titres

[1] *Molin. tit.* 1 *n.* 1, *gl.* 5. *in v. de* Fief, *n.* 30 *& feq. & §.* 8. *in v.* dénombrement, *n.* 76. *& feq. Mafcard. v. enunciativa Menoch. de præf. lib.* 3, *præf.* 130. d'*Arg. ait.* 85, *n.* 5. *Math. de Afflict. cum annat. decif.* 243 *&* 324.

[2] *Speculator.* §. 16, *n.* 1, *de inftr. edit.*

plus anciens, ont été perdus ; ce qui fait qu'on ajoute facilement foi aux énonciations des actes, aux comptes, & aux inventaires qui ont précédés l'an 1636, & même à ceux qui ont suivi, lorsqu'il y a preuve de la perte ou de la soustraction des originaux.

Mornac témoigne qu'on en a usé à peu près de même, dans le Royaume, par la même raison. [1] Enfin quoique le tems ne fasse pas une preuve, quand il n'y en a point d'ailleurs ; lorsqu'il est de cent ans ou plus, il faut présumer que tout s'est fait dans les formes requises, & rend plus forte la preuve qui résulte d'un acte. *Probationem minus perfectam supplet, & perfectam corroborat, credibilioremque facit ; non autem eam quæ nulla est, de novo inducit.* [2]

L'on ne seroit pas admis à prouver par témoins, qu'un homme est convenu qu'il seroit Mainmortable, ou qu'il a chargé ses biens de cette servitude ; soit parce que l'on a coutume de passer des actes en pareil cas, soit parce que l'Ordonnance de 1667 rejette la preuve par témoins, de toutes conventions qui éxcédent cent livres. Si cependant on pose en fait, que pendant 30 & 40 ans, cet homme a suporté toutes les charges de la Mainmorte réelle ou personnelle, ordinaires dans la Seigneurie dont on prétend que sa personne & ses biens dépendent, & qu'on ne puisse point en attribuer la prestation à la violence du Seigneur, ou à un acte de pure faculté de celui qui les fait, comme quand ces charges sont considérables & fréquentes, que le Seigneur les a éxigées sous la qualité de Seigneur, & qu'elles ont été suportées sous celle de sujet, le fait de cette possession sera admissible ; & étant prouvé, la Mainmorte sera suffisamment établie, [3] car elle peut s'acquerir par prescription.

Section III.

De la Mainmorte par convention tacite.

LE consentement qui forme les conventions, s'exprime non-seulement par des paroles, mais encore par des faits.

---

1 *Mornac. ad L. 2. ff. de fid. instr.*

2 *Molin. §. 8. v. dénombrement. n. 79.*

3 *Frid. Hutanus de homin. propr. cap. 5, q. 3. Burfat. conf. 104, n. 20. per Legem eam qui. Cod. de fund. patr. & L. Cum fatis. §. Cum autem de agr. & conf. eod.*

C'eſt ce que j'apelle ici convention tacite. Nôtre Coutume en marque de pluſieurs eſpèces, car elle parle d'un fait, qui produit une Mainmorte abſoluë & perpétuelle ; c'eſt quand l'homme franc va demeurer en un lieu de Mainmorte, & y prend meix ; & d'autres faits, qui n'opérent qu'une Mainmorte fictive & conditionnelle ; c'eſt lorſque l'homme franc va demeurer dans le meix de Mainmorte de ſa femme, ou qu'une femme de condition franche, épouſe un homme Mainmortable. Elle dit auſſi que l'homme franc affranchit la femme Mainmortable, quant aux acquêts qu'ils font en lieu de franchiſe ; c'eſt auſſi par une eſpèce de fiction, qu'il convient d'expliquer avec les propoſitions précédentes.

Diſtinction I.

De l'homme franc qui prend un meix de Mainmorte.

L A Coutume du Comté de Bourgogne, dit que l'homme franc qui va demeurer en lieu de Mainmorte, s'il y prend meix, il y demeure Mainmortable pour lui & ſa poſtérité à naître. Mrs. Terrier & Jobelot, diſent que les anciens exemplaires portent, *qui va demeurer en lieu de Mainmorte, & y prend meix* ; c'eſt auſſi la maniére, dont la Coutume du Duché s'explique ; mais cette différence n'eſt d'aucune conſéquence ; la particule conditionnelle, *ſi*, emporte autant en ce cas, que la conjonction, *&*, car elles marquent également, que la demeure & la priſe de meix, dans le lieu Mainmortable, ſont requiſes conjointement, pour faire préſumer que l'homme franc veut s'aſſujettir à la Mainmorte.

Nous trouvons dans les anciens titres, que le terme, *meix*, ſignifie l'habitation d'un homme, jointe à autant de terres, qu'il en faut pour occuper & nourrir un ſujet avec ſon ménage. Ils nomment *Meigniers* d'un Seigneur, ceux qui tiennent de lui une habitation & des terres ; & ils apellent *cens de meix*, le gros cens ſolidaire & indiviſible, dont l'héritage & les terres qui en dépendent, ont été originairement chargés, mais que les héritiers, ou les tiers acquéreurs, ont égalé entr'eux , dans le partage qu'ils ont fait des terres du meix. Nous apellons auffi du nom de *meix* , les maifons d'un Village avec leurs jardins, vergers & autres dépendances, foit qu'elles foient actuellement en état ou en ruine; & les places même qui font entre les quatre Croix des Villages , parce qu'elles font deftinées à y faire des maifons pour les fujets ; *manfus , à manfione , feü manendo.*

Lors donc qu'un homme franc va demeurer dans un lieu de Mainmorte , & y reçoit du Seigneur ou acquiert d'une autre perfonne , un meix Mainmortable , quand ce ne feroit que la maifon ou la place pour bâtir , il devient Mainmortable par convention tacite , parce qu'il eft cenfé vouloir s'y établir, & devenir homme du Seigneur du lieu. Je crois que c'eft tout ce que nôtre Coutume a voulu dire , quand elle a parlé de l'homme franc qui va demeurer dans le lieu de Mainmorte , *& y prend meix.*

On a cependant paffé plus loin , car on a eftimé qu'il fuf-fifoit pour devenir Mainmortable , que l'homme franc fixât fa demeure dans le lieu de Mainmorte , quand même il n'y recevroit ni acquéreroit aucun meix , & qu'il y réfideroit dans une maifon loüée. Ainfi l'on a fait dépendre du domicile feul , ce changement de condition ; ce qui me paroît opofé au texte de la Coutume,qui demande deux chofes conjointement, la demeure qui eft la fixation du domicile , & la prife de meix qui fignifie quelque chofe de plus ; mais il feroit inutile de difputer fur cette queftion , qui ne fouffre plus de difficulté depuis long-tems , par raport à la Jurifprudence d'un grand nombre d'Arrêts, qui ont interprété l'Article de nôtre Coutume , du fimple domicile ; ce qui eft conforme à celui de la Coutume du Duché, qui porte, *que l'homme franc , qui va demeurer en lieu de Mainmorte , & y tient feu & lieu par an & jour continuellement , payant en fon chef au Seigneur dudit lieu, les devoirs tels que font les autres hommes dudit lieu ; demeure pour lui & fa poftérité à naître , de la condition dudit lieu de Mainmorte.* [1]

1 Tit. 9, Art. 6.

La queftion eft de fçavoir ce qui fait le domicile en cette matiére, & fi l'on doit s'en tenir à ce qu'en dit la Coutume du Duché.

Il y a deux fortes de domicile , celui d'origine , & celui

d'habitation. L'origine ſtrictement priſe, s'entend dans le Droit Romain, de la naiſſance, de l'adoption, ou de la manumiſſion dans un lieu ; *quoniam & iſti, pro natis habentur, & alienæ origini jure cenſentur :* & comme elle vient de la nature, par la naiſſance ou par des faits qui imitent la nature, qui ſont l'adoption & la manumiſſion, elle ſubſiſte toujours quoiqu'on ait changé de domicile, c'eſt ce qui faiſoit les Citoyens qu'on apelloit auſſi municipes, parce qu'ils ſuportoient les charges du lieu, & en avoient les avantages.

Le droit de Cité & de municipe s'acquéroit encore par conceſſion. *Cives, origo, manumiſſio, allectio, vel adoptio facit.* [1] C'eſt ainſi que nous donnons encore aujourd'hui des Lettres de Citoyen & de Bourgeois, qui aſſocient les étrangers & les nouveaux venus, aux droits & aux charges des anciens Bourgeois du lieu.

Enfin il y avoit de ſimples Habitants qu'on apelloit *Incolæ,* qui devenoient tels par la fixation de leur domicile, quand même ils n'auroient eu ni maiſons ni biens dans le lieu, & qu'ils auroient ſimplement demeurés ſur le territoire. *Incolas, domicilium facit.* [2] Ces Habitants avoient auſſi les charges & les droits municipaux, mais comme ils les tenoient d'un acte purement volontaire, de même que ceux qui avoient été faits Citoyens, ils pouvoient les uns & les autres perdre ces droits par le changement de domicile, & en y renonçant, ſi ce n'eſt qu'on ne les admettoit pas à y renoncer, ou à changer de domicile, pour éviter de ſuporter les charges qui étoient imminentes. [3]

On tient communément, qu'il faut dix ans pour acquérir l'incolat ; d'où l'on pouroit conclure, que tout ce tems eſt néceſſaire pour être réputé avoir voulu ſe fixer dans un lieu de Mainmorte, & perdre par là ſa liberté. Ce ſentiment peut être fondé ſur la Loi qui dit, *nec ipſi, qui ſtudiorum cauſâ aliquo loco morantur, domicilium ibi habere credantur ; niſi decem annis tranſactis, eo loci ſedes ſibi conſtituerint.* [4] Mais cette Loi ne me paroît dire autre choſe, ſi ce n'eſt que la demeure ſeule ne fait pas le domicile, quand elle a une autre cauſe aparente ; comme dans celui qui eſt allé dans une Ville, pour y étudier ; que ſi cependant après l'eſpace de dix ans, après lequel ſes études ſont cenſées finies, il continuë

[1] L. 7. Cod. de incolis.

[2] D. L. 7. Vid. Cujac. ad tit. Cod. de municipiis.

[3] Hotom. comm. vid. 3. verb. incolarum. Déclar. du 18 Mai, publiée au Parl. de Beſanç. le 28 Juin 1706. Cujac. loc. cit.

[4] L. 2. eod

d'y résider, & qu'il paroisse avoir dessein de s'y établir, il y sera réputé domicilié. Ce n'est donc pas le tems seul, qui décide du domicile ; il faut suivant la Loi même qu'on vient de citer, d'autres circonstances ; *decem annis transactis, eo loci sedes sibi constituerint.* Il n'y est parlé de dix ans, que par raport aux études, qui empêchent que la demeure pendant un tems moindre, puisse faire présumer le choix de son domicile ; par conséquent s'il se trouve des circonstances, qui forment cette présomption dans un tems moindre, le domicile sera censé établi.

Aussi la Loi qui dit que le domicile fait l'Habitant, ne détermine point de tems au domicile ; elle l'induit seulement des circonstances qui prouvent, qu'on a dessein de se fixer dans un lieu. *In eo loco, singulos habere domicilium non ambigitur ; ubi qui larem, rerumque ac fortunarum suarum, summam constituit ; unde rursus non sit discessurus, si nihil avocet ; unde cum profectus est, peregrinari videtur ; quod si rediit, peregrinari jam destitit.* [1] Une autre Loi ne décrit pas moins élégamment, les circonstances par lesquelles on peut juger quand une personne est domiciliée aux Champs ou à la Ville, où elle demeure alternativement. *Si quis negotia sua, non in coloniâ, sed in municipio, semper agit ; in illo vendit, emit, contrahit ; eo in foro, balneo, spectaculis, utitur ; ibi festas dies celebrat ; omnibus denique municipis commodis, nullis coloniarum fruitur ; ibi magis habere domicilium, quam ubi colendi causâ diversatur.* [2]

Mais cette derniére Loi, après avoir dit qu'il est difficile d'être sans domicile, ou d'avoir deux domiciles ; ajoute, qu'il faut juger du domicile véritable de la personne qui semble en avoir deux, par l'intention qu'elle a de se fixer dans un lieu, plutôt que dans un autre. *Si quis instructus sit, duobus locis æqualiter ; neque hic, quam illic, minus frequenter commoretur ; ubi domicilium habeat, existimatione animi esse accipiendum.* [3] Et comme l'intention qui est cachée, ne se découvre que par les actions, c'est par les faits qui marquent, qu'un homme veut se fixer dans un lieu, qu'on estime qu'il y est domicilié. *Domicilium, re & facto transfertur, non nudâ contestatione.* [4]

Les Lois que je viens de citer, renferment la plus grande
partie.

[1] *L. 7. Cod. de incolis. L. 5, §. 18. ff. de injur. voc. L. In lege 203 de V. S. eod.*

[2] *L. Ejus qui 27. §. 1. ff. ad municip.*

[3] *D. L. §. 2. L. Non utique. 4. eod.*

[4] *L. Domicilium 20. ff. eod. cap. 20. de renunt. in 6°. L. Dolum. Cod. de dolo.*

partie de ces faits ; & l'on peut y en ajouter d'autres, comme
fi un homme qui eſt venu dans un lieu, y a pris des Lettres
de Bourgeois ou d'Habitant, s'il y a acheté une maiſon ou
du bien, s'il y a conduit ſa famille, s'il y a fait tranſporter
ſes effets. [1]

L'eſpace du tems de ſa demeure, eſt ſeulement un indice
de ſa volonté ; & il faut convenir que quand cet eſpace eſt
de dix ans, il eſt difficile de ne pas croire qu'il y veut demeurer toujours ; [2] tout comme on préſume, que celui qui
s'eſt abſenté pendant dix ans d'un lieu ne veut plus y retourner ; [3] préſomption, qui eſt reçûe en ce cas par l'Art. 11 de
nôtre Coutume au Tit. de la Mainmorte, & par l'Art. 5 du
Tit. 11 de la Coutume du Duché.

Mais dix ans de demeure ne ſont pas néceſſaires, pour
qu'on eſtime qu'une perſonne a fixé ſon domicile dans un
lieu, & y a contracté la Mainmorte par convention tacite ;
un tems moindre peut ſuffire : nôtre Coutume ne le détermine pas ; elle ne parle que de la demeure, & de la priſe de
meix, que nous interprétons de la ſimple fixation de domicile, qui peut ſe prouver par d'autres faits que celui de la
demeure ; comme s'il conſtoit par acte, qu'une perſonne
qui eſt venûe dans un lieu qu'elle ſçait être de Mainmorte,
s'y eſt établie pour toujours ; ſi, par exemple, elle l'avoit expreſſément déclaré, elle ſeroit d'abord Mainmortable ; hors
de ce cas il faut la demeure d'an & jour, comme le dit la
Coutume du Duché de Bourgogne, dans l'Art. 6 du Tit. 9, &
comme le portent en de pareils cas, les Art. 3 & 9 de nôtre
Coutume au Titre de la Mainmorte ; quand ils donnent au
mari franc qui eſt allé demeurer dans la maiſon Mainmortable de ſa femme, *un an & jour* pour en ſortir, après que ſa
femme eſt morte ; & à la femme franche qui a épouſé un
homme de Mainmorte, *un pareil délai* pour ſortir après la
mort de ſon mari du lieu de la Mainmorte, & conſerver
l'un & l'autre leur liberté par ce moyen.

Dans une matiére odieuſe comme celle-ci, les autres
conjectures ne ſuffiroient pas ſeules, pour changer la condition de la perſonne ; & elles n'ont leur effet, que quand
elles ſont jointes à une demeure continuelle, qui doit être
au moins d'un an & jour ; *domicilium enim, ſine habitatione*

---

[1] *Bald. conſ.* 293. *lib.* 1. *Ang. conſ.* 27.

[2] *Barthol. in L. Lex Corneliæ. §. Demum. ff. de injur. Bald. conſ.* 311. *Abbas conſ.* 100, *lib.* 2.

[3] *Alex. conſ.* 91, *n.* 8, *lib.* 7.

non acquiritur. [1] Mais il n'importe qu'on réfide dans une maifon dont on foit propriétaire, ou qu'on l'ait prife à loyer, pourvû qu'on y demeure & qu'on y faffe feu à fon chef, parce que l'habitation feule fait le domicile, quoiqu'on n'ait ni maifon ni biens dans le lieu où l'on habite. [2]

Au refte nous n'obfervons pas ce qu'exige la Coutume du Duché, qu'il faut que pendant l'an & jour, l'on ait fait des devoirs de fujet Mainmortable, au Seigneur du lieu; parce que nôtre Coutume ne l'exige pas, qu'elle fe contente de la fixation du domicile; qu'il y a beaucoup de Terres en Mainmorte, dont les fujets ne font tenus à aucuns devoirs chaque année envers leur Seigneur, & que nos Mainmortables ne font pas affujettis à des charges annuelles qui leur foient particuliéres, & que les fujets ne fuportent pas en franchife. Si cependant, le nouveau venu avoit fait les devoirs, aufquels les fujets font tenus dans le lieu à caufe de la Mainmorte, ce feroit un indice bien fort, qu'il a voulu s'y établir & devenir Mainmortable.

Il a été jugé par Arrêt du 15 Janvier 1624, entre Claude Amiot & Mr. de Rie Archevêque de Befançon, que ce Particulier n'avoit pas encouru la Mainmorte, en demeurant dans une maifon qu'il avoit acquife comme franche, & qui s'étoit cependant trouvée de condition Mainmortable; parce qu'il avoit été en bonne foi, & qu'il n'avoit pas eu deffein en s'y établiffant, de contracter la Mainmorte. Je crois qu'on pouroit dire la même chofe, de celui qui auroit loüé une maifon qui étoit communément réputée franche, ou qui auroit probablement ignoré la condition de cette maifon, comme fi elle étoit dans un lieu où il y auroit plufieurs maifons de franchife; car on ne doit pas préfumer dans le doute, qu'un homme ait voulu perdre fa liberté.

Par un autre Arrêt du 24 Fevrier 1630, il fut décidé qu'un homme qui n'avoit que la huitiéme partie d'une maifon de Mainmorte, & qui y étoit venu demeurer, étoit devenu Mainmortable par prife de meix. *Falsò non dicitur, totum meum effe, cujus non poteft ulla pars dici alterius.* [3]

Si la maifon où l'homme franc eft allé réfider, eft en partie franche & en partie Mainmortable, contractera-t-il la Mainmorte? Les uns veulent qu'on en juge par la qualité de la

1 *L. 2, Cod. ubi Senat. Gonf. Telles in Cap. 14. Extr. de furo compet.*

2 *L. 7, & paffim eod. de incolis. L. Lex Cornelia. §. Domum. ff. de injur.*

3 *L. Rectè dicimus 25, ff. de V. S.*

partie où eſt la ſortie de la maiſon ; mais d'autres diſent que ce doit être par celle où eſt le feu. C'eſt le ſentiment que nous ſuivons, parce que c'eſt la partie principale de la maiſon, celle où l'on prépare le vivre, où la famille ſe raſſemble, & où elle habite le plus. [1] Les droits ſeigneuriaux ſe payent communément par feux & ménages : avoir le même feu, eſt un des moyens par leſquels ſuivant nôtre Coutume, la communion ſe conſerve entre Mainmortables ; & Mr. Jobelot dit, qu'il a été jugé pour le Seigneur de Bouclans & pour celui de Montrambert, que quand une maiſon eſt de différentes Seigneuries, le Seigneur de la portion où ſe fait le feu, doit emporter tous les meubles en cas d'échute, ceux même qui ſe trouvent ſur l'autre portion de Seigneurie, quoique franche.

Quand nous diſons que le choix de ſon domicile dans un lieu de Mainmorte rend Mainmortable, nous n'entendons parler que du domicile qu'on choiſit volontairement, dans la ſeule vûë de venir s'établir dans le lieu, & d'y demeurer toujours ; *animo, ibi perpetuò commorandi.* D'où il ſuit que quand on eſt obligé d'y venir réſider, ou qu'on y vient par raport à quelque cauſe paſſagére, on n'encourt pas la Mainmorte en y demeurant ; parce qu'on n'eſt pas préſumé en ce cas, vouloir s'aſſujettir à la condition des autres Habitants du lieu, &, qu'il y a une autre cauſe aparente de la demeure qu'on y fait. Ce n'eſt pas un domicile véritable ; ce n'eſt qu'un domicile occaſionel, ou plûtôt une ſimple habitation, que l'on quittera, ſitôt que l'affaire qui y avoit donné lieu, ſera finie.

Sur ces principes, le Roi à la priére des Etats, déclara en 1598, *que les Curés & Chapelains d'origine franche, qui viendroient deſſervir leurs Bénéfices dans les lieux de Mainmorte, & y réſideroient dans la maiſon Curiale ou autre, ne deviendroient pas Mainmortables.* C'eſt parce que leurs Bénéfices demandent réſidence, qu'ils demeurent dans le lieu, & qu'ils n'y ſeroient pas venus ſans cela.

C'eſt auſſi par cette raiſon, que la Loi décide, que celui qui demeure dans un lieu pour y étudier, n'y contracte pas un domicile ; *nec ipſi, qui ſtudiorum causâ, aliquo loco morantur ; domicilium ibi habere creduntur.* [2] Panorme dit la

F ij

même chofe, d'un homme qui eſt venu enſeigner & qui eſt aux gages du public. [1] Tels ſont dans les Villages, les Maîtres d'école & les Pâtres, qui n'y contractent pas la Mainmorte, tandis que durent leurs marchés. Il y a même raiſon pour les Chirurgiens, les Sages-femmes, les Gardes & autres, qui y ſont aux gages du Seigneur ou de la Communauté.

Il en eſt de même de ceux qui viennent dans le lieu de Mainmorte, pour y être Officiers, Juges, Procureurs d'Office, Greffiers, Tabellions, hommes d'affaires, tuteurs & adminiſtrateurs du bien d'autrui. Ils ſont cenſés retenir leur ancien domicile, & n'avoir qu'une habitation occaſionelle, dans l'endroit où ils exercent leurs Offices. *Senatores, licet in urbe domicilium habere videantur, tamen & ibi unde oriundi ſunt, habere domicilium intelliguntur.* [2] *Caſtellanus, in loco ſui officii, ex longâ habitatione, domicilium non contrahit ; quia clarum eſt, eum ibi recedendi animo habitaſſe ; etiamſi in hunc habitationis locum, majorem bonorum ſuorum partem tranſtulerit ; nam ſua declaratio animi, huic facto prævalet.* [3] Sur ces raiſons, par Arrêt rendu au Raport de Mr. Bocquet de Courbouſon, le 13 Juillet 1717, Madame de Genevré fut déboutée de la prétention qu'elle avoit formée, à ce qu'Antoine Briffaut fût déclaré ſon ſujet Mainmortable, parce que Valentin Briffaut ayeul d'Antoine, avoit réſidé long tems à Genevré. Mais on prouva qu'il étoit originaire de Veſoul, & qu'il avoit été Procureur d'Office & Tabellion, pendant tout le tems qu'il avoit demeuré à Genevré, & juſqu'à ſa mort, après laquelle ſa veuve & ſon fils ſortirent du lieu.

Jacques Monnot franc d'origine, & qui faiſoit profeſſion de vendre de la volaille à Beſançon, avoit une ſœur mariée à Aiſſé, lieu de Mainmorte. Il y avoit loüé une chambre où il habitoit ſouvent ; & par pluſieurs contrats, il s'étoit dit réſident ou domicilié à Aiſſé : il mourut ſans communiers. L'Abbé de la Grace-Dieu Seigneur d'Aiſſé, prétendit ſa ſucceſſion. Il en fut débouté par Arrêt rendu au Raport de Mr. Lengrognet, le 12 Mars 1714 ; ſur ce que Jacques Monnot n'avoit payé aucunes charges Royales ni Seigneuriales au lieu d'Aiſſé, & que c'étoit un Marchand, qui pouvoit avoir ha-

[1] *Abbas conf.* 100, *lib.* 2.

[2] *L. Senatores* 11, *ff. de Senat.*

[3] *Menoch. de arb. lib.* 2, *caſ.* 86, *n.* 6 *& ſeq.*

bité dans ce Village pour faciliter son commerce, sans avoir dessein de s'y établir pour toujours.

Ceux qui passent un tems de chaque année à la Campagne pour leur plaisir, ou pour veiller à la culture de leurs terres, n'y contractent point de domicile. [1] Il en est de même des domestiques, des mercenaires & des pensionnaires, parce qu'ils ne tiennent pas feu en leur chef, & que leur demeure n'est qu'occasionelle. Les Fermiers font dans le même cas, n'étant censés résider qu'à l'occasion des biens qu'ils tiennent d'autrui, pour un tems seulement.

Celui qui a droit de joüir à titre d'usufruit, d'une maison de Mainmorte, ni la veuve qui a droit d'usage ou d'habitation dans la maison mainmortable de son mari, ou qui en joüit à titre d'assignat spécial, n'y contractent pas la Mainmorte, parce qu'ils ne font pas censés y être venus fixer leur domicile, y ayant une autre cause aparente de leur demeure ; c'est le droit qu'ils ont de joüir d'une habitation dans le lieu Mainmortable.

Un pupille qui demeure dans une maison de Mainmorte où il a été mené par sa mere, sa nourice, son tuteur, ou autre, ne devient pas Mainmortable, pàrce qu'il n'a pas l'intention & la volonté qui font nécessaires, pour fixer son domicile ; il est censé retenir celui de son pere, jusqu'à ce qu'il soit en âge de pouvoir s'en choisir un nouveau avec délibération. [2] L'on doit dire la même chose du mineur, car outre que la Loi Romaine ne lui permet pas de vendre sa liberté avant vingt ans, nos anciennes Ordonnances le déclarent inhabile à contracter, sans l'autorité de son curateur, jusqu'à l'âge de vingt-cinq ans, toutes les fois qu'il peut en souffrir du préjudice ; & si la convention expresse ne doit pas lui ôter sa liberté, il ne doit pas souffrir à plus forte raison, d'une convention tacite en cette matiére.

Diftinction II.

De l'homme franc, qui va demeurer dans le meix de
Mainmorte de fa femme.

LA Mainmorte n'eft pas toujours abfoluë & perpétuelle ; elle eft quelquefois fufpenduë, & dépend de certaines conditions, qui font au pouvoir de celui qui l'encourt : la Coutume du Comté de Bourgogne en fournit deux exemples.

Le premier eft tiré de l'Art. 3, qui porte, *que l'homme franc qui fe marie à femme de Mainmorte, & va demeurer fur le meix de fa femme de ladite condition de Mainmorte, s'en peut aller, & partir quand bon lui femble, vivant fa femme, ou après le trépas d'icelle, dans l'an & jour ; en délaiffant au Seigneur de la Mainmorte, les meix, héritages & biens, étant en ladite Mainmorte, & demeure franc ; & que s'il meurt, demeurant en ladite Mainmorte, il eft réputé homme Mainmortable, & fa poftérité.*

La Mainmorte contractée par cet Article, eft une efpéce de fiction ; la Coutume ne difant pas que l'homme fera Mainmortable, mais qu'il fera *réputé* Mainmortable : cette fiction, lorfque le cas arrive, opére la même chofe que la vérité ; *in his quæ funt juris, idem eft effe talem, vel haberi pro tali, nifi ratione contrarietatis, aliud dicatur.* [1]

La Coutume parle de l'homme franc, qui époufe une femme de Mainmorte, & qui va demeurer fur le meix Mainmortable de fa femme. Sera-t-elle aplicable à celui qui époufe une femme de condition franche, & qu'eft-ce qu'on entend ici par le meix de la femme ?

Comme c'eft par le choix de fon domicile dans le meix, que l'homme franc eft réputé de Mainmorte au cas dont nous parlons, je crois qu'il eft indifférent que la femme foit franche ou Mainmortable ; mais il me femble qu'il faut que le meix de Mainmorte apartienne en propre à la femme, ou qu'elle y ait droit ; comme s'il lui avoit été promis par fon contrat de mariage : parce qu'en ce cas, le mari feroit

[1] *Bart. ad L. Si maritus* 15. §. *Lex Julia. ff. de adult. & ftup.* Labbé, Cout. de Berry, tit. de l'état des perfonnes, art. 3. *v.* font réputés.

préſumé avoir le deſſein de s'y établir. Il en feroit de même, quand la femme n'y auroit qu'une part indiviſe. *Falſo non dicitur , totum meum eſſe , cujus nulla pars poteſt dici alterius eſſe.* [1] Le Parlement de Beſançon l'a ainſi jugé le 24 Février 1630 , encore que celui qui avoit demeuré dans la maiſon commune , n'y eut qu'un huitiéme. Que ſi la femme n'avoit que l'uſufruit du meix , comme c'eſt une cauſe paſſagére , ne pouroit-on pas dire que le mari n'a pas eu l'intention de s'y établir , & qu'il n'y eſt venu , que pour joüir de l'uſufruit qui apartenoit à ſa femme ? d'autant que l'uſufruit ne donne aucune part à la propriété. *Uſufruĉtus , non dominii pars , ſed ſervitus eſt.* [2] Il feroit cependant à propos que le mari , dans cette circonſtance & autres ſemblables , proteſtât qu'il n'entend pas fixer ſon domicile dans le meix de ſa femme. [3]

Un homme franc avoit épouſé une fille Mainmortable , qui avoit eu en dot des biens de franchiſe ; mais il avoit été convenu qu'il viendroit réſider chez ſon beau-pere , dont la maiſon étoit de Mainmorte , & qu'il y feroit nourri & entretenu avec ſa famille , en ſervant fidélement : cet homme mourut ſans communier , après quelques années de réſidence dans cette maiſon ; le Seigneur du lieu prétendit ſes biens par droit d'échûte Mainmortable , & il en fut débouté : l'Arrêt eſt du 27 Septembre 1627 , entre le Seigneur de Flagé , Hugues & Claude Carité de Noidans. Le Seigneur diſoit , que cet homme n'étant pas à gages , il ne pouvoit pas être regardé comme mercenaire ou domeſtique ; qu'il avoit acquis des biens dans le lieu de la Mainmorte , & qu'il n'avoit point d'autre domicile. L'on répondit , qu'il n'avoit acquis que des biens de franchiſe ; qu'il n'avoit pas été aſſocié avec ſon beau-pere ; qu'il étoit venu chez lui ſimplement pour le ſervir ; *obſequiorum exhibendorum cauſâ* ; qu'il n'étoit pas à préſumer qu'il eut voulu s'établir dans une maiſon , qui n'apartenoit ni à lui ni à ſa femme , & qu'il n'avoit point été regardé comme chef de famille ; car l'on auroit pû juger autrement , ſuivant la doĉtrine de Chaſſeneus , s'il avoit été chef de famille , & aſſocié avec ſon beau-pere. [4]

La Coutume parle de l'homme , *qui va demeurer* ſur le

1 *L. Reĉtè dicimus* 25. *ff. de verb. ſign.*

2 *Diĉt. L.25.*

3 *Menoch. de arb. lib.* 2. *cent.* 2. *cap.*86.

4 Cout. de Bourg. tit. des Mainm. rubr. 9. §. 6. *v.* & paye de ſon chef , *verſ.* item de illo.

meix de Mainmorte de fa femme ; elle le répute Main-mortable quand il y meurt , parce qu'il en a le Domaine civil , qu'il en fait les fruits fiens , & qu'il eft cenſé s'y être établi : mais l'on demande , après quel tems de demeure dans ce meix , il eft réputé y avoir fixé ſon domicile , & encouru la Mainmorte.

Quoique la Coutume ne détermine point de tems , on l'a fixé à l'an & jour , parce qu'un homme peut refter pendant un moindre efpace ſur le meix de fa femme , pour en reconnoître les biens , mettre ordre à leur culture , & régler ſes affaires , ſans avoir le deſſein de s'y établir. Le mot *demeurer* dont ſe ſert la Coutume , s'entend communément d'un domicile qui ne ſe contracte réguliérement par le ſeul fait de la réſidence , que dans l'an & jour. C'eſt le terme que la Coutume détermine dans les autres cas , où elle déclare la Mainmorte encouruë par la demeure ; elle le fixe expreſſément dans nôtre Article , pour le mari qui étant venu demeurer dans le meix Mainmortable de fa femme , en ſort après qu'elle eſt morte , pour conferver fa liberté ; & il eſt cenſé répeté , lorſqu'à la fin de l'Article, la Coutume dit que l'homme qui meurt ſur le meix , eſt réputé de Mainmorte.

Si cependant l'on trouvoit par des conjectures preſſantes , que le mari eut voulu s'établir ſur le meix de Mainmorte de fa femme ; comme s'il l'avoit reçû eſtimé à une ſomme, ou s'il étoit convenu par ſon contrat de mariage , qu'il y demeureroit ; on n'attendroit pas l'an & jour pour le réputer Mainmortable , parce qu'on connoîtroit qu'il a eu deſſein de s'y fixer , ſans qu'il fut beſoin pour en juger , qu'il y eut réſidé pendant l'an & jour.

De ce que la Coutume dit , que l'homme franc qui eſt allé demeurer dans le meix de Mainmorte de fa femme , *peut en partir quand bon lui femble* pendant qu'elle vit , ou après fa mort dans l'an & jour , & qu'il n'eſt réputé Mainmortable , que lorſqu'il y meurt dans l'un de ces deux tems; on a conclu que pendant même qu'il eſt malade , de la maladie dont il meurt , s'il ſe fait porter dans une maiſon de franchiſe , il conſerve fa liberté. Le Parlement de la Province l'a ainſi jugé au mois d'Octobre de l'an 1602 , entre

le

le nommé Huot & le Seigneur de Belvoir ; & le 12 Octobre 1618 , entre le Baron de Ray & Claude Tricoté.

Au cas du premier Arrêt , il s'agiſſoit de la ſucceſſion
d'un homme franc , qui étoit allé demeurer dans la communion de ſon beau-pere Mainmortable , & dans un meix
de Mainmorte , dont la moitié avoit été aſſurée à ſa femme;
il y avoit porté & conſommé ſes revenus , & après qu'il y
eut demeuré ſept ans huit mois , étant atteint d'un flux de
ſang , il alla avec ſa femme dans une maiſon de franchiſe ,
que ſon beau-pere lui avoit promiſe par maniére d'aiſance
en cas de ſéparation , & il y mourut quelques jours après ,
avant que d'y avoir fait porter ſes meubles ; d'où l'on con-
cluoit qu'il avoit deſſein de retourner chez ſon beau-pere ,
& qu'il n'en étoit ſorti que pour éviter le bruit du cabaret
qui s'y tenoit. Au cas du ſecond Arrêt , l'homme franc étoit
allé demeurer dans une maiſon de Mainmorte, que ſon beau-
pere avoit relâché par maniére d'aiſance à ſa femme ; il y
tomba malade après pluſieurs années , & ſe ſentant en péril
de mort , il ſe fit porter dans une maiſon de franchiſe qui
lui apartenoit , & y mourut.

L'on dit pour ſoutenir cette Juriſprudence , que la Coutume portant , que le mari peut ſortir *quand bon lui ſemble* ,
elle lui laiſſe la faculté de ſortir , malade comme en ſanté ;
qu'il uſe de ſon droit , & de la liberté que la Loi lui donne ,
lors même qu'il ſort en extrémité de maladie ; qu'il n'eſt pas
cenſé le faire en fraude du Seigneur , qui n'a encore point
de droit acquis ; qu'il n'en eſt pas comme de la donation
entre-vifs , qui ſe fait par un homme atteint de la maladie
dont il meurt ; parce que la donation en ce cas , n'eſt qu'une
ſimulation , pour faire indirectement , ce qu'on ne peut pas
faire par une voie directe ; que ce n'eſt réellement qu'un
acte de derniére volonté , qui n'eſt permis au Mainmortable ,
qu'en faveur de ſes communiers ; que la Coutume ne répu-
tant le mari Mainmortable , que quand il meurt ſur le meix
de Mainmorte de ſa femme , il ſuffit qu'il n'y meure pas ,
pour conſerver ſa liberté ; que l'on doit attribuer ſa ſortie
au deſir qu'il a d'uſer du droit que la Loi Municipale lui
donne ; qu'on ne doit pas préſumer , qu'il ait deſſein de
retourner , ſous prétexte qu'il n'aura pas encore tranſporté

G

ſes meubles , & établi ſa famille dans la maiſon de franchiſe, & qu'on doit plûtôt croire que ſa maladie ne lui en a pas laiſſé la commodité ni le tems ; que dans le doute , on doit juger pour la liberté ; qu'il ne s'agit ici que d'éviter une Mainmorte qui eſt en ſuſpens, & de favoriſer l'état d'un homme , qui ne s'eſt pas engagé avec pleine liberté , & qui n'eſt allé réſider ſur la Mainmorte, qu'à l'occaſion de ſon mariage , & pour joüir du bien de ſa femme ; enfin, que c'eſt le moment ſeul de la mort, & le lieu où elle arrive , qui décident en ce cas , & qui font voir que l'homme a bien voulu être Mainmortable , & ne pas uſer du droit que la Coutume lui donne.

Quelques ſpécieuſes que ſoient ces raiſons , j'aurois peine à m'y rendre , ſi la Juriſprudence des Arrêts n'avoit pas interprété la Coutume , & formé une eſpèce d'Uſage ſur ce point. L'on doit plus s'attacher à l'eſprit qu'aux termes de la Loi Municipale : or il eſt bien probable , que quand ceux qui l'ont rédigée , ont dit que l'homme pouvoit s'en aller *quand bon lui ſembleroit* , ils ont entendu parler d'un dé-part prémédité & ſincére , qui n'arrivât pas dans un tems ſuſpect. Celui de l'homme atteint de la maladie dont il meurt, qui voit ſon échûte imminente , & qui ſe fait ſimplement porter dans une maiſon de franchiſe , pour y mourir, ne me paroît qu'une momerie ; & comme nous jugeons que dans ce tems , l'homme de Mainmorte ne pouroit pas don-ner entre-vifs ſes meubles & biens de franchiſe, quoique le Seigneur ni ſes communiers , n'aient encore point de droit acquis ; il paroît qu'on devroit juger auſſi , qu'il n'eſt plus tems de ſortir de la maiſon de Mainmorte dans la même circonſtance , pour conſerver ſa liberté, parce qu'il y a mêmes raiſons ; ou du moins, que cette ſortie ne doit pas être réduite à une ſimple cérémonie , comme elle l'eſt, quand on ſe fait ſeulement porter dans une maiſon de fran-chiſe , en vuë d'y mourir, & qu'on ne s'y eſt pas encore établi avec ſa famille.

Le mari qui veut conſerver ſa liberté , doit quitter le meix de Mainmorte de ſa femme , dans l'an & jour après qu'elle eſt morte ; s'il y meurt pendant ce tems, il eſt réputé Mainmortable , puiſqu'il le ſeroit, s'il y étoit mort pendant qu'elle vivoit : il a moins de raiſon d'y réſider depuis qu'elle eſt morte, qu'auparavant: c'eſt une continuation du domicile qu'il s'eſt choiſi dans cette maiſon; il n'a pas voulu profiter du bénéfice de la Coutume, puiſqu'il n'eſt pas ſorti comme il pouvoit le faire; & la Coutume diſant en général, que l'homme qui meurt ſur le meix Mainmortable de ſa femme, eſt réputé de Mainmorte, on doit l'entendre de l'an & jour qui lui eſt donné pour ſortir après qu'elle eſt décédée, comme du tems qu'elle étoit en vie ; puiſque cette diſpoſition étant à la fin de l'Article, elle ſe peut raporter également aux deux cas.

Il doit non-ſeulement quitter le meix de Mainmorte, mais encore délaiſſer au Seigneur, les biens qui ſont dans la Seigneurie Mainmortable. Si cependant il continuoit à en joüir, après être ſorti du meix, il ne perdroit pas ſa liberté, quoique la Coutume ſe ſoit ſervie du gérondif *en délaiſſant*; parce qu'il emporte plûtôt ici, un mode qu'une condition, la Coutume ayant parlé au préſent & non au prétérit, de la liberté que l'homme conſerve, par ces termes, *& demeure franc*. Elle a pour objet principal, la ſortie du meix Mainmortable; cet objet étant rempli, il ne reſte au Seigneur, qu'une action pour obliger l'homme, à lui relâcher les biens qui lui doivent être laiſſés. C'eſt la déciſion du Droit Romain en pareil cas; car il dit, qu'une femme ayant légué la liberté à ſes eſclaves, ſous de certaines conditions qu'ils n'accompliſſoient pas, on ne peut pas ſous ce prétexte les rapeller à la ſervitude, mais ſeulement les obliger à accomplir la condition. [1]

L'obligation de laiſſer les biens au Seigneur, donne lieu à deux queſtions ; la premiére, ſi le mari doit les laiſſer, lorſqu'il a des enfants, ſoit qu'il quitte le meix après la mort de ſa femme, ou pendant ſa vie ; & la ſeconde, quels biens il doit abandonner au Seigneur.

Mr. Talbert eſtime, que la Coutume ne doit être entenduë, que du cas que la femme ſoit morte, & qu'elle n'ait point laiſſé d'enfants. On peut dire, pour ſoutenir ſon ſentiment, que le mari pendant la vie de ſa femme, joüit de ſes biens pour les charges du mariage, & qu'après ſa mort, il a l'uſufruit légal de ceux de ſes enfants, qu'il en

[1] *L. Mævia* 44. ff. *de manum. teſt.*

joüiroit dans l'un & l'autre cas, s'il n'avoit pas demeuré sur le meix de Mainmorte ; qu'il ne peut pas leur faire le préjudice, de quitter au Seigneur les biens qui leur apartiennent, & dont les revenus doivent servir à leur nourriture & entretien ; qu'ils en devroient joüir plûtôt que le Seigneur, si le mari les quittoit ; que quand il est sorti du meix, il en est comme s'il n'y étoit jamais entré, puisque la Coutume dit, qu'il *demeure* franc, & que lorsque la Coutume ajoute, qu'on délaissera les biens, ce n'est qu'après avoir parlé du trépas de la femme, qu'on doit par conséquent suposer arrivé, pour qu'il y ait lieu au déguerpissement.

Mr. Boguet est d'un avis contraire, fondé sur ce que la Coutume demande ici un déguerpissement, pour conserver la liberté, comme pour l'acquerir dans le cas du désaveu ; & que comme ce déguerpissement se doit faire au tems du désaveu, il doit être fait aussi dans le tems de la sortie ; qu'elle ne distingue pas, si la femme est vivante, & si elle laisse des enfants ; que l'homme qui veut conserver sa liberté, n'en doit pas moins le prix dans ces deux cas, que dans celui de la mort de la femme sans enfants ; qu'il ne délaisseroit souvent rien, dans ces derniers cas ; qu'il ne fait pas préjudice à ses enfants, en déguerpissant ; qu'au contraire il leur procure un grand avantage, puisqu'il leur conserve la liberté ; & que quant à sa femme, comme il est maître des fruits de sa dot, il peut, sans lui faire injustice, les abandonner au Seigneur ; enfin que le mot, *en délaissant*, doit se raporter à tout ce qui précéde, & par conséquent à la sortie du mari pendant la vie de sa femme, comme après sa mort.

Pour se déterminer à l'une ou à l'autre de ces opinions, il faut distinguer les biens que le mari peut avoir.

Mr. Talbert est de sentiment, qu'il ne doit pas abandonner les biens anciens, soit meubles ou immeubles, qu'il avoit dans la Seigneurie avant son mariage ; parce qu'il ne peut être réputé Mainmortable, que par raport à la possession des biens de sa femme, & de ceux qu'il a acquis dans la terre, à l'occasion de son mariage. Il suffit donc qu'il relâche ceux-ci, n'y ayant aucune raison pour

lui faire perdre ſes biens anciens ; qu'il n'eſt pas tenu de
laiſſer les actions , les noms de droit & les rentes qu'il auroit
acquis dans la Terre , quant à la part qu'il y a , parce que
cette eſpèce de biens , n'a proprement point de ſituation ,
qu'elle ſuit la perſonne , & qu'elle s'ajuge dans le concours
de deux Seigneurs , à celui de l'origine , qui eſt le Seigneur
de la perſonne ; que la Coutume veut ſeulement , qu'on
délaiſſe les biens *étant dans la Mainmorte* , c'eſt-à-dire , ceux
qui y ſont ſitués ; que la femme en pareil cas , n'eſt tenuë
que de délaiſſer les meix & héritages étant au lieu de la
Mainmorte , [1] & que le mari ne doit pas être de pire condition. Mr. Talbert réduit donc le déguerpiſſement à faire
par le mari, au meix de la femme, aux biens provenans d'elle,
& aux acquéts d'immeubles qu'il fait dans la Seigneurie ,
pendant ſon mariage.

[1] Art. 9.

Mr. Boguet penſe au contraire , qu'il doit déguerpir
tout ce qu'il a dans cette Seigneurie , ſoit les biens anciens
qu'il y poſſéde , & les meubles qu'il a portés , ſoit les
rentes, noms & actions , & les autres biens qu'il y a acquis.
Son ſentiment paroît d'abord ſoutenu par la lettre de la
Coutume. Elle parle en général , *de délaiſſer les meix , héri-*
tages & biens étant dans la Mainmorte. Elle ne dit pas qu'on
ne délaiſſera que ceux de la femme ; & comme après avoir
parlé des meix & héritages , elle ajoute le mot , *& biens* ;
ces derniers termes qui ſont ampliatifs , ſemblent emporter
quelque choſe au-delà du déguerpiſſement des immeubles;
que ſi la femme en eſt quitte pour délaiſſer les meix & héritages de ſon mari , c'eſt parce qu'elle ne choiſit pas volontairement ſon domicile , & qu'elle eſt obligée de ſuivre
ſon mari ; mais il n'en eſt pas de même du mari ; il eſt bien
plus libre dans le choix de ſon établiſſement ; il ne faut
par conſéquent pas être ſurpris , s'il n'en eſt pas quitte à
ſi bon prix , quand après s'être établi dans le meix de
Mainmorte de ſa femme , il veut conſerver ſa liberté.

Je doute cependant , qu'on ſuivit cette opinion dans la
pratique, parce qu'elle eſt dure & ne laiſſe que peu de différence , entre l'affranchiſſement par déſaveu qui efface la
Mainmorte réellement contractée , & le déguerpiſſement
du mari , qui ne fait que lui conſerver la liberté qu'il n'a

pas encore perduë. Ce déguerpissement entraîneroit même la perte de tous les meubles, & des rentes, noms & actions, que le défaveu n'emporte pas. Nôtre Article, parle au commencement, du mari qui est allé demeurer sur le meix Mainmortable de sa femme, quand il dit à la suite, qu'il délaissera les meix, héritages & biens étant en ladite Mainmorte, on doit l'entendre du meix dont il a parlé d'abord, & des héritages & biens, qui apartenoient pareillement à sa femme. Ces mots, *& biens*, peuvent être pris pour le sinonime de ceux de *& héritages*, dont il est fait mention immédiatement auparavant, ou censés mis, pour désigner les droits réels que le mari auroit du chef de sa femme. Quand la Coutume veut que le mari délaisse ses propres biens, elle le dit ; car elle porte dans l'Article du défaveu, qu'il renoncera ses meix & héritages, & la tierce partie de ses meubles. Ce n'est que par raport à la mort dans le meix de la femme, qu'il peut être rendu Mainmortable ; c'est une espèce de Mainmorte réelle qui vient d'une habitation momentanée, & qui ne devient personnelle, que par la mort du mari sur le meix de sa femme ; ne suffit-il pas pour s'en exemter, qu'il délaisse ce meix, avec les biens de sa femme, & ce qu'il a acquis dans le lieu de la Mainmorte, avant que de l'encourir lui-même par son décès dans ce lieu ? Quoique le droit de la femme soit plus favorable dans le cas semblable, ce sont néanmoins des corrélatifs, dans lesquels la Mainmorte venant de la même cause, il est juste qu'on la puisse éviter par les mêmes moyens, & qu'elle n'ait que le même effet : l'on peut donc tirer avec fondement, l'explication de l'Article qui concerne le mari, de celui qui regarde la femme ; & ce seroit assez qu'il y eut du doute, pour que l'on dût pancher à suivre l'opinion qui fait moins perdre au mari.

Or dès qu'on supose qu'il ne doit pas abandonner ses biens anciens, mais seulement ses acquêts qui font une suite de son mariage & de son établissement dans le lieu de Mainmorte, & parce que s'ils consistent en immeubles, on peut présumer que le Seigneur n'y a consenti, que dans l'espérance que le mari deviendroit son homme Mainmortable ; il me semble qu'on en doit conclure, qu'il n'est obligé de relâcher les biens qui viennent de fa femme, qu'après qu'elle eſt morte, & lorfqu'elle n'a point laiſſé d'enfants; à moins qu'elle n'en ait difpoſé en fa faveur, quoiqu'elle ait des enfants, & qu'il n'en ſoit le propriétaire; car hors de ce cas, il n'en a que l'uſufruit légal, comme mari ou comme pere; il ne peut pas les délaiſſer au préjudice de fa femme ou de ſes enfants, qui en ont le domaine; le mot *délaiſſer*, dont ſe ſert la Coutume, ne convient réguliérement qu'à la propriété; l'uſufruit n'eſt qu'une ſervitude perſonnelle, & ceſſant dans la perſonne de l'uſufruitier, il devroit être conſolidé à la propriété, plûtôt que d'être donné au Seigneur; or ce ſont *les biens*, c'eſt à dire, le fond & la propriété, qui doivent être déguerpis, aux termes de la Coutume, & non pas un ſimple uſufruit.

Il ſuit auſſi de ce qu'on vient de dire, que le mari n'eſt obligé d'abandonner que ce qu'il tient de fa femme en propriété, & ce qu'il a acquis pendant ſon mariage; que s'il a ſuccédé à ſes enfants, pendant l'année qui lui eſt donnée pour ſortir, après que fa femme eſt décédée, il ne ſera pas tenu de laiſſer ce qu'il a eu de leur ſucceſſion, parce qu'il ne le tenoit pas immédiatement de fa femme, & que *hæreditas addita, non eſt patrimonium defuncti, ſed adeuntis.*

Au reſte, il n'y a pas de doute qu'il doive délaiſſer pour le tout, quoique fa femme ſoit encore en vie, les acquêts qu'il a fait dans le lieu de Mainmorte. La Chambre des Requêtes l'a ainſi jugé, le 12 Juillet 1720, au Raport de Mr. Arviſenet d'Auxanges, en faveur du Sieur d'Aubigné.

Diſtinction III.

De la femme de condition franche, qui épouſe un Mainmortable.

LE ſecond exemple de la Mainmorte conditionnelle, & qui eſt en ſuſpens, ſe trouve dans l'Article 9, qui eſt conçû en ces termes : *Si une femme franche ſe marie à un homme de Mainmorte; vivant ſon mari, elle eſt tenuë & réputée de Mainmorte; & après le décès de ſondit mari, elle ſe peut départir du lieu de Mainmorte, & aller demeurer en lieu franc, si elle veut ; & demeure franche, comme elle étoit auparavant ce qu'elle vint demeurer audit lieu de Mainmorte; en délaissant dans l'an & jour après le trépas de sondit mari, ledit lieu de Mainmorte, le meix & tous les héritages d'icelui son mari, étans audit lieu de Mainmorte ; & si ladite femme y demeure plus d'an & jour, elle sera de la condition dudit meix Mainmortable.*

Cet Article contient deux parties ; la premiére régle quel doit être pendant le mariage, l'état de la femme de condition franche, qui a épousé un homme de Mainmorte ; la seconde dit ce qu'elle doit faire après la mort de son mari, pour s'empêcher d'encourir la Mainmorte. Au premier cas, elle est simplement *réputée* Mainmortable, parce que la Mainmorte ne lui vient que de la condition de son mari ; mais au second, elle est réellement de Mainmorte, si elle n'use pas du reméde que la Coutume lui donne ; parce que lorsqu'elle est veuve & libre, elle est censée s'établir volontairement dans le meix de Mainmorte où elle résidoit auparavant, moins par sa volonté propre, que par celle de son mari, pendant qu'il vivoit.

Il n'y a point d'union plus forte que celle du mari & de la femme ; & comme la femme est subordonnée au mari, qu'elle entre dans sa famille, & qu'il est le chef de leur société, elle doit réguliérement suivre son état : aussi suivant la Loi, elle a part aux honneurs qu'il reçoit ; *quoniam uxores coruscant radiis mariti, hoc Lege dante;* [1] *fœminæ nuptæ clarissimis personis, clarissimarum personarum nomine, appellantur.* [2] Elle peut être élevée à son rang, & à sa condition, elle suit sa jurisdiction comme son domicile, & joüit de ses priviléges ; *mulieres, honore maritorum erigimus, genere nobilitamus ; forum ex eorum personâ statuimus, & domicilia mutamus.* [3] *Item rescripserunt, mulierem quamdiu nupta est, incolam ejusdem civitatis videri, cujus maritus est ; & ibi, unde originem trahit, non cogi, muneribus fungi.* [4] Mais la Loi décide en même tems, que la femme perd les avantages de sa naissance ou de son premier mariage, quand elle épouse un homme d'une condition inférieure à la sienne ; *parentes, fœminis dignitatem tribuunt, donec plebeii nuptiis, fuerint copulatæ.* [5] *Si secundum virum, minoris ordinis, mulieres*

lieres

[1] *Nov.* 105. *cap.* 2. *in princ.*

[2] *L. Fœminæ* 8. *ff. de Senat.*

[3] *L. Mulieres* 13. *Cod. de dignitatib. L. fin. eod. L. ult. Cod. de incolis.*

[4] *L. Imperatores* 38. *ff. ad municip. L. Medicos* 6. *L. Grammaticos,* §. 1. *Cod. de Prof. & Med. L. fin.* §. 3, *de schol. eod.*

[5] *L. Fœminæ* 8. *ff. de Senat.* 1. *Cod. de dign.*

lieres sortitæ fuerint, priore dignitate privatæ, posterioris ma-
riti, sequuntur conditionem. [1] De même, suivant le Droit
François, si la femme noble épouse un roturier, elle perdra
les priviléges de sa noblesse, & sera en conséquence obligée
de payer pour les Francs‑fiefs. [2]

Sur ces principes, nôtre Coutume décide que la femme
de condition franche qui épouse un Mainmortable, est ré‑
putée de Mainmorte pendant la vie de son mari. Elle a
imité l'ancien Droit Romain, suivant lequel par le Sénatus‑
consulte Claudien, la femme libre qui s'étoit abandonnée
à un Esclave, perdoit sa liberté & ses biens ; [3] & l'on
trouve dans une Constitution de l'Empereur Constantin,
ingenuas mulieres, quæ se Gynæciariis sociaverint ; si conven‑
tæ denuntiatione solemni, splendorem generis, contubervio‑
rum vilitati præferre voluerint, maritorum conditione teneri. [4] Il
semble donc qu'on doit conclure de nôtre Article, qu'au
moment du mariage, la femme change de condition, &
prend celle de son mari, indépendamment de la qualité du
lieu de leur demeure. C'est ainsi qu'on entend en Bourgogne,
un Article semblable au nôtre ; & il y a un autre Article,
qui porte que la femme de Mainmorte qui se marie à un
homme franc, est franche.

Cependant le Parlement de Franche‑Comté, a jugé plu‑
sieurs fois, qu'il ne suffisoit pas que la femme de condition
franche eût épousé un Mainmortable ; mais qu'il étoit né‑
cessaire qu'elle fût allée demeurer dans le meix de Main‑
morte de son mari, & qu'elle y fût décédée. Les raisons
de cette Jurisprudence, sont que nôtre Article supose que
cette femme est allée demeurer sur le meix de Mainmorte,
& qu'elle seroit encore franche, si elle n'y avoit pas de‑
meuré, quand il dit qu'après le décès de son mari, elle
peut se départir du lieu de Mainmorte, & qu'elle reste
franche comme elle étoit avant qu'elle vint demeurer audit
lieu, en délaissant les biens de Mainmorte ; qu'il supose
aussi, que ce n'est pas tant le mariage, que la demeure
dans le lieu de Mainmorte & la qualité du lieu qu'elle ha‑
bite, qui changent la condition de la femme, quand il
ajoute, que si elle demeure plus d'an & jour audit lieu,
elle sera de la condition du meix ; qu'il en doit être,

H

[1] L. *Mulie‑*
res, 13. Cod.
eod.

[2] Laroque,
de la noblesse,
ch. 90. Bac‑
quet des
Francs‑fiefs,
part. 1. ch. 9.
n. 2.

[3] L. *unic.* Cod.
de SC. *Claud.*
toll. Instit. tit.
des succes. §. 1.

[4] L. *Ingenuæ,*
3. Cod. de *mu‑*
ri leg.

comme du mari franc qui épouse une femme de Mainmorte, & qui n'est réputé Mainmortable, qu'après qu'il a demeuré un an & jour sur le meix de Mainmorte de sa femme ; que le Sénatusconsulte Claudien , a été abrogé par le Droit nouveau, [1] & que ce Droit a décidé que la femme libre qui se marieroit à un adscriptice , conserveroit son état. Les Arrêts qui ont établi cette Jurisprudence , sont du 12 Juin 1597 , entre le Seigneur de Jané & un particulier de Venisé , du 13 Janvier 1598 aux premiers Plaidoyers des Sieurs Chofal & Alix , de 1613 , en la cause du Sieur de Chantran, du mois de Décembre 1628 , du 20 Mars 1640 entre les Janon , du deux Novembre 1644 dans la cause des Vatageot , & du 28 Juin 1691 contre le Sieur de Chantran. Mr. Terrier en raportant l'Arrêt de 1644 , dit qu'il fut rendu à l'avis des deux Chevaliers d'Honneur , des deux Conseillers Clercs & de Mr. Maton , contre le sentiment de Mrs. Boivin, Lulier & Jacquard ; & que lui ledit Sieur Terrier , & les deux Conseillers Fiscaux , dirent que s'ils avoient été du nombre des Juges , ils n'auroient pas été de l'avis de l'Arrêt.

En effet , il paroît facile de répondre aux raisons , sur lesquelles cet Arrêt & les autres semblables sont fondés. Si la Loi dit , que la femme libre qui se marie à un homme adscriptice , conserve sa condition; elle donne en même-tems le droit au maître de l'Esclave, de rompre le mariage ; & il en est de même de celle qui abroge le Sénatusconsulte Claudien. On ne doit pas tirer à conséquence , ce que nôtre Coutume décide à l'égard du mari de condition franche , qui épouse une femme Mainmortable & va demeurer dans son meix , pour la femme libre qui épouse un mari de Mainmorte & le suit dans sa maison , car elle y est obligée ; mais le mari choisit volontairement le domicile de sa femme. Celle-ci lorsqu'elle est franche , doit s'imputer d'avoir épousé un Mainmortable , puisqu'il lui étoit libre de ne le pas faire , & par conséquent son mariage seul doit suffire pour la rendre de la condition de son mari. Il ne faut pas confondre les deux parties de l'Article de nôtre Coutume , car elles s'apliquent à deux cas différents ; sçavoir , la premiére à la femme libre qui a épousé un homme de Mainmorte , & que la Coutume répute Mainmortable pendant la vie de fon mari ; la feconde regarde cette même femme, qui eft allée demeurer fur le meix Mainmortable de fon mari, comme il arrive ordinairement, & y demeure plus d'an & jour, après qu'il eft mort, au moyen de quoi elle devient réellement Mainmortable. Tout ce qu'on dit pour conclure qu'il faut que la femme foit allée demeurer fur le meix de fon mari, pour qu'elle foit réputée Mainmortable, pendant qu'il eft en vie, eft tiré de cette derniére partie, & du narratif feulement ; le difpofitif ne s'aplique qu'à la femme qui fe trouve dans le meix de Mainmorte de fon mari lors qu'il meurt, & ne regarde point le tems de la vie du mari, comme on le voit aifément, en lifant attentivement l'Article entier, dont les deux parties font féparées par la diverfité de la conftruction des raifons & des faits ; la premiére partie ne parlant que de la condition de la femme pendant que fon mari eft en vie, & la feconde, que de ce qui doit arriver après qu'il eft mort ; *& après le décès de fondit mari, &c.* Pour foutenir par cet Article la Jurifprudence des Arrêts, il faut y fupléer des phrafes entiéres & des conditions, comme, par exemple, *que la femme franche qui a époufé un homme Mainmortable, eft de Mainmorte pendant la vie de fon mari, fi elle eft allée dans le meix de fon mari, fi elle y a demeuré pendant l'an & jour, & fi elle y meurt ;* ce que les Rédacteurs de la Coutume n'auroient pas manqué de dire s'ils l'avoient entendu. Laiffer à cette femme, la liberté de fortir de la Mainmorte pendant la vie de fon mari ; c'eft ne lui rien donner, parce qu'elle n'en eft pas la maîtreffe, à moins qu'on ne veule expofer les maris qui ont époufé des femmes franches, à fe voir perfécuter pour fortir de leurs meix, & à déranger par là leurs affaires, & à dépeupler les Seigneuries de Mainmorte. Si la qualité de la femme étoit attachée en ce cas à fa demeure, elle changeroit de condition autant de fois que fon mari changeroit de domicile, en paffant d'un lieu de Mainmorte à un lieu franc, de celui-ci, à un lieu de Mainmorte, &c. ce qui paroît abfurde. Enfin, en jugeant fimplement, que la femme franche qui époufe un homme Mainmortable, eft réputée de Mainmorte pendant la vie de fon mari, l'on ne trouve aucune difficulté dans l'exé-

H ij

cution ; au lieu qu'en y ajoutant , qu'il faut encore que cette femme ait pris le meix de son mari , l'on trouve des sujets de contestation à chaque pas, comme on le verra bientôt ; ce qui fait sentir que nôtre Jurisprudence s'est écartée de la régle. Cependant elle est établie sur tant d'Arrêts , qu'il y auroit de la témérité à un particulier d'entreprendre de la faire changer ; c'est pourquoi je vais tâcher de m'y conformer, en expliquant, suivant l'une & l'autre opinion, les différens cas qui se présentent communément sur nôtre Article.

Le premier , est celui de la femme franche qui épouse un homme franc , lequel devient Mainmortable par prise de meix après leur mariage. Si l'habitation de la femme dans le meix de Mainmorte de son mari , est la principale cause qui la fasse réputer Mainmortable , il semble qu'elle peut être jugée telle au cas dont on vient de parler. Cependant il est plus sûr de soutenir , que la Coutume demandant que la femme ait épousé un homme de Mainmorte , cette femme n'a rien fait qui doive la priver de sa liberté , puisqu'elle a épousé un homme franc , quoiqu'elle l'ait suivi dans un meix Mainmortable ; parce qu'elle y étoit obligée, & qu'elle n'a pas dû le prévoir en se mariant avec lui.

Le second cas arrive , quand la femme franche qui a épousé un homme de Mainmorte , va demeurer sur le meix Mainmortable de son mari , en sort, ou y meurt avant l'an & jour. La question est de sçavoir , si on doit la réputer de Mainmorte. L'affirmative ne souffriroit point de difficulté , si le mariage seul la rendoit Mainmortable ; mais il y en a davantage , s'il faut y joindre la demeure dans le meix du mari ; car l'on peut dire que la femme en y allant , a choisi le domicile de son mari , & fait tout ce que la Coutume exige pour la rendre Mainmortable , particuliérement quand elle y meurt.

Cependant , dès que l'on exige la demeure de la femme dans le meix de Mainmorte, avec son mariage à un Mainmortable ; l'on en doit juger comme du mari franc , qui va demeurer dans le meix de Mainmorte de sa femme , qu'on ne répute pas Mainmortable , s'il en sort , ou s'il y meurt avant l'an & jour. Le cas de la femme qui doit suivre le domicile de fon mari, eſt encore bien plus favorable que celui du mari, qui choiſit volontairement le meix de ſa femme pour y demeurer. Le domicile n'eſt cenſé fixé, qu'après un an & jour de demeure : la Coutume & la Juriſprudence des Arrêts l'ont réglé de la ſorte dans tous les cas ; & comme nôtre Article donne à la femme franche qui a épouſé un Mainmortable, & qui eſt allée demeurer ſur ſon meix, un an & jour pour en ſortir, & conſerver ſa liberté par ce moyen ; il paroît juſte de lui donner le même tems, avant que de la réputer Mainmortable, pour avoir demeuré ſur le meix de Mainmorte de ſon mari ; & cela, quoiqu'elle y meure ; parce que la mort ſur ce meix, eſt une choſe indifférente, ſi le domicile n'y eſt pas encore cenſé fixé. Le Parlement de la Province l'a ainſi jugé, le 6 Avril 1593, entre Françoiſe Blanc femme d'Henri Dubois & Claude Largeot Procureur d'Office à Champagne, & au mois de Septembre 1597. Je l'ai vû auſſi juger de même au Raport de Mr. Bocquet de Courbouſon, le 13 Février 1708, entre les nommés Paillard & Poſne, dans le cas d'une femme de franche condition qui avoit épouſé un homme de Mainmorte, & qui étoit décédée ſur le meix Mainmortable de ſon mari, après y avoir demeuré près d'une année.

La femme n'eſt donc réputée Mainmortable, qu'après avoir demeuré l'an & jour dans le meix de Mainmorte de ſon mari ; mais quand le mari a deux Seigneurs, l'un d'origine, & l'autre de domicile, duquel des deux la femme ſera-t-elle Mainmortable ? & faut-il que le mari ſoit propriétaire du meix, ou s'il ſuffit qu'il y ait établi ſa demeure ?

Si le mariage ſeul la rendoit Mainmortable, ce ſeroit du Seigneur d'origine qui eſt le premier, & dont le droit eſt toujours le plus fort & le plus favoriſé par nôtre Coutume. Comme nous eſtimons que c'eſt principalement ſon habitation qui la rend telle, il en faut conclure qu'elle devient Mainmortable du Seigneur du domicile ; d'autant que lorſqu'en pareil cas, le mari encourt la Mainmorte, c'eſt celle du meix de ſa femme où il eſt allé réſider ; & que quand la Coutume dit, qu'ils conſerveront leur liberté en ſortant du meix, elle ſupoſe que c'eſt ce meix qui les amortit :

elle porte même à l'égard de la femme , *qu'elle fera de la condition du meix où elle aura réfidé l'an & jour.* Ainſi jugé en 1613 , au Raport de Mr. Boivin , *& alias fæpe* , dit Mr. Talbert.

Au reſte , quoique le domicile imprimant ici la condition, il paroiſſe indifférent qu'il ſoit pris dans le meix propre du mari , ou dans une maiſon qu'il auroit loüée , la Coutume parlant d'ailleurs en général , de quitter le lieu de Mainmorte ; il me ſemble cependant , qu'on peut ſoutenir que ce doit être dans la maiſon propre du mari , parce que la Coutume , après avoir parlé de quitter le lieu , nomme la maiſon du mari , & ſupoſe par conféquent que ce ſoit là que la femme ait été domiciliée ; *en délaiſſant* , dit-elle , *le meix & tous les héritages d'icelui mari , étant audit lieu de Mainmorte.* Ce mot , *délaiſſant* , ſupoſe encore cette propriété , & que la femme y a acquis quelque droit ; car on ne dit pas qu'on délaiſſe , qu'on déguerpit , ce à quoi l'on n'a rien. Enfin , comme c'eſt ici une matiére odieuſe , & où la Mainmorte ne ſe contracte que par fiction , la Coutume doit être interprétée ſtrictement & en faveur de la femme, s'il y a du doute.

Une autre difficulté qui réfulte de l'explication que nous donnons à la Coutume , eſt de ſçavoir ſi la femme réputée Mainmortable , parce qu'elle a demeuré l'an & jour ſur le meix de Mainmorte de ſon mari , recouvre ſa liberté quand elle en ſort pendant que ſon mari eſt vivant. La négative eſt fondée ſur ce que la Coutume diſant indiſtinctement , que la femme eſt réputée Mainmortable vivant ſon mari , dès que la femme a encouru cette ſervitude par le choix d'un domicile , elle ne peut s'en délivrer qu'après que ſon mari eſt décédé ; qu'elle ne quitte pas ce domicile par un effet de ſa propre volonté , mais parce qu'elle eſt obligée de ſuivre ſon mari , qui porte par tout avec lui la Mainmorte qu'il a une fois contractée ; que la Coutume a bien donné au mari , la faculté d'éviter la Mainmorte , en ſortant quand bon lui ſembleroit ; mais qu'elle n'a pas jugé à propos d'accorder le même avantage à la femme , puiſqu'elle ne l'a pas dit ; & que portant ſeulement , qu'elle poura éviter la Mainmorte après la mort de ſon mari , en quittant le lieu Main-

mortable, elle femble l'avoir excluë du droit de s'en mettre
à couvert par cette voie, pendant que fon mari eft en vie.

L'on a cependant jugé le 26 Mars 1640, qu'une femme
qui étoit fortie du lieu de Mainmorte avec fon mari, pour
aller demeurer dans un lieu franc où elle étoit morte, ne
faifoit pas échûte, & qu'elle avoit confervé la liberté qu'elle
avoit eu auparavant fon mariage ; l'on a penfé qu'il étoit
jufte de lui accorder le même avantage qu'au mari, qui eft
venu demeurer dans le meix Mainmortable de fa femme.
Que fi la Coutume ne le lui donne pas expreffément comme
au mari, c'eft parce qu'elle n'eft pas libre comme lui de
quitter le meix où il s'eft établi ; qu'étant auffi commun
qu'elle aille demeurer dans la maifon de fon mari, qu'il eft
rare que le mari vienne demeurer dans la fienne, il convenoit d'exprimer en ce dernier cas, le reméde qui n'y eût
pas pû être fupléé par la nature de la chofe ; que c'eft la
demeure dans le meix de Mainmorte du mari, qui met la
femme en voie de devenir Mainmortable, & que fa mort
dans ce meix, en fait la confommation ; qu'il n'y a encore
rien de fait ni d'irrévocable, tandis qu'elle eft en vie ; que
fa condition eft en fufpens jufqu'à fon décès, & que quand
elle eft fortie du meix, il n'y a plus rien qui fuffife pour
lui faire changer d'état ; enfin qu'elle eft d'autant plus digne
de fecours, lorfqu'elle peut déterminer fon mari à quitter
le lieu de Mainmorte, qu'il a moins dépendu d'elle d'y
venir : mais il me femble qu'il faut qu'elle en foit fortie
avec fon mari & fa famille, n'étant pas en fon pouvoir de
fe choifir un domicile, autre que celui de fon mari ; &
qu'il paroiffe qu'elle s'eft véritablement établie en lieu franc,
& qu'il n'y a eu ni fraude ni fiction dans fon fait ; ce qui
me fait douter de la vérité de ce que dit Mr. Talbert, que
la femme malade peut fe faire tranfporter fur la franchife,
pour y mourir franche.

Que fi la femme, après avoir demeuré l'an & jour dans
un meix Mainmortable de fon mari, en fort & ne va pas
réfider en franchife ; mais que fon mari & elle aillent demeurer fur un meix Mainmortable d'une autre Seigneurie,
& qu'elle y meure, auquel de ces deux Seigneurs adjugera-
t-on l'échûte ? Mr. Talbert dit que c'eft au Seigneur du

meix où elle meurt, ce qui eſt fondé ſur ce que le tems & le lieu de ſa mort, déterminent ſa condition qui étoit en ſuſpens juſques-là. Si elle n'avoit pas encore demeuré pendant l'an & jour dans ce ſecond meix, j'y trouverois de la difficulté, parce qu'il me ſemble qu'elle ne ſeroit pas encore devenuë Mainmortable du ſecond Seigneur, puiſqu'il lui avoit bien fallu un an & jour, avant qu'elle le devint du premier.

Si le mari s'eſt affranchi, & que la femme meure dans ſon meix avant qu'il ſorte, *dum parat receſſum*, elle mourra franche, parce que l'habitation dans le meix de Mainmorte, ne lui nuit que tandis que ſon mari eſt Mainmortable ; & que les deux extrêmes qui pouvoient la rendre telle, ſçavoir, la qualité du mari & l'habitation dans le meix, ne concourent plus. Au reſte, on peut donner l'an & jour au mari, pour ſortir en ce cas de ſon meix ; mais s'il y demeure après ce tems, je crois qu'il retombe dans la Mainmorte, & que toutes choſes reprennent leur premier état, tant à l'égard de la femme que du mari.

Nôtre Coutume, après avoir dit que la femme de franche condition qui a épouſé un homme de Mainmorte, eſt réputée Mainmortable pendant la vie de ſon mari ; ajoute qu'après qu'il eſt mort, elle demeure franche, pourvû qu'elle quitte dans l'an & jour le lieu de la Mainmorte, & délaiſſe le meix & tous les héritages de ſon mari qui y ſont.

Cette derniére diſpoſition a lieu, non-ſeulement pour la femme qui n'a pas encore demeuré pendant l'an & jour ſur le meix Mainmortable, durant la vie de ſon mari ; mais encore à l'égard de celle qui y a demeuré tout ce tems, & plus ; ce qui n'eſt pas douteux, dans l'opinion de ceux qui tiennent que le mariage ſeul la fait réputer de Mainmorte ; & ne doit pas l'être non plus, dans le ſentiment qui exige encore la demeure d'an & jour ; car la Coutume n'accorderoit rien à la femme, ſi elle ne renfermoit pas ce cas, parce que dans l'autre cas qui eſt, que la femme fût ſortie du meix de Mainmorte avant l'an & jour, elle n'auroit point été réputée Mainmortable ſuivant ce ſentiment.

La difficulté eſt, ſi on doit la réputer Mainmortable, lorſqu'elle lorſqu’elle meurt ſur le meix de Mainmorte de ſon défunt mari, dans l’an & jour qu’elle a pour en ſortir. Il y en auroit peu, ſi on eſtimoit que le mariage ſeul l’avoit fait réputer de Mainmorte, parce que la cauſe étant ôtée, la fiction à laquelle le mariage avoit donné lieu, doit ceſſer auſſi; car quoique la veuve conſerve le domicile & la dignité de ſon mari, & que leur mariage ſoit encore cenſé durer à certains égards, ce ne doit pas être pour faire ſubſiſter une fiction ſi déſavantageuſe à la femme, qu’elle la prive de ſa liberté. Mais il y a plus de doute lorſqu’on ſupoſe que la femme a encouru la Mainmorte par ſon domicile, joint à la condition de ſon mari; parce que le domicile ſubſiſte après que le mari eſt mort, & que nous avons dit qu’en pareil cas, le mari qui meurt ſur le meix de Mainmorte de ſa femme dans l’an & jour après qu’elle eſt décédée, eſt Mainmortable; ce qui fait penſer la même choſe de la femme à Mr. Talbert; parce que, dit-il, la femme ne doit pas être de meilleure condition que le mari, & qu’il y a lieu à la raiſon des corrélatifs.

Je ne puis ſouſcrire à ſon ſentiment, & voici mes raiſons. La Coutume dit, que la femme franche qui épouſe un homme de Mainmorte, eſt réputée Mainmortable *vivant* ſon mari; ce n’eſt donc que pendant la vie de ſon mari qu’elle eſt eſtimée Mainmortable; par conſéquent auſſitôt qu’il eſt mort, elle recouvre ſa liberté. Elle n’étoit Mainmortable que par fiction, & pour qu’elle ne fût pas cenſée d’une condition differente de celle de ſon mari : ſa liberté n’étoit pas abſolument éteinte, elle étoit ſeulement ſuſpenduë. Auſſi la Coutume ajoute, qu’en ſortant du meix de ſon mari après qu’il eſt mort, elle *demeure* franche : elle ne dit pas qu’elle recouvrera ſa liberté; elle ne la déclare de condition de Mainmorte, qu’après qu’elle a reſté pendant l’an & jour ſur le meix de ſon mari depuis qu’il eſt mort; donc auparavant elle ne l’étoit pas. La demeure qu’elle y a faite pendant la vie de ſon mari, ne change pas la thèſe, parce que cette demeure ne dépendoit pas d’elle: ſi nous l’avons exigée, & demandé qu’elle fût d’an & jour, pour faire réputer la femme Mainmortable, c’eſt une faveur que nous lui avons faite, en demandant plus qu’on n’exige dans le Duché, pour lui faire perdre ſa liberté : nous lui ferions acheter cette faveur, ſi nous la réputions encore Mainmortable, pendant la premiére année de fa viduité. Nous ne la croyons telle pendant la vie de fon mari, qu'à caufe de fa demeure jointe au mariage; la continuation de cette demeure, n'opére rien feule, à moins qu'elle ne foit d'an & jour, & qu'on ne puiffe juger par là que la femme étant libre, s'eft choifie elle-même fon domicile; car avant ce tems, on doit préfumer qu'elle a eu deffein de conferver fa liberté, & que fi elle n'eft pas fortie du lieu de Mainmorte, c'eft qu'elle a été retenuë par fes affaires, & furprife par la mort. Enfin l'on ne doit pas juger en tout de la femme par le mari, au cas qui fe préfente, & de l'Art. 9 par l'Art. 3, parce qu'il n'y a pas une rélation entiére; puifque, comme je l'ai déja dit fi fouvent, le mari choifit librement fon habitation dans le meix de fa femme, & que la femme fuit fon mari par obligation; fi donc l'on tire des conféquences d'un de ces Articles à l'autre, ce ne doit être qu'en ce qui peut favorifer la femme. Je trouve ce fentiment autorifé par un Arrêt rendu le 7 Janvier 1632, au premier Plaidoyé de l'Avocat Malabrun, & cité par Mrs. Boivin & Jobelot. Il paroît auffi que c'eft le fentiment de Mr. Grivel. **1**

1 Décif. 29, n. 13.

La femme qui quitte le meix de Mainmortable de fon mari, dans l'an & jour de fa viduité, pour conferver fa qualité de franche, ne doit, fuivant la Coutume, délaiffer que le meix & les héritages de fon mari; d'où l'on doit conclure qu'elle peut emporter tout ce qu'elle y a aporté, & qu'elle conferve les héritages anciens qu'elle y avoit.

On demande fi elle doit perdre fon doüaire. Il faut diftinguer fi le mari a fait échûte au Seigneur, ou s'il a laiffé des héritiers. Au premier cas, le Seigneur ne paye pas le doüaire, à moins qu'il n'y ait dans la fucceffion des biens francs, fur lefquels il foit affigné & puiffe être payé; car c'eft une dette dont il eft tenu fur les meubles & biens de franchife, jufqu'à concurrence; au fecond cas, les héritiers doivent le doüaire fur les biens de Mainmorte comme fur les biens de franchife, parce qu'ils font tenus des dettes indiftinctement; que la Coutume qui donne le doüaire à la veuve, & qui dit qu'elle en fera faifie, ne diftingue pas la veuve de l'homme franc de celle du Mainmortable, ni les biens de l'une ou l'autre de ces qualités; & que quand la veuve du Mainmor.

table , doit délaisser des biens pour conserver sa franchise , c'est en faveur du Seigneur que ce déguerpissement doit être fait.

Quant aux acquêts des biens Mainmortables , Mr. Talbert estime que la femme doit en abandonner sa part au Seigneur, quand même le mari auroit laissé des héritiers , parce que le mari doit déguerpir la sienne en pareil cas. Mais encore une fois , je ne trouve pas qu'il y ait ici lieu à la raison de parité. Le mari fait ses acquisitions où il veut , il doit s'imputer de les avoir faites dans une Seigneurie de Mainmorte , qu'il quitte à la suite ; mais on ne peut rien imputer de pareil à la femme. Aussi la Coutume disant qu'elle délaissera les meix & héritages de son mari, ne comprend pas la part des acquêts de la femme. Il est vrai qu'on peut objecter que le Seigneur n'auroit pas consenti à l'acquisition , s'il avoit prévû que la femme , sans rester sa sujette , en emporteroit une part. Mais il a pû le prévoir ; & d'ailleurs il seroit suffisamment pourvû à son indemnité , en obligeant la femme à remettre en mains habiles sa part d'acquêts dans les biens de Mainmorte, sans les lui faire perdre.

Cette résolution rendroit inutile une autre question, que Mr. Talbert propose ; qui est de sçavoir , si la femme au cas de nôtre Article , peut par son traité de mariage , renoncer aux acquêts au préjudice du Seigneur ; & qu'il détermine , en disant qu'elle le peut, même pendant son mariage , quoiqu'il y en ait déja de considerables , parce qu'il est incertain s'ils subsisteront, & qu'elle n'y a point de droit acquis. Il n'y a pas de doute qu'elle le puisse par son contrat de mariage, parce que la Coutume qui associe la femme aux acquêts , n'est pas prohibitive ; elle n'empêche pas la validité d'une convention contraire ; ce n'est pas perdre , que de ne pas acquérir, & de renoncer à un profit futur & incertain. Cette question a été jugée au Parlement de Besançon , dans une autre hypotése , mais sur les mêmes principes. Le Sieur Dolard épousant la Demoiselle Daloz , qui avoit des enfans d'un premier lit, il fut convenu qu'elle n'auroit point de part aux acquisitions de leur mariage , moyennant une somme qui lui fut promise. Ces acquêts furent grands , & après la mort de la Demoiselle Daloz, les enfants de son premier lit prétendirent que la renonciation qu’elle y avoit faite, étoit un avantage au profit de son second mari, sujet à retranchement en leur faveur ; ils furent déboutés par Arrêt rendu au Raport de Mr. le Marquis d’Arvisenet d’Auxanges, à la grande Chambre le

Mais je ne crois pas que la femme puisse renoncer aux acquêts pendant son mariage ; ce seroit un don indirect qu’elle feroit à son mari ; car quoiqu’elle n’y ait pas un droit actuel, elle en a un habituel ; elle est fondée par un contrat, dans une juste espérance ; & l’incertitude des acquisitions n’est d’aucun objet, parce qu’elle ne peut jamais risquer, ayant la liberté de renoncer après la dissolution du mariage, si la communauté n’est pas avantageuse.

La femme qui a conservé sa liberté, quoique mariée à un homme de Mainmorte, soit qu’elle n’ait point habité dans le meix Mainmortable de son mari, soit qu’elle n’y ait pas habité pendant l’an & jour, ou qu’elle en soit sortie durant la vie de son mari, ou après sa mort dans l’an & jour ; succédera-t-elle à l’exclusion du Seigneur, à ses enfants Mainmortables étants en sa communion, lorsqu’il n’y a point d’autres parents communiers habiles à leur succéder ? Mr. Grivel raporte deux Arrêts qui ont jugé l’affirmative ; l’un rendu dans le cas d’une femme franche, qui n’avoit quitté la maison Mainmortable, qu’après la mort de son mari, mais dans l’an & jour ; & avoit accouché en franchise, d’un enfant qui n’avoit survécu qu’un mois à son mari : l’on peut voir dans Mr. Grivel les raisons de cette Jurisprudence. [1]

Mr. Jobelot dit, qu’une femme ayant demandé relief contre l’omission de quitter le lieu de Mainmorte, dans l’an & jour après la mort de son mari, elle en fut déboutée par Arrêt du 31 Aout 1655. Il semble insinuer que le relief ne fut refusé, que parce que la femme étoit majeure ; mais quand elle auroit été mineure, elle n’auroit pas dû être restituée, parce que l’ignorance du Droit n’excuse pas indistinctement les mineurs, & que la Coutume les lie irrévocablement, quand elle ne les excepte pas. [2]

[1] Grivel, décis. 29.

[2] Voyés mon Traité des Prescr. part. 3. ch. 1. p. 242. & suiv.

Diſtinction IV.

Des conquêts de l'homme franc, & de la femme de Mainmorte.

L'Homme franc affranchit ſa femme Mainmortable, au regard ſeulement des acquêts & biens meubles faits en lieu franc, & des biens qui lui adviendront en lieu de franchiſe; & ſi elle tré-paſſe ſans hoirs de ſon corps demeurans en communion avec elle & ſans avoir été ſéparés, le Seigneur de la Mainmore dont elle eſt née, emporte le dot & mariage qu'elle a aporté, & les trouſſels & biens meubles. Ce ſont les termes de l'Article cinq de nôtre Coutume, au titre de la Mainmorte.

J'apelle cette diſpoſition comme les précédentes, une fic-tion, quoique la Coutume n'emploie pas le terme de reputer, comme dans les deux Articles dont je viens de parler ; parce que la femme dans le cas de celui-ci, demeurant véritable-ment Mainmortable, & faiſant échûte d'une partie de ſes biens ; ne laiſſe pas d'être regardée comme franche, quant à une autre partie, & d'en pouvoir diſpoſer, à l'exemple du fils de famille, qui a la libre diſpoſition de ſon pécule caſtrenſe, ou quaſi caſtrenſe, à raiſon qu'il eſt réputé pere de famille à cet égard.

Mr. Talbert dit que nôtre Article a ſon fondement, ſur ce que la femme doit joüir des avantages du mari, & ſuivre ſa condition. Si cela eſt, elle doit être affranchie pour le tout, par ſon mariage avec l'homme franc ; & c'eſt une conſéquen-ce du principe ſur lequel nôtre Coutume déclare, que la fem-me franche qui épouſe un homme de Mainmorte, eſt réputée Mainmortable, vivant ſon mari. La Coutume du Duché a ſuivi ce principe dans toute ſon étenduë, & dans les deux cas qui paroiſſent corrélatifs ; car elle porte, *que la femme de Mainmorte qui ſe marie à un homme franc, eſt franche.* [1] Je crois que c'eſt une imperfection dans la nôtre, de ne l'avoir pas décidé de même ; & c'eſt peut-être ce qui a engagé nos Magiſtrats, à juger que le mariage ſeul ne change pas la condition de la femme, & qu'il faille outre cela qu'elle ait habité pendant l'an & jour, dans le meix Mainmortable de ſon mari.

[1] Tit. des Mainm. art. 7

Mais pour me reſtraindre dans ma diſpoſition, qui n'affranchit la femme Mainmortable mariée à l'homme franc, qu'à l'égard de ſa part d'acquêts faits en lieu de franchiſe; il me ſemble qu'elle eſt fondée, ſur ce que le mari étant le chef de la communauté conjugale, & ayant la libre diſpoſition des conquêts de cette communauté; on a déclaré que la femme ſeroit franche à cet égard, pour les inviter l'un & l'autre à travailler & à acquerir; & pour qu'ils ne fuſſent pas portés à la pareſſe ou à la diſſipation, lorſqu'il y auroit une échûte à craindre du côté de la femme par le deffaut d'enfants, & que le mari auroit lieu de redouter un Seigneur, qui pouroit lui demander compte, & partage des fruits de ſon travail, dont ſa femme n'auroit pas même la liberté de le gratifier & recompenſer, en lui donnant la part qui doit lui en revenir.

Il paroît par l'Article qui dit, que l'homme franc affranchit la femme Mainmortable au regard de leurs conquêts, qu'elle y peut être aſſociée par convention; mais l'on doute qu'elle le ſoit ſans convention; parce que quand nôtre Coutume établit la communauté entre le mari & la femme, elle ne parle que des femmes nobles ou bourgeoiſes; [1] & qu'elle dit que les femmes de condition franche, feront ſaiſies de leurs parts de conquêts, ſans faire mention des Mainmortables. [2]

Ces raiſons font dire à Mr. Jobelot, qu'il croit qu'elles n'y participent pas ſans convention; & à Mr. Boivin, qu'elles y participent, mais qu'elles n'en font pas ſaiſies. Il me ſemble dans la pratique, qu'on ne fait aucune différence entre la femme de condition franche & la Mainmortable, & qu'il n'y a aucune raiſon particuliére, pour exclure celle-ci du droit d'être ſaiſie de ſa part de conquêts, ſi on l'admet à y participer. On peut répondre d'ailleurs, aux Articles de nôtre Coutume, qui ſemblent opoſés à ce que je dis; que la femme Mainmortable étant affranchie quant aux conquêts de ſon mariage, lorſqu'elle épouſe un homme franc; elle eſt compriſe ſous les mots de femme franche ou bourgeoiſe, puiſqu'elle eſt réputée franche à ce regard; ou que ce qui la concerne en ce point, eſt une omiſſion de la Coutume, qui eſt ſupléée par l'uſage conſtant & univerſel.

Lorſque la femme eſt ainſi affranchie, elle peut diſpoſer

entre-vifs & à caufe de mort, des biens fpécifiés par la Coutume, & en ufer comme fi elle étoit réellement de franche condition. Il y a un Arrêt qui l'a ainfi jugé, le 20 Mars 1631, entre le Sieur de Gefier, & le nommé Bonote de Tromaré, dans le cas d'une donation à caufe de mort, faite par la femme à fon mari : elle peut à cet égard, décéder, *partim teftata, partim inteftata*, comme le Soldat.

L'on a douté, fi quand elle n'a pas difpofé des biens mentionnés dans nôtre Article, d'autres que les communiers pouroient y fuccéder ; & fi quand elle n'en a point, ces biens ne feroient pas échûte au profit du Seigneur ; puifque l'homme de Mainmorte lui fait échûte de fes biens de franchife, quand il n'en a pas difpofé entre-vifs, & qu'il ne laiffe point de parents en fa communion.

Nôtre Article forme une limitation aux Articles généraux de la Coutume, qui adjugent au Seigneur les biens francs du Mainmortable, qui n'a pas difpofé entre-vifs, & qui meurt fans communiers. Il ne dit pas que la femme ne fera affranchie qu'au cas qn'elle difpofe ; on ne doit pas le fupléer. Il régle ce que le Seigneur doit avoir, lorfque l'échûte arrive ; & par conféquent il l'exclut de tout le refte. Il tient la femme pour franche, à l'égard de ce dont il parle ; on ne difconvient pas qu'il ne lui laiffe la liberté d'en difpofer par toutes fortes d'actes ; ce qui marque une pleine & entiere propriété, qui doit avoir tout fon effet, après la mort de fon mari, comme quand il eft vivant, pour en difpofer comme pour le laiffer à fes héritiers légitimes, communiers ou non, il n'importe, tout comme fi elle étoit véritablement de franche condition ; & fi la femme peut difpofer au préjudice du Seigneur, elle peut fur le même fondement, laiffer fa fucceffion légitime à fes parents quoique non communiers, au préjudice de ceux même qui feroient en communion avec elle, au tems de fon décès.

Sur ces raifons, par des Arrêts du 13 Janvier 1597, entre les Abbé & Religieux de Bellevaux, Guillaume Daniel & Conforts ; du 24 Mars 1616, entre Antoinette de Chiffé Dame d'Eclans, Etienne & Gui Delaclef ; & du 6 Aout 1665, entre Jean-Claude de Poligny Seigneur d'Efvans, & Antoinette Bifot Girard ; les biens énoncés dans nôtre Article, ayant apartenus à des femmes de Mainmorte, qui avoient époufé des hommes francs, ont été ajugés à leurs héritiers *ab inteſtat* & non communiers, à l'excluſion des Seigneurs.

L'Arrêt de 1597 a ajugé aux parents, non-ſeulement les acquêts faits pendant le mariage de la femme ; mais encore ce qu'elle avoit acquis pendant ſa viduité. La même choſe a été décidée le 7 Avril 1629, entre Jean Baronet & le Sieur de Præcontal Seigneur de Roche. L'on fonde cette Juriſprudence, ſur ce que j'ai dit, que la veuve retient la qualité & le domicile de ſon mari, qu'elle eſt cenſée de ſa famille, & que nôtre Coutume réglant ce que le Seigneur doit avoir dans le cas de l'Article que nous expliquons, on ne doit rien lui ajuger de plus, puiſqu'il s'agit de favoriſer la liberté ; nôtre Article pouvant être entendu, de la femme qui eſt reſtée en viduité & qui a fait des acquiſitions pendant qu'elle étoit veuve, comme de celle qui eſt morte pendant la vie de ſon mari, ou qui n'a rien acquis en viduité.

Mr. Jobelot obſerve, qu'il y eut d'abord partage de voix lors du dernier Arrêt, & que le 18 Aout 1616 il avoit été jugé unanimement entre le Sieur Chalon Sieur de Verchamps, & les nommés Verdet, que les acquêts faits par Marguerite Jacquin pendant ſa viduité, à Salins où elle avoit été mariée à un homme franc, apartenoient au Sieur de Verchamps, ſon Seigneur originel. La Juriſprudence de cet Arrêt me paroît plus conforme aux termes & à l'eſprit de nôtre Coutume, que celle des précédents. C'eſt le mari qui affranchit ici la femme, *verba diriguntur in perſonam mariti* ; le mari mort, la cauſe de l'affranchiſſement ceſſe ; c'eſt un privilége qui eſt accordé en conſideration du mari, & ce privilege eſt purement réel ; il ne change rien à l'état de la femme, car elle demeure toujours Mainmortable, quoiqu'elle puiſſe diſpoſer comme ſi elle étoit franche, des biens qui ont été acquis pendant ſon mariage. Mais le mari mort, toutes choſes retournent à leur premier état, *res redit ad non cauſam.* Ce n'eſt plus le mari franc qui acquiert, c'eſt la femme qui eſt Mainmortable. Il en eſt comme de l'Affranchie, qui étoit diſpenſée de ſervir ſon Patron, pendant le mariage qu'elle avoit contracté de ſon conſentement, mais qui y étoit tenuë lorſqu'elle ſe trouvoit veuve ; *planè, cùm deſierit nupta eſſe, operas peti poſſe, omnes fere conſentiunt ;* [1] ou comme du fils de famille, qui étant adopté par un

1 *L. Planè. 14, ff. de operis liberti.*

un afcendant maternel, paffoit fous fa puiffance; mais qui
rentroit fous celle de fon pere, lorfqu'il étoit émancipé par
l'afcendant; *tunc etenim, neceffe eft iterum, ad patrem natu-
ralem eum reverti; cum emancipationis interventu, adoptio in
quacumque perfona facta diffolvitur.* ¹

Si le mari franc a fait quelque donation à fa femme de
condition Mainmortable, par leur traité de mariage ; fera-
t-elle affranchie à ce regard ? il y a un Arrêt du 3 Janvier 1612,
qui a jugé l'affirmative, entre le Seigneur de Villafans & Jean
de Menoux; fondé, fur ce que ces fortes de donations, qui
font faites en confideration du mariage, & qui n'ont pas
lieu s'il ne s'accomplit pas, n'ont leur effet qu'après qu'il eft
célébré; que c'eft pour la femme, une efpèce d'acquêts faits
pendant fon mariage, & qu'il en doit avoir le privilége.

Mrs. Jobelot & Boivin eftiment qu'il en eft de même, de
ce que le mari franc a donné à caufe de mort à fa femme
Mainmortable ; fondés fur ce que les chofes ainfi données,
paffent à la veuve dans l'inftant de la mort du mari; qu'elles
font fujettes à réferve au cas qu'elle fe remarie ; & que la
Coutume ne fe contente pas de dire, que l'homme affranchit la
femme au regard des acquêts, mais qu'elle ajoute, *& des
biens qui lui aviendront en lieu de franchife*; termes ampliatifs, qui s'apliquent naturellement, à ce que le mari Mainmortable donne ou laiffe à fa femme.

Le Parlement l'a ainfi décidé le 24 Mars 1616, dans la
caufe d'Antoine Chiffé, Etienne & Gui de la Clef, & la
Dame d'Eclans intervenuë; voici le fait: une femme fujette
originaire de la Dame d'Eclans, fe marie à un homme franc,
qui l'inftituë héritiére. Elle meurt fans difpofer, ni laiffer
aucuns communiers. La Dame d'Eclans vend fon échûte à
Antoine Chiffé, & y comprend nommément les biens francs
dont cette femme avoit hérité de fon mari. Antoine Chiffé
fe pourvoit contre les freres & fœurs de la défunte, qui s'é-
toient entremis dans ces biens. La Dame d'Eclans intervient,
pour garentir la vente qu'elle en avoit faite, & ils furent déclarés l'un & l'autre non-recevables. J'ai crû devoir déduire
ce fait, tel que Mr. Jobelot le raporte, parce que Mr. Talbert
a cité l'Arrêt pour l'opinion contraire qu'il foutient; je crois
qu'il s'eft trompé en cela. Mais il auroit pû citer un autre

2 L 10. · Cod.
de adopt

K

Arrêt du 7 Avril 1629, entre le Seigneur de Roche & le nommé Baronet, par lequel la queſtion fut jugée en faveur du Seigneur, & qui eſt auſſi raporté par Mr. Jobelot.

Il me ſemble, que l'eſprit de la Coutume n'eſt d'affranchir la femme, qu'au regard des conquêts de ſon mariage, parce que ſon motif ſe borne à cet objet : c'eſt le mari qui l'affranchit ; le mari mort, il n'y a plus lieu à l'affranchiſſement. Les termes de biens *qui aviendront à la femme en lieu de franchiſe*, doivent être limités au tems du mariage, & réputés ſinonimes avec celui de conquêts ; autrement, il faudroit les étendre auſſi aux ſucceſſions qui arriveroient à la femme ; parce que ce ſont des biens qui lui aviennent, depuis qu'elle eſt mariée. Cependant on ne doute pas, que puiſque ces ſucceſſions lui ſeroient arrivées indépendamment de ſon mariage, elle demeure Mainmortable à cet égard. Que ſi nôtre Article dit, que dans le cas de l'échûte, le Seigneur emporte la dot & le trouſſel ; ce n'eſt pas pour limiter ſon droit ; ce n'eſt que pour le démontrer, & en donner un exemple, dans le cas le plus ordinaire ; qui eſt des femmes mariées qui vont chez leur mari, & qui n'ont communément que leur dot & trouſſel. Le Seigneur a pour lui les autres Articles, qui lui donnent généralement tous les biens de ſa ſujette Mainmortable, & qui ne ſont ici reſtraints, qu'avec un adverbe taxatif & limitatif ; *l'homme franc affranchit ſa femme Mainmortable, au regard* ſeulement *des acquêts*, &c. Il n'y a que ce qui eſt nommément excepté, dont la femme puiſſe diſpoſer, comme ſi elle étoit franche ; la régle générale eſt contre elle pour tout le reſte, d'autant que ſa perſonne ne change point de condition.

Je penſe donc qu'elle fait échûte de tous les biens qu'elle avoit au tems qu'elle s'eſt mariée, & qui lui arrivent en propre pendant ſon mariage. Car je ne m'arrête pas à ce qu'on lit dans quelques notes, qu'elle ne fait échûte que de ſa dot mobiliaire, ſous prétexte que nôtre Article ne parle que d'une dot *aportée*, (terme qui ne convient pas à des fonds ;) parce que le mot de dot eſt général, & comprend tous les biens de la femme, meubles & immeubles ; que le mot aporter, eſt ici ſinonime avec celui de conférer, & qu'on dit des immeubles comme des meubles, qu'une femme les

aporte en dot à fon mari. Je crois auffi qu'elle eft Mainmortable pour tout ce qui échet par voie de fucceffion ou autrement, & qui n'entre pas dans la communauté ; comme encore pour tout ce qu'elle acquiert, quoiqu'en lieu de franchife, après la mort de fon mari. Il ne refte donc que fa part
de conquêts, au fujet de laquelle la Coutume l'affranchit ex-
preffémeut ; à moins que l'on n'y ajoute ce qui lui vient de
fon mari, à titre de donation entre-vifs, ou de difpofition à
caufe de mort, parce que cela lui vient à l'occafion de fon
mariage, & d'un mari franc, qui ne le lui donneroit pas,
s'il croyoit qu'elle en dût faire échûte au profit de fonSeigneur.

Ce ne font que les conquêts faits en lieu franc, à l'égard
defquels la femme eft réputée libre ; la Coutume le dit. Si
donc, il y en a, même de biens meubles, en lieu de Mainmorte, elle en fera échûte.

Mr. Talbert eftime, que fi l'homme franc devient Mainmortable pendant le mariage, les conquêts qui fe feront depuis qu'il a encouru la Mainmorte, feront fujets à l'échûte ;
d'où il faut conclure, que fi le mari étoit Mainmortable, &
qu'il fe foit affranchi, la part de la femme dans les acquifitions qui fe feront depuis fon affranchiffement, n'y fera pas
fujette, parce qu'il y a même raifon. Il me femble cependant, que la femme n'ayant point de droit formé, mais une
fimple efpérance aux acquifitions, avant la diffolution du mariage, & le mari en étant le maître pendant fa vie ; c'eft l'état
où il fe trouve à fa mort ou à celle de fa femme, qui doit
en décider ; enforte que s'il eft franc alors, la femme
fera réputée franche, au fujet de fa part de leurs conquêts ;
finon, elle fera Mainmortable, fans s'arrêter au tems auquel
les acquifitions ont été faites.

Elle ne perdra cependant pas le droit qu'elle a à ce regard,
quoiqu'elle époufe en fecondes nôces un homme de Mainmorte ; parce que fon droit étoit formé auparavant. Mais fi
elle quitte la franchife, pour retourner dans la Mainmorte,
Mr. Talbert eftime qu'elle le perdra. Je crois qu'il y a lieu
d'en douter, parce que c'eft une franchife réelle & attachée à
certains biens, qui ne dépend pas de l'état de la perfonne ;
la femme n'ayant pas ceffé d'être Mainmortable quant à fa
perfonne, quoique mariée à un homme franc.

K ij

Quoique la Coutume ne dife pas que la femme franche, qui époufe un homme Mainmortable, & qui ne perd pas fa liberté, parce qu'elle ne va pas demeurer fur un meix de Mainmorte, foit réputée Mainmortable, par raport à fa part dans les conquêts; il femble néanmoins qu'on peut le fupofer, par la raifon des corrélatifs, & par raport à ce que la Coutume décide, dans le cas opofé de la femme de Mainmorte, qui époufe un homme franc; il ne paroît pas qu'il y ait raifon de différence. Ainfi puifque les acquêts fuivent la condition du mari dans l'un des cas, on pouroit conclure qu'ils doivent la fuivre dans l'autre. Je doute cependant qu'on le jugeât de la forte dans l'occafion, parce que ce feroit étendre la Mainmorte, à un cas dont la Coutume n'a pas difpofé.

CHAPITRE III.

De la communion en Mainmorte.

LES perfonnes de Mainmorte ne peuvent difpofer de leurs biens par des actes de derniére volonté, même de leurs meubles & biens francs, qu'en faveur de leurs parents qui font en communion avec elles, au tems de leur décès. Si elles n'en ont pas difpofé par des actes de cette efpèce, leurs communiers feuls leur fuccédent; & fi elles n'ont point de communiers, quoiqu'elles ayent d'autres parents, mais avec lefquels elles ne foient pas en communion, le Seigneur aura leur hérédité par droit d'échûte Mainmortable.

La communion eft donc de grand poids en Mainmorte; c'eft le fondement des fucceffions entre les Mainmortables, & elle les fait préférer au Seigneur même; il eft donc néceffaire de l'examiner, avant que d'entrer dans la difcution des effets de la Mainmorte, & de voir pour cela, 1°. Comment la communion fe forme, & en quoi elle confifte. 2°. Comment elle fe diffout. 3°. Quels font les moyens de la rétablir, quand elle a été rompuë. 4°. Qu'eft-ce que l'acte que nous apellons *Reprét*, par lequel les filles qui fe marient, & fuivent leur mari , confervent la communion avec leurs parents. 5°. Si la communion eft néceffaire entre les perfonnes de franchife. 6°. Quels Articles de nôtre Coutume font en faveur des communiers.

Section I.

En quoi confiste la communion des Mainmortables.

LA communion eft une efpèce de fociété , & les fociétés font générales ou fpéciales ; celles-ci n'ont pour objet que certaines chofes particuliéres , comme de faire un commerce , une entreprife , une acquifition : la fociété générale eft de deux efpèces ; car fi elle comprend le travail , l'induftrie & tous les biens préfens & à venir , non-feulement quant au produit & revenu , mais encore quant au domaine , pour communiquer le tout entre les affociés , elle eft de tous biens , *focietas omnium bonorum.* Si elle ne renferme que le produit du travail , de l'induftrie , du revenu des affociés & ce qui leur arrive à titre onéreux , chacun d'eux demeurant le maître de la propriété des biens qui lui apartiennent lorfque la fociété fe contracte , ou qui lui arrivent dans la fuite à titre lucratif , cette fociété fe nomme de biens feulement , *focietas bonorum.*

La communion en Mainmorte , n'eft pas une fociété fpéciale & particuliére. Ce n'eft pas non plus une fociété générale de tous biens , *omnium bonorum* ; chacun des affociés confervant la propriété de ceux qu'il a , ou qui lui font donnés à la fuite , & aufquels il fuccéde fuivant le Droit & la Coutume , pour la prélever lorfque la communion fe diffoudra & qu'on fera partage des biens communs. C'eft donc une fociété générale de biens feulement , dans laquelle les affociés ne conférent que leur revenu , leur travail & leur induftrie ; qui eft contractée pour vivre & travailler enfemble , & pour faire un profit commun. Nous voyons en effet , que les communiers en Mainmorte ne confondent pas la propriété des biens qui leur arrivent à titre lucratif , foit par fucceffion ou autrement; qu'ils fuccédent aux biens de ligne fuivant la Coutume, ou fuivant le Droit par la prérogative des degrés de parenté, & que chacun fuporte fur fa part indivife en propriété, les charges qui lui font propres & particuliéres; comme de marier fes filles, faire le patrimoine de fes garçons, &c. ce qui ne feroit pas, fi leur communion étoit univerfelle & de tous les biens; car en ce cas, ces fortes de charges feroient communes, & les biens acquis à l'un des affociés par fucceffion ou par donation, fe confondroient dans la maffe.

Il y a cependant quelque différence, entre la communion & la fociété des biens. Car premiérement, les communiers font plus étroitement obligés à habiter enfemble, que les affociés *in bonis*, comme on l'obfervera à la fuite. En fecond lieu, la communion paffe aux héritiers, & même aux pupils enfants d'un communier; au lieu que la fociété fe finit par la mort de l'un des affociés. [1] Troifiémement, il faut être parents pour être communiers en Mainmorte; nôtre Coutume le décide clairement, quand elle dit, que le Seigneur prend les biens des Prêtres & Clercs fes fujets Mainmortables, *s'ils n'ont parents* communs & demeurant avec eux, qui leurs doivent fuccéder fuivant la nature de la Mainmorte; [2] & que l'homme de Mainmorte ne peut difpofer de fes biens par actes de derniére volonté, fi ce n'eft au profit de ceux étant en biens communs avec lui, *qui par Droit Coutumier lui pouroient & devroient fuccéder.* [3] Or nôtre Droit Coutumier n'apelle que ces parents aux fucceffions, & il y a un Arrêt du 7 Septembre 1607, rendu dans la caufe de Jean Lefcot, qui a jugé, que pour fuccéder en Mainmorte, il faut être parent du défunt; mais tout comme pour exclure le fifc de la fucceffion, il n'importe à quel degré on le foit, je penfe de même, que la parenté du communier, en quelque degré qu'elle foit, fuffit pour en exclure le Seigneur.

C'eft une queftion controverfée de fçavoir, fi les freres & fœurs utérins font en communion. L'on dit pour la négative, qu'ils font étrangers l'un à l'autre, & que quand le pere ou la mere aménent dans un fecond mariage des enfants d'un premier lit, il faut une fociété nouvelle pour les rendre communiers avec ceux du fecond lit, ce qui ne peut fe faire fans le confentement du Seigneur.

[1] Coq. tit. des bord. art. 18.

[2] Art. 7.

[3] Art. 14.

Cependant l'affirmative est mieux fondée. Les utérins sont parents , & la Coutume n'en demande pas davantage. Ils ont une communion native, *ab utero matris*. Ce n'est pas joindre une nouvelle communion à l'ancienne , c'est les anter sur un même tronc ; puisque ceux qui les composent , sont formés du même sang. Un pére ayant un enfant se remarie, & en a de son second mariage ; il meurt, & après lui son enfant du premier lit. Le Seigneur prétend la succession de cet enfant ; elle est ajugée au frere utérin , comme étant communier, par Arrêt du 28 Septembre 1601. La même chose a été jugée contre le Seigneur de Serre , en faveur des Billard le 28 Septembre 1607. Mr. Jobelot cite encore d'autres Arrêts conformes des 23 Juin, & 25 Septembre 1610 , & 26 Novembre 1646.

On prétend qu'il faut que la communion soit native , c'est à dire que les communiers descendus de la même tige de près ou de loin, soient nés Mainmortables & en communion ; cependant il a été jugé entre l'Abbesse de Beaume , & les nommés Luffon, le 24 Septembre 1593, que deux sœurs de condition franche , ayant épousé deux freres communiers Mainmortables, & l'une d'elle étant morte sans hoirs , les enfants de l'autre lui devoient succéder par droit de communion, préférablement au Seigneur ; quoiqu'elle ne se fut mariée qu'après que sa sœur avoit déja deux enfants. J'ai vû aussi un cas à peu près semblable. Le nommé Morel de Beurre sujet Mainmortable du Sieur Monin Lieutenant Criminel du Bailliage de Besançon , ayant épousé la nommée Roy fille de franche condition ; celle-ci avoit une sœur qui la suivit sur le meix Mainmortable de son mari, & perdit sa liberté par la demeure de plusieurs années sur le meix de Mainmorte. Elle mourut fille ; le Sieur Monin prétendit qu'elle lui avoit fait échûte. Sa sœur mariée soutint quelle étoit sa communiére ; le Sieur Monin perdit son procès au Bailliage. Il apella au Parlement, mais le procès étant sur le point d'être jugé , le Sieur Monin qui prévit qu'il le perdroit, se défista & se soumit aux dépens.

On pouvoit dire au cas de l'Arrêt de 1593 , que les deux sœurs n'étant pas réellement Mainmortables , mais seulement réputées telles & par fiction , la communion n'étoit pas nécessaire entr'elles; mais que quand elles auroient été réellement Mainmortables, encore auroit-il été juste, qu'elles & leurs descendants communiers se succédassent les uns aux autres; parce que tout ce que la Coutume requiert s'y trouvoit ; sçavoir la parenté & la communion, & qu'elle ne dit pas qu'il faut être né Mainmortable pour pouvoir former cette communion. Si elles étoient demeurées en franchise, elles auroient succédé l'une à l'autre ; elles n'avoient rien fait en fraude du Seigneur, & il avoit gagné à leur union, puisqu'il avoit augmenté le nombre de ses sujets.

Ainsi je pense que deux ou plusieurs personnes franches, qui encourent la Mainmorte ensemble, par prise de meix ou autrement, sont habiles à succéder l'une à l'autre, si d'ailleurs elles sont parentes & communieres. Je crois encore qu'on pourroit dire la même chose d'une personne franche qui viendroit se mettre en communion avec son parent Mainmortable, & encoureroit la Mainmorte par ce moyen, pourvû qu'il n'y eût point d'aparence de fraude, comme il arriveroit si cette communion étoit contractée pour empêcher une échûte imminente. Ce n'est pas le cas de l'Article de nôtre Coutume, qui dit que les gens de Mainmorte qui se sont séparés, ne peuvent se réunir sans le consentement du Seigneur, puisqu'il ne s'agit pas de la réunion de deux Mainmortables, mais de l'union de deux personnes franches, ou d'une personne franche avec une Mainmortable, qui n'ont jamais été communiers.

Mr. Talbert dit, que deux filles franches ou Mainmortables qui épousent deux freres communiers, sont communieres si elles se marient en même tems & qu'elles n'aient point encore été séparées de biens. Je pense la même chose à l'égard de deux sœurs de Mainmorte, si ce n'est que je crois qu'il suffiroit qu'elles fussent mariées toutes deux dans la même maison, avant que l'an & jour fût écoulé. Quant aux sœurs de franche condition, il me semble que la communion n'étant pas nécessaire entre elles & la premiére mariée, quoique réputée Mainmortable, pouvant succéder à sa sœur, c'est assez qu'elles deviennent communieres dans le tems qu'elles sont réputées toutes deux Mainmortables par leur mariage, pour qu'il y ait lieu à la succession réciproque.

Bouvot.

Bouvot dit que deux filles de deux maisons différentes, s'étant mariées dans la maison l'une de l'autre, avec convention que l'une entreroit dans tous les droits successifs de l'autre, & réciproquement ; l'une d'elles étant morte sans enfants, il fut jugé par Arrêt du Parlement de Dijon, que les pere & mere de la maison où elle étoit entrée, lui succéderoient, comme ils auroient fait à leur fille. [1] C'est une affiliation qui emporte une subrogation des choses & des personnes, & qui fait qu'une des filles représente l'autre ; *subrogatum, sapit hìc naturam subrogati, cùm agatur de universali judicio.* Je crois qu'il seroit difficile de faire admettre cette Jurisprudence dans le Comté de Bourgogne, où je ne la trouve fondée sur aucun Arrêt ; parce que la communion manque en ce cas, du côté de la parenté, qui est un de ses principaux fondemens, & que les affiliations ne sont pas d'usage parmi nous.

Au reste, il n'y a pas lieu de douter, que si le Seigneur veut bien consentir que deux ou plusieurs personnes s'unissent pour vivre en communion, elles doivent joüir des droits de la communion native, pourvû qu'elles soient parentes ; la Coutume exigeant cette qualité, à laquelle le Seigneur ne peut pas déroger ; & que s'il y a d'autres communiers, ils y consentent aussi, parce qu'on ne peut pas diminuer sans leur consentement, le droit qui leur est acquis.

L'habitation commune est encore une des conditions nécessaires à la communion en Mainmorte. Nôtre Coutume s'en explique en plusieurs Articles ; comme quand elle dit, que le Seigneur succéde aux Prêtres & Clercs, s'ils n'ont parents communs *& demeurans avec eux* ; [2] que les gens de Mainmorte ne peuvent succéder les uns aux autres, sinon tandis *qu'ils sont demeurans en commun* ; [3] & qu'ils ne peuvent plus être réputés communs en biens, sans le consentement du Seigneur, lorsqu'une fois ils se sont divisés *& séparés.* [4] Nous avons entendu ce dernier terme, de la séparation d'habitation.

Un autre Article porte, *que le feu & le pain partent l'homme de Morte-main* ; c'est à dire, *quand gens de Mainmorte font leurs dépens chacun à sa charge, & séparément l'un de l'autre, suposé qu'ils demeurent en une même maison.* Ce sont les termes de la Coutume, qui prouvent qu'il ne suffit pas d'habiter ensemble, mais qu'il faut outre cela, avoir bourse & dépense

L

1 Bouvot, tom. 1, *v. adoption. quest.* 1.

2 Art. 7.

3 Art. 16.

4 Art. 15.

commune, & vivre au même feu & au même pain. Elle parle du pain, parce que c'est l'aliment le plus commun & le plus nécessaire à la vie, dont la communion est propre à marquer une société. Il étoit dans les premiers tems de la République Romaine, le signe de l'union qui se formoit entre le mari & la femme, & en d'autres sociétés. ¹ La Coutume parle aussi du feu, parce que c'est le lieu principal de la maison, & celui où tous ceux qui l'habitent, s'assemblent & se réünissent, & où ils font préparer leurs aliments. De là vient qu'on dit qu'il ne suffit pas d'avoir même feu & même habitation, si l'on n'a aussi même pot; car quand un des communiers fait un pot à part, si c'est parce qu'il fait sa dépense à part, & non par besoin ou délicatesse, & aux frais de la communion, l'on en induit une preuve de la séparation. L'on tire la même conséquence, lorsque l'on ne vit pas à même table, & que l'on fait ses affaires en particulier.

La communion entre Mainmortables, consiste donc dans l'indivision des biens, & dans la communication de tous les revenus & de tous les gains qui viennent du travail & de l'industrie des parents qui habitent ensemble, vivent au même feu & au même pain, & acquiérent en commun, pour satisfaire aux lois de la Mainmorte. La raison qui l'a fait introduire, est que les terres de la Seigneurie font mieux cultivées, & les sujets plus en état de payer les droits du Seigneur, quand ils vivent en commun, que s'ils faisoient autant de ménages qu'il y a de particuliers qui pouroient être chefs de famille. L'on connoîtra encore mieux en quoi consiste la communion, & comment elle se conserve, par les faits qui la rompent, & dont on va parler.

✻✻✻✻✻✻✻✻✻✻✻✻✻✻✻✻✻✻✻✻✻✻

Section II.

Comment se dissout la communion.

La Coutume exige que les Mainmortables soient *communs en biens*, ² mais il n'en suit pas que le cas du partage arrivant, chacun prenne ce qui lui apartient, & qui lui est avenu en particulier à titre lucratif. Ils sont capables de la propriété exclusive de ces sortes de biens, & ne la communiquent pas ; ils en communiquent seulement les fruits, & la propriété ne doit être commune entre eux, qu'à l'égard de leurs acquisitions, & des biens qui leurs sont arrivés en commun. [1]

Quoique la Loi dise, que la société se dissout, lorsque les associés font leurs affaires en particulier ; *itaque, cum separatim socii agere cœperunt, & unusquisque eorum sibi negotiatur, sine dubio jus societatis dissolvitur* ; [2] il n'en faut pas conclure, qu'un communier qui feroit quelque négoce à part, ou des acquisitions en son nom, rompe la communion ; parce qu'il peut remplacer à son profit les biens qui lui apartiennent en propre, & la dot de sa femme, s'il est marié ; & que quand même il n'auroit ni dot ni biens propres à remplacer, la communion ne se dissout pas par le fait d'un seul ; celui de tous les communiers doit y concourir. La Loi que l'on vient de citer, le supose de la sorte, dans le cas de la société ; *cum unusquisque sibi negotiatur*. Il faut donc que chacun des communiers ait acquis ou négotié à part, ou du moins que celui qui a acquis en son nom, ou negotié en son particulier, l'ait fait du consentement de tous ceux qui étoient en communion avec lui ; autrement la communion ne sera pas rompuë, & les communiers auront une action pour l'obliger à raporter en commun, ce qu'il a acquis, comme étant présumé l'avoir fait du bien de la communion, à moins qu'il ne prouve le contraire. Le Procès verbal du projet de réformation de la Coutume du Duché, & l'Article projetté sur cette question, le réglent de la sorte. [3]

Par les mêmes raisons, & encore parce que la Coutume n'indique point d'autres moyens par raport aux biens, pour rompre la communion, que le partage ; un Communier qui auroit aliéné en son nom propre, ne feroit pas censé pour cela avoir rompu la communion, principalement si ce qu'il a ainsi aliéné, lui apartenoit, ou s'il avoit l'administration des affaires de la société ; sauf à être obligé d'y en raporter le prix : d'autant que ni ces acquisitions ni ces aliénations particuliéres, ne marquent pas une intention certaine de rompre la communion.

L ij

---

[1] Grivel, décif. 54, n. 23.

[2] *L. Itaque* 64, ff. *pro socio.*

[3] Art. 304, Projet de réf. de l'art. 13.

C'eſt donc le partage qui diſſout la communion des biens ; mais s'il a été ſimplement commencé, & qu'il n'ait pas été fini, la communion ſera-t-elle rompuë ? La Coutume d'Auvergne veut qu'il y ait partage formel, ou du moins que la maiſon ait été partagée;[1] parce qu'il ſuit du partage de la maiſon, que les communiers avoient le deſſein de tout partager. Il en ſeroit de même, s'il y avoit d'autres preuves qu'ils ont voulu faire un partage entier, comme s'ils l'avoient déclaré dans le préambule du partage commencé, *præfationes enim, declarant animum contrahentium.* [2]

S'il n'y avoit qu'un partage de meubles ou de quelques revenus, cela ne ſuffiroit pas pour rompre la communion. Le Parlement de la Province l'a décidé dans l'hipothèſe qui ſuit. Othenin Marguet & deux ſœurs qu'il avoit, furent délaiſſés pupilles, & leurs biens adminiſtrés par un tuteur. Les ſœurs ſe mariérent à deux freres de la même Seigneurie, & allérent demeurer chez eux. Othenin Marguet étoit aux études, & les ayant finies, il alla demeurer chez ſes ſœurs, qui moururent dans l'année. Le Seigneur prétendit qu'elles lui avoient fait échûte, parce qu'elles s'étoient mariées, qu'elles s'étoient aſſociées en conquêts avec leurs maris, qui avoient perçû la quote-part de leurs revenus. Par Arrêt du 27 Juin 1594, le Seigneur fut débouté, & la ſucceſſion ajugée au frere.

Les motifs de l'Arrêt furent, qu'il ne paroiſſoit pas qu'Othenin Marguet & ſes ſœurs, euſſent deſſein de ſe ſéparer ; qu'Othenin Marguet n'avoit point choiſi de domicile pendant qu'il étoit aux études, puiſqu'il étoit venu demeurer avec ſes ſœurs, après qu'il les avoit finies ; qu'il avoit pris les frais de ſa dépenſe, ſur les revenus communs ; que ſi ſes ſœurs & leurs maris avoient emporté des meubles & des revenus, ce n'étoit pas par voie de partage, mais par maniére de familiarité & de communion de biens ; que la diviſion de fruits, particuliérement pour être donnés au mari qui a droit d'en joüir, n'emporte pas une diſſolution de la communion ; [3] que la ſéparation de feu & de pain ſeule ne la rompt pas, ſi elle n'eſt accompagnée des autres circonſtances, dont on induit que les communiers ont voulu la rompre ; & qui ſont raportées par la Coutume ; ſçavoir le partage des biens, l'habitation ſéparée, & les dépenſes à part ; que le mariage ne ſuffit pas pour la dissoudre ; [1] que l'Article cinq de nôtre Coutume supose, qu'outre le mariage, il y ait une séparation réelle & effective ; & que si l'Article huit exige que la fille qui se marie, fasse le reprêt, ce n'est que pour empêcher qu'on ne présume qu'elle a dessein de rompre la communion, si elle ne faisoit point de protestations contraires ; présomption qui naîtroit facilement dans le cas d'une fille dotée, qui sort de la maison de son pere, & qui va demeurer chez son mari.

Mr. Jobelot dit qu'il fut jugé sur son premier plaidoyé, le 21 Novembre 1644, qu'une fille mariée étoit séparée de la communion de son frere, qui étoit aux études ; mais que ce fut, parce qu'il y avoit eu des espèces de partages & un traité à ce sujet : circonstances qui prouvent, que ce dernier Arrêt n'est pas contraire au précédent.

Si entre plusieurs communiers, l'un a provoqué au partage, la communion sera-t elle rompuë, si les autres n'ont pas acquiescé à la provocation ? Je crois qu'elle ne le sera pas, quand même tous auroient consenti à partager ; parce que la Coutume demande un partage réel & actuel ; *gens de Mainmorte qui se divisent & séparent* ; & le projet & la simple volonté, ne doivent pas opérer autant que l'effet même, en matiére odieuse comme celle-ci. Il arrive souvent des querelles entre les communiers, qui les portent dans le premier mouvement à partager ; mais ils se repentent bientôt, ils se réünissent & continuent à vivre en commun comme auparavant ; d'où je conclus, qu'on pouroit soutenir que quand le partage même seroit fait, s'il étoit incontinent révoqué, ou que l'on n'y donnât point d'exécution, la communion subsisteroit ; [2] à l'exemple de ce que je dirai bientôt des communiers, qui s'étant séparés dans la chaleur de quelque différend, se réünissent.

Il arrive souvent qu'un de plusieurs communiers voulant avoir sa part, le partage se fait entre tous. Ceux qui après le partage laissent leurs portions en commun, demeurent communiers ; parce qu'il n'a pas été fait pour rompre la communion entre eux, mais pour donner partage à celui qui vouloit la quitter ; & cela quand même ils n'auroient point fait de protestations, qu'il est néanmoins toujours plus sûr de faire en pareil cas.

Trois freres mariés étoient en communion. L'un d'eux de-

[1] *Fab in Cod. de dedit. lib. def. 11.*

[2] Chass. tit. de la Mainm. art. 12. *v.* ne se peuvent réünir *vers. limitatur.* Coq. Cout. de Nivern. des serv. pers. art. 13.

manda partage, & les autres y ayant confenti, le partage fut fait. Le frere qui l'avoit demandé, joüit feul de fa part, & les autres joüirent des leurs en commun, comme auparavant. L'un d'eux étant mort après quelques années, le Seigneur demanda fa fucceffion, & prétendit qu'il avoit rompu la communion, par le partage dans lequel fa portion étoit déterminée. Le furvivant répondit, que fon frere & lui n'avoient jamais eu deffein de rompre la communion entre eux ; que les parts n'avoient été défignées à leur égard, que pour faire celle de leur frere qui s'étoit féparé d'eux, & que le partage n'avoit point eu d'exécution entre eux. Le Seigneur fut débouté par Arrêt du mois de Septembre 1615, rendu entre Demoifelle Magdeleine de la Tour & Claude Tixerand de Mont-Roland. La même chofe avoit déja été jugée le 15 Décembre 1575, contre le Seigneur de Mont-Rambert.

Les pupiles ne pouvant pas contracter valablement, quand ils en fouffrent quelque perte, il femble qu'ils ne rompent pas la communion par des partages. Cependant fi leurs tuteurs ont partagé avec decret du Juge, l'on tient que l'acte étant valable, la communion fera rompuë ; & fi c'eft fans decret du Juge, le partage étant nul, qu'il ne rompra pas la communion. Le Parlement l'a ainfi jugé dans ce dernier cas, le 23 Juin 1601, & par un autre Arrêt du 20 Septembre 1607, dans la caufe de Jean Lefcot, il fut décidé, que le pupile devenu majeur, & ayant laiffé écouler les années utiles, fans reclamer contre un partage nul, qui avoit été fait pendant fa pupillarité, il ne devoit plus être admis à le contefter, pour rentrer dans une communion qui avoit été rompuë par ce partage, qu'il avoit exécuté étant majeur.

Quant aux mineurs, ils ne partagent pas valablement, s'ils n'y font provoqués. Mais s'ils l'ont été, le partage fait de l'autorité de leur curateur eft valable, & la communion eft rompuë à leur égard. L'on demande s'ils peuvent être reftitués en ce cas. Mr. Talbert tient l'affirmative. Il me femble cependant que la Coutume ne lui confervant pas le droit de reftitution, & le comprenant dans fa difpofition générale, il n'y a pas lieu à le reftituer dans un cas comme celui-ci, où il ne perdroit rien du fien.

Au refte, quelque défavantageufe que foit la féparation de

communion, l'on ne révoque pas en doute dans la pratique, qu'un des communiers y puisse obliger les autres contre leur gré ; *quia nemo invitus, tenetur manere in communione.*[1]

L'on demande, si des pere & mere ayant réglé les dotes ou les portions héréditaires de leurs filles, par des actes entre-vifs, ou de derniére volonté ; elles sont par là séparées, soit de la communion de leurs pere & mere, soit de celle de leurs autres communiers.

Il y a des Auteurs qui prétendent, qu'il suffit que la fille soit dotée, ou qu'on lui ait assigné une portion de biens, pour qu'elle soit censée séparée : Mr. Favre estime qu'elle n'est pas séparée, tandis qu'elle n'a pas reçû ce qui lui a été destiné pour dot, parce qu'elle a encore le droit de prétendre sa légitime qui est indivise.[2]

Nôtre Usage est, que la constitution de la dot ne sépare pas la fille, tandis qu'elle n'est pas mariée, & qu'elle demeure en communion de ses pere & mere, freres, sœurs, & autres communiers ; parce que la dot lui tient lieu de légitime, & de part de biens, dont la constitution dotale n'est qu'une désignation, & n'emporte pas une division ou partage. La propriété indivise de tous les biens, n'étant pas d'ailleurs nécessaire, comme je l'ai dit, pour conserver la communion.

Le nommé Mercier sujet Mainmortable du Seigneur de Maillé, avoit marié en son partage, une fille qui continua à demeurer avec lui quoique mariée. Il avoit au tems de sa mort, d'autres enfants mariés, émancipés & séparés de sa communion, ausquels il avoit donné le reste de ses biens. Le Seigneur prétendit qu'il avoit fait échûte, au moins de ce qu'il avoit donné à ses autres enfants, & il fut débouté par Arrêt prononcé à Pâques de l'an 1600, parce qu'on jugea, que la fille étoit restée en communion, & que cela suffisoit pour exclure le Seigneur de la succession entiére.

Jean Favre de Chaux-les-Passavant avoit institué Balthazar Favre son fils du premier lit, & quatre autres fils d'un second lit, ses héritiers universels. Il avoit donné à Jeanne & Marie Favre ses filles du second lit, à titre d'institution particuliére, une somme d'argent & leurs trousseis payables quand elles se marieroient. Il mourut ; son testament fut publié & accepté par tous ses enfants, qui partagérent la succession. Balthazard

[1] *Fachin. cont. lib. 7, cap. 105. Gail. lib. 2, obs. 153, n. 9.*

[2] *Fab. in Cod. de dedit. lib. def. 6 & 7, Thes. quæst. for. lib. 2 quæst. 18, n. 17, & seq.*

Favre se maria, & alla demeurer avec son beau-pere : les filles allérent au service ; elles revenoient de tems à autre chez leurs freres, tantôt chez Balthazard, & d'autres fois chez leurs autres fréres, qui résidoient avec leur mere ; mais elles y demeuroient peu & retournoient servir. Balthazard Favre mourut sans enfants. Le Seigneur prétendit ses biens par droit d'échûte Mainmortable ; ses sœurs s'y oposérent, & dirent qu'elles n'avoient pas rompu la communion avec lui ; parce que la somme & le troussel qui leurs avoient été donnés, representoient leur légitime ou quotité d'hoirie ; qu'on ne l'avoit pas distrait de la masse de l'hérédité, & qu'il n'avoit pas dû l'être, puisqu'elles n'étoient pas encore mariées ; qu'elles n'avoient point élû de domicile, puisqu'elles avoient toujours servi, & qu'elles n'étoient jamais retournées chez leurs freres, à dessein de s'y établir ; qu'elles n'avoient point fait de feu ni de pain à leur chef, ni de dépense à part, & que Balthazard leur devant une partie de leur dot, elles étoient communes en biens avec lui.

Sur ces raisons, le Lieutenant Général de Baume leur ajugea la succession de leur frere, & le Seigneur en ayant apellé, la Sentence fut confirmée, par Arrêt du 10 Novembre 1600. Mr. Jobelot dit que ce fut de toutes les voix.

Ces deux Arrêts décident, que la constitution d'une dot ou quotité de biens, soit par traité de mariage, soit par acte de derniére volonté, ne sépare pas la fille de ses pere, mere & autres communiers ; & qu'elle reste dans la communion de ses pere & mere, quoiqu'elle soit mariée, lorsqu'elle continuë à demeurer avec eux, & qu'elle n'est pas payée de sa dot. Il y auroit plus de difficulté, si la dot étoit payée, & que la fille ou son mari en fissent leur profit particulier : car en ce cas, on diroit qu'elle demeureroit inutilement avec ses pere, mere, freres & sœurs, puisqu'il n'y auroit plus entre eux de communion de biens.

Une mere qui se remarie, ne rompt pas la communion avec ses enfants du premier lit, pourvû qu'ils aillent demeurer avec elle, & qu'ils y soient nourris & entretenus. Elle est obligée de suivre son mari, qui étant tenu à son entretien, elle n'est pas censée faire sa dépense séparée de ses enfants du premier mariage : tout ce qu'elle fait, qui semble sortir des regles exactes de la communion, doit être moins imputé à l'intention

de

de la rompre, qu’à la nécessité où elle se trouve, de suivre les lois d’un nouvel établissement, qu’elle a licitement pris.

Une femme de Mainmorte, qui avoit un enfant de cette condition, étoit sa tutrice & chargée de lui rendre compte, suivant l’inventaire qui avoit été fait de ses biens. Elle se remaria à un Mainmortable de Moutier-Haute-pierre, sujet de la Seigneurie de Villafans, après lui avoir fait donner la tutelle de son enfant à sa place, & en avoir rendu compte : la nourriture de l’enfant fut publiée au ravalement, & délivrée au beaupere, qui le prit dans sa communion, où cet enfant mourut. Mr. de Rye Seigneur de Villafans, demanda sa succession par droit d’échûte, & fit valoir toutes les circonstances ; le second mariage, la société contractée avec le second mari, la tutelle décernée à la mere, l’inventaire qui distinguoit les biens de la mere de ceux de son enfant, le compte qu’elle avoit rendu, & la pension payée à son second mari, pour la nourriture de cet enfant. Il fut néanmoins jugé, les Chambres assemblées, par Arrêt du 23 Juin 1601, que la mere & l’enfant ayant toujours demeuré ensemble, il n’y avoit point eu de séparation entre eux, capable de rompre leur communion; que le second mariage, ni la participation d’acquêts avec le second mari, ne la rompoit pas ; que si les freres utérins sont communiers par la médiation de leur mere, il faut aussi qu’ils soient communiers avec elle : que ces freres ne sont cependant pas communs, quant à la propriété de leurs biens, puisqu’ils ont divers peres, & qu’il n’implique pas plus, que la mere acquiére avec son second mari qui n’est pas en communion avec son enfant ; que le pupille, *qui non habet velle*, n’est pas séparé de sa mere qui se remarie, & par conséquent que la mere ne doit pas être censée séparée de lui, quand elle a fait ce qui étoit en son pouvoir pour ne le pas être. Le Parlement avoit déja rendu Arrêt sur les mêmes principes, le 23 Septembre 1597, & il est important de conserver le droit de succéder aux meres qui se remarient, pour les engager à prendre soin des enfants de leur premier mariage.

Il faut observer à cette occasion, que si la mere tutrice de ses enfants, s’est remariée sans les avoir fait pourvoir d’un nouveau tuteur, & rendu compte de son administration, elle ne leur succédera pas comme communiére; parce que la communion fupofe que le fujet foit habile à fuccéder , & que la mere, au cas qu'on vient de raporter , eft privée de la fucceffion de fes enfants.

J'ai dit que l'habitation commune étoit requife pour conferver la communion ; ce qui doit s'entendre , non d'une habitation feinte & fimulée , mais d'une demeure corporelle & réelle ; telle en un mot, qu'on dife, voilà le domicile du Mainmortable , & il n'en a point ailleurs : *ubi larem , ac fortunarum ſuarum ſummam conſtituit ; unde rursùs non ſit diſceſſurus , ſi nihil avocet ; unde cum profectûs eſt , peregrinari videtur ; quò ſi rediit , peregrinari jam deſtitit.*[1]

Réguliérement cette habitation doit être fous le même toit, au même feu & au même pain. Si cependant des communiers avoient plufieurs biens & domaines, comme leur préfence eft fouvent néceffaire dans chacun d'iceux, pour les cultiver & faire valoir , ils ne romproient pas la communion , en demeurant l'un dans un de ces domaines, & l'autre dans l'autre ; pourvû qu'ils y vécuffent à frais communs , & que tous les revenus fe raportaffent dans la communion. [2]

De trois freres communiers en Mainmorte , l'un fe marie & va demeurer dans la maifon de fon beau-pere, néanmoins fans faire partage , ni rien emporter de la communion. Il retourne même de tems à autre avec fes freres , pour leurs aider à cultiver les héritages communs. Il meurt après deux ans, laiffant un enfant âgé d'un an, qui étoit né chez fon beau-pere, & qui fut conduit après la mort de fon pere, chez fes oncles, où on l'éleva & traita comme communier , l'entremettant aux affaires de la maifon. Cet enfant décéda enfuite. Le Seigneur demanda fa fucceffion , & l'obtint par Arrêt du 7 Septembre 1609, fur ce que le pere avoit choifi volontairement le domicile de fa femme , & quitté celui de fes freres , puifqu'il avoit vécu au feu, au pain , & dans la maifon de fon beaupere ; que ce qu'il avoit fait pour penfer conferver la communion de fes freres , ne fuffifoit pas , & que fon enfant n'étant pas né dans la communion defes oncles , il n'avoit pû y entrer fans la permiffion du Seigneur.

Une veuve fe remarie , mene un enfant de fon premier lit dans la communion de fon fecond mari, après avoir ftipulé par leur contrat , que cet enfant lui fuccédera également avec ceux qu'elle aura de son second mariage , dont elle en a un qui lui survit. Avant qu'elle meure, l'enfant du premier lit quitte la maison de son beau-pere. L'enfant du second lit meurt ensuite ; procès pour sa succession entre son pere & son frere du premier lit ; celui-ci disoit, qu'il n'avoit pas rompu la communion avec son frere utérin , ni avec sa mere, n'ayant fait aucun partage, & étant simplement sorti de la maison, & qu'il devoit en tout cas avoir part dans les biens de sa mere. Il fut debouté, & le tout ajugé à son beau-pere, par Arrêt du 26 Octobre 1646 ; on jugea, qu'ayant été mené encore pupille par la mere, il avoit eu intention de rompre la communion avec elle, puisqu'il l'avoit quittée, dès qu'il avoit été en âge d'agir & de réfléchir ; qu'il avoit aussi marqué par là, qu'il n'avoit pas dessein d'être communier avec son frere utérin ; qu'étant en quelque maniére étranger à cette seconde communion, il s'agissoit moins de sçavoir s'il l'avoit quittée, que s'il y étoit entré ; ce qu'on ne devoit pas croire, puisqu'il en étoit sorti, lorsqu'il avoit pû se connoître & agir avec raison ; enfin que la clause du traité de mariage, n'étoit qu'un pacte d'égalité, qui n'opéroit rien en faveur d'un enfant, qui ne se trouvoit pas habile au tems de la mort de sa mere, à laquelle il prétendoit succéder.

Une veuve étant encore en communion avec son pere & ses freres, se remarie, fait l'acte de reprêt, suit son second mari, & laisse dans sa premiére communion, un enfant qu'elle avoit eu de son premier mariage. Le pere & les freres meurent, & laissent des enfants. Ceux de l'un des freres étant mort, leur succession fut contestée entre le fils de la veuve remariée, & les autres cousins germains du défunt. Ceux-ci disoient que le fils de la veuve ne pouvoit pas être communier, sa mere ne l'étant pas ; & que le reprêt qu'elle avoit fait, ne servoit à rien, ne s'agissant pas de la succession de l'ayeul ; ce qui étoit véritable. Le fils de la veuve disoit au contraire, qu'il ne se prévaloit pas du reprêt de sa mere, mais de ce qu'il étoit né dans la communion, qu'il y étoit toujours resté, & que le fait de sa mere qui avoit été obligée de suivre son mari, ne devoit pas lui préjudicier. Il obtint gain de cause, & fut admis au partage des successions de ses cousins germains, par Arrêt du 19 Juillet 1596.

Il y a plus de difficulté, lorsque celui qui laisse son enfant dans la communion, la quitte volontairement, & que c'est le pere ; car on peut dire en ce cas, que l'enfant suivant la condition du pere, il doit suivre sa communion ; qu'il implique qu'il soit en même tems communier de son pere, & d'autres parents avec lesquels son pere n'est pas en communion ; qu'on doit présumer que son pere ne l'a laissé dans la communion dont il est sorti, que pour se décharger des nourritures & entretiens, & qu'un pupille qui n'a aucun bien, n'est pas capable de former une communion. Il a cependant été jugé encore en ce cas, le 7 Novembre 1623, dans la cause du nommé Bole, que l'enfant succédoit à ses ayeul & ayeule, oncles & tantes, avec lesquels son pere l'avoit laissé ; qu'on devoit juger qu'il l'avoit fait, pour que l'enfant gardant la communion avec eux, il leur fût successible ; qu'il ne s'agissoit point de former une communion nouvelle, mais de conserver celle où il étoit né ; qu'il n'étoit pas nécessaire pour cela, d'avoir du bien & d'être capable de travailler ; & que cessant d'être communier de son pere qui s'étoit séparé de lui, il étoit juste qu'il le fût de ses parents, avec lesquels il étoit resté.

De deux freres communiers, l'un va en pays étranger pour aprendre le négoce, & pendant qu'il y est, l'autre se marie, stipule la participation d'acquêts avec sa femme & son beaupere, & promet d'y aporter sa part de biens indivise avec son frere. Etant chez son beau-pere, il continuë à administrer les biens indivis. Le frere absent retourne, & va demeurer avec sa mere. Trois mois s'écoulent de la sorte, après lesquels le frere marié meurt sans enfants. Le Seigneur prétend sa succession, & l'obtient par Arrêt rendu le 17 Septembre 1619. Mr. Jobelot qui raporte cet Arrêt, dit qu'il fut principalement fondé, sur ce que le frere qui avoit survécu, n'étoit pas allé demeurer avec son frere, après son retour ; qu'on conclut de là, qu'il avoit eu dessein de rompre la communion avec lui ; que s'il étoit allé manger quelquefois chez lui, ce n'étoit que par amitié ou familiarité ; & que sans cette demeure séparée, ni les clauses du traité de mariage, ni l'habitation dans la maison du beau-pere, n'auroient pas été jugées suffisantes pour rompre la communion.

Il me paroît que le tems de trois mois, qui s'étoit écoulé

depuis le retour du frere absent, jusqu'à la mort du frere marié,
étoit bien court pour en induire un choix de domicile & une
séparation d'habitation ; n'y ayant point eu d'ailleurs de partage, ni même de projet pour partager. Si le frere marié n'é-
toit pas mort, & que l'autre fût allé demeurer avec lui, même
après les trois mois, auroit-on jugé qu'ils avoient été séparés ?
Il paroît juste de laisser en de pareilles circonstances, le tems
de réfléchir & de se déterminer.

Il arrive souvent que des communiers ont des différends, &
que des femmes introduites dans leur communion, ne peuvent
pas s'accommoder. On se quitte dans la chaleur de la dispute ;
sera-t-on séparé pour cela ? La Loi nous fournit un exemple,
que nous pouvons prendre pour modéle en ce cas : c'est lorsqu'elle nous dit, que quoique la femme ait quité son mari,
elle n'est pas censée avoir fait divorce, lorsqu'elle se reconcilie
peu de tems après. *Plerique opinantur, cum eadem mulier, ad
eundem virum revertatur, idem matrimonium esse ; quibus ad-
sentior, si non à multo tempore interposito, reconciliati fuerint ;
nec inter moras, aut illa alii nupserit, aut hic aliam duxerit.
Maximè si nec dotem vir reddiderit,* [1] *divortium non est verum,
nisi quod animo perpetuam constituendi dissentionem fit ; ita,
quidquid in calore iracundiæ, vel fit vel dicitur, non prius ra-
tum est, quam si perseverantia apparuit ; judicium animi fuisse :
ideoque per calorem misso repudio, si brevi reversa uxor est, nec
divortisse videtur.* [2] La Loi exige, qu'on se soit séparé dans
l'intention de ne plus se réünir ; elle ne présume pas cette intention, quoique le libel du divorce ait eté donné, si la femme retourne dans peu avec son mari, & quand elle n'a rien
fait qui la marque plus clairement ; comme si elle avoit reçû
sa dot, ou passé à un autre mariage.

Il me semble de même, que tandis qu'il n'y a qu'une simple
habitation séparée, & que les communiers n'ont rien fait de
plus, pour marquer qu'ils ont voulu rompre la communion ;
on ne doit pas juger d'abord qu'elle est rompuë. Cependant
comme il faut déterminer un tems, je crois que ce doit être
celui d'une année, qui fait présumer qu'on a choisi un autre
domicile, & qui est déterminé par nôtre Coutume dans tous
les cas semblables. [3] J'estime cependant que la communion seroit rompuë dans l'année même, si l'on avoit déclaré par quel-

[1] *L. Plerique 33. ff. de rit. nupt.*

[2] *L. Divortium 3. ff. de div.*

[3] Coq. des serv. pers. art. 13.

que acte qu'on veut la rompre, ou fi l'on en avoit fait quelqu'un, qui fût incompatible avec fa confervation.

Deux freres de Mainmorte vivoient en communion ; leurs
femmes fe querellérent ; l'une fe retira chez fes parents ; le mari tarda quelque tems à la fuivre, mais vaincu par fes impor-
tunités, il loüa une maifon & des héritages, fut demeurer avec
elle dans cette maifon, acheta des bœufs & une charruë, &
cultiva en fon particulier des hérirages qu'il avoit amodiés,
quoiqu'il aidât auffi à cultiver les héritages communs. Sa mere
mourut, avant l'année depuis la féparation. Il fut déclaré avoir
rompu la communion avec elle, & exclus de fa fucceffion,
par raport aux faits particuliers qu'on vient de raporter, qui
marquoient fon intention ; fçavoir, la location d'une maifon,
l'achat des bœufs & charruë, l'amodiation & la culture des héritages étrangers. L'Arrêt eft du 24 Octobre 1619, entre les
Dagai de Batrans.

Puifque c'eft le choix d'un domicile féparé, dans le deffein
aparent de s'y établir pour toujours, qui rompt la communion
d'habitation ; il s'enfuit que ceux qui s'abfentent, pour voya-
ge, pour négoce, pour travailler d'une profeffion, pour étudier, pour fervir le Roi, pour être domeftiques, Vicaires ou
Fermiers, pour quelque Office qui ne doit durer qu'un tems,
comme pour une tutelle, pour une commiffion à tems, ou
révocable *ad nutum* ; en un mot, tous ceux qui ne quittent
l'habitation commune que pour une caufe temporelle & paf-
fagére, ne rompent pas la communion ; parce qu'ils font cenfés avoir deffein d'y revenir. [1]Le Parlement de la Province l'a
ainfi jugé aux Arrêts de la Pentecôte de l'an 1554 : & le 5
Mars 1667, il décida entre les enfants de Jean Laniet & Per-
rette Ligier, que Jean Laniet n'avoit pas rompu la communion, avec fes pere, mere, frere & niéce, quoiqu'il fe
fût marié à Bruxelles, & y eût demeuré long-tems après fon
mariage ; parce qu'il avoit fervi jufqu'à la mort dans les Gardes de S. A. S. le Cardinal Infant Gouverneur des Pays-Bas &
du Comté de Bourgogne, & qu'il s'étoit marié au lieu où il
faifoit fon fervice.

Il y a plus de difficulté à l'égard des titulaires, qui font allés
deffervir un Bénéfice qui demande réfidence, & dont ils font
pourvûs ; une Cure, par exemple ; car on peut dire en leur

[1] Talbert,
art. 13. th. 6
& 7. Taifand
tit. 9. art 12.
not. 4. Papon
Cout. de
Bourb. tit.des
tailles perf.
art. 207 Coq.
des ferv. perf.
art. 14 & q.
182. L. *Qu v fi-
tum* 78. ff. de
leg. 2. L. 2.
Cod. de incolis.

faveur, qu'ils sont nécessités à quitter la communion, & que ce seroit détourner les Mainmortables de servir l'Eglise, par la crainte de perdre la succession de leurs communiers, & de faire eux-mêmes échûte. Ces raisons ont fait hésiter les Auteurs à dire qu'ils rompoient la communion; & Taisand cite un Arrêt du Parlement de Bourgogne, qui a jugé la négative. [1] Boguet en cite un du Parlement de Franche-Comté, qu'il dit être contraire, & qui fut rendu le 18 Septembre 1592, entre le Sieur Gemelli Prieur de Rosé, & les Cornu, au sujet de la succession de leur frere, mort Curé à Chargé. Mr. Jobelot observe sur cet Arrêt, que ce Curé joüissoit de ses biens, les administroit séparément, & en convertissoir les revenus à son profit particulier. Il semble insinuer, que ce fut la raison de l'Arrêt, & que son avis est, que la seule résidence du Curé ne suffit pas, s'il n'a pas fait d'autres actes qui prouvent qu'il a voulu rompre la communion.

[1] Taisand
loc. cit.

Mr. Talbert dit indistinctement, que le Curé rompt la communion, & il me paroît que c'est nôtre Usage. Il ne tient qu'à lui de ne pas accepter le Bénéfice; mais dès qu'il l'accepte, & qu'il y va résider, il est censé avoir voulu rompre la communion, parce que c'est une suite nécessaire du choix qu'il a fait; ayant un domicile perpétuel dans sa Cure, ne pouvant la quitter sans la permission de ses Supérieurs, & nôtre Coutume demandant, que les communiers n'aient qu'un seul domicile; même à l'égard des Prêtres, elle décide que le Seigneur leur succéde, *s'ils n'ont des parents communs demeurants avec eux*; ce mot *demeurants* doit s'entendre d'un domicile réel, & non pas d'un domicile feint, que le Curé seroit censé retenir avec ses communiers. [2]

[2] Art. 7. Coq.
q. 282.

Ce n'est pas non plus d'une habitation purement matérielle, comme de demeurer sous le même toit & dans la même maison, que nôtre Coutume induit la communion, c'est d'une habitation formelle, causée par la communion des biens & la communication du travail, du revenu & de l'industrie; dont l'effet est de vivre aux frais de la communion, & d'acquerir en commun. C'est ce que nôtre Coutume exprime, quand elle dit, *que le feu & le pain partent l'homme de Morte-main*; & pour parler plus intelligiblement, elle ajoure, *c'est à dire, quand gens de Mainmorte font leurs dépens chacun à sa charge, & sé-*

parément l'un de l'autre, fupofé qu'ils demeurent dans une même maifon. Il n'importe donc pas qu'il y ait plufieurs feux ou plufieurs efpèces de pain, s'ils font tous faits aux frais de la communion; & quand il n'y auroit qu'un feu ou qu'un pain, fi chacun y contribuë en fon particulier & à fes frais, la communion ne feroit pas entiére : ainfi c'eft la dépenfe commune, la nourriture & l'entretien à frais communs, qui caractérifent la communion des Mainmortables qui vivent dans la même maifon. Le Parlement l'a ainfi jugé au mois de Septembre 1607, dans la caufe de Jean Lefcot. Il y a auffi plufieurs Arrêts par lefquels il a décidé, que quoique les biens ne fuffent pas partagés, il fuffifoit d'avoir vécu en fon particulier & à fes frais propres, pour avoir rompu la communion. Ils font du 24 Octobre 1619, 21 Novembre 1644, 26 Novembre 1646, & 10 Juin 1659.

Mr. Talbert dit, que fi la mere quitte fon enfant pupille, pour fuivre un fecond mari, elle rompt la communion avec cet enfant, enforte qu'elle ne lui fuccédera plus; mais qu'il ne laiffe pas de pouvoir lui fuccéder, parce que la féparation de la communion ne vient pas de fon fait, à moins qu'étant devenu grand & en âge de fe choifir un domicile, il n'ait voulu demeurer féparé de fa mere.

J'ai peine à me rendre à cette doctrine, qui rompt & ne rompt pas la communion, dont le fait me paroît indivifible, & devoir opérer le même effet refpectivement entre les communiers. Il eft vrai que la mere fait le choix d'un fecond mariage; mais Mr. Talbert convient après Mr. Grivel, & fuivant que je l'ai prouvé plus haut, que ce n'eft pas un moyen pour diffoudre la communion de la mere & de fon enfant. Or dès qu'elle eft mariée, elle n'eft plus la maîtreffe de garder fon enfant avec elle; fi elle le quitte, l'on doit préfumer que c'eft fon fecond mari qui l'exige d'elle, & qu'elle le fait contre fon gré. Elle ne fait pas fa dépenfe à part, ni fon profit particulier, parce que c'eft fon mari qui joüit de fes biens & qui la nourrit. Je voudrois donc quelque chofe de plus dans ce cas, que la fimple féparation d'habitation, de feu & de pain, pour diffoudre la communion contre la mere & l'enfant pupille; & je penfe que fi elle eft rompuë à l'égard de l'un, elle l'eft à l'égard de l'autre. Mr. Jobelot raporte deux Arrêts, qui

femblent

semblent favoriser cette opinion ; l'un sans datte, & donné sur Requête, par lequel la Cour donna à l'ayeul l'éducation de l'enfant pupille d'une femme remariée, & déclara que quand il seroit adult, il lui seroit libre de retourner dans la communion de sa mere ; & l'autre du 29 Décembre 1610, entre Jeanne Odille femme de Jean Friquet, contre Demoiselle Etiennette de Beaurepaire Dame d'Amange, par lequel la succession de l'enfant pupille fut ajugée à la mere remariée, quoiqu'elle ne l'eût pas mené avec elle.

L'on a douté si pour dissoudre la communion des Mainmortables, il étoit nécessaire qu'ils eussent partagé leurs biens, qu'ils fussent séparés d'habitation, & qu'ils fissent leurs dépenses à part, copulativement ; ou si l'une de ces trois choses suffisoit. Mr. le Président Favre dit, que la séparation d'habitation de feu & de pain, ne rompt pas la communion ; qu'elle subsiste tandis que les biens sont communs, & que quand même les communiers auroient fait des acquisitions chacun en leur propre, le Seigneur ne succéderoit pas aux biens qui sont restés communs. [1]

Taisand nous assure, que quoique des communiers se soient séparés d'habitation & de dépense, ils peuvent néanmoins se réunir, pour succéder les uns aux autres, tandis qu'ils n'ont pas fait le partage de leurs biens. [2] Nôtre Coutume qui est à peu près la même que celle du Duché de Bourgogne sur cette question, semble la décider suivant le sentiment de Taisand ; car elle dit, que *gens de Mainmorte communs en biens, qui se divisent & séparent de ladite communion, ne peuvent jamais être réputés communs en biens après ladite séparation, sans le consentement de leur Seigneur.* Il paroît qu'elle exige par la copulative, & (*qui se divisent & séparent,*) la séparation de biens, & celle d'habitation qui emporte celle de feu & de pain, conjointement & cumulativement ; qu'elle a principalement égard à la communion des biens, & que pendant qu'elle subsiste, les gens de Mainmorte qui se sont séparés d'habitation, peuvent se réunir sans qu'ils aient besoin du consentement du Seigneur.

Nous avons cependant estimé, que la communion de biens, l'habitation commune & la dépense en commun, sont trois parties intégrantes qui composent la communion, & trois con-

N

1 De dedit. lib. lib. 7. tit. 1. def. 1 & 15.

2 Tit. de la Mainm. art. 13. not. 1.

ditions qui font de fa fubftance ; enforte qu'une feule des trois venant à manquer, la communion eft diffoute & ne peut fe réunir, fi le Seigneur n'y confent. Nôtre Jurifprudence eft fondée, fur ce qu'un Article de nôtre Coutume dit, *que les gens de Mainmorte ne fuccédent les uns aux autres, finon tandis qu'ils font demeurants en commun;* 1 & qu'on lit dans un autre, que la Coutume qui dit que le feu & le pain partent l'homme de Morte-main, s'entend, *quand gens de Mainmorte font leurs dépenfes chacun à fa charge & féparément l'un de l'autre, fupofé qu'ils demeurent en une même maifon.* D'où nous avons conclu, que la demeure & la dépenfe commune, font chacune féparément & principalement requifes *æque principaliter*, pour entretenir la communion, auffi bien que l'indivifion des biens.2 Nous avons en conféquence regardé ces termes, *divifent & féparent*, comme aplicables chacun, au defaut de chacune des conditions, que nous eftimons requifes pour maintenir la communion : & eftimé que la particule, *&*, devoit fe réfoudre en difjonctive dans l'hypothèfe, pour concilier les différens Articles de la Mainmorte; enforte que nous entendons par le mot *divifent*, le partage des biens; & par celui *féparent*, la féparation qui fe fait quand on demeure féparément, ou qu'on fait fa dépenfe à part ; y ayant des perfonnes à la campagne, qui n'ont qu'une même demeure & un même feu, & qui font cependant leur pot & dépenfe à part. La communion qui a été originairement contractée par le confentement, peut fe diffoudre de même. Or le confentement peut s'exprimer par des faits, comme font la demeure féparée, ou la dépenfe à part, de chacun defquels nôtre Coutume forme au moins des préfomptions de Droit, qu'on a voulu rompre la communion. Il y a des Arrêts qui l'ont ainfi jugé, les 7 Septembre 1609, 18 Mars 1615 pour Mr. l'Archevêque de Rye, 24 Octobre 1619, 27 Novembre 1644, 26 Novembre 1646, & 10 Juin 1659.

Si ce grand nombre d'Arrêts ne déterminoit pas le fens de nôtre Coutume, & fi la queftion étoit encore dans fon entier, il me femble qu'on pouroit avec fondement, prendre le parti qu'on a fuivi en Bourgogne, & dire, que tandis que la féparation n'eft pas entiére par la divifion des biens & de l'habitation cumulativement, l'on peut fe réunir fans le confentement du Seigneur. Ne faifons-nous point violence aux termes de *divisent & séparent*, en changeant en disjonctive & alternative, une particule qui est copulative de sa nature ? Ne pourroit-on pas sans cela concilier nos trois Articles, en disant que les 16 & 17 ne regardent que l'état où se trouve le Mainmortable au tems qu'il décéde, & lorsqu'il s'agit de sa succession ; & que le 15, régle ce qu'il peut faire pendant sa vie, avant que sa succession soit ouverte ; que la Coutume veut que son échûte soit ouverte, lorsqu'il meurt séparé d'habitation seulement ; mais qu'elle lui permet de se réünir avec ses communiers sans le consentement du Seigneur, tandis que sa séparation n'est pas entiére, & consommée par la dissolution de toutes les Parties qui composoient la communion.

J'estime du moins, puisque nous avons pris sur cette question le parti de rigueur, qu'il faut qu'il conste clairement par l'un des trois faits, ausquels nous donnons la force de dissoudre la communion sans retour, que les Parties ont eu véritablement dessein de la rompre ; *voluntate enim solâ dissolvitur societas, & magis verbis quam factis, voluntas declaratur.* [1] Il faut qu'on ait contrevenu à ce qui est de son essence, & que ce qui s'est fait, en emporte nécessairement la dissolution. On ne doit pas la juger rompuë, sur des accidens qui en donnent simplement des indices ; & lorsqu'il y a des excuses plausibles, au fait dont on voudroit l'induire. C'est sur ce fondement, qu'ont été rendus plusieurs Arrêts que j'ai cités, & qui paroissent au premier coup d'œil, contre la régle que je viens de proposer ; l'équité doit se réünir ici, avec le jugement qui discerne les circonstances que le Juge doit peser dans tous les cas particuliers. La communion des Mainmortables est composée des biens & des personnes ; il faut du moins qu'il se trouve un acte qui réponde à l'un de ces deux extrémes. La demeure séparée pendant un tems considerable, sans autre cause aparente que de dissoudre la communion entre les personnes, peut avoir cet effet ; tout comme la table & la dépense à part, en pareille circonstance ; pour rompre celle des biens, sans qu'il soit toujours nécessaire qu'il y ait eu un partage.

J'ai dit plus haut, que le communier qui prend la tutelle de son communier pupille, fait inventaire & s'oblige à rendre compte, ne rompt pas la communion qui est entre eux ; parce

1 *Fachin.
contr. lib.* 6, q.
1. Lebrun des
succeff. liv.
ch. 2, dist. 2, n.
13. D'Arg.
Cout. de Bret.
art. 456. ch. 5.
n. 4 & 5.

que tout cela ne fe fait pas dans le deffein de la rompre, mais pour fatisfaire à la Loi, qui veut que les pupilles foient pour-vûs de tuteurs, pour deffendre leur perfonne & en avoir foin, pour gouverner les biens dont ils peuvent avoir la propriété en particulier, & pour leur conferver ceux qu'ils ont en commun.

L'émancipation ne rompt pas non plus la communion, puifque la Coutume ne le dit pas; que l'émancipation ne ré-pugne point avec la communion & les conditions qui font requifes pour l'entretenir; que c'eft un bénéfice de droit, dont les Mainmortables ne doivent pas être privés; qu'encore que par l'émancipation, le fils devienne capable d'acquerir en fon propre, il n'en fuit pas qu'il le faffe, & que quand il le feroit, fes communiers ayant droit de lui faire raporter en commun ce qu'il auroit acquis, ce n'eft pas une marque fuffifante qu'il ait voulu rompre la communion.

Il y a plus de difficulté dans le cas de l'affranchiffement; Mr. Talbert eftime qu'il rompt la communion, & que le fils qui s'eft affranchi, n'eft plus communier de fon pere; parce que, dit-il, fi la communion fubfiftoit encore en ce cas pour faire fuccéder l'enfant à fes parents, ce feroit ouvrir la porte à la deftruction des Mainmortes perfonnelles; car les enfants qui ne craindroient plus de perdre la fucceffion de leurs pere & mere, s'affranchiroient tous par défaveu. L'on peut ajouter à cette raifon, que la communion en Mainmorte confifte en partie dans l'union des biens des communiers, & que cette union ne fubfifte plus à l'égard de ceux qui ont abandonné les leurs, en s'affranchiffant par défaveu; que nôtre Coutume, quand elle parle de la communion, parle en même tems des Mainmortables, & fupofe que les communiers foient tous de cette condition; que fuivant le Droit Civil, il falloit être ci-toyen pour fuccéder à un citoyen. [1] Qu'en France l'étranger ne fuccéde pas à fon parent regnicole, & qu'il y a même raifon pour exclure le franc de la fucceffion du Mainmortable; d'autant que les biens de Mainmorte ont été originairement affectés aux perfonnes de cette condition.

Mt. Jobelot eft d'un fentiment contraire, & il y a de fortes raifons pour fon avis. L'affranchiffement n'efface pas la com-munion native, *non mutat familiam*, il n'en doit pas détruire

[1] *L. 1. ff. ad falcid. L. Sed & fi. §. Sole-mus. ff. de he-red. inftit. L. 1. Cod. eod.*

lés effets. Cette communion a été jugée suffire seule , & sans celle de biens , en plusieurs cas , n'étant pas nécessaire qu'un communier ait des biens pour succéder à l'autre , sur tout entre les pere & mere & leurs enfants , qui n'ont presque jamais entre eux que la communion native. Nôtre Coutume ne dit pas que pour succéder en Mainmorte , il faut être Mainmortable , mais seulement qu'il faut être communier. La communion s'entretient entre les personnes de franchise , pour qu'elles puissent succéder entre elles aux biens de Mainmorte ; pourquoi ne s'entretiendroit-elle pas , & n'auroit-elle pas un effet pareil , entre un Mainmortable & un franc ? Les enfants qui sont de Mainmorte , parce que c'étoit la condition de leur pere , ne laissent pas de succéder à leur mere qui est de franchise ; il en est de même des freres utérins qui sont de différente condition , parce que le pere de l'un étoit de Mainmorte , & le pere de l'autre de franchise , lorsqu'ils sont d'ailleurs en communion. Ainsi quoiqu'il paroisse répugner que le franc succéde au Mainmortable , il n'y a cependant point d'incompatibilité. Quand les Coutumes disent que le franc ne succéde pas au Mainmortable , elles ajoutent en même tems , que le Mainmortable ne succéde pas au franc , [1] la justice & la régle des successions exigeant cette réciprocité ; mais parmi nous , les Mainmortables succédent aux personnes franches ; d'où il suit que les francs doivent aussi succéder aux gens de Mainmorte, s'ils sont en communion. Les parents Mainmortables succédent à leurs enfants de franchise ; n'est-il pas juste que ces enfants leur puissent aussi succéder ? & comme par la succession du Mainmortable à l'homme franc , les biens de celui-ci passent au sujet qui en peut faire échûte , le Seigneur de l'homme de Mainmorte est dédommagé par là , de ce que l'homme franc peut aussi succéder au Mainmortable ; il l'est aussi suffisamment , en ce que l'homme franc fait échûte de ses biens de Mainmorte , tout comme feroit le Mainmortable , s'il meurt sans communiers ; ce qui diminuë beaucoup l'inconvénient proposé par Mr. Talbert , qui en impose au premier abord , mais qui n'est pas si considerable qu'il paroît , quand on en examine les suites. Cet inconvénient d'ailleurs qui a dû être prévû , & que nôtre Droit Municipal n'a pas trouvé à propos de prévenir, en décidant que l'affranchissement

[1] Cout. de Niv. tit. des succeff. 34. art. 2.

romproit la communion en Mainmorte , ne paroît pas fuffi-
fant , pour ôter au fujet Mainmortable , la faculté que ce
même droit lui donne de recouvrer fa liberté en s'affranchiffant
par défaveu ; & ce feroit la lui ôter , que de le priver en cas
qu'il s'affranchit , du droit de fuccéder à fes pere & mere ,
même dans fa légitime. Ces raifons me font pancher à l'avis
de Mr. Jobelot , d'autant qu'il tend au recouvrement de la
liberté des perfonnes , que les Coutumes du Royaume & les
Arrêts de tous les Parlements ont beaucoup favorifé.

Section III.

Comment la communion rompuë fe rétablit.

L A Coutume dit , que les gens de Mainmorte qui ont
rompu la communion, ne peuvent la rétablir, fi le Seigneur n'y confent ; 1 d'où il fuit qu'elle peut être rétablie du
confentement du Seigneur ; mais on demande fi lorfqu'il y a
des communiers , avec celui ou ceux qui en veulent rapeller
un autre dans leur communion, le confentement du Seigneur
fuffira , & s'il ne faut pas auffi celui des communiers ; ce qui
fait la difficulté , eft que la Coutume ne parle que du confentement du Seigneur.

    L'on peut dire , que nôtre Coutume ne parle que du cas
auquel la communion eft diffoute entre tous les communiers ;
parce que c'eft celui où le Seigneur a un véritable interêt &
un droit acquis , pour empêcher la réünion des communiers;
& qu'elle a laiffé celui auquel il refte des communiers , à la
difpofition du Droit Commun. Or tout comme la légitimation
par Refcrit du Prince , ne préjudicie en rien aux enfants légitimes & autres héritiers préfomptifs , s'ils n'y ont confenti ;
de même la réünion qui fe feroit fans le confentement de tous
les communiers , ne les empêcheroit pas de fuccéder , comme
s'il n'y avoit point eu de réünion , au moins quant à ceux
qui n'y auroient pas confenti , à fupofer qu'on eût obtenu le
confentement de quelqu'un. Un affocié ne peut pas introduire
un tiers dans la fociété , fi les autres affociés n'y confentent ;

1 Art. 15.

ce droit est acquis aux communiers qui restent en communion, quand elle a été rompuë à l’égard de l’un d’eux, comme au Seigneur, dans le cas qu’il ne reste plus personne en communion, le communier est préférable au Seigneur; donc si le consentement du Seigneur est requis quand il y va de son interêt, celui du communier le doit être au même cas. Que si la Coutume n’en parle pas, ce n’est pas qu’elle l’excluë; elle le supose bien plûtôt, parce qu’il est du Droit Commun & de l’essence de la communion, personne n’étant associé, s’il n’y consent; au lieu que celui du Seigneur, n’étant requis que par la Loi Municipale, elle a dû exprimer les cas ausquels il étoit nécessaire.

Mr. Jobelot raporte sur cette question, un Arrêt qui mérite attention. Un pere Mainmortable rapelle à sa communion par donation à cause de mort, deux de ses enfants qui s’en étoient séparés; & au cas que ses autres enfants qui étoient commmniers n’y voulussent point consentir, il fait donation entre-vifs à ses enfants séparés, de ses meubles morts & vifs, dettes & noms de dettes; priant le Seigneur d’y consentir, ce qu’il fit. Le pere mort, les enfants communiers contestent la donation; elle fut déclarée valable en ce qui avoit été donné entre-vifs, par Arrêt du 5 Janvier 1628. Mr. Jobelot observe que le pere avoit vécu quelque tems après sa donation; d’où l’on pouvoit conclure qu’elle n’étoit pas faite en fraude, & que c’étoit une véritable disposition entre-vifs, qui peut être faite au préjudice des communiers: mais il ajoute, que le pere étant le maître de la communion, & les enfants n’y ayant rien, le pere auroit pû la renoüer malgré eux, pourvû que le Seigneur y consentit: Je doute que cette proposition soit véritable. Les enfants ne sont pas associés de leur pere, mais ils sont ses communiers, & il n’est pas nécessaire qu’on ait du bien dans la communion Mainmortable, pour en avoir tous les droits. La succession est dûë à l’enfant en ce cas, comme à tout autre parent communier; & on ne peut pas l’en priver plûtôt qu’un autre, en rapellant malgré lui d’autres personnes dans cette communion. Ne pouroit-on pas même soutenir, que quand il y a des communiers, leur consentement suffit pour rétablir la communion, le Seigneur n’y ayant alors aucun intérêt, ni droit acquis ou prochain, si l'Article quinze qui demande le confentement du Seigneur, ne doit être entendu que du cas où il n'y ait point de communiers? Il me paroît du moins que celui des communiers, quand il y en a , eft requis auffi bien que celui du Seigneur.

Mais s'il y a deux Seigneurs , l'un d'origine , & l'autre de domicile, faudra-t-il le confentement des deux ? Je penfe que celui du Seigneur d'origine fuffit , parce qu'il eft le premier & le véritable Seigneur , dont le droit ne s'étcint pas , & fuit par tout la perfonne de fon homme Mainmortable ; que le Seigneur du domicile n'a droit que fur les biens qui font dans fa Seigneurie,& au cas de l'échûte feulement, parce qu'une des Seigneuries Mainmortables , ne peut rien acquerir dans l'autre , fuivant nôtre Coutume ; que le fujet peut changer de domicile , & fe fouftraire par cette voie au nouveau Seigneur ; que la Coutume ne parlant ici que d'un Seigneur, elle doit être entenduë du Seigneur d'origine , qui eft toujours préférable à celui du domicile , & auquel l'on doit faire le défaveu pour s'affranchir, comme je le dirai à la fuite.

Au refte , il eft hors de doute que c'eft à celui qui eft Seigneur au tems que la réünion fe fait , de donner fon confentement. Il paroît feulement quelque difficulté , à l'égard du Bénéficier & des autres Seigneurs qui n'ont droit que pour un tems , parce qu'en rétabliffant une communion rompuë, ils peuvent par l'événement , caufer du préjudice à leurs fucceffeurs.

Cependant comme la Coutume autorife indiftinctement le Seigneur,à confentir à la réünion des Mainmortables,fa difpofition doit auffi s'entendre des Bénéficiers & autres femblables. Il n'y a encore point de droit acquis , on n'aliéne rien , on remet fimplement les chofes dans leur état ancien & primitif. Il en eft comme des confentements d'hypotéque que le Bénéficier a donnés , & qui valent à l'égard de fon fucceffeur : j'excepterois feulement le cas d'une fraude & d'une collufion évidente , pour priver le fucceffeur de l'échûte , dans des circonftances où elle le regarderoit.

Section

Section IV.

Du Repret.

PUisque l'habitation séparée diſſout la communion, la fille de Mainmorte qui ſe marie & qui quitte la maiſon de ſes pere & mere pour ſuivre ſon mari, ceſſe d'être communiére, & ne peut par conſéquent plus leur ſuccéder. Il eſt cependant bien juſte de lui donner quelque moyen de conſerver la communion, lorſqu'elle le veut, parce que ſa ſéparation en ce cas, n'eſt pas volontaire, qu'elle fait un acte licite, & qu'elle doit pouvoir faire tout ce qui en ſuit néceſſairement, comme de ſuivre le domicile de ſon mari, ſans qu'elle en ſouffre, & ſans qu'elle ſoit privée pour cela de la ſucceſſion de ſes parens ; que ſi en quittant le domicile de ſes pere & mere, elle riſquoit de la perdre, elle ſeroit détournée de ſe marier, par la crainte de cette perte ; & qu'il eſt de l'interêt des Seigneurs même, que leurs Mainmortables ſe marient, parce que leurs ſujets ſe multiplient par là, que les terres de leurs Seigneuries ſont mieux cultivées, qu'elles augmentent de prix, & qu'ils en profitent par les lods & les autres droits utiles qu'ils en tirent.

C'eſt dans cette vûë, qu'on a rédigé l'Article huit de nôtre Coutume, qui porte ; *qu'en lieu de Mainmorte, la fille mariée en ſon partage, peut retourner pour avoir & recouvrer ſon partage ; pourvû qu'elle retourne géſir la premiére nuit de ſes nôces, en ſon meix & héritage.*

Elle eſt ſinguliére dans ſa diſpoſition, parce que les autres Coutumes ont pourvû par d'autres moyens au cas qu'elle a voulu prévenir. En Bourgogne, par exemple, le parent proche qui eſt communier & habile à ſuccéder, rapelle à la ſucceſſion ceux qui ſont en égal degré, quoiqu'ils aient rompu la communion. [1] En Nivernois, la fille de Mainmorte devient libre en épouſant un homme franc ; & ſi elle épouſe un homme d'une autre Mainmorte que celle dont elle eſt originaire, elle devient ſujette du Seigneur de ſon mari. [2] En Auvergne, la fille en ſe mariant ne rompt pas la

[1] Cout. de Bourg. tit. des Mainm. art. 17.

[2] Tit des ſerv. perſ. art. 16.

communion avec ſes parents, ainſi elle leur ſuccéde & ils lui ſuccédent réciproquement ; [1] *quia filia etiam nupta, retinet familiam & originem.* [2] En Savoye, outre que la ſeule communion de biens ſuffit pour empêcher l'échûte, la fille ne ſuit pas la condition de ſon pere, elle eſt libre & hors de ſa ſucceſſion, mais le Seigneur lui doit ſa légitime. [3]

Nôtre Article diſant, *en lieu de Mainmorte*, c'eſt la même choſe que s'il avoit dit, en lieu où les perſonnes ſont de Mainmorte. Il ne diſpoſe rien à l'égard de la fille de franche condition dont les pere & mere auroient des biens Mainmortables, parce que dans le tems qu'il a été rédigé, les perſonnes libres ſe ſuccédoient aux biens de Mainmorte, ſans avoir beſoin de communion, & qu'encore aujourd'hui les deſcendans y ſuccédent à leurs aſcendans, quoiqu'ils ne ſoient plus leurs communiers. [4] Sur ce fondement, par Arrêt rendu le 19 Février 1633 entre des perſonnes de S. Claude, une fille de condition franche, qui, en ſe mariant, avoit fait le devoir de la Coutume, & qui prétendoit en conſéquence ſuccéder aux biens de Mainmorte de ſa mere à l'excluſion de ſes ſœurs qui ne l'avoient pas fait, fut deboutée de ſa prétention : c'eſt parce que la Coutume ne parle que des perſonnes de Mainmorte, & que s'agiſſant d'une fiction qui a été nommément introduite en leur faveur, on ne doit pas l'étendre à d'autres cas ; d'où il faut conclure que le repret ſeroit inutile à une fille de condition franche, qui eſt cenſée dédommagée par la ſucceſſion aux meubles & aux biens francs qu'ont ordinairement les perſonnes de cette condition, & qui ſuccéde même aux biens de Mainmorte, ſans être communiére ou réputée telle.

L'Article porte, qu'il faut que la fille retourne *geſir* la premiére nuit de ſes nôces, *ut jaceat.* On lit dans les Coutumes déclarées notoires par le Parlement de la Province, avant qu'elles fuſſent rédigées par ordre du Souverain, que la fille peut ſuccéder, pourvû qu'elle retourne geſir *le premier jour* de ſes nôces ; ce qui dénote que la Coutume n'aſtraint pas la fille à coucher. Elle a ſeulement voulu qu'elle marque par quelque acte, qu'elle a intention de conſerver la communion de ſes pere & mere, & qu'elle ne la quitte que parce qu'elle eſt obligée de ſuivre ſon mari.

Si la Coutume parle *de géſir*, ce n’eſt que par maniére de démonſtration & pour donner un exemple ; ce n’eſt pas pour régler la forme & l’eſpèce de cet acte, qui eſt indifférent au fond,& où il ne s’agit que de faire connoître une intention, qu’on peut manifeſter par des actes équipollens à celui dont parle la Coutume. Or on la montre par des paroles ou par des faits : par des paroles, comme ſi dans le contrat de mariage ou par quelqu’autre acte autentique, la fille déclare qu’elle entend conſerver la communion de ſes pere & mere ; & par des faits, comme ſi après s’être mariée, elle retourne dîner, ſouper ou coucher chez ſon pere ; car ces faits marquent parmi nous, que la fille fait *le repret* ; (c’eſt ainſi que nous apellons l’acte de fait ou de paroles, par lequel elle témoigne qu’elle veut conſerver la communion.) Quand c’eſt par des faits, la preuve en peut être faite par témoins, parce que l’Ordonnance n’exige pas une preuve par écrit des faits, mais ſeulement des conventions.

Mr. Jobelot dit qu’en cette occaſion, le Parlement a toujours eu plus d’égard à l’intention, qu’à la maniére de la marquer. Il cite pour le prouver en général, des Arrêts du 10 Juillet 1568 pour deux Particuliers d’Amange contre leur Seigneur ; du mois de Septembre 1615, du 24 Décembre 1619, & il raporte l’hypothèſe des Arrêts qui ſuivent.

François Moureau de Savoyeux lieu de Mainmorte, marie Pierrette Moureau ſa fille, laquelle, après avoir reçû la bénédiction nuptiale, retourne chez ſon pere, y dîne, va préſenter après le dîner du gâteau de ſa nôce à la Dame du lieu, & couche chez ſon mari. Elle meurt enſuite, laiſſant des enfants. Ses freres leur diſputent le droit de ſuccéder à leur ayeul, parce que leur mere n’avoit pas couché chez lui le jour de ſes nôces. Il fut jugé de toutes voix, le 7 Octobre de l’an 1600, qu’elle avoit ſatisfait au devoir preſcrit par la Coutume, en dînant chez ſon pere.

André Chapuſot d’Auſſon homme Mainmortable, marie ſa fille à un Particulier de Flagy, auſſi de Mainmorte. Elle dîne chez ſon pere. Après dîné, elle déclare au Maire du lieu, qu’elle s’adreſſe à lui, pour faire le devoir de la Coutume. Elle ſoupe encore chez ſon pere, & va coucher chez ſon mari. Son pere meurt. Ses freres l’admettent à partager avec eux : ils demandent relief, fous prétexte qu'ils ont partagé en mino-rité, & qu'ils ont fupofé leur fœur habile à fuccéder avec eux, quoiqu'elle ne le fût pas, parce qu'elle n'avoit pas couché dans la maifon de fon pere. Ils furent déclarés non-recevables à leur relief, par Arrêt du mois de Juillet 1608. S'il fuffit de dîner ou de fouper dans la maifon paternelle, pour qu'on en induife que la fille l'a fait dans la vûë de marquer qu'elle avoit intention de conferver la communion avec fes parents, elle la marquera à plus forte raifon, fi elle y demeure quelque tems, quoiqu'elle la quitte dans la fuite.

Mais comme la Coutume parle d'un devoir à faire le premier jour des nôces, on demande s'il fuffiroit d'y fatisfaire le lende-main. L'affirmative eft la plus probable, parce que la Coutume ne parle du jour même des nôces, que parce que c'eft celui au-quel le devoir fe fait plus communément : elle ne parle de ce jour, que par maniére d'exemple, comme il a été jugé le 12 Septembre 1620, entre le Sieur de Crecy Seigneur du Trembloi, & Alexandrine Dauphin. Mr. Talbert dit même, que la fille peut faire le repret quelques jours après fes nôces, *poft intervallum aliquot dierum.* [1] Ne pouroit-on pas ajouter, qu'elle a l'an & jour, pourvû que dans ce tems il n'y ait encore point de droit acquis à fon préjudice, aux communiers ou au Seigneur? puifque la communion ne fe rompt pas d'abord, & qu'on requiert ordinairement l'an & jour, quand l'inten-tion de fe féparer dans l'inftant d'habitation différente, ne paroît pas certaine? l'on en peut douter dans le cas de la fille qui fe marie, jufqu'à ce qu'elle ait laiffé écouler un tems confi-derable ; mais ce ne feroit plus en ce cas, par un repas pris chez fes parents, ou en y couchant, qu'elle marqueroit qu'elle n'a pas voulu quitter leur communion. Il me femble qu'il faudroit qu'elle en eût pris un acte autentique ; il eft fûr du moins, fi la fille s'eft mariée à l'infçû ou contre le gré de fes pere & mere, & fi on peut penfer qu'elle n'a pas fait d'abord les actes propres au repret, parce qu'elle n'ofoit pas aller chez eux, & qu'ils étoient irrités contre elle ; qu'elle eft excufable fi elle ne les fait pas auffi-tôt. La Cour l'a ainfi jugé le 24 Dé-cembre 1619, pour les nommés Vaubert & Nicolas de Cha-vois, contre Nicolas Thierri de Faucogney ; & le 9 Novem-bre 1629, entre le Seigneur de Cleron & le nommé Guenard.

Mr. Talbert,
art. 8. th. 19.

C’eſt ſur la même raiſon , que par Arrêt rendu au mois de Juillet 1685 , il fut jugé pour Françoiſe Roland veuve de François Loiſel , contre le Comte de Montbeliard , que la fille qui étoit ſortie de chez ſon pere hérétique , pour épouſer un Catholique, étoit excuſable du deffaut du repret. On penſa qu’elle n’auroit pû retourner chez ſon pere , ſans s’expoſer à quelque violence ou à quelque ſéduction , pour quitter ſon mari & rentrer dans l’héréſie. Cet Arrêt eſt raporté par Mr. Jobelot, ſur l’Art. 8. Mais il me ſemble que ſi la fille étoit diſpenſée de retourner chez ſon pere , elle auroit dû faire quelque proteſtation autentique , pour faire connoître ſon intention & ſes raiſons.

La Coutume dit, que la fille doit retourner faire le repret dans *ſon meix.* Si les pere & mere n’ont point de meix propre, & qu’ils demeurent dans une maiſon loüée dans la Mainmorte, ou dehors ; poura-t-on en conclure, que la formalité preſcrite ne pouvant pas être accomplie à la lettre, elle n’oblige pas? nullement, car nous prenons le meix en Mainmorte, pour le lieu de l’habitation ; & pour que le Mainmortable qui a quitté la Seigneurie, ne ſoit pas de meilleure condition que celui qui y eſt reſté, ſa fille doit faire le repret, au lieu où il habite, quel qu’il ſoit, & où elle auroit dû demeurer avec lui, pour entretenir leur communion, ſi elle n’en avoit pas été empêchée par le mariage. Le Parlement l’a ainſi jugé le 26 Fevrier 1628, entre Antoine Brion & le Seigneur de Cleron.

Si le pere eſt en vie , il ſuffira de faire le repret au lieu où il demeure , pour ſuccéder non-ſeulement au pere , mais encore à la mere , ſoit qu’il réſide dans ſon propre meix, dans celui de ſa femme ou dans un autre. Après la mort du pere , il faut faire le repret dans celui où la mere réſide ; parce que c’eſt ſon meix dans le ſens de nôtre Article, & le lieu où la fille doit retourner , & faire connoître par quelques faits ou par des paroles, qu’elle entend maintenir la communion.

On a douté ſi la fille qui ſe marie dans le lieu, eſt obligée au repret. Le doute eſt tiré du mot *retourner*, qui ſupoſe qu’elle eſt ſortie du lieu pour ſe marier. Mais il peut auſſi bien être entendu de la fille qui eſt ſortie de chez ſon pere, pour aller ſe marier dans l’Egliſe de ſon Village, que de celle qui eſt allée dans un autre lieu; & comme on rompt auſſi bien la communion, en demeurant féparément dans le même Village, qu'en deux Villages différents ; il faut la même précaution en l'un & l'autre cas, pour faire voir qu'on n'a pas deſſein de la rompre.

Le repret doit avoir été fait au tems du premier mariage, ſi la fille a été mariée pluſieurs fois. *Hoc ſermone, dum nupta erit, primæ nuptiæ ſignificantur.* [1] La communion rompuë par le premier mariage ne ſe rétablit pas par le repret fait au tems du ſecond. Sur les mêmes raiſons, le repret fait au tems du premier mariage, a ſon effet pendant toute la vie de la fille, quand même elle ſeroit paſſée à de ſecondes & troiſiémes nôces.

Une fille de Mainmorte ſe marie, & va chez ſon mari, ſon pere meurt le même jour. Elle demande partage ; ſes ſœurs s'y opoſent, & diſent qu'elle a rompu la communion, parce qu'elle n'a pas fait le repret, & que ſon pere étant mort, elle ne pouvoit plus le faire. La fille répond, qu'elle n'eſt cenſée avoir rompu la communion, que quand elle a fait des actes qui marquent qu'elle l'a voulu rompre ; que ſon mariage n'en eſt pas un ; parce qu'elle pouvoit retourner coucher chez ſon pere pour la maintenir ; que ſi elle ne l'a pas fait, c'eſt parce qu'il s'eſt trouvé mort le ſoir même qu'elle auroit pû le faire ; que ce n'eſt pas ſa faute, ſi elle n'a pas ſatisfait à la Coutume ; qu'elle n'eût été en demeure qu'après le jour de ſes nôces, & que ſon pere étant mort dans ce jour même, c'eſt comme ſi elle n'avoit point eu de pere vivant dès le matin. Mr. Jobelot cite un Arrêt qui l'a ainſi jugé le 24 Mai 1660, entre des nommés Pannier & Richard.

Au reſte, quoique la Coutume ne parle que de la fille, elle peut être apliquée à la petite-fille, parce qu'il y a même raiſon, & que le terme de fille peut être étendu aux petites-filles, *ad neptes & proneptes*, dans les cas favorables comme celui-ci. [2]

Elle ne parle que de la fille mariée en ſon partage, d'où l'on pouroit conclure, qu'il n'y a que celle-là, qui ait droit de ſe maintenir dans la communion par le repret, & que la fille qui n'a point de traité, ou qui a été mariée par mariage divis, ne peut pas profiter de ce bénéfice ; d'autant qu'il y a bien moins de difficulté à ſupoſer une communion conſervée par

[1] L. Boves 89. §. Hoc ſermone. ff. de V. S. L. Dotis promiſſio 62. ff. de jur. dotium.

[2] Fuſar. de ſubſtit. quæſt. 319 & 320.

une fille, qui n'ayant encore rien reçû de ſes pere & mere, ne ſemble pas ſéparée de biens avec eux, puiſqu'elle ne l'a été que par le feu & l'habitation, que ſon état l'oblige à quitter; que par celle qui eſt non-ſeulement ſéparée de feu & d'habitation, mais qui joüit encore d'une dot & d'un avancement d'hoirie, & qui paroît ſéparée par ce moyen, d'habitation & de biens.

Avant que de réſoudre ces queſtions, il eſt à propos de prémettre, qu'une fille mariée en ſon partage, eſt celle à laquelle les pere & mere ou l'un d'eux, ont promis une part dans leur ſucceſſion; ſoit que cette part ait été déterminée, comme un tiers, un quart, &c. ſoit qu'elle ne l'ait pas été, comme quand on l'a faite bonne & riche en ſes biens, tels qu'ils ſe trouveroient, à partager avec ſes freres & ſœurs, ſuivant le nombre qu'il y en auroit au tems du décès de ſes pere & mere; car celle qui eſt mariée à une quotité d'hoirie, eſt véritablement héritiére; ſa part augmente ou diminuë, ſuivant que les biens qui doivent compoſer l'hérédité reçoivent de l'augmentation ou de la diminution; & elle peut l'avoir toute entiére par droit d'accroiſſement, *ne partim teſtatus partim inteſtatus decedat*, ſi elle ſe trouve ſeule héritiére au tems de la mort. C'eſt ce que nous apellons un héréditament ou une inſtitution contractuelle, bien différente de la conſtitution du mariage divis, par lequel la dot eſt donnée en une ſomme, en certains biens, ou en une quotité de biens, dont la proriété eſt transférée dans le moment, & qui n'augmente & ne diminuë pas, *extrinſecus*.

Quand la fille eſt mariée en ſon partage, elle peut ſuccéder, ſoit ſeule & pour le tout, ſoit avec ſes freres & ſœurs communiers, ſuivant les circonſtances, pourvû qu'elle ait fait le repret. Elle eſt conſiderée en ce cas, tant à l'égard du Seigneur que des communiers, comme ſi elle étoit encore en communion d'habitation & de biens, au tems de la mort de ſes pere & mere, auſquels elle veut ſuccéder; cette communion étant ſupléée par la Coutume, au moyen de l'acte de repret. Elle eſt même capable de recevoir par quelque nouvelle diſpoſition de ſes pere & mere, une part plus grande dans leur ſucceſſion, que celle qu'ils lui auroient promiſe par ſon contrat de mariage, parce qu'elle eſt toujours cenſée leur communiére.

Mr. Jobelot cite trois Arrêts qui l'ont ainsi jugé ; l'un du 27 Novembre 1615 , entre Loüise Rifoz & le Sieur Belin de Chenecé ; l'autre du 24 Décembre 1619 ; & le troisiéme du 23 Fevrier 1661 , entre les Garnaud. Et il y a cette différence à faire, entre la fille simplement mariée en son partage, sans désignation de parts , & celle qui est mariée à partager pour un quart , pour un tiers ; que la premiére succéde avec ses freres & sœurs, qui se trouvent habiles au tems du décès de ses pere & mere, par égales portions ; au lieu que l'autre ne succéde que pour la part qui lui a été désignée ; si ce n'est que n'y ayant point de communiers, elle succéde pour le tout & exclut le Seigneur.

Mais si elle n'avoit point de repret, elle ne pouroit pas succéder dans la part d'hoirie même qui lui auroit été promise, & quoique mariée en son partage ; parce que la Coutume ne l'habilite à venir au partage , lorsqu'elle est séparée d'habitation de ses pere & mere , que *pourvû qu'elle soit retournée gesir.* Ce terme, *pourvû,* emporte une condition, qui doit être accomplie pour donner effet à la fiction de la Loi. Mr. Jobelot dit que le Parlement l'a ainsi prononcé ensuite de l'assemblée des Chambres , aux vacances de Pâques de l'an 1540; & dès lors par deux autres Arrêts, l'un du mois de Juillet 1625 , entre des Particuliers d'Archelange ; & l'autre du 17 Fevrier 1628 , entre Antoine Brion & le Seigneur de Clairon; ensorte que la fille doit même être excluse de sa légitime , quand elle n'a pas fait le repret , suivant l'avis de Mr. Grivel dans sa décision 118. C'est parce que la légitime , *est portio portionis ab intestato debitæ* , & que la fille qui n'est pas communiére au tems du décès de ses pere & mere , est inhabile à leur succession. Elle doit se l'imputer, parce qu'il n'a tenu qu'à elle de conserver la communion, en se servant du moyen que la Loi municipale lui donnoit.

Quoique la Coutume semble ne donner droit de succéder en faisant le repret, qu'à la fille mariée en son partage , néanmoins comme les termes, *fille mariée en son partage*, ne sont pas mis par maniere de condition ; l'on estime, qu'ils ne sont que démonstratifs & déclaratifs ; ensorte qu'encore que la fille n'ait point de traité de mariage qui lui assure une part dans l'hoirie, elle ne laisse pas d'être successible. Sur ce fondement,

par

par Arrêt rendu au mois de Décembre 1613,entre les Brifeux de Rans, une fille qui avoit fait le repret, fut apointée à prouver par témoins, que depuis fon mariage, fon pere avoit déclaré qu'il l'avoit mariée en fon partage ; & par autre Arrêt du 24 Décembre 1619, une autre fille qui avoit fait le repret, fut admife à fuccéder à fes pere & mere, quoiqu'elle n'eût point de traité ni de déclaration comme celle dont on vient de parler. La fille fuccéde en ce cas, également avec fes freres & fœurs communiers, quand fes pere & mere n'ont point fait de difpofition ; & s'ils ont difpofé, elle a le droit de demander fa légitime, fi elle ne lui a pas été laiffée. [1]

C'eft parce que la fille, qui a droit à une quote-part de la fucceffion de fes pere & mere comme fes autres freres & fœurs, eft cenfée mariée en fon partage, quand on ne lui fait point de traité ; ou du moins en la part ou dans les biens que fes pere & mere voudront bien lui défigner ou donner ; qu'en faifant l'acte de repret elle conferve le droit de l'obtenir ; & que fes pere & mere y confentent, du moins tacitement, en lui laiffant faire l'acte de repret qui la rend fucceffible.

Voilà ce qui regarde la fille mariée en fon partage, ou fupofée telle ; il refte à voir ce qui concerne celle qui eft mariée par mariage divis. Sans entrer dans la difcuffion des termes dans lefquels la promeffe eft conçûë & la dot conftituée, foit en une fomme, foit en une quotité de biens, & pourvû que ce ne foit pas en une quotité d'hoirie ; il faut dire que toutes les fois que la fille eft dotée, de maniére qu'elle n'a pas une quotité d'hoirie, la qualité d'héritiére & le droit de faire une tête dans le partage de la fucceffion, elle doit être jugée mariée par mariage divis. D'où l'on pouroit conclure, qu'elle eft féparée de biens de fes pere & mere ; ayant déja pendant leur vie un bien en propre, dont elle ne confume pas les fruits avec eux ; & par une ultérieure conféquence, qu'elle ne leur eft plus fucceffible, la Coutume n'ayant donné ce droit, qu'à la fille mariée en fon partage, taxativement.

Cependant, comme il n'y a que le repret qui foit impofé dans l'Article, par maniére de condition, & que fuivant que je l'ai dit plus haut, les mots de fille mariée en fon partage, ne font cenfés mis que par maniére d'exemple, de déclara-

[1] Fab. in Cod. lib. 2. tit. 3. def. 8.

P

tion , de démonstration ; l'on a estimé, que la fille mariée par mariage divis , peut se conserver la capacité de succéder, en faisant le repret ; car si elle ne le faisoit pas , elle seroit non seulement excluë de la succession ; mais encore elle n'y pouroit pas être rapellée par ses pere & mere. Il y en a un Arrêt du 4 Mai 1590, entre les nommés Dartet.

Mr. Jobelot après avoir cité cet Arrêt, dit qu'il a été jugé en 1627 , & dès lors entre Mr. de Rye Archevêque de Besançon, Thevenin Rosset & Jeanne sa femme, que le repret n'est pas nécessaire, soit à l'égard des communiers , soit à l'égard du Seigneur , pour avoir la dot promise, quoiqu'elle n'ait dû être payée qu'après la mort , & quand même elle consisteroit en une quotité de biens ; parce qu'il n'est nécessaire que pour succéder, & qu'il ne s'agit pas d'une succession ; que c'étoit une donation faite à des filles communiéres , & que les pere & mere peuvent doter des filles communiéres , *irrequisito Domino,* la constitution de dot étant en ce cas une aliénation nécessaire & non volontaire. Je crois que cette proposition ne souffre pas difficulté , quand il ne s'agit que des communiers, & je l'ai vû juger en ce cas le 23 Mars 1708 , entre Roland du Rafour & Pierrette Bertaud ; mais elle en pouroit souffrir davantage , s'il s'agissoit de l'interêt du Seigneur à l'égard de l'hypotèque de la dot , ou des biens donnés pour mariage divis. J'examinerai cette question, lorsque je parlerai de l'aliénation des biens de Mainmorte.

Si donc la fille mariée par mariage divis a fait le repret, l'on distingue s'il s'agit pour elle de succéder avec ses freres & sœurs communiers , ou seulemeut d'exclure le Seigneur. Au premier cas, elle ne doit pas succéder, mais elle doit être contente de la dot divise qui lui a été constituée, parce qu'elle est séparée de biens de ses freres & sœurs , par la constitution de cette dot. Mais au second , elle succédera au préjudice du Seigneur , quand même elle auroit renoncé ; comme il a été jugé le 17 Novembre 1615 , & le 24 Décembre 1619. C'est parce que la renonciation n'est censée faite, qu'en faveur des autres enfans & des pere & mere, *rebus sic stantibus* ; & que dans le cas du mariage , qui oblige la fille à quitter la communion de ses pere & mere , le repret la rend habile à leur succession, à l'exclusion du Seigneur , soit qu'elle ait été mariée en son partage , ou par mariage divis ; le repret étant seul requis par maniére de condition dans la Coutume , & n'y étant parlé du partage , que pour exprimer un cas & donner un exemple , & non pas taxativement & limitativement.

C'est le sentiment de Mr. Talbert, qui estime encore , que si la fille dotée qui a fait le repret, est léfée dans sa légitime, elle a droit d'en demander le suplément, comme auroit la fille franche. C'est une conséquence du principe, que le repret habilitant la fille à la succession, & maintenant une espèce de communion entre elle & ses pere & mere , il doit du moins avoir l'effet de lui conserver sa légitime. Ce sentiment me paroît suivi en pratique.

Si la fille mariée en son partage qui a fait le repret, meurt avant ses pere & mere & laisse des enfants ; on demande si ces enfants tireront quelque avantage du repret de leur mere. La réponse est, qu'ils ont le même droit qu'elle auroit eu, si elle avoit survécu à ses parents, parce qu'ils la représentent , qu'ils usent de son droit, & que ce droit leur passe naturellement ; c'est non-seulement en consideration de la fille , mais encore en celle des enfants qu'elle pourra avoir , que les parents lui promettent leur succession ; & ils sont censés communiers de leurs ayeul & ayeule, par la médiation de leur mere. Le Parlement l'a ainsi jugé le 24 Décembre 1719 , entre les nommés Vaubert & du Chavois & Thomas Thierri ; & le 23 Septembre 1621, entre les nommés Roi & Bercot. Comme l'on a donné le droit de succéder à la fille dottée qui a fait le repret, il faut le donner aussi à ses enfants , avec les mêmes limitations dont on a parlé plus haut.

Mais si ces enfants meurent encore avant leurs ayeul & ayeule maternels, & que leur pere leur succéde, aura-t-il le même droit qu'eux pour succéder en leur place ? L'on a jugé pour la négative, au sujet de la succession d'un nommé Billard. Mr. Jobelot cite l'Arrêt, mais il n'en raporte pas la date. La raison est, que le droit que la fille conserve par son repret, ne se transmet qu'aux héritiers de son sang, & ne passe pas aux étrangers. Un pere peut bien être communier avec son enfant, mais il ne doit pas pour cela être réputé communier avec ses beau-pere & belle-mere, comme l'étoit son enfant qui descendoit d'eux. Ce n'est qu'en faveur des descendans , que le bénéfice du repret a été introduit ; il n'a point d'effet pour d'autres ; & la fille & fes enfants venants à mourir , avant les parents qui ont promis ou laiffé efpérer leur fucceffion , cette promeffe devient caduque , pour le prédécès de ceux en faveur defquels elle avoit été faite.

Que fi les enfants ont répudié l'hoirie de leur mere , ils ne pourront pas fe prévaloir du repret qu'elle a fait , parce qu'ils ne fuccédent en vertu d'icelui , que comme fes héritiers , par fa médiation & en la reprefentant , & non pas *jure proprio aut jure fanguinis* ; c'eft par la même raifon , que fi leur mere avoit été juftement deshéritée , ils ne pouroient pas de leur chef , combattre le teftament , parce que leur mere , par la médiation & le droit de laquelle ils auroient dû fuccéder , eft excluë.

Si ce repret conferve la communion entre la fille & fes pere & mere , & rend la fille habile à leur fucceffion ; doit-on en conclure par la raifon des corrélatifs , que les pere & mere peuvent auffi dans le cas de cet acte , fuccéder à leur fille ; & que leurs enfants qui font dans la même communion , puiffent auffi lui fuccéder ? nullement , parce que cette communion n'eft pas réelle & effective ; ce n'eft qu'une fiction de la Loi , qui veut conferver à la fille qui a quitté fes pere & mere *ex caufâ neceffariâ,* le droit de leur fuccéder , qui eft fi naturel aux enfants. C'eft un privilége qui lui eft perfonnel (car la Coutume ne parle que d'elle) & qui n'eft donné à fes enfants , que parce qu'ils la repréfentent , & qu'il y a même raifon. Mais on ne doit pas l'étendre aux pere & mere , ni aux freres & fœurs de la fille dont la Coutume ne parle pas : & l'on peut dire en particulier contre les freres & fœurs , que quoiqu'ils foient dans la communion de leurs pere & mere , il n'en fuit pas qu'ils foient dans celle de leur fœur mariée , bien que celle-ci foit réputée communiére de leurs pere & mere. *Socius focii mei , non eft meus focius.* [1]

Une fille de Mainmorte mariée en fon partage , qui avoit fait le repret , & à laquelle fon pere avoit donné en avancement d'hoirie mille frans & fon trouffel , étant morte fans enfans ; fon pere prétendit recouvrer ce qu'il lui avoit ainfi donné. Mr. le Confeiller Felletet tuteur de Mademoifelle de Creffia Dame du lieu , d'où étoit cette fille , foutint en cette

1 L. *Qui ad-* mittitur , cum feq. ff. pro fo- cio.

qualité , que la fille avoit fait échûte , & même que le Seigneur devoit avoir part dans l'hoirie du pere. Par Arrêt du mois de Juin 1606, Mr. Felletet obtint ce que la fille avoit reçû , & fut débouté du reste, parce qu'elle n'y avoit encore point de propriété , mais une simple espérance de succéder. La même question a été jugée le 3 de Mars 1615 , pour Madame la Duchesse d'Elbœuf Dame de Rahon , & pour l'Abbé d'Acey le 21 Mars 1621.

Des freres ont aussi été exclus de la succession de leurs sœurs qui avoient fait le repret , par des Arrêts des 7 Octobre 1601 entre les nommés Putod & Monteau, 15 Janvier 1611 entre l'Abbé de S. Vincent & un Particulier de Devecé , 21 Novembre 1644 dans la cause du nommé Vatageot , & 10 Juin 1659 entre les Philibert.

La formalité du repret , n'est nécessaire à la fille , que pour se conserver les successions de ses pere & mere à échoir; car quant aux biens qui lui font déja échûs , elle les emporte sans avoir besoin de repret , parce qu'ils lui apartiennent déja lorsqu'elle se marie.

L'on demande si la fille qui a probablement ignoré que ses pere & mere étoient de Mainmorte , parce qu'ils étoient réputés francs & en possession de la liberté , est restituable contre l'omission de faire le repret ; sur tout si elle s'est mariée en minorité. Les Arrêts ont varié sur cette question. Il y en a un de l'an 1607 pour l'affirmative, en faveur d'Etiennette Labouré , & c'est l'avis de Mrs. Talbert & Jobelot. Les Arrêts contraires , font du 3 Février 1558 , du 9 Novembre 1620 contre Henriette Bonneville , & du 4 Décembre 1627. Ils font dans le cas de mineurs , qui alléguoient une ignorance probable. Le droit est acquis tant au Seigneur qu'aux communiers , quand le repret n'a pas été fait. L'ignorance en ce cas n'est ni probable ni excusable ; ce seroit donner lieu à frauder toutes les dispositions de la Coutume sur la Mainmorte , que d'accorder relief, sous prétexte d'ignorance probable , & la Coutume lie les moindres quand elle ne les excepte pas. D'où je conclus, que la fille n'est pas restituable contre l'omission du repret , sous prétexte qu'elle a été mariée en minorité , & qu'elle dit qu'elle ignoroit sa condition.

Section V.

De la communion entre les perſonnes franches.

J'Ai dit au commencement de cet Ouvrage, qu'il me ſembloit qu'il n'y avoit point eu originairement de Mainmorte réelle, & que la condition des héritages ſuivoit celle de leurs poſſeſſeurs ; puiſque quand nôtre Coutume défend l'aliénation des biens ſans le conſentement des Seigneurs, & qu'elle régle la ſucceſſion aux biens de Mainmorte ; elle ne parle que des perſonnes de cette condition. Auſſi ce n'a été qu'en 1606, qu'il a été réglé par une Ordonnance expreſſe, que l'homme franc ne pourroit aliéner l'héritage de Mainmorte ; & une autre Ordonnance du 8 Juin 1549 porte, *que l'héritage Mainmortable que l'homme franc acquereroit, retourneroit au Seigneur de Mainmorte, ſi ledit homme franc décédoit ſans délaiſſer hoirs de ſon corps, ou autre en communion avec lui, qui par droit lui doive ſuccéder.*

Cette Ordonnance introduit un Droit nouveau, & avant qu'elle fut faite, les perſonnes de franchiſe ſuccédoient entre elles dans le Comté de Bourgogne aux biens de Mainmorte, & en diſpoſoient par des actes de derniére volonté, ſans qu'il fut beſoin de communion. Dumoulin en rend témoignage dans ſon conſeil dix-ſept. *In hæredibus liberis, etiam extraneis nec communibus defuncto, nunquam fuit obſervatum jus Manuſmortuæ ; ſed in contrarium ſemper fuit practicatum, nullum jus competere Dominis, per mortem hominis liberi; etiamſi conſtat, prædia eſſe Manuſmortuæ.* Mr. Grivel dit la même choſe dans ſa déciſion 136. *Ante promulgationem iſtius conſtitutionis, nunquam fuit practicatum jus Manuſmortuæ, contra filios & hæredes hominis liberi; imo nec contra hæredes extraneos, licet eſſent extra communionem, & conſtaret prædia eſſe conditionis Manuſmortuæ.*

Si donc l'homme franc prouvoit que l'héritage de Mainmorte eſt dans ſa famille avant le huit Juin de l'an 1549, il pourroit en diſpoſer librement par des actes de derniére volonté ; & ſes parens y ſuccéderoient, quoiqu'ils ne fuſſent pas dans sa communion. C'est parce que *leges futuris non præteritis dant formam negotiis*, que l'Edit ne parle que de ce qui sera acquis à l'avenir, & que les acquereurs antérieurs à cet Edit, étoient sous la foi d'un usage contraire. Le Parlement de la Province l'a ainsi jugé le 27 Mai 1686 entre les héritiers de Guillaume de Boisset, Apellant, le Célerier & les Fermiers de l'Abbaye de S. Claude, Intimés. La même chose avoit déja été jugée en 1602 *& alias sæpissimè*, dit Mr. Talbert.

Il ajoute que dans le doute, on doit juger que les héritages possédés par l'homme franc, sont dans sa famille avant l'an 1549, & que ce fut une des questions décidées par l'Arrêt de 1602. Je crois au contraire que l'héritage est présumé acquis depuis l'an 1549, parce que la qualité d'acquêt étant la qualité naturelle & primitive des héritages, elle est plûtôt présumée que celle d'anciens; [1] que le Seigneur a pour lui le Droit commun & la régle, dès qu'il prouve que l'héritage est de Mainmorte; que le possesseur de cet héritage se deffendant sur sa possession ancienne, devient acteur dans son exception; qu'il est censé saisi des titres de son acquisition, & qu'il en peut prouver plus facilement la datte que le Seigneur.

[1] *Molin. in Conf. Paris.* §. 20. *gl. 6. n. 3.* Ferriere art. 326. §. 2. n. 2. Renusson des propres, ch. 1, sect. 13.

Mr. Jobelot estime que la communion native jointe à celle des biens Mainmortables, suffit entre les personnes de condition franche; & qu'il n'est pas nécessaire que tous leurs biens soient communs, ni qu'ils vivent à même feu, même pain & à dépense commune, parce que ce seroit les rendre de même condition que les Mainmortables, & les assujettir à une servitude personnelle, quoique leurs personnes soient libres.

Cependant comme l'Ordonnance de 1549 a exigé la communion entre les personnes franches, pour qu'elles puissent succéder aux biens de Mainmorte: il me semble qu'on doit entendre cette communion de celle que la Coutume exige entre les Mainmortables. Si l'on avoit voulu qu'une autre communion pût suffire, on l'auroit déclaré. L'homme franc n'est point assujetti par là comme le Mainmortable, puisqu'il peut toujours disposer librement de ses meubles & biens de franchise; il ne fait échûte que de ses biens de

Mainmorte quand il meurt fans communion, & il doit s'imputer de les avoir acquis. Le Parlement de la Province l'a ainfi jugé en 1632, entre Madame la Duchefle d'Elbœuf & les Bourgeois fes Fermiers à Gevri, d'une part, & les Carlet d'autre ; le 18 Juillet 1634, entre la Marquife d'Autriche, & le Sieur Privé ; & par un autre Arrêt rendu entre le Seigneur de Vellexon & la Demoifelle Jacquinot, que Mr. Jobelot cite, fans en raporter la date.

Mr. Grivel dit dans fa décifion 136, qu'entre perfonnes franches, il fuffit qu'il y en ait en communion qui excluënt le Seigneur, pour que les parents qui n'y font pas, fuccédent avec ceux qui l'ont confervée, *& fic fiat locus, incapaci per capacem.* Mr. Talbert eft de fentiment contraire, & fon opinion eft fuivie. L'Ordonnance en prefcrivant la néceffité de la communion entre les perfonnes franches, pour les rendre habiles à fuccéder aux biens de Mainmorte qu'elles poffédent, les a renduës égales en cela aux Mainmortables : elles en doivent fuivre les régles en tous points. Or entre les Mainmortables, le communier ne rapelle pas à la fucceffion celui qui ne l'eft pas ; car l'Article 16 de nôtre Coutume, dit *que les gens de Mainmorte, ne fuccédent les uns aux autres, finon tandis qu'ils font demeurans en commun.* La particule négative, exclut ici de la fucceffion tous ceux qui ne font pas en communion, de même que ces mots, *les uns aux autres* ; & par Arrêt rendu aux Fêtes de Noël de l'an 1593, il fut jugé *in terminis*, entre les nommés Huot, que de trois freres Mainmortables, dont l'un avoit quitté la communion, celui qui y étoit refté, fuccédoit feul au troifiéme frere, décédé depuis que la communion avoit été rompuë avec le premier.

La communion eft le fondement de la fucceffion en Mainmorte, & ce n'eft pas comme parent, mais en qualité de communier, que le parent y fuccéde. Le communier a du moins un privilége, qui ne doit pas fe retorquer contre lui, comme il arriveroit, fi par fa médiation, l'on admettoit d'autres fuccefleurs avec lui, malgré lui & à fon préjudice. Il arriveroit même que s'il y avoit un parent plus proche du défunt que ce communier, celui-ci feroit exclus de la fucceffion, ou que le Seigneur diroit qu'étant préférable au plus

proche

proche parent, il le doit être au communier par la régle , *si vinco vincentem te , magis vinco te* ; ou enfin qu'il faudroit admettre le parent éloigné, à succéder avec le plus proche , ce qui seroit absurde dans tous les cas qu'on vient de proposer, & contre les régles ordinaires. Il faut conclure de là, que le parent qui a bien voulu se gêner en restant dans la communion , doit en recevoir la récompense , à l'exclusion de ceux qui ont préféré leur liberté à l'espérance de la succession ; & qu'étant préférables au Seigneur , ils le doivent être à plus forte raison , aux parents non communiers que le Seigneur auroit exclus.

Il faut donc une communion parfaite entre les personnes franches , & telle qu'elle est requise entre les Mainmortables, pour empêcher l'échûte des biens de Mainmorte , tenus par l'homme franc , & pour pouvoir y succéder , si ce n'est qu'il s'agisse de la succession des enfants à leurs ascendans ; car on juge que les enfants succédent aux biens de Mainmorte de leurs ascendans de franche condition , quoiqu'ils ne soient pas en communion avec eux.

Cette Jurisprudence est fondée sur les termes de l'Ordonnance qui porte , que les biens de Mainmorte acquis par l'homme franc depuis le 8 Juin 1549 , retourneront au Seigneur , si ledit homme franc *décéde sans délaisser hoirs de son corps , ou autres en communion avec lui.* L'on a estimé que la particule alternative *ou*, séparoit tellement ces mots , *hoirs ou autres* , qu'on ne devoit point apliquer ceux-ci , *en communion avec lui*, au mot *hoirs* ; mais seulement à celui *d'autres* qu'ils suivent immédiatement. La faveur de la liberté a fait conserver ce vestige du droit qu'avoient les personnes franches, de succéder sans communion les uns aux autres dans les biens de Mainmorte , du moins quant *aux hoirs* , qui sont les descendans, dont la succession est si naturelle & si favorable d'ailleurs.

Mrs. Terrier , Grivel , Jobelot & Talbert , conviennent de ce point de Jurisprudence. Les Arrêts sur lesquels ils les fondent , sont du 25 Juin 1628, pour le nommé Jacquemard de Belvoir ; du mois d'Aout 1632 , pour les Carlet de Dole ; & de l'an 1633 au raport de Mr. Lullier, pour le Procureur Monnier. Mr. Jobelot dit que quand ce dernier Arrêt fut rendu ,

Q

la Cour délibéra de ne plus mettre la queſtion en thèſe, & de la regarder comme un principe en faveur des deſcendans, ſans quoi j'eſtime qu'elle pourroit ſouffrir difficulté ; parce que les mots *en communion*, étant après ceux *d'hoirs ou autres*, & pouvant ſe raporter à tous les deux, ſemblent devoir s'y raporter également, ſuivant la régle, *clauſula in fine poſita plura determinabilia reſpiciens, ea æqualiter determinat* ; & que l'Edit ayant été fait pour rendre la communion néceſſaire entre les francs, comme elle l'étoit entre les Mainmortables, il en a compris tous les cas, puiſqu'il n'en a excepté expreſſément aucun.

Puiſque les deſcendans ſuccédent ſans communion, à leurs aſcendans de franche condition, dans les biens de Mainmorte, il ſemble que les aſcendans devroient ſuccéder de même à leurs deſcendans. La raiſon des correlatifs a ici toute ſa force, parce que réguliérement les ſucceſſions ſont réciproques. Si l'Edit n'en parle pas, l'on n'en doit pas conclure qu'il les excluë, s'il nomme les *hoirs* ou deſcendans, c'eſt par maniére d'exemple, & parce que c'eſt le cas ordinaire des ſucceſſions en ligne directe, qui ne remonte aux aſcendans, que par le renverſement de l'ordre naturel, *turbato mortalitatis ordine*, & qu'il eſt bien juſte de laiſſer cette conſolation aux aſcendans, *luctuoſum ſolatium, ne & filios & bona amiſſa lugeant*, qu'ils ſuccédent à leurs hoirs ſans être aſtraints à les garder dans leur communion, dans les biens de Mainmorte, qui viennent preſque toujours de leur libéralité.

Cependant la Juriſprudence des Arrêts a déterminé le contraire. Elle a décidé que les aſcendans ne ſuccéderoient point à leurs hoirs de condition franche, s'ils n'étoient en communion avec eux ; c'eſt parce que l'on a eſtimé que les *hoirs* ſeuls étoient exceptés de la régle, que les aſcendans étoient compris ſous les termes *d'autres en communion*, & que leur droit à la ſucceſſion n'eſt pas ſi favorable que celui des deſcendans. Les Arrêts qui l'ont ainſi jugé, ſont du 26 Juillet 1607, pour le Seigneur de Montfort ; du 10 Septembre 1619 ; du 26. Juillet 1643, entre Romain Gillet & Claude Margueron ; & du 9 Mai 1656, entre Pernette Bunod & la Demoiſelle Pariſet

SECTION VI.

Des Articles de la Coutume qui font en faveur des communiers.

LA Coutume en matiere de Mainmorte a été principalement & fondamentalement introduite au profit du Seigneur, puifqu'elle régle les droits qu'il doit avoir fur les perfonnes & fur les biens de fes fujets, pour le prix de ceux
qu'il leurs a donnés, ou pour s'être relâché de la fervitude
perfonnelle dont ils étoient chargés originairement envers lui.
Il eft nommé dans la plus grande partie des Articles de la Coutume, & plufieurs de ceux qui ne le nomment pas, font cependant en fa faveur. Tels font les Articles fecond, neuf, &
dix, qui établiffent la Mainmorte par la prife de meix, par
le mariage de la femme franche à l'homme Mainmortable,
& par la naiffance. L'Article huit qui donne à la fille qui fe
marie, & qui quitte la communion de fes pere & mere, le
moyen de leur fuccéder; ceux même qui apellent les communiers à la fucceffion les uns des autres, & qui empêchent
que l'un d'eux ne puiffe difpofer à caufe de mort qu'entre
fes communiers, font à l'avantage du Seigneur, parce qu'ils
reftraignent la liberté de fuccéder & de difpofer par des actes
de derniére volonté, & qu'il en profite ; y ayant moins d'héritiers & d'actes licites, par lefquels il puiffe être privé de la
fucceffion de fes fujets.

Cependant, il faut convenir qn'il y a des Articles qui font
principalement en faveur des communiers. Tels font l'Article quatorze, qui dit que l'homme de Mainmorte ne peut
difpofer de fes biens en quelle part qu'ils foient affis, par
ordonnance de derniére volonté, ni par donation à caufe
de mort, qu'au profit de fes communiers; & l'Article feize,
qui portant que les gens de Mainmorte ne peuvent fe fuccéder les uns aux autres, que tandis qu'ils font demeurans
en commun, fupofe que les communiers doivent fuccéder
les uns aux autres. Tels font auffi l'Article huit, qui conferve
une communion fictice entre la fille mariée & fes pere &
mere, & les Articles quinze & dix-fept qui réglent les condi-

tions requifes pour la communion. Si ces Articles concernent l'interêt du Seigneur, ce n'eft qu'un interêt éloigné & indirect; ils ont principalement en vûë celui des communiers qui eft direct & prochain, puifqu'ils les préférent au Seigneur même, dans les cas dont ils parlent.

Cette préférance eft jufte, & les communiers la méritent, car leur communion eft une fervitude affez dure. C'eft en effet une grande contrainte, de vivre dans une même maifon, avec des perfonnes de tout âge, de tout fexe, & d'humeurs différentes, dont les unes font foibles & valétudinaires, les autres faines & robuftes; les unes laborieufes & induftrieufes, les autres fainéantes & fans genie. Ceux qui ont plus de biens, d'efprit, de force ou de fanté, trouvent qu'ils perdent beaucoup, à n'acquérir que par portions égales avec les autres. Il entre dans ces communions des gendres & des brus, qui n'y étant pas nés, n'y trouvent pas de l'atrait, & qu'on y regarde fouvent de mauvais œil; il y a bien de l'équité à compenfer ces defagrémens par quelque avantage, fans quoi il y auroit peu de communions, & le Seigneur en fouffriroit: car plus il y a de communiers & mieux les terres qui viennent de lui, font cultivées & fes droits payés. Le prix de ces terres eft plus grand en cas d'échûte, il a des fucceffions plus opulentes, & les biens de fa directe ne font pas morulés par des partages qui affoibliroient les droits en les divifant.

Quoique la Coutume dife fimplement, que l'homme de Mainmorte ne peut difpofer par acte de derniére volonté qu'en faveur de fes communiers, & que les gens de Mainmorte ne fuccédent les uns aux auttes, que tandis qu'ils font en communion; elle ne laiffe pas d'opérer une vocation tacite en leur faveur, tout comme la prohibition d'aliéner pour conferver les biens dans la famille ou dans la mafculinité, l'opére en faveur des mâles ou des perfonnes de la famille. Les communiers font apellés à la fucceffion les uns des autres, en vertu d'un pacte tacite, & par la Loi: ils font héritiers, mais ce n'eft pas de telle forte, qu'ils foient obligés d'aprouver les difpofitions de derniére volonté que leur communier auroit faites à leur préjudice, parce qu'ils ne tiennent pas fa fucceffion de fa pure & libre volonté. Ils font néanmoins obligés de payer fes dettes , & de s'en tenir aux difpofitions entrevifs qu'il a faites , parce que la Coutume les en charge, & qu'il a la liberté de choifir un héritier entre eux. Ils n'ont de droit qu'à la fucceffion , & les obligations entrevifs qui font formées avant que ce droit leur foit acquis, fubfiftent ; que fi le Seigneur qui fuccéde à leur défaut , ne paye pas les dettes aufquelles il n'a pas donné fon confentement , fi ce n'eft jufqu'à concurrence des meubles & des biens francs du fujet auquel il fuccéde, c'eft que la Coutume n'a pas permis au Mainmortable d'en contracter à fon préjudice fur les biens qui viennent de lui , dans lefquels il ne fait que rentrer en vertu d'une réünion du Domaine utile au direct , *ex antiquâ causâ* , réünion qui ne fouffre point de ce qui s'eft fait pendant que les Domaines étoient féparés.

Il eft vrai que l'Article quinze, qui dit que les communiers dès qu'ils font féparés , ne peuvent fe réünir fi le Seigneur n'y confent, ne parle pas de ceux qui font reftés en communion, quoiqu'il regarde , du moins indirectement , le droit qu'ils ont de fuccéder. Mais il n'enfuit pas que le confentement des communiers ne foit pas requis en ce cas , comme celui du Seigneur. Si l'Article ne parle que de lui , c'eft parce qu'il fupofe la communion rompuë entre tous les communiers ; ou parce que le Seigneur n'a qu'un interêt éloigné à la chofe , tandis qu'il refte encore plufieurs perfonnes en communion; enforte qu'il auroit parû en dernier cas , que fon confentement n'étoit pas néceffaire pour la réünion , fi la Coutume ne l'avoit pas exprimé. Que fi elle l'eftime néceffaire pour que cette réünion ait fon effet , celui des communiers l'eft à plus forte raifon , foit parce que leur interêt eft plus prochain, & qu'ils font préférables au Seigneur même dans la fucceffion; foit parce que c'eft un principe , qu'une focieté ne peut fe former ni fe renoüer que du confentement des affociés, & que la communion en Mainmorte, doit être égale entre tous, enforte qu'on n'y admettroit pas un communier à fe donner un affocié qui ne le fût pas de tous les autres.

C'eft pourquoi, j'ai dit ailleurs , que la communion en Mainmorte, lorfqu'elle étoit rompuë, ne pourroit fe réünir par le feul confentement du Seigneur , & fans celui des communiers quand il y en avoit ; & l'on va voir à la fuite , que

les difpofitions à caufe mort des biens de Mainmorte, & des
Mainmortables, de leurs biens de quelle efpéce qu'ils foient,
ne valent pas, quand elles font faites au profit d'autres que
des communiers.

CHAPITRE IV.

De la fucceffion en Mainmorte.

LE principal effet de la Mainmorte perfonnelle, eft que
le Mainmortable ne peut difpofer par des actes de derniére volonté, de fes biens de quelque qualité qu'ils foient,
qu'entre fes communiers; que fes communiers feuls lui fuccédent *ab inteftat*;& que s'il n'en a point, le Seigneur eft fon
héritier néceffaire. Il convient donc d'examiner, 1º. Ce qui
regarde les difpofitions à caufe de mort des gens de Mainmorte; 2º. Comment fe réglent leurs fucceffions *ab inteftat*; 3º.
Le droit que leurs Seigneurs ont à leur hérédité; 4º. Comme
celui qu'ils ont aux biens Mainmortables, lorfque le poffeffeur s'abfente & les laiffe fans culture, a de la connexité avec
l'échûte: l'on a crû qu'il convenoit d'en parler en même
tems.

SECTION I.

De la fucceffion teftamentaire.

LES perfonnes de condition Mainmortable peuvent difpofer à leur gré entrevifs, de leurs meubles & biens
francs; mais il ne leurs eft pas permis de le faire par des actes
de derniére volonté, fi ce n'eft au profit de leurs parents communiers. Ils font femblables en cela aux efclaves, qui n'obte-
noient qu'un affranchiffement imparfait, *cum latinâ libertate
donabantur*, car ils pouvoient contracter, mais ils n'avoient

pas la faculté de tester ; & à l'affranchi, qui n'avoit pas la liberté de faire des legs, même en recompense de service, au préjudice de la part que son patron devoit avoir dans sa succession, quoiqu'il pût y préjudicier par des donations entre-vifs. *Vivus libertus, donare bene merentibus amicis potest ; legare vero, nec bene merentibus potest, qui patroni partem minuat.* [1]

La Coutume dit *qu'ils ne peuvent* disposer en faveur d'autres que leurs communiers ; elle leurs ote par ces termes, le pouvoir de donner aucune part de leur succession à des étrangers, & annulle de plein droit, tout ce qu'ils feroient au contraire. *Verba ista (non potest) precisam inducunt necessitatem, negant potentiam & resistunt actui ; ita ut quod contra factum est, ipso jure non valeat.* [2] Dit Mr. Grivel ; ce n'est cependant qu'une nullité respective, qui n'a point d'effet, quand les interressés ne s'en plaignent pas ; comme je le prouverai sur une pareille disposition de nôtre Coutume, au sujet de l'aliénation du bien de Mainmorte.

Les Mainmortables ne peuvent-ils disposer de leurs biens qu'en faveur de leurs communiers les plus proches, & entre eux seulement, ou s'il leur est libre de gratifier les plus éloignés à leur gré & au préjudice des plus proches ? On dit qu'ils ne peuvent apeller que leurs plus proches, parce que la Coutume porte qu'ils disposeront entre leurs parens en communion, *qui par Droit Coutumier, peuvent & doivent leur succéder* ; que les plus proches parens, sont apellés par là à l'hérédité ; que la Coutume a voulu imiter la succession *ab intestat*, & n'a laissé au Mainmortable que le droit de disposer inégalement entre ses parents communiers les plus proches & en égal degré ; ce qui lui doit suffire, puisqu'il n'a qu'une liberté imparfaite de laisser ses biens par des actes de derniére volonté, & que quand il n'a point de parents communiers, il ne peut pas se choisir un hétitier.

Cependant le sentiment contraire est reçû dans la pratique : l'on estime qu'un Mainmortable peut disposer entre ses communiers, comme feroit un homme franc. La Coutume lui laisse la liberté de disposer entre ceux qui pouroient & devroient lui succéder, ce qui s'entend de ses parens communiers en général, & ne regarde que la capacité de l'héritier

1 L. *Vivus* 9. *ff. si quid in fraud. patr.*

2 Grivel, décis. 104. n. 29. & décis. 105. n. 10.

inftitué, qui peut & doit fuccéder *ab inteſtat* en Mainmorte, quand il eſt communier & parent même en degré éloigné. Ce feroit trop peu donner à l'homme Mainmortable, que de ne lui laiſſer que le droit de divifer inégalement fes biens, entre ceux qui lui feroient parents en égal degré ; droit dont il n'uferoit pas, quand il n'auroit qu'un parent plus proche que les autres. Il faut raprocher du Droit Commun dans le doute, la liberté de difpofer laiſſée à l'homme de Mainmorte; & l'avantage des communions le demande, parce que les parens éloignés y font retenus, par l'efpérance des fucceſſions qu'ils s'efforcent de mériter par leur travail & leurs fervices.

Le Mainmortable peut donc difpofer de fes biens entre fes parents communiers, comme bon lui femble, fans être obligé de préférer les plus proches aux plus éloignés, en obfervant toutesfois de laiſſer la légitime à ceux à qui il la doit, pourvû qu'ils foient dans fa communion ; car s'ils n'y étoient pas, fuſſent-ils fes enfants, il ne pourra pas la leurs laiſſer au préjudice des autres communiers, s'il en avoit, ou du Seigneur s'il n'en avoit point ; parce que la Coutume rend les Mainmortables incapables de fuccéder, quand ils ont rompu la communion; ce qui comprend la légitime, qui n'eſt qu'une portion de la fucceſſion, *portio portionis ab inteſtato debitæ*, & quand même ils auroient confervé la communion, s'ils ont mérité d'être deshérités, ils pourront l'être, & les autres communiers inſtitués à leur place, ou le Seigneur au deffaut de communiers.

L'on ne doute pas que le Mainmortable puiſſe faire un fideicommis entre fes communiers ; mais la difficulté eſt de fçavoir, fi pour qu'il ait fon effet, il faut que la communion fubfiſte encore au tems que le fideicommis eſt ouvert. On dit pour la négative, qu'il fuffit que la communion ait duré jufqu'à la mort du teſtateur, pour habiliter les héritiers fideicommiſſaires à lui fuccéder, & qu'il n'eſt pas néceſſaire qu'elle fubfiſte avec le fiduciaire, parce que ce n'eſt pas à lui qu'on fuccéde.

L'opinion contraire eſt fondée, fur ce que la Coutume ayant exigé la communion, pour tranfmettre les fucceſſions les plus naturelles aux héritiers immédiats ; elle l'a voulu à plus forte raifon, pour celles qui fe tranfmettent à des héritiers

tiers plus éloignés, par la voie des fidéicommis, qui ne sont pas à beaucoup près si favorables, sur tout entre des personnes de basse extraction. Encore qu'on ne succéde pas à l'héritier grevé, il faut néanmoins être capable de recevoir le fidéicommis dans le tems de son ouverture, & on ne l'est pas sans communion, parce qu'en Mainmorte il ne se peut point faire de transmission de succession, même par des actes de derniére volonté, que d'un communier à l'autre ; l'Article seize de nôtre Coutume, portant que les Mainmortables ne peuvent succéder les uns aux autres, sinon tandis qu'ils sont demeurans en commun ; le testateur qui a fait la substitution, est censé s'être voulu conformer aux termes & à l'esprit de la Coutume, qui tendent également à la continuation de la communion, & ce seroit une occasion à la ruiner & à frauder les communiers, que de faire passer les successions par des fidéicommis à ceux qui ne le seroient plus.

Le Parlement de la Province a rendu Arrêt suivant ce dernier sentiment. Un pere Mainmortable avoit institué son fils & ses filles, ses héritiers par égale portion, sauf qu'il avoit prélégué ses meix & maisons à son fils ; mais il les avoit substitués à ses filles, au cas que son fils mourût sans enfans. Elles quittérent la communion de leur frere, à la réserve d'une nommée Nicole. Le fils mourut sans enfants, Nicole prétendit avoir les maisons seule, comme s'étant trouvée seule communiére avec son frere au tems de sa mort. Ses sœurs y demandérent part & gagnérent leur procès au Baillage de Beaume, dont la Sentence fut réformée & le prélégat ajugé à la sœur communiére, seule & à l'exclusion des autres, par Arrêt du 7 Juin 1594.

Mais si l'héritier fiduciaire dans le cas d'une restitution imminente, quittoit la communion du fidéicommissaire, pour le priver de l'avantage du fidéicommis, & en faire profiter quelqu'autre, *quid juris ?* il me paroît qu'il seroit juste, si le fidéicommissaire avoit protesté contre cette séparation, & que le fiduciaire n'eût point de juste cause de se séparer, d'adjuger le fidéicommis ; parce qu'encore que dans la régle ordinaire, il soit libre à tout communier de quitter la communion, *cum nemo invitus teneatur manere in communione* ; cela doit s'entendre, pourvû qu'il ne la quite pas en fraude d'un tiers.

Quand on accepte en Mainmorte une fucceffion chargée de fidéicommis, on s'engage tacitement à garder la communion, qui eft néceffaire pour donner effet à la fubftitution ; il ne doit pas dépendre de l'héritier fiduciaire de rendre le fidéicommis inutile quand il lui plaira ; ainfi après fon acceptation, il ne lui eft pas libre de quitter fans caufe la communion du fidéicommiffaire.

J'ai vû juger quelque chofe de femblable le 31 Janvier 1731, entre les nommés Buffard. Leur pere partageant fes biens entre eux à leur participation, il fut convenu que l'aîné qui étoit marié depuis long-tems, & qui n'avoit point d'enfants, garderoit en fa communion un fils de fon frere puîné, & que ce fils feroit fon héritier feul, s'il mouroit fans enfants, ou avec fes enfants s'il en avoit. L'aîné rompit la communion, & renvoya fon neveu à fon frere, fans caufe & par la feule raifon qu'il ne vouloit plus l'avoir pour fon communier ; il fut condamné par l'Arrêt, à reprendre fon neveu pour en être ufé aux termes du partage.

J'eftime par la même raifon, que fi des parents ont promis à leurs enfants des quotités d'hoirie, pour l'obtention defquelles il foit néceffaire d'être en communion au tems du décès ; il ne fera pas libre à ces parents, de mettre leurs enfants hors de leur communion, s'ils ne leur en ont pas donné quelque jufte fujet ; & que l'enfant requérant avec le refpect convenable fes parents de le recevoir, & proteftant qu'il n'entend pas rompre la communion avec eux, il fe confervera le droit de fuccéder : je penfe qu'on pouroit dire la même chofe, lorfqu'il y a des légitimes à efpérer, pour qu'il ne dépende pas de ceux qui les doivent, d'en fruftrer à leur gré, ceux à qui elles font dûës ; parce que dans ce cas comme dans les précédents, il y a un droit acquis, *Jus ad rem*, qui ôte la liberté de rompre la communion au préjudice de ce droit. ¹

L'examen de cette queftion, me conduit naturellement à celui d'une autre qui eft importante, qui fe préfente ordinairement, & qui fouffre difficulté. C'eft lorfqu'un fils, une fille, ou autre Mainmortable, ont été aportionnés par leur contrat de mariage étant encore communiers, & qu'ils quittent la communion avant que le tems de joüir de l'aportion-

¹ Cout. de Bourb. art. 107.

nement soit venu ; si les communiers ou le Seigneur peuvent leur oposer , lorsqu'ils demandent ce qui leur a été promis, qu'ils s'en sont rendus incapables en se séparant de la communion.

Il faut distinguer si le Mainmortable a été aportionné par donation entre-vifs , ou par une institution contractuelle ; si c'est par une donation entre-vifs , d'une somme d'argent , de certains fonds , d'une quotité de biens, *quotæ bonorum* , & même de tous les biens présents & avenir ; comme c'est une aliénation qui transfére la propriété , & qui peut être faite par les Mainmortables au préjudice de leurs communiers & du Seigneur même, quand il s'agit de biens meubles & de franchise , elle vaudra, encore que son effet soit différé après la mort par la réserve d'usufruit ou autrement , & que le donateur & le donataire ne se trouvent plus alors communiers;parce que la communion n'est pas nécessaire pour recevoir par des actes entre-vifs , quand même ce seroit des biens de Mainmorte , n'y ayant que le Seigneur qui soit en droit de s'oposer à l'aliénation des biens de cette condition.

Mais s'il s'agit d'une institution contractuelle , & que le Mainmortable qui a rompu la communion après s'être marié, ait été fait bon & riche d'une quotité d'hoirie , soit en une part déterminée , comme un tier , une moitié , soit indéterminément & avec les autres héritiers qui se trouveront lors du décès ; il y a plus de difficulté , sur tout lorsqu'il concourt avec ses freres & sœurs communiers , pour avoir la part qui lui a été promise par son contrat de mariage , & l'on trouve une prévention générale pour lui.

L'on dit en sa faveur , qu'il suffit que le Seigneur soit exclus par d'autres communiers, pour que l'ordre de la succession légitime doive être gardé entre les parents , principalement quand elle a été promise par un contrat de mariage ; que cette promesse forme un engagement irrévocable , dont les héritiers sont tenus , & qu'il y a d'anciens Arrêts qui ont jugé qu'il suffisoit que les enfants fussent en communion lors des donations qui leur étoient faites en faveur de mariage , pour qu'elles eussent leur effet, quoiqu'ils rompissent la communion à la suite. L'on en cite un rendu à la Tournelle le 14 Janvier 1704, au Raport de Mr. Buretel de Vaime, entre Anfelme Guillaume & fa fœur , & l'on dit qu'il a jugé que Guillaume fuccéderoit à fes pere & mere en vertu d'une inftitution contractuelle , quoiqu'il eut rompu la communion avec eux. Mais j'ai trouvé que fa fœur avec laquelle cet Arrêt a été rendu , ne lui conteftoit pas fa part de biens , & que la queftion que l'on propofe ici n'étoit pas agitée. Il y en a un autre rendu aux Enquêtes , au Raport de Mr. Maudinet de Montrichier , le 7 Aout 1727 , entre les nommés Grand Clement des Bouchoux , où elle étoit agitée , & par lequel il fut jugé , que le frere fuccéderoit avec fes freres , en vertu d'une inftitution contractuelle , *in quota hæreditatis* , quoiqu'il eut rompu la communion avec fes pere & mere , après fon mariage & avant leur décès.

Je ne puis me rendre à l'autorité de cet Arrêt. Il me femble que toutes les fois qu'un Mainmortable veut faire tête dans une fucceffion & en emporter une part , il faut qu'il ait été communier au tems qu'elle a été ouverte. L'Article feize de la Coutume le décide affez clairement quand il dit, *que les Mainmortables ne peuvent fuccéder les uns aux autres , que tandis qu'ils font en communion.* C'eft ici une véritable fucceffion , quoiqu'elle foit affurée par un traité de mariage. La promeffe qui en eft faite , n'a rien du contrat entre-vifs , que l'irrévocabilité ; elle eft fujette pour le refte aux régles des derniéres volontés. Car , par exemple , c'eft un point de Jurifprudence certain parmi nous , qu'elle devient caduque par le prédécès fans enfants de l'inftitué par contrat ; & tout comme dans le cas de l'Article quatorze , qui dit que les Mainmortables ne peuvent difpofer de leurs biens par des actes de derniére volonté, qu'au profit de leurs communiers , l'on ne confidére pas fi la communion fubfiftoit au tems de l'acte , mais qu'il faut qu'elle ait duré jufqu'au tems de la mort de celui qui a fait la difpofition; de même il ne fuffit pas que l'enfant foit communier , au tems qu'on lui a promis une part dans la fucceffion , s'il ne l'eft encore lorfqu'elle eft ouverte , & que le droit lui eft acquis. Ce n'eft que par la mort de celui qui lui a fait la promeffe , qu'il a le droit dans la chofe , *Jus in re* ; auparavant il n'avoit qu'une efpérance , ou fi l'on veut *Jus ad rem* ; mais pour rendre ce droit & cette efpérance efficaces , il faut qu'il garde la communion , puifque c'est une condition que la Coutume exige de ceux qui veulent succéder. Les peres & meres qui promettent leur succession, & les enfants qui se marient sous cette promesse, sont censés avoir voulu se conformer à la disposition de la Coutume; & si la légitime qui a son fondement dans le Droit naturel, se perd par la séparation de la communion, celui qu'on tireroit d'un pacte de succéder, qui n'est pas plus favorable que la légitime, doit s'éteindre par la même voie.

Quoique la fille soit obligée de quitter la communion de ses pere & mere pour suivre son mari, la Coutume n'a pas voulu, lorsqu'elle a été *mariée en son partage*, c'est-à-dire, lorsqu'elle a été instituée par son contrat, qu'elle puisse leur succéder, si elle n'a pas fait le repret. Elle l'a assujettie à une formalité, & introduit une fiction, par raport à la nécessité où elle est de quitter ses pere & mere. Elle n'a pas donné le même reméde aux fils, parce qu'ils ne sont pas obligés de se séparer de leurs parents; ils ne doivent pas être de meilleure condition que la fille; ils ne doivent pas même avoir autant d'avantage qu'elle, parce qu'ils n'ont pas la même raison. S'ils quittent leurs pere & mere après qu'ils sont mariés, c'est quelquefois par caprice, & plus ordinairement, parce qu'ils veulent joüir en leur propre, & faire leur profit particulier. Ils doivent par conséquent s'imputer s'ils ne succédent pas, & s'ils ont préféré le profit qu'ils espéroient de faire en leur particulier, à la part qu'ils auroient eu dans la succession de leurs parents. L'on ne leur fait point de tort en les en privant, parce qu'ils la perdent par une séparation libre & purement volontaire, & il ne seroit pas juste qu'après qu'ils ont fait des profits particuliers, & abandonné leurs pere & mere, qui sont ordinairement décrepits & infirmes, & que les autres enfants ont servi & soulagé, ils fussent admis à partager les biens de leurs pere & mere, avec ceux qui ont sacrifié leur liberté, leur peine & leur jeunesse, pour les conserver & les augmenter.

N'importe que les enfants qui restent en communion, soient héritiers des pere & mere qui ont promis une part à leur succession; car ils ne sont pas pour cela obligés par les faits & promesses de leurs pere & mere en ce point, parce qu'ils ne tiennent pas la succession de la pure volonté de leurs parents. La Loi les y apelle, elle donne seulement le droit d'en difpofer entre eux, & deffend d'en faire part à ceux qui ne font pas en communion ; & tout comme les communiers peuvent faire caffer le teftament, par lequel on leur auroit affocié un héritier étranger, ils font en droit de faire rejetter le traité de mariage, de celui qui n'a pas entretenu la communion, jufqu'au tems de l'ouverture de la fucceffion qui lui a été promife, pour fe rendre habile à y avoir part.

Quant aux donations faites à des enfants communiers, mais qui avoient rompu la communion avant la mort de leurs pere & mere, après laquelle l'effet en étoit differé, & que l'on dit avoir été confirmées par des Arrêts ; c'étoient des donations de quotité de biens, & non pas d'hérédité ; c'étoient de véritables donations entre-vifs fous réferve d'ufufruit, en vertu defquelles le donataire n'entroit pas en partage de la fucceffion. Elles font valables à l'égard des communiers, à moins que le Seigneur ne s'y opofe pour les biens de Mainmorte qu'elles comprennent, & qu'il n'aime mieux les conferver aux communiers que de les laiffer paffer aux donataires. C'eft la voie que peuvent prendre les enfants qui veulent fe féparer de la communion ; ils n'ont qu'à fe faire donner entre-vifs, & obtenir le confentement du Seigneur, s'il y a des biens de Mainmorte dans les donations qui leur font faites ; mais s'ils fe font promettre des quotités d'hoirie, & s'ils veulent fuccéder, je crois qu'il faut qu'ils foient en communion, lorfque l'ouverture des fucceffions arrive ; parce que la fubftance de la difpofition faite en leur faveur étant différée à ce tems, il faut que leur capacité dure jufqu'àlors, tout comme celle de l'héritier inftitué doit durer jufqu'au tems de la mort & de l'adition d'hoirie. [1]

1 Coquil. Cour. de Nivern. ch. 8. art. 32.

Cette propofition eft foutenuë par la Jurifprudence du Parlement ; car il a été jugé plufieurs fois pour le Seigneur, qu'il devoit avoir la fucceffion de fes Mainmortables, quoiqu'ils euffent promis leur fucceffion à leurs enfants, qui s'étoient dès lors féparés de leur communion. Mr. Jobelot en cite deux Arrêts ; l'un du 6 Mars 1615, entre Pierre-François Pierard & le Seigneur de Montby ; l'autre du 17 Avril 1678. Il y en a un troifiéme du 7 Fevrier 1718, entre le Sieur de Raincour

& les nommés Girardin. Si le Seigneur a été admis à la succession dans ces cas, à l'exclusion de l'enfant institué par son contrat de mariage, ceux qui se trouvent en communion au tems du décès, doivent être préférés à cet enfant, parce qu'ils le seroient au Seigneur même, suivant la maxime vulgaire, *si vinco vincentem te, magis vinco te ;* & parce que nous n'avons pas admis comme l'on a fait en Bourgogne, que le communier rapelle à la succession le parent en égal degré qui a rompu la communion, & que parmi nous en cette matiére, *non fit locus incapaci per capacem.*

D'autre côté, Mr. Jobelot cite des Arrêts des vacances de Pâques 1548, des mois d'Avril & Juillet 1625, & du 17 Fevrier 1628, (ce dernier Arrêt rendu entre Antoine Brion & le Seigneur de Cleron) par lesquels il a été décidé, que des communiers étoient préférables à la fille qui avoit été mariée en son partage, mais qui n'avoit pas fait le repret ; d'où je conclus, qu'on doit juger la même chose dans le cas du fils institué par son contrat, qui a pû conserver la communion pour succéder, & qui ne l'a pas fait. Mr. Jobelot cite un Arrêt rendu aux Enquêtes le 7 Janvier 1681, qui l'a ainsi décidé.

L'homme de Mainmorte peut donner entre-vifs au préjudice de ses communiers, puisque la Coutume dit seulement, qu'il ne pourra disposer à cause de mort qu'à leur profit. Que si elle lui défend d'aliéner & d'hypotéquer l'héritage Mainmortable sans le consentement du Seigneur, elle ne considére en cela que l'interêt du Seigneur, & n'a point d'égard à celui des communiers, qu'elle ne nomme pas, & qui n'ont point en ce cas de droit acquis ni d'interêt prochain.

Cependant si le Mainmortable dans une extrême vieillesse ou dans sa derniére maladie, faisoit une donation entre-vifs à une personne qui ne seroit pas en la communion ; cette donation seroit nulle, comme étant faite en fraude des communiers ; car pour juger d'un acte, il faut s'attacher plutôt à ce qu'il est réellement qu'à la forme qu'on lui a donnée ; ce n'est pas l'esprit de pure libéralité, qui nous porte à donner dans l'extrême vieillesse, ou dans une derniére maladie ; c'est pourquoi l'on estime communément, que la donation qualifiée entre-vifs & qui est faite dans ces circonstances, doit être traitée comme un acte de derniére volonté ; principalement quand le donateur n'avoit pas la liberté de donner à cause de mort, ce qu'il a prétexté de donner entre-vifs. [1]

C'est la Jurisprudence de plusieurs Lois. Un pere stipule, que la dot qu'il accorde à sa fille émancipée lui sera renduë, si cette fille meurt étant mariée ; le gendre la voyant malade, la répudie, elle meurt, son mariage étant dissout, Ulpien décide, que la dot doit être renduë au pere, parce que le mari ayant répudié sa femme dans le tems qu'elle étoit déja malade, est censé l'avoir fait en fraude du pere ; [2] de même, lorsqu'un fils de famille, à qui son pere a laissé la pleine administration de son pécule, & qui peut en conséquence le donner entre-vifs, attend de le faire qu'il soit malade ; la donation n'est pas valable. [3] Pareillement, la Loi *Fusia*, ayant limité le nombre des esclaves, ausquels on pouvoit donner la liberté par testament ; si quelqu'un aux aproches de la mort, en affranchissoit un plus grand nombre par un acte entre-vifs, il étoit censé l'avoir fait en fraude. [4] Le Droit Canon a adopté le même principe ; [5] & nous avons plusieurs Coutumes dans le Royaume, qui portent que la donation qualifiée entre-vifs & irrévocable, par une personne malade de la maladie dont elle meurt, est censée à cause de mort. [6] Si l'on opose, que Papinien a décidé qu'une donation faite par un pere en extrêmité de maladie, à son fils émancipé, devoit valoir comme donation entre-vifs ; [7] la réponse est, que cette donation avoit été faite à un fils, & consommée par la tradition ; que la chose donnée étoit sujette à raport par le fils, au cas qu'il voulut être héritier, & qu'il n'y avoit personne qui eut un droit prochain, & en fraude de qui la donation pût être censée faite.

Sur ces raisons, par Arrêt rendu au Parlement de la Province, le 23 Février 1661, entre Antoinette Garnaud & ses freres, il fut jugé, que la donation entre-vifs faite par Pierre Garnaud pere des Parties, de ses meubles & rentes à ses fils séparés de sa communion, au préjudice de sa fille communiére, étoit nulle, parce que le donateur étoit âgé de 80 ans & déja malade, quoiqu'il eut survécu près de trois mois. Mr. Jobelot dit que la même chose avoit déja été décidée en de pareilles circonstances, aux grandes vacances de 1610, pour le Seigneur de Belmont, contre Claude Tache veuve de Claude

---

1 *Menoch. conf.* 206. n 6. *& præf. lib.* 6. *ch.* 8. *Chass. des Maism.* §. 11. *verb.* ne peut, *& conf.* 29. *Bened. in cap. Rainu. v. & uxorem, dub.* 6. n. 394. Coquille ch. 8, art. 32. Bouvot tom. 1, *v.* prohibition.

2 *Filiæ meæ emancipatæ. ff. solut. matr.*

3 *L. Si filiusfamilias. ff. de donat.*

4 *Not. in* §. 1. *de leg. fuf. can. toll.*

5 *Cap. Cum satis. Extr. de sepult.* & dans les cas du regrès.

6 Blois, Nevers, Amiens, & autres.

7 *L. Seia.* §. *Cum pater in extremis. ff. de donat.*

faite au survivant, lorsqu'un des conjoints est cassé de vieillesse ou malade, & qu'il meurt peu de tems après. [1]

Mr. Talbert dit, que la donation entre-vifs faite par un Mainmortable, *etiam persona non prohibita*, ne préjudicie pas aux communiers ni au Seigneur, quand elle contient une réserve d'usufruit ; parce que, ajoute-t-il, cette réserve la fait retomber dans une espèce d'acte de derniére volonté ; & que le Parlement de la Province l'a jugé de la sorte au mois de Fevrier 1720., *& alias sæpe.*

Je n'ai point trouvé d'Arrêt qui ait jugé ce que dit Mr. Talbert. Il a été trompé sur l'hypothèse de celui du mois de Fevrier 1620, qui fut rendu entre les Sieurs de Mougé & Sonnet ; car il y avoit outre la réserve d'usufruit, des indices pressants de fraude, même une contre-lettre entre le donateur & la donataire. Cette réserve ne peut à mon sens, être regardée que comme un indice qui ne prouve rien seul, & qui n'est de quelque poids, que quand il est joint à l'extrême vieillesse, à la maladie, à quelque convention, ou à d'autres faits, qui marquent que l'acte n'a été qualifié entre-vifs, qu'en fraude & par simulation.

Et pour répondre à la raison de Mr. Talbert, je dis que loin que la réserve d'usufruit puisse faire dégénérer une donation entre-vifs, en disposition à cause de mort ; elle la caractérise au contraire, & lui donne l'être & la substance de donation entre-vifs ; parce qu'elle marque le dépoüillement du donateur, & la translation du domaine ; & qu'elle opére la tradition requise par le Droit Romain, & par la plûpart des Coutumes du Royaume. C'est une condition ordinaire des donations entre-vifs, qui ne doit par conséquent pas les rendre suspectes, & en changer la nature dans les Mainmortables ; que si elle en différe l'effet jusqu'à la mort du donateur, elle n'en altére pas la substance, puisque le donataire devient maître de la chose donnée, dans le moment de la donation, nonobstant la réserve d'usufruit ; qu'il en peut disposer à son gré, qu'il en est saisi ; & qu'il n'est pas obligé d'en prendre la possession par les mains de l'héritier.

Un Mainmortable peut léguer quelques sommes modiques, pour cause pie ou pour recompense de services, sur tout de ceux qui lui sont rendus dans la nécessité & pendant sa der-

[1] *L. Filia mea. ff. solut. matr. & ibi* Bart. Bald. *in Cap. in præsentiâ. Extra. de probat.* Gousset Cou t. de Chaumont, art. 69. Guillaume, Cout. de Bourg. tit. des Maim. art. 11.

niére maladie. Ces fortes de legs, quand ils font modérés, peuvent être comparés aux dettes & frais funéraires, que le Seigneur eft obligé de payer,& aufquels le communier eft tenu indiftinctement.

Il arrive fouvent que les Mainmortables n'ont point de traité de mariage, & n'ont pas fait quittance à leurs femmes de ce qu'ils ont reçû d'elles. Ils en font la déclaration dans leurs actes de derniére volonté, & le donnent & léguent au befoin. Le Parlement a confirmé ces difpofitions, quand les fommes n'étoient pas confiderables, & qu'il étoit vrai-femblable que ce qui étoit confeffé reçû, avoit été aporté en dot, quoiqu'il n'y en eût point d'autres preuves; parce qu'il ne l'a pas regardé comme une libéralité, mais comme la reconnoiffance d'une dette, dont les communiers font chargés. Il y en a un Arrêt du 26 Septembre 1597, entre la femme & les enfants de Pierre Binetrui, pour une fomme de 350 frans; & un fecond du mois de Fevrier 1607, pour une fomme de 200 frans.

Par l'Arrêt du 26 Septembre 1597, la Cour confirma un legs de meubles fait par le mari à fa femme; & la queftion s'étant encore prefentée le 9 Mars 1601, comme la Cour fe détermina fur d'autres raifons, dans la crainte qu'on n'abufât de fon Arrêt, elle fit noter fur fon livre de Délibérations, que ce dernier Arrêt ni celui de 1597, ne fixoient pas fa Jurifprudence fur cette queftion. La Coutume réfifte à la validité des legs faits aux femmes, qui ne font pas dans la communion native de leurs maris; & il avoit été jugé le 10 Fevrier 1597, qu'un legs fait par une femme à fon mari, au préjudice des communiers de la femme, étoit nul. La même chofe fut décidée le 2 Mai 1605, entre Marguerite Riche & le nommé Monnier; & au mois d'Aout 1608, dans la caufe de Claude Redoutey, il fut dit que le legs fait par le mari à fa femme de l'ufufruit de la troifiéme partie de fes biens, ne préjudicieroit pas à fes communiers. Un pere vit comme maître de la communion qui eft entre lui & fes enfants, mais il meurt comme leur affocié, & ne peut rien donner à des étrangers à leur préjudice. Ils reçoivent fes biens par une efpèce de fidéicommis, que la Loi Municipale fait en leur faveur; il ne peut pas les charger d'ufufruit à leur préjudice, par des actes de derniére volonté ou réputés tels, la Coutume lui en ôtant le pouvoir ; il pourroit cependant le faire par des actes entre-vifs, tout comme il peut les affecter par cette voie, de dettes & de servitudes, du consentement du Seigneur, & malgré ses communiers.

L'homme de Mainmorte ne peut donc faire aucune libéralité, par institution, substitution, fidéicommis, legs ou donation à cause de mort, qu'au profit des parents qui sont dans sa communion au tems de son décès ; & s'il a disposé en faveur de quelqu'autre par dernière volonté, les parents communiers sont en droit de le faire casser, quand même le Seigneur y auroit consenti ; parce que c'est en faveur des communiers principalement, que la Coutume l'a ainsi déterminé, & que le Seigneur ne peut pas leur préjudicier par son consentement. Cette question a été jugée par les Arrêts que l'on a déja cités, des 10 Fevrier 1597, 2 Mai 1605, 1629, & 23 Fevrier 1661, où elle étoit agitée ; parce que le Seigneur avoit consenti aux dispositions faites en faveur des étrangers, qui ont été déclarées nulles par ces Arrêts, sur la demande des communiers.

Tout ce que j'ai dit des dernières dispositions de l'homme de Mainmorte en général, & pour tous ses biens de quelque espèce qu'ils soient, doit être entendu de celles de l'homme franc, à l'égard des biens Mainmortables, dont il ne peut disposer qu'entre ses communiers, suivant l'Edit de 1549, parce qu'à cet égard, il est assujetti à toutes les Lois de la Mainmorte.

Que si lorsqu'on ne peut disposer qu'en faveur de ses communiers, on chargeoit celui qu'on auroit institué, ou au profit de qui l'on auroit fait un legs, de donner quelque chose à un étranger, même à peine de privation ; seroit-il obligé de le donner, & s'il ne le faisoit pas, pourroit-on demander qu'il soit déclaré déchû de la libéralité du défunt ? on ne le pourroit pas, & il ne seroit pas tenu d'accomplir la charge, parce qu'elle devroit être regardée comme non écrite, étant imposée contre la prohibition expresse de la Coutume, & pour y contrevenir par une voie indirecte. *Quod si aliquid facere, vel legibus interdictum, vel alias probrosum, jussus hæres aut legatarius fuerit ; sine ullo damno, neglecto testatoris præcepto, servabitur.* [1]

1 *L. unic. Cod. de his quæ pœnæ nom. in fin.*

Mr. Jobelot dit, qu'un pere avoit rapellé dans sa communion, par un acte de partage de ses biens, deux de ses fils qui en avoient été séparés ; & déclaré qu'au cas que ses autres enfants communiers vouluffent y contredire, il donnoit entre-vifs à sesdits fils, tous ses biens meubles, dettes & noms de dettes,& prioit le Seigneur d'y consentir,ce que le Seigneur avoit fait ; que les enfants communiers avoient contesté l'une & l'autre de ces dispositions, & que par Arrêt du 5 Janvier 1628, rendu entre les nommés Poncet de Polaincour, il avoit été dit que le partage seroit exécuté ; & qu'à ce defaut, les deux fils auroient l'effet de la donation entre-vifs.

J'ai vû citer cet Arrêt, & soutenir qu'il avoit décidé que la réunion pouvoit être faite sans le consentement des communiers, & que celui du Seigneur seul pouvoit lui donner effet, & faire valoir des actes à cause de mort, au profit des non communiers.

Si c'étoit là l'esprit de l'Arrêt de 1628, il seroit contre les principes & la Jurisprudence que j'ai établie. Mais je pense qu'il n'a rien jugé de pareil, & qu'il a été rendu, sur ce que le pere ayant fait la donation entre-vifs en santé, à des enfants émancipés, & y ayant survécu un tems considerable, elle étoit valable, même sans le consentement du Seigneur, ou que tous les enfants avoient consenti à la réunion de la communion ; soit parce qu'il est probable qu'ils étoient tous Parties dans l'acte de partage, soit qu'ayant sçû la réunion qu'il portoit, ils n'y avoient point contredit, & avoient demeuré en conséquence avec leurs freres, sans protestation, pendant le tems que le pere avoit survécu.

Il arrive souvent que des parents, qui à cause de leur haut âge, ou à cause de leurs infirmités, ne peuvent plus gouverner leurs biens, les abandonnent à leurs enfants & les divisent entre eux, sous réserve d'une pension. Ces actes sont estimés irrévocables parmi nous. L'on ne juge cependant pas que le consentement du Seigneur y soit nécessaire, parce qu'on ne les regarde que comme des anticipations d'hoirie, & les parents ne cessent pas d'être communiers avec leurs enfants, quand ils consomment avec eux leurs pensions.

Un pere mariant un de ses enfants,se réserve le droit de disposer à son gré de ses meubles & rentes ; poura-t-il le faire au

profit d'un autre enfant qui a quitté ſa communion? c'étoit
une des queſtions qui fut jugée entre les Garnaud, par Arrêt du 23 Fevrier 1661 : elle le fut pour la négative. La réſerve, ni la deſtination même qui en eſt faite (comme ſi on
avoit réſervé des meix & maiſons pour les enfants mâles)
n'a point d'effet, ſi elle n'eſt ſuivie de la diſpoſition.[1] Il n'y
avoit point de deſtination particuliére dans l'hypothèſe ; le
pere n'étoit cenſé avoir fait la réſerve, & l'enfant marié y avoir
conſenti, que pour qu'il en fût uſé ſuivant le Droit, & en faveur des perſonnes capables ; & cet enfant quoique héritier
de ſon pere, n'étoit pas lié par la diſpoſition qu'il avoit faite
en faveur de ſes fils, qui étoient incapables de recevoir de lui
par des actes de derniére volonté.

[1] *Fontan. de pact. nupt. cl. 4. gl. 9. part. 1. n. 7. & ſeq. cl. 7. gl. 2. n. 42 & ſeq. Tondut. reſol. cap. 56.*

Section II.

Des succeſſions ab inteſtat, *en Mainmorte.*

LES ſucceſſions *ab inteſtat* ſe réglent par le Droit Ecrit
dans le Comté de Bourgogne, ſi ce n'eſt en ce que les
biens y ſuivent la ligne dont ils ſont mouvans ; c'eſt à dire,
que s'il y a des deſcendans de celui qui a mis dans la famille
l'héritage auquel il s'agit de ſuccéder, ils ſont préférés, quoique moins proches en degré, à tous les autres parents du défunt ;
& qu'en Mainmorte, les communiers ſont ſeuls habiles à la
ſucceſſion de l'homme Mainmortable, de quels biens qu'elle
ſoit compoſée ; & aux héritages de Mainmorte délaiſſés par
l'homme franc, ſi ce n'eſt que ſes deſcendans y ſuccédent,
quoiqu'ils ne ſoient pas communiers.

Ainſi la communion & la parenté doivent concourir pour
ſuccéder *ab inteſtat* aux Mainmortables & aux biens de Mainmorte ; d'où l'on a pris occaſion de dire, que la communion
étant la baſe & le principal fondement de cette ſucceſſion,
l'on ne devoit point y avoir égard à la proximité du degré ; que
les communiers ſuportant également les charges de la communion, ils doivent avoir une part égale dans les avantages, dont
le droit de ſuccéder eſt le principal ; & que la communion

étant une eſpèce de ſociété, il faut y garder l'égalité entre
les communiers, pour les ſucceſſions comme pour le reſte.

L'on répond, que la propriété des biens n'entre pas dans la
ſociété des Mainmortables, & que ce n'eſt pas en bleſſer l'é-
galité, que d'accorder cette propriété aux communiers, qui
ſont en même tems les plus proches parents; que les parents
éloignés peuvent eſpérer la ſucceſſion, en cas de prédécès ou
de ſéparation des plus proches; que la Coutume ſupoſe dans
l'Article 14, que les ſucceſſions en Mainmorte ſe réglent par
le Droit Coutumier, & que l'Ordonnance de 1549 dit qu'on
y ſuccéde *ſuivant le Droit*; qu'il faut par conſéquent ſe conformer en ce cas, aux diſpoſitions de la Coutume & de la Loi
Romaine, & admettre ſuivant iceux, le plus proche & le
parent de la ligne à la ſucceſſion, plûtôt que d'en bouleverſer
l'ordre, en y apellant tous les communiers par têtes, ce qui
ſeroit abſurde & injuſte; car il s'enſuivroit que des enfants
n'auroient pas plus dans la ſucceſſion de leur pere, que des collatéraux en degré éloigné, qui ſeroient en communion avec
lui. Le Parlement de la Province a jugé ſuivant cette derniére
opinion, le 5 Mars 1667, dans la cauſe de Claude Joubert.

Comme l'Ordonnance de 1549 dit, que les biens retournent
au Seigneur, au deffaut d'hoirs ou autres en communion, *qui
doivent ſuccéder par droit*; l'on en a pris occaſion de ſoutenir,
que le Droit Ecrit doit ſeul ſervir de régle en ce cas; mais
l'Ordonnance ne faiſant pas une mention ſpéciale du Droit
Ecrit, elle doit être entenduë en général de l'un & l'autre
Droit, Municipal & Ecrit : l'Article 14 de la Coutume portant même, que l'homme de Mainmorte ne peut diſpoſer par
des actes de derniére volonté, qu'au profit de ceux qui *par
Droit Coutumier*, lui pourroient & devroient ſuccéder. Ainſi
les ſucceſſions ſe réglent entre les Mainmortables communiers,
de même qu'entre les perſonnes franches, ſuivant le Droit
Ecrit, & les limitations que la Coutume y a aportées.

Il faut donc être parent & en communion native, pour pouvoir ſuccéder parmi nous en Mainmorte; & par conſéquent
les enfants adoptifs & affiliés, ni le mari & la femme, ne ſont
pas capables de ſuccéder aux Mainmortables, ni dans les biens
de Mainmorte; parce qu'ils ne ſont ni unis par les liens du
ſang,

sang, ni en communion native : mais le communier en quel degré qu'il soit parent , est préféré au Seigneur.

Parmi les parents qui peuvent succéder , les descendants viennent en premier ordre. Cependant si leurs ascendants sont de condition Mainmortable, à moins qu'ils ne soient leurs communiers, ils ne leur succédent pas, même dans la légitime, au préjudice des autres parents communiers; & à plus forte raison , si l'interêt du Seigneur est de les en empêcher. Mr. Talbert estime, que s'ils sont pauvres & hors d'état de gagner leur vie , ils sont en droit de prétendre des aliments contre les communiers, sur la succeßion de leurs peres & meres; ce qui me paroît fort équitable , & qui est fondé d'ailleurs, sur le droit naturel, dont l'effet ne peut être entiérement ôté par la Loi positive : elle a bien pû priver l'enfant de sa légitime , s'il rompoit la communion , mais elle n'a pû lui ôter le droit de demander les aliments nécessaires.

Les enfants illégitimes ne succédent pas à leur pere en Mainmorte, parce qu'ils ne sont pas en communion native avec lui , & ne suivent pas sa condition. Comme ils n'ont point de famille, on pourroit dire aussi qu'ils ne succédent pas à leur mere. Cependant comme ils sont avec elle dans une espèce de communion native, & qu'ils deviennent Mainmortables par elle , il paroît juste qu'ils puissent lui succéder , s'ils entretiennent cette communion jusqu'à son décès; d'autant même qu'on peut alléguer pour eux en ce cas, la raison des corrélatifs; car il a été jugé par Arrêt de l'an 1596, que la mere succéderoit à son enfant naturel, à l'exclusion du Souverain, qui est apellé par un Edit dans le Comté de Bourgogne, à la succeßion des bâtards qui meurent *ab intestat.*

La disposition générale de cet Edit , qui n'excepte pas les Mainmortables, a fait douter si le Souverain succéde aux bâtards de Mainmorte, préférablement au Seigneur. La Coutume du Duché de Bourgogne l'a décidé expressément en faveur du Souverain. Néanmoins quand le bâtard est Mainmortable, le droit qu'a le Seigneur de lui succéder à l'exclusion de tous autres à défaut de communiers, est une suite de sa condition; doit-on croire que le Prince par les termes généraux de son Edit , ait voulu préjudicier au droit des Seigneurs de Mainmorte. [1] J'ai vû dans l'affranchissement de Gy , fait il y a

1 Grivel de- cis. 144.

T

a près de trois siécles, que le Seigneur s'étoit réfervé les échûtes des bâtards ; d'où je conclus, que c'étoit déja l'ufage dans
ce tems là , que les Seigneurs euffent en Mainmorte les échûtes des bâtards, à l'exclufion du Souverain.

Quand il n'y a point de defcendants, les afcendants qui font
en communion, fuccédent comme plus proches en tous les
biens , avec les freres & fœurs germains, fuivant le Droit
Ecrit ; fi ce n'eft qu'au cas qu'il y ait des biens de ligne ,
& des parents de la ligne qui foient auffi en communion, ces
parents quoiqu'éloignés, emportent les biens de ligne, à l'exclufion des afcendants qui n'en font pas; car s'ils en étoient,
ils y fuccéderoient fuivant l'ordre de leur proximité.

Cependant comme il y a un Article dans nôtre Coutume,
qui dit que la fucceffion ne monte pas en ligne directe , fi ce
n'eft au regard des meubles, acquêts & donations faites par
l'afcendant qui prétend y fuccéder ; l'on en avoit pris occafion
de foutenir, que les afcendants étoient abfolument exclus du
droit de fuccéder aux biens qui n'étoient pas meubles & acquêts, ou qui ne venoient pas d'eux , & que quand il n'y avoit
point de collatéraux en communion, le Seigneur devoit les
emporter à l'exclufion des peres & meres.

Cette conteftation fut terminée par un Edit du 5 Novembre
1586, où l'on voit ; *que pour terminer ce qui étoit douteux par
la diverfité des Arrêts , au fujet de la fucceffion des pere & mere
à leur enfant Mainmortable décédant en leur communion, &
fans avoir ledit enfant en telle communion , aucun defcendant
ou parent collatéral ; il eft ordonné , que lefdits pere & mere
auront au cas fufdit , l'entiére fucceffion & hoirie de leurdit
enfant.*

Il eft donc décidé, qu'au défaut des parents de la ligne qui
foient en communion, les afcendants qui s'y trouveront, auront les biens de ligne , quoiqu'ils n'en foient pas; & généralement tous ceux de leurs defcendants , à l'exclufion du Seigneur. La raifon de la décifion eft, que l'Article qui dit, que
la fucceffion ne monte pas en ligne directe, n'a pas été fait
en haine des afcendants, mais pour leur préférer les collatéraux en certains cas; & qu'il ne les exclut pas abfolument,
mais refpectivement, & au cas feulement qu'il y ait des collatéraux de la ligne ; *quo favore ceffante, deficientibus fcilicet def-*

*cendentibus & collateralibus ; æquitati conſentaneum viſum eſt,
parentes non excludi à Domino Manumortuali , qui omnino ex-
traneus eſt.*[1]

On peut diſtinguer deux cas dans la ſucceſsion des aſcendants , enſuite de cette Ordonnance. Le premier , quand l'enfant eſt Mainmortable (c'eſt le cas précis dont elle parle) ſes
pere & mere qui ſont de même condition , lui ſuccédent ,
même dans ſes biens anciens , quand il n'a point d'autres
parents communiers deſcendants de celui qui les a acquis. L'on
a douté ſi les aſcendants lui ſuccéderoient de même , s'ils
étoient de condition franche. L'affirmative eſt fondée ſur ce
que l'Edit de 1586 , quoiqu'il parle de l'enfant Mainmortable , ne dit rien de la condition de ſes pere & mere , & ne
ſupoſe pas qu'ils doivent être de même état que lui pour
pouvoir lui ſuccéder. Il ne demande rien d'eux , ſi ce n'eſt
qu'ils ſoient en communion. Or la différence des conditions ,
n'empêche pas que les aſcendants & les deſcendants puiſſent
être communiers en Mainmorte , comme je l'ai fait voir ailleurs. Sur ces principes , le Parlement a ajugé à la mere de
condition franche , les biens paternels & la ſucceſsion entiere
de ſon enfant de Mainmorte ; premiérement , par Arrêt du
15 Juillet 1601 , rendu contre la Dame de Chargé , au ſujet
de l'hoirie d'Albin Virot ſon ſujet Mainmortable ; & déſlors ,
aux Féries de la Pentecôte , par deux Arrêts rendus entre la
Dame du Pont & la Demoiſelle Mercier , & entre les Seigneurs de Jouë & la Demoiſelle de Gorgier.[2]

Le ſecond cas , eſt quand il s'agit de ſuccéder aux biens
de Mainmorte de l'enfant de franche condition. J'ai dit ailleurs que la communion eſt néceſſaire en ce cas , à l'égard des
aſcendants. L'on dit au contraire que l'Ordonnance de 1586
n'apelle cet aſcendant qu'à la ſucceſsion de l'enfant Mainmortable , & qu'il n'y a point de communion entre les perſonnes de franchiſe. La réponſe eſt , que l'enfant de condition
franche peut être nommé Mainmortable , quand il poſſede
des biens de cette qualité & par raport à iceux , puiſqu'il en
fait échûte , quand il meurt ſans communiers ; que les mêmes
motifs qui ont fait apeller les aſcendants à la ſucceſsion de
l'enfant Mainmortable de ſa perſonne , militent pour celui
qui eſt de franchiſe & qui a des biens de Mainmorte , à l'é-

T ij

---

[1] Grivel de-
ciſ. 29. n. 8. &
deciſ. 53. n.
47. Theſ. q.
for. lib. 2, q.
80, n. 10 &
11.

[2] Grivel de-
ciſ. 29, 54,
120 & 136.

chûte defquels il a été affujetti par l'Ordonnance de 1549 ; & que cette Ordonnance portant, *que les biens de Mainmorte ne retournent pas au Seigneur, quand les perfonnes de franche condition qui les poffédent, ont des hoirs ou autres en communion avec eux, qui peuvent leur fuccéder ;* fupofe qu'il peut y avoir une communion entre les perfonnes de franchife, pour fuccéder aux biens de Mainmorte. Il n'implique pas en effet qu'ils puiffent la garder ; & le Parlemenr de la Province a jugé plufieurs fois, que le pere de condition franche, fucccéderoit aux biens de Mainmorte de fon enfant franc, comme étant fon communier. Ces Arrêts font du 16 Juillet 1607, entre Poncet Renaud & le Prieur de Moutier ; du 3 Septembre 1619, entre Jean Bougard & le Seigneur de Marchaux ; & du 4 Novembre 1626, entre le nommé Comte & le Seigneur de Neurey.

Lorfque l'afcendant concourt avec un parent de la ligne, & qu'ils font tous deux en communion, le parent de la ligne emporte les biens qui en proviennent, à l'exclufion de l'afcendant. Ainfi dans le concours du pere avec le frere utérin du défunt, les héritages venans de la mere, furent ajugés au frere utérin, & les meubles & acquêts, au pere, par Arrêt du 25 Octobre 1597.

Un enfant de franche condition, qui avoit toujours demeuré avec fa mere, lui légua fes fonds de Mainmorte, & inftitua les Peres Carmes dans le furplus de fes biens. La mere répudia le legs, demanda fa légitime, & refufa d'y imputer les biens de Mainmorte, difant qu'elle ne les tenoit pas par droit de fucceffion, mais de communion & de Mainmorte. La Cour par Arrêt rendu le 2 Mai 1645, entre les Peres Carmes de Dole & la Demoifelle Paniet, ajugea à la mere la légitime, qu'elle déclara être le tiers des meubles & acquêts de fon fils ; à charge par elle, d'imputer fur ce tiers, la valeur des biens de Mainmorte qui lui avoient été légués. Il fut jugé par cet Arrêt, que le communier franc a les biens de Mainmorte par fucceffion, quoiqu'on n'en ait pas pû difpofer en faveur d'une autre perfonne ; & en conféquence, qu'il doit les imputer fur fa légitime, dans la fucceffion *ab inteftat.*

Il fuit encore de ce qu'on a prémis, que la mere tutrice qui paffe à de fecondes nôces, fans avoir fait donner un tuteur à fon enfant encore pupile, & lui avoir rendu compte, ne lui succéde pas aux biens de Mainmorte qu'il laisse, dans le cas où la Loi l'en prive, quoiqu'elle soit sa communiére ; *nec enim, sufficit esse communem ; sed talem quæ successionem consequi possit, esse oportet.*

Si les parents proches répudient la succession, soit testamentaire, soit *ab intestat*, les plus éloignés, s'ils sont communiers, pouront la prendre ; & à leur defaut, elle sera dévoluë au Seigneur ; ¹ qui peut même obliger son sujet Mainmortable à accepter l'hérédité d'un homme franc auquel il a succédé, en prêtant caution de le dédommager de ce qu'il pourroit en souffrir. ²

❈❈❈❈❈❈❈❈❈❈❈❈❈❈❈❈❈❈❈❈❈❈❈❈❈

Section III.

Comment les Seigneurs succédent en Mainmorte.

Quand le sujet Mainmortable décéde sans communiers, tous ses biens, de quelle qualité qu'ils soient, francs & de Mainmorte, meubles, immeubles, noms, droits & actions, font échûte à son Seigneur ; & il en est de même des héritages Mainmortables de l'homme franc, qui meurt sans descendants, ou sans avoir d'autres parents en communion avec lui.

L'Ordonnance de 1549 dit, que les héritages Mainmortables *retournent* au Seigneur de la Mainmorte ; d'où je conclus, qu'ils lui apartiennent par droit de retour & de réunion, comme ayant été donnés sous la condition qu'ils retourneroient, au cas du décès sans communiers, & que la Coutume l'a ainsi réglé au deffaut de la convention : c'est pourquoi le Seigneur les reprend, sans être tenu de payer les dettes, si le Seigneur n'y a pas consenti. Pour ce qui est des biens francs, meubles, noms, droits & actions, la Coutume dit que le Seigneur *les prend* dans le cas de l'échûte. ³ L'on pourroit dire que c'est par voie de succession, à l'exemple de ce que la Loi Romaine avoit établi en faveur du Patron, qui succédoit *ab intestat* pour le tout, à son Affranchi mort sans enfants ; & qui au même cas, prenoit *etiam contra tabulas*, la troisiéme partie de ses biens, lorsqu'il ne la lui avoit pas laissée par son testament. Mais il

1 Fab. in Cod. de dedit. lib. def. 32.

2 Arg. L. Sed si in conditione. §. Serv. alienus. L. Servus alienus. L. Quoties. §. Servus L. Servus communis. ff. de hæred. instit. §. Item nobis instit. per quas personas nobis domin. acquir.

3 Art. 7. 12 & 18.

me paroît plus vrai-femblable, que le Seigneur *prend* les meubles & biens francs de fon fujet Mainmortable , par droit de pécule , *vel quafi peculii ; commiffâ fcilicet ftipulatione , five expreffâ , five per Confuetudinem fubintellectâ , de bonis Domno acquirendis , fi fubditum fine communibus , mori contingeret ;* [1] puifque fuivant un Article de nôtre Coutume, [2] il ne paye les dettes de fon fujet, fur cette efpèce de biens, que jufqu'à concurrence de fa valeur , & après avoir prélevé tout ce que fon fujet lui devoit ; car c'eft ainfi que le maître en ufoit , quand il fe faififfoit du pécule de fon efclave.

Le Seigneur dans l'un & l'autre de ces cas, eft un fucceffeur anomal & irrégulier ; car il n'eft pas héritier , puifqu'il n'y a point d'hérédité dans le cas d'échûte, & que le Seigneur l'emporte par droit de retour ou de pécule. Cependant nôtre Coutume lui a donné les avantages du vrai héritier ; car elle porte, *qu'il demeure faifi des biens de fon homme Mainmortable, quand le cas de la Mainmorte avient.* [3] La poffeffion de droit & de fait du défunt, continuë pour le Seigneur ; *poffeffio defuncti , quafi juncta , in eum defcendit :* [4] il exerce les interdits & toutes les actions poffeffoires , comme auroit pû faire fon fujet ; & quoiqu'il n'ait pas encore reconnu & mis en exercice le droit d'échûte, il le tranfmet à fes héritiers , en vertu de l'enfaifinement que la Coutume lui accorde. Elle dit d'ailleurs , qu'il *prend* les biens de fon homme Mainmortable , ce qui lui donne le droit de s'en faifir de fon autorité propre , & fans être obligé de les recevoir des mains d'un autre. *Verbum enim capio , in omnibus fuis modis & temporibus , eft merè directum ; fignificans immediatè accipere , & non per alium.* [5]

Mais le Seigneur n'ufe de ce droit , que dans le cas de l'échûte d'un fujet Mainmortable ; parce que les textes de nôtre Coutume ne parlent que de ce cas. Si donc il s'agit d'héritages de Mainmorte délaiffés par l'homme franc , le Seigneur n'eft pas faifi. Il doit prendre ces héritages des mains de l'héritier teftamentaire ou *ab inteftat,* qui eft faifi lui-même par la Coutume , & par un droit plus fort & plus naturel que celui du Seigneur , lequel en ce cas ne fuccéde pas *in univerfum jus.* En ce cas , les biens de Mainmorte lui *retournent* fimplement ; *quod verbum obliquum eft ;* & il n'eft que fucceffeur particulier dans ces biens , qu'il demande à l'héritier, *condictione ex Lege.*

[1] *Fab. de error. Pragm. de ad. 12. err. 6.*
[2] *Art. 18.*
[3] *Art. 6.*
[4] *L. Cum miles 46. ff. quib. ex caufis.*
[5] *Molin. in Conf. Parif. §. 13. gl. 2.*

Le Parlement de la Province l'a ainſi jugé, le 11 Avril 1615, entre Marguerite Michel & le Sieur de Butie ; & le 2 Mars 1623, entre le Seigneur de Rupt, & les nommés Colard & Gillot, mari & femme.

S'il y a conteſtation, ſoit parce qu'il y a des parents qui ſe prétendent communiers, ſoit parce que les héritiers ſoutiennent que le défunt ou ſes biens, n'étoient pas Mainmortables ; le Seigneur au premier cas, doit recourir à l'autorité de la Juſtice, pour ſe faire maintenir ; & Taiſand cite un Arrêt du Parlement de Bourgogne, par lequel le Seigneur de Lencoux fut condamné à reſtituer, avec dommages & interêts, les biens de ſon ſujet Mainmortable, dont il s'étoit emparé de ſon autorité propre ; quoiqu'il y eût une veuve qui demandoit ſa part dans les conquêts de la communauté, & des parents qui ſe diſoient héritiers & communiers. [1] Au ſecond cas, la proviſion doit être ajugée aux héritiers, parce que la liberté qu'ils ſoutiennent, eſt préſumée dans le doute, & qu'elle eſt toujours favorable.

Le 9 Novembre 1603, une femme de Colombier fut maintenuë contre le Seigneur de Conflandé, dans la poſſeſſion des biens de franchiſe de ſon mari Mainmortable, en vertu d'une donation faite au ſurvivant, au cas de décès ſans enfants.

S'il s'agit de la ſucceſſion d'un enfant illégitime, le fiſc ſera-t-il préféré au Seigneur ? il n'y a pas de doute, que le Seigneur ſoit préférable quant aux biens de Mainmorte, parce qu'ils lui retournent, *ex antiquâ cauſâ*, & en vertu d'un droit réel, que la qualité du poſſeſſeur ne peut changer. Il y a plus de difficulté pour les meubles & biens francs. Cependant, dès qu'on ſupoſe que le bâtard eſt Mainmortable, ſa ſucceſſion eſt ſujette aux lois de la Mainmorte, qui apellent (ſans diſtinction des ſucceſſions du légitime ou du bâtard) le Seigneur, dont le droit eſt plus favorable en ce cas que celui du fiſc, qui ne ſuccéde qu'au defaut de tous héritiers & ſucceſſeurs ; [2] & d'ailleurs le Patron, auquel le Seigneur de la Mainmorte peut être juſtement comparé, eſt préféré au fiſc dans la ſucceſſion de l'Affranchi. [3]

Comme le Mainmortable peut diſpoſer entre-vifs de ſes meubles & biens de franchiſe, ſans la permiſſion de ſon Seigneur, il peut les perdre par confiſcation. Il n'en eſt pas de mê-

[1] Sur la Cout. de Bourg. art. 14.

[2] L. 1. & L. *Vacantia*. Cod. de bon. vac. L. 1. Cod. und. vir & uxor. Grivel décif. 144. n. 27.

[3] §. Sed noſtra inſtit. de ſucceſſ. lib. L. Si quis. Cod. de Epiſc. & Cler.

me des biens de Mainmorte, qu'il ne peut aliéner ni hypotéquer, que le Seigneur n'y confente. Mr. Talbert dit que s'ils
font confifqués fans que la mort naturelle ait fuivi, le fifc en
joüira jufqu'à ce que cette mort arrive ; & que le Monaftére
capable de poſféder des biens, a auſſi la joüiſſance des biens de
Mainmorte du Religieux pendant qu'il vit, fuivant l'Ordonnance de la Province, qui donne aux Couvents les meubles &
l'ufufruit des immeubles qui échéent aux Religieux; même que
s'il a fait un héritier qui n'étant pas fon communier, n'eft pas
capable de lui fuccéder, cet héritier joüira pendant fa vie.

Il me femble cependant, que quand la mort civile eft jointe à la confifcation, elle donne ouverture à la fucceſſion, &
par conféquent au droit du Seigneur ; & la confifcation n'a pas
lieu, dans les biens qui n'iroient pas aux héritiers : [1] la mort
civile doit avoir le même effet, dans le cas de l'entrée en Religion ; & outre que l'Ordonnance qui donne au Monaftére les
meubles & l'ufufruit des biens qui échéent pendant la vie du
Religieux, ne s'entend pas de ceux qu'il avoit, lorfqu'il a fait
profeſſion, & que nous n'obfervons pas l'Autentique *Ingreſſi*;
ce Religieux qui ne pourroit pas difpofer de fes biens de Mainmorte au profit de fon Monaftére, ne lui en peut pas tranfmettre l'ufufruit pendant fa vie. Par la même raifon, l'héritier qu'il
auroit inftitué, n'en doit pas joüir. Mr. Talbert convient qu'il
feroit exclus par fes communiers ; le Seigneur a le même droit
pour exclure le Monaftére & l'héritier étranger, quand il n'y a
point de communiers. [2]

Mr. Grivel rend témoignage, que le Parlement de la Province a toujours refufé d'admettre les Seigneurs, à l'exercice des
actions refcindantes & refciſſoires de leurs fujets Mainmortables, dans le cas de l'échûte. Il cite un Arrêt de 1599 contre
le Comte de Montbelliard, & Mr. Boivin ; un autre de l'an
1604, contre le Seigneur de Chateau-Vilain. C'eft parce qu'ils
n'en font pas héritiers, & qu'ils prennent leurs biens par droit
de réverfion, ou comme un pécule, qui ne font que des titres
particuliers. [3]

La Coutume qui dit, que le Seigneur eft faifi des biens de fon
homme Mainmortable, étant réelle, elle n'a point de force
hors de fon territoire.

L'on demande, fi le Fermier qui a les échûtes par fon bail,
eft

[1] Colombet tom. 1. §. 5. *Mafuer. pract. rit. de pœnit. n.* 15. Coq. des confifc. art. 6.

[2] Coq. queft. 283.

[3] *Decif.* 3. *n.* 2. *& feq.*

est saisi, & s’il peut en conséquence intenter les interdits possessoires. La Coutume ne parle que du Seigneur, & Chasseneuz estime que le Fermier a besoin d’un mandat spécial, pour se faire maintenir dans les biens du Mainmortable. Ne peut-on pas dire, que le bail qui comprend les échûtes, emporte un mandat suffisant, & que c’est un fruit que le Fermier peut exiger par toutes les voies que la Loi donne, puisqu’il lui apartient ? Il est certain du moins, qu’il a une action contre le Seigneur, pour l’obliger à lui céder son droit, s’il n’aime mieux agir pour lui en procurer l’effet.

Mr. Grivel rend témoignage, que nôtre Usage est de compter les échûtes parmi les fruits (quoique réguliérement elles n’en soient pas un, *cum non renascantur*) & de les ajuger à celui à qui les fruits apartiennent. Sur ce fondement, le Parlement jugea le 30 Juin 1639, au decret du Sieur Alix, que les échûtes arrivées pendant le mariage dans la Seigneurie de la femme, entreroient dans les conquêts de la Communauté ; & aux Féries de Noël de l’an 1650, entre la Marquise d’Autriche & les créanciers de son mari, qu’elles cédoient à la veuve dans l’assignal dont elle joüissoit ; au mois de Juillet de la même année, par Arrêt rendu entre les Peres Jésuites Prieurs de Jove & les Religieux de ce Prieuré, il ajugea le tiers des échûtes du Bénéfice à ces Religieux qui avoient droit au tiers des fruits ; le 3 Mars 1646, entre le Sieur George Gnie & les veuve & héritiers du Sieur Varod ; & le 2 Septembre 1647, entre les Sieurs Simonin & de Mongin, il décida que les échûtes apartenoient à l’usufruitier. Mais comme elles ne changent pas de nature, si l’usufruitier qui les a eu, en meurt saisi & sans communiers, il en fait échûte lui-même au profit du Propriétaire. Cette question a encore été décidée de la sorte, par les Arrêts de 1646 & 1647, & par un autre rendu contre les héritiers du Sieur Blondeau, pour les échûtes qu’il avoit eu dans son Prieuré de Jussé, qui furent ajugées au successeur. Je ne crois pas qu’on doive juger la même chose, pour celles qui entrent dans la communauté du mari & de la femme, & qu’ils en fassent échûte l’un à l’autre, parce qu’elles sont un effet de leur société, & qu’elles sont communes entre eux jusqu’au partage des biens de cette communauté. On ne peut pas imputer à la femme de ne les avoir pas aliénées, puisqu’elle n’en

1 Décif. 138. n. 19.

V

a pas eu le pouvoir; & on ne doit l'imputer à faute au mari, qui est présumé les avoir gardées pour le bien de la communion, & souvent même pour l'avantage particulier de sa femme.

L'Article 12 de la Coutume dit, que l'une des Seigneuries de Mainmorte n'acquiert point sur l'autre; qu'en conséquence quand il y a lieu à l'échûte, chacun des Seigneurs prend ce qui est en sa Seigneurie Mainmortable, & que ce qui est en lieu de franchise, apartient au Seigneur d'origine. Cette disposition a donné lieu de conclure, que le même homme peut avoir plusieurs Seigneurs *in solidum*, l'un à raison de son origine, & l'autre à cause de son domicile.

Il me semble que la Mainmorte personnelle ne peut pas apartenir solidairement *ex diversis causis*, à plusieurs Seigneurs dont les droits me paroissent incompatibles en cette matière; & comme l'Esclave de l'un ne pouvoit pas devenir par son fait seul, l'Esclave de l'autre; de même un homme qui est déja Mainmortable d'un Seigneur, ne peut pas le devenir d'un autre Seigneur, soit par convention, soit par la translation de son domicile. Il en doit être comme du vassal, qui ne peut pas s'engager à un autre Seigneur, après s'être lié par un hommage lige. Les Seigneurs de Mainmorte avoient communément le droit d'obliger leurs sujets à résider dans leurs Terres, & de les y faire retourner quand ils en étoient sortis; c'est ce qu'on apelloit des serfs de poursuite, & c'étoit un obstacle à s'engager envers deux Seigneurs. Parmi nous, l'homme de Mainmorte ne peut prescrire la liberté en quelque lieu qu'il aille demeurer, & par quelque tems qu'il s'absente de la Seigneurie. Si en sortant du lieu de Mainmorte il ne peut pas acquerir la liberté qui est si favorable, comment pourroit-il se charger d'une double servitude si odieuse?

Si l'on dit que la Mainmorte se contracte par la prise de meix, je réponds que ce n'est que l'homme franc qui peut devenir Mainmortable par cette voie; que nôtre Coutume ne parle que de lui, qu'elle le nomme expressément, toutes les fois qu'elle dit que la prise de meix produit la Mainmorte, & qu'elle ne nomme jamais celui qui est déja Mainmortable.

Mr. Talbert objecte, que cet argument se rétorque, parce qu'il ensuivroit que le Mainmortable seroit de meilleure condi-

tion que le franc, puifque celui-ci perd fa liberté en s'établiffant dans un lieu de Mainmorte, & que le Mainmortable n'y
perdroit rien. On répond, que le franc perd fa liberté, parce
qu'elle eft encore à lui, & qu'il en peut difpofer ; mais que le
Mainmortable qui ne l'a plus, ne peut pas la perdre : c'eft un
bien dont il n'a plus la faculté de difpofer, parce qu'il eft déja
à un autre, auquel il feroit préjudice, s'il devenoit encore per-
fonnellement Mainmortable d'un fecond Seigneur. Il s'enfui-
vroit même une abfurdité ; c'eft qu'un homme de Mainmorte
qui auroit déja un Seigneur par fon origine, en pourroit encore
faire dix autres, en changeant plufieurs fois de domicile.

Que fi l'Article 12 fupofe qu'il peut y avoir deux Seigneurs,
l'un à raifon de l'origine, l'autre à caufe du domicile ; il n'en
faut pas conclure qu'ils foient tous deux Seigneurs de la perfonne. Elle demeure toujours au feul Seigneur d'origine ; celui
du domicile n'a droit que fur les biens qui fe trouvent dans
fa Seigneurie, mais il n'en a point fur la perfonne, puifque
l'on peut fortir de fa Seigneurie malgré lui, & qu'il n'a pas
droit de fuivre l'homme qui en fort, ni de répéter les meubles
qu'il a emporté, le cas de l'échûte arrivant après ce changement
de domicile. Auffi l'Article 12 ne parle pas de deux Seigneurs,
relativement à la perfonne du Mainmortable ; ce n'eft qu'à
l'occafion des biens, que le Mainmortable peut avoir en plufieurs Terres. Elle ne permet pas au Seigneur d'origine, de venir prendre les biens que fon fujet a dans une autre Seigneurie
Mainmortable où il s'eft établi, *quia par in parem non habet im-
perium*; mais elle lui donne les biens francs & les meubles fitués
en lieu de franchife, à l'exclufion du Seigneur du domicile,
comme étant le Seigneur de la perfonne, & ayant droit à tout
ce que fon fujet n'a pas porté dans une autre Seigneurie Mainmortable. Que fi l'on n'a pas accordé au Seigneur de franchife, la liberté de retenir ce qui eft dans fa Terre, c'eft que la
conftitution de fa Seigneurie ne lui donnant point d'échûte,
il n'y peut rien prétendre lorfqu'elle arrive, & ne peut pas rendre la pareille, comme font les Seigneurs de Mainmorte entre eux.

Les Lois Romaines qui réglent l'origine, la prennent au lieu
de la naiffance, ou dans ceux dont le pere ou l'ayeul font for-
tis; mais elles parlent pour des hypothèfes qui ne conviennent

pas à celle de nôtre Coutume, fuivant laquelle *par le Seigneur originel ou d'origine*, l'on entend celui dont le fujet eſt devenu premierement Mainmortable, quand on peut le découvrir, fans avoir égard à fa naiſſance, ni à celle de fon pere ou de fon ayeul, lorſqu'on voit en remontant plus haut, que fa famille étoit déja Mainmortable. Nôtre Coutume le marque aſſez clairement, quand elle dit que celui qui fe fait Mainmortable par convention ou par priſe de meix, le devient pour lui & fa *poſtérité*, ce qui va à l'infini ; & qu'elle n'apelle pas la Seigneurie d'origine, celle dans laquelle le Mainmortable, fon pere ou fon ayeul font nés, mais celle dont l'on eſt *originairement*.

Il ne peut y avoir qu'un Seigneur d'origine, parce que le fujet n'en a pû avoir d'abord qu'un, & qu'il ne lui a pas été libre de le changer, foit parce que l'origine eſt dans la nature & ne fe perd pas, [1] foit parce que le droit acquis à un premier Seigneur de Mainmorte, ne s'efface & ne fe diminuë point par le fait du fujet. L'on ne dit pas qu'un homme eſt Mainmortable d'un Seigneur à cauſe de fon origine, & d'un autre par celle de fon pere. Il faut donc dans le concours de deux Seigneurs, qui prétendent chacun le même fujet, voir lequel des deux a les plus anciens titres, ou duquel le fujet s'eſt reconnu fujet d'origine. Ainſi par Arrét rendu en 1678, entre les Seigneurs de Grandvelle & de Gaſté, la Cour ajugea les biens francs d'un Mainmortable qui avoit fait échûte, à celui des Seigneurs dont les reconnoiſſances portoient que cet homme étoit fujet originaire.

Mais comme le domicile peut fe changer, en doit-on conclure qu'il puiſſe y avoir pluſieurs Seigneurs du domicile? Je ne le crois pas ; car il en fuivroit cette abfurdité que j'ai déja remarquée, qu'une famille fortie du lieu de fon origine, & ayant été domiciliée dèſlors en dix endroits de Mainmorte, elle auroit dix Seigneurs. Je penfe donc que nôtre Coutume, quand elle parle de la Seigneurie du domicile, doit être entenduë de celle où le fujet eſt domicilié actuellement, dans le tems qu'il fait échûte.

Il faut donc confidérer en ce cas, 1°. Qui eſt le Seigneur d'origine ; 2°. Qui eſt celui du domicile actuel ; 3°. Si le fujet a des biens dans une Seigneurie de Mainmorte, dont il ne soit pas originaire, & où il n'ait pas été domicilié ; 4°. S'il en a eu en lieu de franchise ; car tous ces faits influënt dans la division de l'hérédité du Mainmortable.

L'on a douté si celui qui n'est Seigneur ni d'origine, ni de domicile, pouvoit prendre les biens situés dans sa Seigneurie. Le doute est fondé, sur ce que l'Article 12 ne parle que des Seigneurs de domicile & d'origine. La question a été décidée pour le Seigneur de Mainmorte, dans la Terre duquel les biens sont situés, par Arrêt rendu entre Clenardus de Vergy & les Salomon, le 24 Novembre 1563 ; & Mr. Jobelot dit que sur le livre des anciennes Ordonnances du Païs, dont on se sert au Parlement, on a écrit à la marge de l'Article 12 de la Coutume, que chaque Seigneur prend ce qui est en sa Mainmorte, quand même le sujet n'y auroit pas été domicilié. Il ajoute, que le Parlement estimoit, que ces mots de l'Article, *si un homme de Mainmorte va demeurer en autre lieu Mainmortable*, ne font qu'un exemple, & ne restraignent pas la disposition à ce cas ; la régle étant d'ailleurs générale, qu'une des Seigneuries de Mainmorte n'acquiert pas sur l'autre.

Chaque Seigneur de Mainmorte prend donc en cas d'échûte, les biens qui sons dans sa Seigneurie, soit que le défunt y ait été domicilié ou non ; parce que c'est un droit réel qu'il exerce, & qu'un autre Seigneur ne peut rien venir prendre en ce cas chez lui. Quant à ce qui est situé en lieu de franchise, il arrive au Seigneur d'origine seul, quand même son sujet auroit été domicilié, & feroit mort dans une autre Seigneurie Mainmortable. C'est la décision expresse de l'Article 12.

Les héritages ayant une situation certaine, il ne peut point y avoir de difficulté en ce qui les concerne ; & quand aux meubles, ils apartiennent au Seigneur du domicile, quand même ils se trouveroient dans une autre Seigneurie, au tems de la mort du Mainmortable ; parce qu'ils suivent le domicile, & que s'ils en font tirés, ils sont censés y devoir être raportés, à moins qu'ils n'aient été mis ailleurs pour y rester perpétuellement ; car en ce cas, ils ont une autre situation par la destination de leur maître, & ils apartiennent au Seigneur du lieu où ils sont, s'ils sont en Mainmorte ; ou au Seigneur d'origine, s'ils sont en franchise.

Mr. Talbert dit que le Prêtre de condition Mainmortable,

qui eſt allé demeurer dans une autre Mainmorte, y fait échûte de ſes meubles, quand même ils ſeroient dans la maiſon curiale ; parce que cette maiſon eſt ſituée dans le territoire du Seigneur, & que l'une des Seigneuries n'acquiert pas ſur l'autre. Mais ce n'eſt pas de la Seigneurie publique & de l'enclave de la Juſtice, que nôtre Coutume a parlé ; c'eſt de la Seigneurie privée & en directe Mainmortable, à laquelle la maiſon curiale n'eſt pas aſſujettie ; car c'eſt un fond amorti, & le Curé qui y réſide & qui y meurt, ne perd pas ſa liberté ; il ne fait par conſéquent point d'échûte au Seigneur du lieu. Le Parlement de Beſançon l'a ainſi jugé le 21 Mars 1725, au Raport de Mr. Matton de Brainans, entre les Seigneurs de Thoraiſe & de Villers S. George. Il a donné au Seigneur de Thoraiſe, les meubles du Curé de Villers S. George, trouvés dans ſa Cure, parce qu'il étoit Seigneur originel de ce Curé. Je crois donc que les meubles ne doivent être laiſſés au Seigneur du domicile, que quand ils ſe trouvent dans ſa Maimorte, & dans une maiſon où l'on avoit pû perdre ſa liberté en y réſidant.

Nôtre Coutume ne parle que des meubles & héritages, d'où l'on peut conclure qu'elle ne conſidére les biens dont une échûte eſt compoſée, que ſous ces deux qualités ; & qu'il faut y réduire les droits, noms de dettes & actions, pour en faire des meubles, *ſi ad rem mobilem competant*, & des immeubles, *ſi ad immobilem*. Mais la difficulté reſte toujours à ſçavoir quand il y a pluſieurs Seigneurs, auquel on les ajugera.

Mr. Grivel raporte quatre opinions ſur ce point. La premiére, régle l'échûte des noms de dettes, par raport au lieu où l'inſtrument de la dette ſe trouve. La ſeconde, par raport au domicile du créancier. La troiſiéme, par celui du débiteur ; & la quatriéme donne les noms de dettes, droits & actions, au Seigneur d'origine du créancier. Cette derniére opinion eſt la mieux fondée. Les noms de dettes, droits & actions, font une troiſiéme eſpèce de biens, qui eſt attachée à la perſonne du créancier. Or le Seigneur d'origine eſt, & demeure toujours le Seigneur de la perſonne de ſon Mainmortable, quoiqu'il s'établiſſe dans une autre Seigneurie de Mainmorte ; & quand il y contracteroit une ſeconde Mainmorte perſonnelle, elle ne ſeroit que ſubordonnée, & ne pouroit pas préjudicier aux droits du premier Seigneur, mais ſeulement à la liberté du Mainmortable. C'est le Seigneur d'origine, qui est le véritable successeur, puisqu'il prend en cas d'échûte, les biens qui sont en franchise. Les autres Seigneurs n'ont qu'un droit particulier à ce qui a une situation fixe & certaine dans leur Terre, & qui est capable de cette situation, comme sont les meubles & héritages.

C'est le sentiment que la Cour a embrassé & constamment suivi. Car en 1578, entre le Cardinal de Grandvelle & le Seigneur Gasté, les droits & actions du Mainmortable furent ajugés au Cardinal, comme Seigneur d'origine. La même chose fut jugée en Novembre 1605, entre les Seigneurs de Grange & de Grammont, & les Abbés de Luxeul & de Bitaine. Le 3 Juillet 1615, entre les Seigneurs de Rey & de Seveux, les obligations du Mainmortable furent ajugées au Seigneur d'origine, à l'exclusion de celui du domicile du sujet, & des débiteurs desdites obligations. La même chose a été décidée, entre les Seigneurs de Rey & de Balai. Enfin le 19 Aout 1630, dans la cause de François Monnot Fermier de la Seigneurie de Cuenin d'Essart, & de Demoiselle Béatrice de S. Maurice, il fut dit que tous les effets mobiliaires trouvés dans la maison où le Mainmortable étoit domicilié à Cuenin d'Essart, céderoient audit Monnot, & les rentes, obligations, dettes, & noms de dette, quoique les instrumens en eussent été trouvés dans ladite maison, à la Demoiselle de S. Maurice, dont le défunt étoit sujet originaire.

Les rentes apartiennent donc au Seigneur d'origine, mais si elles sont constituées pour le prix de la vente des fonds de Mainmorte, avec réserve d'une hypotéque spéciale, ne feront-elles pas censées quelque chose de réel, & subrogées à la place du fond, dans le cas de l'échûte? Anne Chappuis femme de condition franche, avoit vendu une maison de Mainmorte à rente, & sous réserve de l'hypotéque spéciale. La vente avoit été consentie par Madame d'Elbœuf, parce que la maison venduë dépendoit de sa Mainmorte. Anne Chappuis mourut, & laissa pour héritiers trois enfants, qui étoient comme elle de franche condition. Ils partagérent ses biens, parmi lesquels il y en avoit beaucoup de Mainmorte. Les trois enfants moururent. Madame d'Elbœuf se fit ajuger leurs biens Mainmortables, parce qu'ils n'avoient point de communiers,

& elle prétendit que la rente créée pour la vente de la maison lui devoit être ajugée, comme subrogée à la place du fond, & elle en fut deboutée par Arrêt rendu en faveur des Carlet. Il fut jugé qu'il n'y avoit pas lieu à la subrogation, que l'hypotéque spéciale ne dénaturoit pas la vente, qu'elle n'étoit toujours qu'un nom de droit & un immeuble fictif, & qu'elle suivoit la personne du créancier.

Sur ces mêmes principes, si la rente constituée pour vente de fonds de Mainmorte avec réserve d'une hypotéque spéciale, apartenoit à un Mainmortable, elle céderoit encore au Seigneur d'origine.

Chasseneuz estime, que quand même le Seigneur du domicile seroit le débiteur du Mainmortable, cette dette feroit échûte au Seigneur d'origine. [1] Il n'y a point en effet de bonne raison, pour en faire une exception à la régle.

1 Chaff. §. 16. rub. 9. v. tant en meubles.

Si le bétail tenu à chetel est en lieu de franchise, il est hors de doute qu'il fait échûte au Seigneur d'origine; mais il y a plus de difficulté s'il est en Mainmorte, parce que c'est un meuble qui a sa situation particuliére.

Mr. Talbert la réfout hypotétiquement, & dit que si la propriété du bétail reste au bailleur, il céde au Seigneur du lieu de la Mainmorte où il se trouve; mais que si elle est transférée au preneur, il ne reste au bailleur qu'un nom de dette, dont il faut juger comme des autres.

Je dis pour réfoudre la difficulté, que les baux à chetel font des fociétés, dans lesquelles le bailleur confére son bétail; & le preneur, la nourriture qu'il fournit à ce bétail, ses foins & son industrie. Le bailleur demeure propriétaire de son fond; si on l'estime, ce n'est pas pour le vendre ni pour en communiquer la propriété; c'est pour en recouvrer le prix fans difficulté, s'il vient à périr par la faute du preneur. Aussi le bailleur perd seul le bétail, quand il périt par cas fortuit, ou par mort naturelle, à moins qu'il n'y ait de quoi le remplacer sur le croît & profit; & il peut le revendiquer par mandement de recréance, même sans en rendre le prix, si le preneur l'a vendu à son insçû.

Sur ce plan, il semble que le bétail qui est tenu à chetel en lieu de Mainmorte, fait échûte au Seigneur du lieu. Tout ce qui fait la difficulté, est qu'il n'y étoit pas pour y de-

meurer

meurer perpétuellement. Cependant comme il y avoit une deſtination fixe, au moins pour un tems, je n'en jugerois pas comme des marchandiſes ou autres effets ſemblables qui ne ſont que dépoſés ou entrepoſés; mais comme des meubles qui ont une ſituation fixe & certaine, quoique le propriétaire puiſſe les enlever quand bon lui ſemblera.

L'Article 5 de nôtre Coutume dit, que quand la femme Mainmortable, qui a épouſé un homme de condition franche, fait échûte, *le Seigneur de la Mainmorte dont elle eſt née, emporte la dot & mariage, & les trouſſels & biens meubles qu'elle a aporté.* Ce n'eſt pas le Seigneur d'origine qui a l'échûte en ce cas, c'eſt celui ſous lequel le pere de la Mainmortable étoit domicilié quand elle eſt venuë au monde. L'échûte s'ajuge ici par l'origine propre de la femme, & non par celle de ſes ancêtres.

La raiſon de cette diſpoſition particuliére de nôtre Coutume, eſt qu'il paroît juſte de conſerver la dot de la femme mariée en franchiſe, au Seigneur de la Terre, duquel cette dot a été tirée; quand il ne concourt pour la répéter, qu'avec le Seigneur d'origine, qui n'y auroit rien eu, ſi la femme étoit reſtée dans la Seigneurie où elle étoit née : ainſi on ne lui fait point de tort en ce cas. Un ſujet Mainmortable du Prieur de la Val, ſort de ſa Seigneurie, & s'établit ſur celle de Vaucluſe. Il a une fille à Vaucluſe, qu'il marie en franchiſe & à un homme franc. Elle y meurt ſans enfants. Sa dot fut ajugée au Seigneur de Vaucluſe, ſous lequel elle étoit née, à l'excluſion de celui de la Val, dont elle étoit ſujette originaire. C'eſt ainſi que Mr. Jobelot raporte cet Arrêt, ſans en citer la datte, ni nommer les Parties.

Mais quand la femme née dans une Seigneurie de Mainmorte, ſe marie dans une autre, & y meurt, lequel des Seigneurs ſuccédera à ſa dot?

Les Arrêts ont varié ſur cette queſtion. Jacqua Guedot originaire de Joüe, épouſa un homme de Choiſé, lui porta en dot 500 frans, dont une partie fut payée, & mourut ſans communiers au domicile de ſon mari. Ils étoient tous deux de condition Mainmortable. Les Seigneurs d'origine & de domicile prétendirent reſpectivement la dot de cette femme, ſoit la part qui étoit payée, ſoit celle qui étoit encore dûë. Le tout

X

fut ajugé au Seigneur d'origine, par Arrêt du 16 Juillet 1630.

Une femme de la Seigneurie de Rey se maria à Aché, & y porta son trouſſel ; une partie de ſa dot fut payée. Les deux Seigneuries étoient en Mainmorte. La femme mourut à Aché, ſans communiers. Conteſtation entre les deux Seigneurs. Par Arrêt du 3 Mars 1633, la part de la dot qui n'avoit pas encore été payée, fut ajugée au Seigneur d'origine ; & celle qui avoit été payée, fut donnée avec les joyaux & acquêts, au Seigneur du domicile. Mr. Terrier dit, qu'après ce dernier Arrêt rendu, la Cour réſolut d'en ſuivre la Juriſprudence à l'avenir. L'on n'en trouve cependant rien dans les Délibérations du Parlement ; mais c'eſt nôtre Uſage. La dot payée eſt ſituée au domicile de la femme, & doit par conſéquent céder au Seigneur de ce domicile. L'action que la femme a pour ſe faire payer de ſa dot, apartient au Seigneur d'origine, parce qu'elle eſt attachée à la perſonne du créancier qui fait échûte. Il faut ſuivre en ce cas la diſpoſition générale de l'Article 12, plûtôt que celle de l'Article 5, qui n'eſt qu'une exception, & qui ne doit avoir lieu qu'au cas particulier dont il parle.

Le nommé Juliard épouſe Bernarde du Raffour, & lui aſſigne ſa dot ſur des fonds de la Seigneurie de Dortans. Ils étoient tous deux Mainmortables de Chaiſeri. La femme mourut en lieu franc, & fit échûte. Le Seigneur de Dortans prétendit que c'étoit à ſon profit, parce que la dot avoit été aſſignée ſur des héritages Mainmortables de ſa Seigneurie, & qu'en conſéquence elle y devoit être cenſée ſituée. Par Arrêt du 21 Janvier 1666, rendu entre les Seigneurs de Dortans, & de Chaiſeri, la dot fut ajugée à ce dernier. Quoique la Coutume permette d'aſſigner la dot, & de joüir des héritages ſur leſquels elle ſera aſſignée, elle ne dit pas qu'elle ſera ſituée au lieu de ſon aſſignat, qui n'eſt qu'un accident, & ne conſtitue pas l'eſſence de la dot ; ce n'eſt qu'une hypotéque, qui s'éteint par le rembourſement. L'eſſence d'une dette conſiſte dans l'obligation qui eſt entre le créancier & le débiteur, & dans l'action que cette obligation produit, qu'il ne convient pas de morceler, comme on ſeroit obligé de faire, ſi au cas propoſé elle étoit cenſée ſituée au lieu de l'hypotéque, parce qu'il faudroit la diviſer, entre autant de Seigneurs, qu'il y auroit d'héritages de différentes Seigneuries dans l'aſſignat.

Mr. Talbert eftime, que le Seigneur du domicile prend ce que la femme y a aporté en efpèces, & non en droits & actions; quand même elle auroit époufé un homme franc, mais qui feroit devenu Mainmortable après fon mariage.

Si la maifon où l'échûte arrive, & où fe trouvent les meubles, eft fous deux Seigneuries, à laquelle des deux ajugerat-on ces meubles? La réponfe eft, qu'il en faut juger par la partie de la maifon qui régle le domicile. Quelques-uns ont voulu, que ce fût celle où eft la porte d'entrée, parce que c'eft le lieu le plus fréquenté, & qui introduit dans la maifon. S'il y avoit deux entrées principales, il faudroit partager l'échûte; mais fi l'une de ces entrées étoit fur la franchife, il y auroit de l'embarras.

Les autres eftiment, que c'eft le lieu où fe fait le feu commun de la maifon, parce que c'eft proprement le lieu de la réfidence; c'eft où les Mainmortables fe raffemblent le plus fouvent, & qui entretient leur communion, puifque quand ils font leur feu à part, ils font cenfés s'être féparés. C'eft donc au Seigneur, fur la Seigneurie duquel le feu commun fe fait, que l'échûte des meubles trouvés dans la maifon, doit être ajugée. Mr. Jobelot cite (fans les datter) deux Arrêts qui l'ont ainfi jugé; l'un pour le Seigneur de Bouclans, & l'autre pour le Seigneur de Mont-Rambert.

Lorfque plufieurs Seigneurs fuccédent enfemble, chacun d'eux *eft faifi de ce qui lui arrive*, & l'un ne prend rien par les mains de l'autre. [1] Mais comment payeroient-ils les dettes du défunt? Il y a fur cela plufieurs obfervations à faire.

1°. Le Seigneur quel qu'il foit, ne paye point de dettes à raifon des héritages de fa Mainmorte, s'il n'a confenti à ce qu'elles fuffent hypotéquées; [2] ou s'il n'en profite, comme fi elles avoient été contractées pour des frais de culture dont il tire les fruits pour des méliorations ou réparations utiles & néceffaires, ou pour l'achat du fond; [3] il doit ce qui eft attaché & inhérent au fond qui lui retourne; ainfi il paye les dettes

1 Art. 12.

2 Art. 19. *L. Lex vectigali ff. de pign. & hyp. L. Si finita 15. §. Si de vectigalibus 26. ff de damno infecto.*

3 *L. Fructus. §. Impendi. ff. folut. matr. L. Hæredes. ff. fam. hercifc. L.*

Interdum. L. Hujus, qui pot. in pign. L. Refcriptum, ff de dift. pign. L. Si pupilli. ff. de negot. geft. L. Si certarum 17. ff. Teft. milit. L. Hinc quæritur. §. Poteft. ff. de pecul, L. fin. ff. de eo per quem. Et §. Fin. Inftit. quod cum eo qui in aliena poteft. Coq. des Communautés, art. 6. des bordelages, art. 21. des fervitudes, art. 7. queft. 60. 62. & 280. Molin. §. 13. n. 11 & 12. *Ifernia de feudis. tit. an agnati vel filii defuncti, & tit. inveftitura de re alienâ.* Bald conf. 252. lib. 3. Bacquet traité des Juftices, ch. 21. n. 16.

de la communauté quand il y prend part, parce qu'elles font à la charge du bien auquel il participe; & Colombet eftime, qu'il doit auffi payer celles que le fujet a contracté dans une extrême néceffité, s'il n'y a pas d'ailleurs des meubles & biens francs pour y fatisfaire. 1

2°. Le Seigneur qui prend les héritages fitués en lieu franc,& les meubles en quelque lieu qu'ils foient,paye à raifon d'iceux, & jufqu'à concurrence de leur valeur, les dettes du fujet qui fait échûte. 2 Si plufieurs Seigneurs prennent part à cette efpèce de biens, c'eft à proportion de l'émolument qu'ils en tirent, qu'ils payent les dettes. On en ufe comme dans le cas de la confifcation. 3 Mais je crois que pour fe conferver l'avantage de n'être pas tenu au delà de l'émolument, ils font obligés de faire inventaire des biens meubles & papiers, avant que de s'en faifir, pour éviter les fraudes, & parce qu'encore qu'ils ne foient pas héritiers, ils en tiennent la place.4

3°. Le Seigneur qui prend les meubles & biens francs, doit payer avant toutes dettes, les frais funéraux du défunt; c'eft la plus privilégiée. 5 Après quoi il fe paye de ce que le Mainmortable lui devoit, à l'exemple de ce qui étoit établi par le Droit Romain, fuivant lequel le maître prenoit avant tout fur le pécule de fon Efclave, ce que cet Efclave lui devoit. 6 Cependant s'il y a des créanciers hypotéquaires, ils feront préférés fur les meubles & biens francs, au Seigneur qui n'aura point d'hypotéques; ou s'il en a une, ils feront payés fuivant leur datte; parce que le fujet pouvoit aliéner & hypotéquer fes meubles & biens francs, fans le confentement de fon Seigneur; & que les créanciers du Mainmortable ont en ce cas un droit acquis & réel, qui ne peut leur être ôté, fous prétexte de celui du Seigneur, qui ne fe forme qu'à la mort du fujet.

Mr. Talbert eftime que le Seigneur qui prend les biens de Mainmorte, n'eft pas obligé de les donner de nouveau fous la même condition, fi ce n'eft que les donnant ou retenant fous une autre qualité, il fit préjudice au Seigneur fuferrain; mais que quand il fuccéde aux biens francs dans une autre Seigneurie, il doit les remettre à quelqu'un de plus facile convention que lui, pour que le Seigneur du lieu ne trouve pas trop de difficulté à la perception de fes droits.

---

1 Colombet tom. 5. §. 11.

2 Art. 18.

3 Coq. q. 280. Bacquet des droits de Juftice, ch.13. & des dr. de defh. ch. 3. *L. Si quis præsbyter. Cod. de Epifc.& Cler.*

4 Oncieu des Mainm.ch. 39.

5 Art. 18. *L. peault. ff. de relig.& fumpt. fun. Vid. apud Chaff. quid hic veniat nomine impenfarum funeris. §. 14. v. & fur iceux* les frais funéraux.

6 Art. 18. *L. 1. ff. de trib. act. L. Ex facto. ff. de pecul.*

Il y a des Villes qui ne souffrent pas que les Seigneurs prennent les échûtes Mainmortables dans leur territoire ; telles sont les Villes de Rome, de Toulouse, de Bourges, de Lyon & de Besançon. On rend à Besançon, le sujet à son Seigneur, quand il le revendique dans l'an & jour depuis qu'il s'y est établi. Ce tems passé on ne le lui rend plus; il ne devient cependant pas libre, & il fait échûte des biens qu'il a hors de la Ville; il n'y a que ceux qu'il possède dans le territoire de Besançon, dont il peut librement disposer, & ausquels on succéde *jure communi*, à l'exclusion du Seigneur. C'est un droit réel & un privilége, qui ne regardent que les biens situés dans le lieu pour lequel ils sont établis, & qui ne changent pas la qualité de la personne.

Nous avons accordé jusqu'ici aux Seigneurs étrangers, & particuliérement à ceux de Savoye, le droit de venir prendre dans la Province, les biens de leurs sujets Mainmortables qui leur faisoient échûte. On nous a cependant refusé ce même droit au Parlement de Paris, avant que nous fussions regnicoles, suivant que le raporte Mr. Grivel dans sa Décision 104. Mr. Jobelot dit qu'on en a debouté l'Abbé de Luxeul en Loraine ; & il a été jugé depuis peu au Conseil Privé, qu'il ne devoit pas être accordé en cette Province aux Seigneurs de Savoye. Il n'est pas probable qu'après cet Arrêt, on le donne encore parmi nous aux Seigneurs étrangers, & la difficulté sera réduite à sçavoir, s'il aura lieu de cette Province à une autre Province du Royaume.

Il paroît juste en ce cas, car quoique nôtre Coutume n'ait point d'autorité sur les biens situés hors du Comté de Bourgogne, il faut considerer qu'en ce qui regarde la Mainmorte, elle régle l'état de la personne, qu'elle la suit en quelque lieu que cette personne aille s'établir, & que les biens du Mainmortable sont dûs au Seigneur en cas d'échûte, en vertu d'un contrat, ou quasi-contrat. Il paroît du moins qu'on ne doit pas nous refuser l'exercice du droit de suite, dans les Provinces où il y a des Mainmortes, & qui usent à cet égard du même droit que nous. J'ai parlé de ces questions dans mon Traité des Prescriptions, part. 2, ch. 3, p. 135 & suivantes.

SECTION IV.

Du sujet qui s'absente du lieu de Mainmorte.

NOus avons un Article dans nôtre Coutume, qui porte, que *les personnes de Mainmorte, qui se sont absentées de leurs meix & héritages, & qui dans dix ans retournent pour les ravoir; y sont reçûs par leurs Seigneurs, en payant & rendant tous frais & missions, pour réparations nécessaires faites pendant lesdits tems, ésdits meix & héritages ; & seront les fruits d'iceux, échûs durant ledit tems, au Seigneur. Que si lesdites personnes de Mainmorte ne les requiérent dans le terme de dix ans, les Seigneurs en pourront faire leur plaisir & profit.* [1]

C'est une question parmi les Docteurs, de sçavoir si un Seigneur peut obliger ses sujets à demeurer dans sa Seigneurie ; ils tiennent communément l'affirmative, principalement lorsque les sujets sont obligés à des devoirs personnels, dont le Seigneur seroit privé par leur absence. [2]

Les serfs adscriptices, que nos Mainmortables ressemblent en beaucoup de choses, étoient tellement attachés au fond qu'ils cultivoient, qu'il ne leur étoit pas permis de le quitter un moment ; [3] mais comme nous ne connoissons plus de servitudes purement personnelles, & que si nos Mainmortables & autres en suportent, ce n'est qu'à raison de leur résidence ou de leurs biens ; il leur est permis de quitter le lieu, & de s'affranchir de la Mainmorte, en délaissant les biens par raport ausquels ils y étoient tenus.

C'est ce que nous voyons dans l'Article 4 de nôtre Coutume, par lequel l'homme Mainmortable s'affranchit en abandonnant ses biens de Mainmorte, & les deux tiers de ses meubles à son Seigneur ; par l'Article 12, qui supose que l'homme de Mainmorte a la liberté d'aller demeurer & s'établir dans une autre Seigneurie ; & dans l'Article qu'on vient de transcrire, suivant lequel un homme de Mainmorte peut s'absenter impunément du lieu dont il est Mainmortable ; [4] à moins qu'il ne soit tenu à des devoirs personnels, qu'il ne fasse remplir par d'autres personnes; comme dans le cas d'un Arrêt cité

1 Art. 11.

2 *Cancer. var. res. part. 3. cap. 13. n. 291. & 292. Romm. Brunus, Socinus, Surdus & Lucas de Penna ab eo relati Afflict. in constit. sic. lib. 1. rub. 11. de defens. imp. & lib. 3. de renunt. transf. n. 5.*

3 *L. Originarios 11. L. Colonos 15. L. Cum scimus 22. L. Cum satis Cod. de Agr. & censitis.*

3 Grivel décis. 137.

par Mr. Jobelot, rendu au mois de Septembre 1620, pour le Seigneur de Saone, par lequel son sujet Mainmortable, qui s'étoit absenté, fut condamné à lui payer les corvées & ports de lettres, comme s'il avoit résidé dans la Seigneurie. [1]

Mais comme cette absence pouroit nuire au Seigneur, si son homme laissoit ses héritages sans culture, ou sans en faire payer les redevances; le Seigneur a le droit de les mettre sous sa main, & il en acquiert le domaine, lorsque le sujet qui s'est absenté, ne les répéte pas dans dix ans : c'est la disposition de l'Art. 11 de nôtre Coutume.

Cette disposition a été fondée, non-seulement sur l'interêt que le Seigneur a que les héritages de sa Mainmorte ne tombent pas en friche, & qu'il n'y ait plus personne qui lui en paye les charges ; mais encore, sur ce que le sujet qui a laissé ses héritages, sans commettre personne pour en prendre soin, est censé après dix ans les avoir abandonné. *Possessio neglecta per decennium, censetur derelicta ; & videtur dominus, post illud tempus amisisse animum revertendi.* [2]

Quoique nôtre Coutume ne parle que de l'homme de Mainmorte, elle doit néanmoins être étenduë à l'homme franc, qui laisse son héritage Mainmortable sans en prendre soin, ni le faire cultiver ; parce qu'il y a les mêmes raisons tirées de la présomption de l'abandonnement, & de l'interêt du Seigneur.

L'absence dont elle fait mention, doit être entenduë de celle du lieu où les héritages sont situés, parce qu'elle y est rélative. *Gens de Mainmorte, qui se sont absentés de leurs meix & héritages;* ainsi il n'est pas nécessaire pour qu'elle ait son effet, qu'on soit absent de la Province.

Ceux là ne sont pas réputés absents, pour donner lieu à nôtre Coutume, qui demeurent dans un territoire voisin, depuis lequel ils cultivent leurs héritages Mainmortables, qui les ont donné à ferme, ou qui y ont laissé un communier ou un mandataire pour en prendre soin ; parce qu'ils ne sont pas censés les avoir voulu abandonner ; & que les héritages étant cultivés, & les charges payées, ou le Seigneur pouvant se faire payer par celui qui représente l'absent, ou qui posséde pour lui, il ne souffre rien de son absence. Mr. Grivel cite un Arrêt du 16 Juillet 1607, rendu entre le Seigneur de Beton-

1 *Cancer var. ref. lib.* 3. *cap.* 13. *n.* 291 & 292.

2 *L. Qui agros* 8. *L. Locorum* 11. *Cod. de omni agro deserto. Bursatus cons.* 253. *n.* 42. *Vasq. de successi. lib.* 1. §. 2. *n.* 16.

cour & un nommé Richard demeurant à Villers-Vaudey, qui l'a ainſi décidé. Mr. Jobelot cite le même Arrêt, & le raporte comme il ſuit.

Richard ſujet originaire de Betoncour, avoit quitté le lieu pour ſe marier ailleurs, vendu ſa maiſon, & donné à ferme le reſte de ſon bien. Le Seigneur fit ſaiſir le prix du bail, fondé ſur la partie de nôtre Article, qui dit que le Seigneur fait les fruits ſiens des héritages de ſa Mainmorte, pendant que ſon ſujet eſt abſent. Richard diſoit qu'il avoit un Fermier qui le repréſentoit, & qui payoit à ſa place les charges de ſes biens ; & que tandis que le Seigneur eſt payé, ou qu'il peut ſe pourvoir ſur les fruits pour l'être, il n'a pas droit de mettre ſa main ſur l'héritage. **1** Cet Arrêt fut rendu les Chambres Aſſemblées.

1 *Molin. in Conf. Pariſ.* §. 1. *gl.* 2. *n.* 4.

Il eſt dit dans les reconnoiſſances des Habitans de Bouzailles, Seigneurie de Crilla, qu'avenant qu'aucun des Habitans s'en voulût aller, ſes biens retourneront au Seigneur du lieu. Mr. de Marnix prétendit en conſéquence les biens que le Sr. Guienot avoit à Bouzailles, où il avoit ceſſé de demeurer depuis 25 ans. Il en fut debouté par Arrêt rendu le 31 Janvier 1711, au Raport de Mr. Mairot de Butigney; parce que le Sr. Gueniot avoit laiſſé des Fermiers dans le lieu, qui payoient les charges & cultivoient les biens.

Un homme pourſuivi pour crime, s'abſente ; le Seigneur prétend entrer en joüiſſance de ſes biens ; les parents communiers s'opoſent ; le Seigneur eſt déclaré non-recevable *pour le préſent*, par Arrêt rendu en 1628, contre les Peres Bénédictins de S. Vincent de Beſançon. Ces mots, *pour le préſent*, prouvent que le Seigneur ne peut rien prétendre en pareil cas, tandis que le ſujet eſt fugitif, car ſans entrer dans la raiſon que ſon abſence vient d'une mauvaiſe cauſe, il ſuffit qu'elle ſoit néceſſaire, & qu'en conſéquence il ne ſoit pas cenſé avoir quitté le lieu de la Mainmorte, dans le deſſein d'abandonner ſon bien, mais ſeulement pour fuir la rigueur de la Juſtice.

L'on doit tenir à plus forte raiſon la même choſe, des abſences pour cauſe de guerre ou de peſte ; ce ſont des abſences néceſſaires & favorables, pendant leſquelles on peut dire que le tems de la preſcription ſtatutaire ne court pas ; enſorte que l'abſent n'a pas beſoin de relief en ce cas, pour rentrer en ſes biens. C'eſt pourquoi il a été jugé au mois de Mars 1615,

entre

entre Jacques de Cité & Madame de Vilars , que le Seigneur ·
rendroit les biens d'un soldat absent depuis plus de dix ans,
& dont le Seigneur avoit joüi pendant son absence.

L'interêt qu'a le Seigneur , que les héritages de sa Mainmorte soient cultivés , opére que nôtre Article lui donne le droit,
lorsque le Propriétaire du bien de Mainmorte n'a laissé personne pour le faire , ou de le mettre en sa main , & de l'amodier ou faire cultiver. C'est ce que nos Coutumes déclarées notoires , portent expressément ; car il est dit , que durant les
dix ans , *les Seigneurs pouront mettre des servants dans les héri-*
tages , & faire les fruits leurs. Nôtre Coutume dit aussi , *& se-*
ront les fruits & profits desdits meix & héritages , échûs durant
les dix ans , au Seigneur ; ce qui supose qu'ils ont droit de s'y
entremettre de leur autorité , & d'en joüir comme dans le cas
de la saisie féodale ; mais ils ne peuvent pas obliger le sujet
qui retourne , à leur payer les charges de ces héritages , si ce
n'est en ce qu'elles excédent les fruits qu'ils ont tirés.

L'on n'examine pas , lorsque le Mainmortable s'est absenté,
& qu'il est dans le cas de l'Article , si l'absence est juste & nécessaire , ni si elle est courte ou longue , pour que le Seigneur
puisse s'emparer & faire les fruits siens ; parce qu'il lui suffit
que l'on soit dans le cas de la Coutume , sans examiner la cause de l'absence du sujet , auquel on ne donneroit pas relief,
pour recouvrer les fruits perçûs par le Seigneur , parce qu'il
doit s'imputer d'avoir laissé ses héritages sans cultivateur , ou
autre personne qui suporte les charges à sa place.

Si pendant l'absence , le Seigneur ne joüit pas des biens , &
qu'il en ait laissé joüir un tiers , poura-t-il répéter les fruits
que ce tiers aura perçûs ? La négative est fondée , sur ce que le
sujet n'est pas privé de plein droit. Il faut que le Seigneur s'en-
tremette ; il ne fait pas les fruits siens sans cela ; il en est
comme de la saisie féodale , les fruits ne lui en sont dûs qu'au
cas qu'il les veüille ; & il n'est censé les vouloir , que quand il
s'en empare. [1] Ce qui ne souffre aucune difficulté , quand le
Seigneur a reçû les prestations par les mains du tiers ; parce
qu'en ce cas il est censé avoir remis son droit de Mainmorte , du moins pendant le tems que ce tiers a joüi.

Le Seigneur peut s'entremettre de sa propre autorité dans
les biens délaissés par son sujet , si ce n'est au cas qu'il trouve

[1] *Argumento*
L. 2. & L. 16.
Cod. de Jur.
empti. Tiraq.
in L. Si un-
quam. v.rever-
tatur. n. 10 &
seq.

le meix & les biens occupés,& qu'on lui faſſe réſiſtance;auquel cas, pour éviter les voies de fait, il doit ſe pourvoir en Juſtice, & parce qu'il peut y avoir des raiſons qui l'excluënt.

Si avant l'écoulement des dix ans, le ſujet eſt requis par le Seigneur qui a fait la mainmiſe, de déclarer s'il veut retourner & reprendre ſes héritages, & que le ſujet diſe qu'il ne veut pas le faire ; ſes héritages feront-ils dèſlors acquis au Seigneur? L'on peut dire, que le ſujet a dix ans pour retourner,ſuivant la Coutume ; que c'eſt une faculté dont il ne peut pas ſe priver; qu'il peut changer d'avis, & qu'on ne doit pas le regarder comme lié par une ſimple déclaration. L'opinion contraire eſt cependant plus probable ; parce que les dix ans ne font qu'une préſomption de l'abandon des héritages, & qu'il n'eſt pas beſoin de préſomption, lorſque le ſujet manifeſte ſa volonté, par un acte par lequel il renonce à la faculté qu'il avoit. Il y a en ce cas une eſpèce de convention entre le ſujet & ſon Seigneur, & il eſt permis à chacun de renoncer à ſon droit.

L'on demande auſſi depuis quel tems le droit eſt acquis au Seigneur ; ſi c'eſt ſeulement depuis qu'il s'eſt entremis dans les biens, ou après l'écoulement des dix ans. Il paroît que le Seigneur a un droit acquis au moment qu'il s'entremet, quoique ce droit ſoit révocable, ſi le ſujet retourne. Les termes de l'Article ſemblent l'indiquer. Le Seigneur peut s'entremettre, amodier, réparer; c'eſt l'exercice d'un droit de propriété. La Coutume dit que les abſents feront reçûs à *ravoir* leurs héritages, quand ils retournent dans les dix ans. Ce terme ſupoſe une propriété acquiſe au Seigneur. Il en eſt comme de la vente à reachat, où le domaine paſſe incontinent, quoique révocablement. Que ſi le ſujet ne vient pas dans les dix ans, le droit du Seigneur devient irrévocable.

Sur le même fondement, quand une Terre eſt amodiée, & que les biens vacants ſont compris dans le bail, les Fermiers ont droit à la propriété des biens délaiſſés par le ſujet, & dont le Seigneur a fait *l'apréhenſion*, quoique les dix ans ne ſoient pas écoulés de leur tems. Mr. Jobelot cite un Arrêt rendu aux Vacances de Pentecôte, ſans dire en quelle année,entre le Seigneur de Foucherans & ſes Fermiers,qui l'a ainſi jugé. Il en raporte un autre du 12 Avril 1679,rendu entre Jean Fumeri & les Srs. Jobelot, par lequel il fut jugé, que la ceſſion des échûtes

& biens vacants, comprenoit le droit d'avoir les biens du sujet qui s'étoit absenté, quoique les dix ans ne fussent pas encore passés ; *quia jura in spe , & conditionalia cedi possunt.*

Après les dix ans, les biens sont acquis irrévocablement au Seigneur. La Coutume le dit ; mais la question est de sçavoir, si ces dix ans doivent se compter depuis l'absence, ou seulement depuis l'entremise du Seigneur. Nôtre Coutume semble suposer que le Seigneur ait joüi, en disant, *que le sujet qui retourne , sera reçû en payant les frais que le Seigneur a fait aux meix & héritages*; & même que le Seigneur a joüi pendant dix ans, quand elle ajoute ; *& seront les fruits desdits héritages échûs durant les dix ans , au Seigneur.* C'est une espèce de prescription, qui n'est complette qu'après les dix ans , & qui desire dix ans de joüissance. C'est ainsi que les Commentateurs du Duché entendent l'Article de leur Coutume qui est semblable à la nôtre. Ils disent, que les dix ans ne doivent être comptés que du jour que le Seigneur aura mis les héritages sous sa main. Le sujet peut laisser ses terres en friche , nul n'y prend droit tandis qu'elles y sont, & le Seigneur ne l'acquiert incommutablement , que par une possession de dix ans.

Celui qui perd ses biens Mainmortables par son absence, ne devient pas franc pour cela ; parce que ce n'est pas un moyen introduit pour acquerir la liberté. Il faut la vouloir recouvrer, & le déclarer de la maniere, & avec les formalités prescrites par la Coutume, qui distingue les effets de l'abandonnement par désaveu, qui rend la liberté à la personne; de ceux du simple abandonnement pour cause d'absence, qui n'opére que la perte des biens de Mainmorte.

L'on demande, si dans le cas que le Seigneur se soit entremis dans les biens de Mainmorte de l'absent , ou qu'il en ait joüi pendant dix ans, l'absent qui retourne peut se faire restituer. Mr. Jobelot dit que le Parlement entérine en ce cas le relief des mineurs. Il cite deux Arrêts , l'un du 24 Mai 1604, & l'autre de 1612, pour un relief accordé à une femme mineure qui avoit suivi son mari soldat. Il ajoute que l'absence de celui qui sert la République , étant favorable, on doit aussi le restituer. Il cite pour cela un Arrêt du mois de Juin 1597 , un autre du mois de Mars 1615 , entre Jacques de Cité & la Dame de Vilars, & un troisiéme du 5 Mars 1667, entre Marie Theria veuve de Jean Lancet & Claude Jobert.

CHAPITRE V.

De l'aliénation & de l'hypotéque du bien de Mainmorte.

Notre Coutume dit, *que l'homme de Mainmorte , ne peut vendre , aliéner , ni hypotéquer l'héritage Mainmortable, fans le confentement du Seigneur.* 1 La néceffité de ce confentement , eft une condition , que la Coutume fupofe dans l'état de l'homme de Mainmorte , & dans la conceffion des biens de cette qualité ; foit pour que le fujet qui craindroit l'échute , ou qui voudroit s'affranchir par défaveu , ne privât pas le Seigneur de fes droits dans l'un & l'autre de ces cas , en aliénant ou hypotéquant à fon préjudice fes biens Mainmortables ; foit pour qu'il ne mette pas à fa place , un poffeffeur ou une famille qui ne conviendroit pas à fon Seigneur , & qu'il ne morcéle pas le meix de Mainmorte malgré lui. Ces raifons avoient fait introduire la même chofe dans l'aliénation des fiefs;2 mais depuis qu'ils font devenus patrimoniaux, l'ufage a réduit le confentement du Seigneur de fief à une fimple formalité ; il fuffit de le requerir , & le Seigneur n'a plus la liberté parmi nous , de diffentir à l'aliénation du fief, parce qu'il n'y a plus d'interêt. Il doit y confentir ou retenir le fief dans l'année , après que le contrat lui a été préfenté. 3 Néanmoins comme le Seigneur en Mainmorte a toujours interêt à conferver l'intégrité des biens Mainmortables de fon fujet , pour les cas d'échute & de défaveu , on lui a confervé auffi le droit de diffentir aux aliénations & aux hypotéques de cette efpèce de bien.

Comme la Coutume ne parle *que de l'homme de Mainmorte* , l'on jugeoit anciennement , que l'homme franc pouvoit aliéner ou hypotéquer l'héritage Mainmortable , fans le confentement du Seigneur. Mr. Boguet cite deux Arrêts qui l'ont ainfi décidé ; l'un de l'an 1546 , dans le cas de l'aliénation ; & l'autre de l'an 1591 , dans celui de l'hypotéque. C'eft parce que la condition des biens fuivoit celle des perfonnes, & que le Seigneur qui pouvoit empécher que l'homme de Mainmorte ne tranſportât ſon héritage à un homme franc, devoit s'imputer d'y avoir conſenti, & qu'en y conſentant il étoit préſumé avoir bien voulu que l'acquereur en uſât librement & ſuivant que ſa condition le portoit.

Cependant une grande partie des biens, qui avoient été tenus par les Mainmortables, étant paſſée avec le tems aux perſonnes de franchiſe, & les ſujets de Mainmorte étant devenus plus rares par les affranchiſſemens, enſorte que les Mainmortes qui font un des plus grands droits de nos Seigneuries, couroient riſque de s'anéantir ; il fut dit par une Ordonnance de 1606, *que l'héritage de Mainmorte, foit qu'il apartienne à l'homme franc ou de Mainmorte, ne peut être vendu, aliéné ni hypotéqué, ſans le conſentement du Seigneur.*

Cette Ordonnance marque une Mainmorte réelle, qui ſuit le fond entre les mains de tout acquereur, ſans égard à ſa condition ; & comme elle eſt tournée par maniére d'interprétation & de déclaration, l'on a douté ſi elle devoit s'étendre aux fonds que les perſonnes franches poſſédoient avant qu'elle fut publiée, ou s'apliquer ſeulement à ceux qu'ils ont acquis dèflors. Mr. Talbert tient la négative, fondé ſur la régle commune, que les Loix n'ont pas un effet rétroactif ſi elles ne le déclarent pas expreſſément. J'ajoute que l'Ordonnance de 1549 qui a introduit la néceſſité de la communion pour ſuccéder à l'héritage de Mainmorte tenu par l'homme franc, n'ayant parlé que de ceux qui feroient acquis dèflors, l'on doit penſer que celle de l'an 1606, qui regarde l'aliénation & l'hypotéque de l'héritage Mainmortable poſſédé par l'homme franc, ne doit pas avoir plus d'effet, parce qu'il n'y a pas des raiſons de différence ; mais j'eſtime, que c'eſt au poſſeſſeur qui eſt de condition franche, & qui prétend aliéner l'héritage de Mainmorte ſans le conſentement du Seigneur, à prouver qu'il étoit dans ſa famille avant l'an 1606, comme je l'ai dit en pareil cas ſur l'Edit de 1549.

Cependant comme l'Ordonnance de 1606, ne parle que de l'aliénation de l'héritage Mainmortable par l'homme franc, il a été jugé qu'on pouvoit s'entremettre ſans conſentement ni danger de commiſe, dans l'héritage de Mainmorte légué par une perſonne de condition franche, à une perſonne non communiére. L'Arrêt eſt du 15 Mai 1612 , entre le Seigneur de Traves & la Demoiſelle Sauget. C'eſt parce que les Lois pénales ne s'étendent pas hors de leur cas; que la ſeule aliénation eſt deffenduë à l'homme franc ; qu'il n'importe au Seigneur comment l'on ſuccéde à l'héritage Mainmortable en ce cas, & quand il y a des communiers qui l'excluëroient toujours ; que l'homme franc ne doit pas ſa ſucceſſion à ſes communiers, & qu'ils ne ſont pas même apellés à celle de ſes biens de Mainmorte par l'Edit de 1549 , dans lequel ils ſont ſeulement mis en condition, *& conditio non diſponit.*

La Coutume dit , que l'homme de Mainmorte *ne peut vendre* , &c. ces mots , *ne peut* , emportent la nullité de l'acte ; mais cette nullité peut-elle être opoſée par celui qui a aliéné, par ſes héritiers ou communiers , & par d'autres que le Seigneur? La réponſe eſt , qu'elle ne peut être propoſée que par le Seigneur , parce qu'elle a été introduite en ſa faveur , & pour ſon interêt particulier. Celui du Mainmortable , de ſes héritiers ou communiers , ni d'aucun autre que le Seigneur , n'y a eu aucune part. Ce n'eſt donc qu'une nullité reſpective.

Or quand il s'agit de nullités reſpectives , l'affaire n'eſt pas nulle abſolument , mais ſeulement par raport à ceux , en faveur deſquels ces nullités ont été établies. On peut dire à tous les autres , *tua non intereſt ; quo ad te , liberas ædes habeo ;* la prohibition de la Loi , eſt à vôtre égard un précepte nud , qui n'oblige par conſéquent pas en ce qui vous concerne.

L'on diſtingue en cette matiére , différentes hypothèſes. Car ou la nullité eſt introduite en faveur de celui qui fait l'acte , ou de ſon héritier comme héritier , ou de l'un & de l'autre, ou d'un tiers , ou en haine de quelqu'un. Quand c'eſt en faveur de celui qui fait l'acte , ni lui ni ſes héritiers ne ſont pas obligés à s'y tenir. Tel eſt le cas du mineur qui a vendu ſon immeuble , ſans decret du Juge. Si c'eſt en faveur de l'héritier comme héritier , il n'eſt pas lié par le fait du défunt ; comme ſi ſon auteur lui avoit deffendu de prendre ſon hoirie , ſous le bénéfice de la Loi ; ou comme ſi l'on étoit dans le cas d'une donation qui n'a pas été inſinuée , & qui eſt déclarée nulle en ce cas , même à l'égard des héritiers ; ou ſi l'homme de mainmorte avoit diſpoſé par acte de derniére volonté , au préjudice de ſes communiers. Si c'eſt en faveur du donateur

& de l'héritier enfemble, l'un & l'autre pourront opofer la nullité ; comme dans les Coutumes où il eft deffendu aux mari & femme de s'avantager ; le conjoint donateur & fon héritier pourront également fe fervir de cette difpofition ; mais s'ils ne le font pas, un débiteur dont la dette auroit été donnée, ne feroit pas admis à s'en prévaloir : fi la nullité n'a été introduite qu'en faveur d'un tiers, comme dans nôtre hypothèfe, le tiers feul peut la propofer. [1] Si c'eft en haine de quelqu'un, comme dans le cas du Sénatufconfulte Macédonien, ou de l'acquifition d'un bien fubftitué faite par une perfonne qui en fçavoit la condition ; le fils de famille, l'héritier fiduciaire & leurs héritiers peuvent impunément contrevenir à la convention. Il y a d'autres régles pour les nullités des difpofitions à caufe de mort, dont je ne parle pas ici, parce que je ferois trop long, & que je m'aperçois que je fors déja de mon fujet.

Il faut donc conclure, que fi le bien de Mainmorte a été aliéné, ni celui qui a fait l'aliénation, ni fes communiers & héritiers, ni l'acheteur, ni aucun autre que le Seigneur, ne pourront opofer le défaut du confentement ; & par conféquent que la poffeffion & le domaine même en font transférés ; mais révocablement fi le Seigneur n'y confent pas ; & fous peine de perdre le domaine, fi la poffeffion réelle eft prife fans fon confentement. Le contrat eft parfait, entre celui qui donne & celui qui reçoit ; mais comme il eft fait au préjudice du Seigneur, & que la Loi lui donne le droit de l'annuller, il ufe de ce droit comme & quand il lui plaît, même après la mort de celui qui a aliéné. Il en eft à fon égard, comme d'une condition qui tient la convention en fufpens, jufqu'a ce qu'elle arrive ; mais lorfqu'elle eft arrivée, cette convention vaut *ab initio*, & comme s'il n'y avoit point eu de condition.

C'eft ainfi que le Parlement l'a décidé à l'Audiance publique le 20 Mars 1692, entre Ligier Louvrier & Gafpard Mathieu. Un oncle avoit deux neveux, dont l'un étoit fon communier, & l'autre ne l'étoit pas. Il fit donation entre-vifs de partie de fes biens à celui-ci, & quatre ans après fa mort le Seigneur confentit à la donation. Elle fut jugée valable contre le neveu communier qui la conteftoit, difant qu'il avoit un droit acquis avant le confentement. On eftima qu'elle

[1] *Arg. L. Filius-familias. §. Divi. ff. de leg. 1. Gl. & Bart. ad L. Eleganter in princ. ff. de dolo. Gl. Angel. Bald. ad L. Juris Gentium. §. Ait Prætor de pactis eod. Tiraq ad L. Si unquam. n. 5. & 393. Rofental. cap. 9. concl. 73.*

avoit valu contre lui dès le commencement , sauf au Seigneur à la faire révoquer ; mais que le Seigneur y ayant consenti, quoiqu'après la mort du donateur , elle avoit son effet contre l'héritier. Je crois qu'il en auroit été de même , quand le Seigneur n'y auroit pas consenti , pourvû qu'il ne l'eut pas contestée. [1]

1 Grivel. decis. 105.

La Coutume dit, qu'on ne peut *vendre*, ni *aliéner* l'héritage de Mainmorte, sans le consentement du Seigneur. Elle nomme la vente par maniére d'exemple, & parce que c'est la plus commune de toutes les aliénations ; même par le Droit ancien, toutes les espèces d'aliénation , étoient comprises sous le nom de vente. *Quoniam Lex duodecim tabularum, emptionis verbo omnem alienationem, complexa videretur.* [2] Mais pour ne laisser aucun doute, la Coutume a ajouté ces mots , *ni aliéner*, qui sont encore plus généraux, & qui comprennent tout acte translatif de propriété & d'un droit réel. *Est autem alienatio , omnis actus, per quem dominium transfertur.* [3] *Sancimus , sive Lex alienationem inhibuerit , sive testator hoc fecerit , sive pactum contrahentium hoc admiserit ; non solum dominii alienationem , vel mancipiorum manumissionem , esse prohibendam ; sed etiam ususfructus dationem , vel hypothecam , vel pignoris nexum , penitus prohiberi , similique modo & servitutes minime imponi , nec emphyteusis contractum.* [4]

L. 29. ff. de stat. lib. §. 1.

3 L. 1. Cod. de fund. dot.

4 L. ult. Cod. de reb. alienis non alien.

L'on excepte de cette régle les aliénations nécessaires , ausquelles celui qui les fait est forcé. Le partage est une espèce d'aliénation, car le mineur ne peut pas le faire sans decret du Juge , ni le mari partager les biens dotaux, s'ils n'y sont provoqués par les cohéritiers. [5] C'est une aliénation nécessaire de la part de celui qui est provoqué , & l'on peut dire qu'elle l'est aussi de la part de celui qui provoque , *quia nemo tenetur invitus manere in communione.* [6] C'est pourquoi le droit des fiefs a décidé, que les fiefs qui ne sont pas indivisibles par leur constitution , peuvent être partagés indistinctement, sans le consentement du Seigneur ; [7] & l'on tient communément, qu'il n'est point dû de lods ni de droits seigneuriaux, pour mutation dans les partages , non-seulement entre cohéritiers , mais encore entre copropriétaires & associés. Je conclus de là, que ce partage des biens de Mainmorte, peut être fait sans que le Seigneur y consente ; d'autant que l'Article de

5 L. Inter omnes. Cod. de præd. & al. reb. &c. L. fin. de fund. dot. eod.

6 Bart. ad L. Et ideo. ff. de cond. furt.

7 Cap. Imperialem. §. Præterea Ducatus. de prohib. alien. feudi.

nôtre

nôtre Coutume, qui dit que les perſonnes de Mainmorte rompent la communion quand elles *ſe diviſent*, ſupoſe qu'elles peuvent partager leurs biens, ſans que le Seigneur y ait conſenti.

La difficulté eſt réduite ſur cette matiére, aux licitations & aux partages qui ſe font avec ſoute d'argent. Je crois qu'on n'y peut point donner de régle plus équitable, que celle de l'Article 80 de la Coutume de Paris, qui dit ; *ſi l'héritage ne peut ſe partir entre cohéritiers, & ſe licite par Juſtice ſans fraude, ne ſont dûs aucunes ventes pour l'adjudication faite à l'un d'eux; mais s'il eſt adjugé à l'étranger, l'acquereur doit ventes.*

La ſoute d'argent, quoiqu'elle ſoit conſiderable, & que celui qui la fait, tire l'argent de ſa bourſe, ne fait pas dégénerer l'acte, & n'en change pas la nature. L'intention premiére des Parties, a été de partager ; la ſoute ne ſe fait qu'en exécution, & ce ſeroit rendre pluſieurs partages impoſſibles ou très difficiles, que d'en exclure la ſoute d'argent. La queſtion reſte à voir, ſi elle ſe fait en fraude, & ſi les Parties ne déguiſent point une vente, ſous le nom de partage.

Quant à la licitation, celle qui ſe fait même en apellant les étrangers, eſt naturelle aux partages. C'eſt un expédient que la Loi a trouvé, pour les rendre plus faciles. [1] C'eſt pourquoi la Coutume de Paris a décidé, qu'elle ne produiſoit aucuns droits pour le Seigneur, à moins que l'étranger n'ait eu la délivrance; parce qu'alors il y a un changement de main, qui n'arrive pas quand l'héritage eſt adjugé à l'un des copartageans, qui étoit déja copropriétaire du tout. L'on a même dérogé ſur cette raiſon, à l'Article de la Coutume de Paris, qui ne prive le Seigneur de ſes droits, que quand l'héritage ne peut pas ſe partager ; car l'on a jugé qu'il n'étoit point dû de lods pour une vente de 18000 liv. faite par une ſœur à ſa ſœur cohéritiére, de ſes droits ſucceſſifs indivis; [2] ni d'un héritage commun, acquis par un cohéritier, à charge de payer les dettes de la ſucceſſion. [3] Mais je ne crois pas que cette Juriſprudence fut ſuivie parmi nous, ſi les biens acquis par le cohéritier pouvoient être partagés commodément. [4]

L'on a diſcédé auſſi, de la rigueur de l'Article de la Coutume de Paris, qui veut que la licitation ſoit faite en Juſtice, pour qu'il n'en ſoit point dû de droits ; parce que ce n'eſt pas

[1] *L. Ad officium. Cod. comm. divid. §. 5. Inſtit. de off. Jud.*

[2] Dufreſne, liv. 5. ch. 37.

[3] Soefve, tom. 2. cent. 4. ch. 39.

[4] *Molin. §. 33. n. 69. & ſeq.*

cette formalité qui exempte de les payer, c'est la difficulté du partage. Ainsi toutes les fois que cette difficulté se trouve, & que l'on a procédé en conséquence à la licitation, c'est un véritable partage, qui est exemt de lods, indépendamment de la formalité. **1** J'ai même vû résoudre plusieurs fois en consultation, que quoique les Parties eussent employé dans leur contrat, les termes de cession & de vente ; s'il y avoit réellement lieu à la licitation, on devoit en juger comme si elle avoit été énoncée ; parce l'on doit plûtôt considerer ce que les Parties ont fait & pû faire, que le nom qu'elles ont donné à l'acte qu'elles ont fait. **2**

Il suffit au reste qu'il y ait difficulté dans les partages, & qu'ils ne se puissent pas faire commodément & convenablement (c'est-à-dire, sans une diminution notable de la valeur des choses partagées) pour qu'on en puisse venir à une licitation, ou à la soute. C'est ce que la Coutume de Paris apelle, *une licitation sans fraude* ; & l'on ne doit pas procéder en ce cas à la rigueur, contre les cohéritiers, copropriétaires ou associés. *Perquam durum esset, si dominus directus, esset curiosus rimandi, secreta successionis alienæ.* **3**

Les partages se peuvent donc faire en Mainmorte, même avec soute & licitation, sans que le Seigneur y consente, pourvû qu'on n'y admette point d'étrangers ; car à leur égard, le consentement seroit requis ; & Mr. Jobelot dit, que dans l'apostille de l'Article 57 du recét des Etats de 1614, il fut déclaré ; qu'un pere partageant ses biens entre ses enfans, ou des communiers faisant partage entre eux, pouvoient mettre la franchise dans un lot, & la Mainmorte dans l'autre. Il ajoute qu'il a été jugé dans l'un & l'autre de ces cas, que l'on avoit pû donner sans fraude, la franchise à l'un des enfans ou communiers. 1°. Pour les Gatelet de Rans, contre le Seigneur de S. Boüin. 2°. Pour des Particuliers de Lure. Il ne cite pas la datte de ces Arrêts. Déslors, par Arrêt rendu à la Tournelle, au Raport de Mr. Lengroignet, le 22 Aout 1716, le partage fait par Pierre Vernier homme de Mainmorte, par lequel il avoit donné ses biens de franchise à Blaise Vernier son fils qui n'avoit point d'enfants, & ses biens de Mainmorte à Jean-Baptiste Vernier son autre fils qui avoit des enfants, fut jugé bon & valable. *Multa dicuntur fieri in præjudicium, quæ non*

1 Aufannet sur l'art. 80. Ferrieres sur cet art. n. 37.

2 D'Argentré art. 73. n. 4. n. 2. Ferriéres art. 80. n. 23.

3 D'Arg. loc. cit. & de laudim. §. 53. Molin. art. 7. gl. 3. Chop. Cout. d'Anjou, liv. 1. tit. de la Basse Justice, art. 4.

fiunt in fraudem. L'on peut user de son droit au préjudice d'un tiers qui n'a point encore de droit acquis, comme est le Seigneur en ce cas ; mais on ne pourroit rien faire en fraude. Or la fraude s'induit dans le cas qu'on vient de proposer, de l'inégalité considerable des lods ; si nonobstant que la franchise ait été laissée à l'un, il ne laisse pas de joüir de la Mainmorte ; si les soutes sont trop considerables, ou sans nécessité, & autres circonstances semblables.

L'on met aussi au rang des aliénations necessaires, celles que l'on se trouve obligé de faire pour ses aliments, ou pour la défense de son honneur & de sa vie. La prohibition d'aliéner les biens dotaux, cesse en ce cas ; les biens du pupile, ceux du fils de famille, & les biens substitués, peuvent être vendus. Il est juste de permettre la libre aliénation de ceux de Mainmorte, dans les mêmes circonstances.

C'est pourquoi le Parlement de la Province a jugé, qu'on pouvoit vendre des biens Mainmortables, pour la défense du propriétaire accusé de crime. Mr. Jobelot qui cite cet Arrêt, n'en raporte pas la datte, ni le nom des Parties. Il dit que par un autre Arrêt rendu le 2 Juillet 1601, un Seigneur fut condamné de consentir à la vente du bien de Mainmorte de deux pauvres filles, qui n'avoient ni meubles ni biens de franchise pour se nourrir ; & que le 24 Mars 1620, le Seigneur d'Amange fut condamné de consentir à l'hypotéque des fonds Mainmortables de sa Seigneurie, jusqu'à la somme de cinq cens frans, pour les aliments d'une pauvre femme de Chatenois, sa sujette.

Mr. Talbert observe un Arrêt semblable, par lequel il fut dit, que l'aliénation se feroit à une personne de la même condition, & s'il se pouvoit, de la même Jurisdiction que le vendeur. Mais comme cette limitation empécheroit les biens de se vendre leur juste prix, & assez tôt pour subvenir à des besoins pressants ; je crois qu'elle doit être rejettée, d'autant que les francs qui possédent des biens de Mainmorte, en faisant échûte aujourd'hui, à peu près comme les Mainmortables, & ne les peuvent pas aliéner non plus qu'eux ; l'acquisition qu'ils en font, n'est pas fort préjudiciable. Je crois aussi, qu'encore que ce soit une bonne précaution de requerir le consentement du Seigneur, & sur son refus, de recourir à la Justice, pour avoir

la permiſſion de vendre on d'hypotéquer le bien de Mainmorte, quand il y a néceſſité ; cette précaution n'eſt cependant pas
de l'eſſence , n'étant pas preſcrite par la Coutume, pourvû
qu'on puiſſe juſtifier clairement de la néceſſité,lorſqu'il y a conteſtation ſur la validité de la vente ou de l'hypotéque.

Le Droit Romain regarde comme un devoir des peres, de
doter leurs filles ; *officium paternum eſt dotare filias.* Il a accordé de grands priviléges à la dot , parce qu'il en a enviſagé la
cauſe , comme néceſſaire , & liée avec le bien public ; *cauſa
dotis præcipua eſt & neceſſaria.* Nous nous croyons auſſi obligés d'aſſurer des biens à nos fils , quand ils ſe marient, pour
qu'ils trouvent des partis convenabes , & qu'ils aient de quoi
vivre & élever leurs familles.

Ces raiſons ont fait penſer & juger d'abord , que les pere &
mere qui n'avoient pas des meubles & des biens francs pour
doter convenablement leurs enfants communiers,pouvoient en
les mariant, leur donner des biens de Mainmorte, ou les hypotéquer pour la ſûreté des dotes qu'ils leurs conſtituoient,
ſans que le Seigneur y conſentît , & que c'étoit encore le cas
d'une aliénation néceſſaire. Pluſieurs anciens Arrêts l'ont ainſi
décidé ; & l'on peut dire pour ſoutenir cette Juriſprudence,
que la Coutume a eu en vûë de favoriſer les communiers ; que
puiſqu'on leur peut donner à cauſe de mort , rien n'empêche
que des pere & mere puiſſent auſſi quand ils les marient, leur
donner entre-vifs ; & que ce qu'ils leur donnent , n'eſt regardé que comme un avancement d'hoirie ; que ces donations ne
ſont pas proprement des aliénations ; qu'elles ne ſont pas con-
ſiderées comme un titre purement lucratif; que c'eſt un devoir de piété , & une eſpèce de dette , dont les pere & mere
s'acquittent ; que les biens Mainmortables doivent être ſujets
à l'aliénation & à l'hypotéque en ce cas , & pour une cauſe ſi
favorable , puiſque les biens chargés de fidéicommis n'en ſont
pas exemts ; que ce ſeroit gêner la liberté des mariages &
les empêcher , que de priver les parents de la liberté de faire
part de leurs biens de Mainmorte à leurs enfants, quand ils
les marient ; & que le Seigneur même en ſouffriroit, parce
qu'il eſt de ſon interêt que ſes ſujets ſe multiplient.

Nonobſtant ces raiſons , l'opinion contraire a prévalu. La
Coutume contient une défenſe générale d'aliéner & d'hypo-

téquer le bien de Mainmorte, & de pareilles défenfes comprennent les privilégiés, s'il n'y a point d'exception en leur faveur. ₁ Elle n'a pas excepté le cas des donations que les pere & mere feroient à leurs enfants en faveur de mariage, quoiqu'elle l'ait prévû, puifqu'elle a donné le moyen à la fille de Mainmorte qui fe marie, de conferver la communion avec fes pere & mere, en faifant le reprêt ; & qu'elle a réglé ce qui concerne le mariage de l'homme franc avec la femme de Mainmorte, & de la femme Mainmortable avec l'homme franc. Elle a décidé que les fiefs pourroient être hypotéqués aux dots ; n'auroit-elle pas dit la même chofe de la Mainmorte fi elle l'avoit voulu ? & n'auroit-elle pas chargé le Seigneur de payer les dotes en cas d'échûte, au lieu de l'obliger fimplement & taxativement, d'acquitter les dettes aufquelles il a confenti ? Elle a affujetti la fille à faire le reprêt, pour fuccéder à fes pere & mere ; elle a déclaré de la condition du mari, la femme franche qui époufe un Mainmortable ; elle a dit que l'homme franc qui va demeurer dans le meix de Mainmorte de fa femme, & qui y meurt, perd fa liberté. Ces difpofitions nous marquent affez, que fon efprit n'eft pas de favorifer les dotes & les mariages, pardeffus les droits du Seigneur. Si ces droits font perdre la liberté qui eft fi naturelle, empêchent qu'on ne puiffe la recouvrer par la prefcription, & privent les defcendants & les afcendants de leurs légitimes, quand ils ne font pas en communion les uns avec les autres ; nous devons les eftimer plus favorables que les dottes. Les biens de Mainmorte vénant du Seigneur, il a pû leur impofer telle condition qu'il a voulu, & limiter à fon gré, les droits qu'y auroient ceux qui les poffféderoient à l'avenir. La comparaifon qu'on fait à ce fujet, des biens Mainmorables, & de ceux qui font chargés de fidéicommis, n'eft pas jufte. La Loi qui permet de conftituer & de relever les dotes fur les biens fubftitués, eft fondée fur l'intention préfumée du teftateur. On penfe que quand il a fubftitué fes biens, dans la vûë ordinaire de foutenir la famille de fon héritier, il a voulu lui laiffer les moyens de trouver un parti fortable ; & qu'il n'en trouveroit point, s'il ne pouvoit pas hypotéquer les biens fubftitués, à la reftitution des deniers dotaux de fa femme. Il a fallu une Loi expreffe pour cela, & nous l'avons reftrainte à une feule dote. La No-

bleſſe tenant le premier rang dans l'Etat , leurs mariages doivent être traités bien plus favorablement que ceux des roturiers ; cependant le Droit des fiefs ne permettoit pas de donner les fiefs *in dote* , ni de les hypotéquer pour la dote. 1 Et il
a fallu que nôtre Coutume y dérogeât par des Articles exprès.
Quant à ce que l'on dit que le Seigneur trouveroit de l'avantage à faciliter les mariages de ſes ſujets ; on répond que ſi
leur multiplication fait valoir ſa Terre , elle diminuë auſſi les
échûtes, qui font aujourd'hui le principal revenu des Seigneuries en Mainmorte ; car les charges perſonnelles y font preſque
toutes levées , ou fort diminuées ; les échûtes ſe trouveroient
ordinairement épuiſées par les conſtitutions de dote ; les ſujets même les hypotéqueroient ſur le bien de Mainmorte , au
préjudice du Seigneur , plûtôt que de doter leurs filles de
leur argent , de leurs meubles , ou de leurs biens de franchiſe; & après que des enfants auroient été dotés, ſoit en fonds de
Mainmorte , ſoit en argent hypotéqué ſur des fonds de cette
qualité , ils pourroient quitter impunément la communion de
leurs pere & mere;ce ſeroit même les y inviter,que de leur aſſurer ces diſpoſitions,ſans le conſentement du Seigneur. Quoiqu'il en ſoit, ſi l'on conſidére en cela l'interêt du Seigneur,
il eſt juſte de l'en laiſſer le maître, pour qu'il conſente aux
aliénations qui ſe feront , & aux hypotéques qui ſe contrac-
teront en faveur des mariages de ſes ſujets , ſuivant qu'il le
jugera à propos dans chaque cas particulier, plûtôt que d'en
faire une régle générale , qui tourneroit le plus ſouvent à ſon
préjudice.

Pour ce qui eſt du ſujet qui ſe marie, ſa condition n'eſt point
mauvaiſe, quoi qu'on ne puiſſe pas lui donner entre-vifs des
biens de Mainmorte , ni les hypotéquer en faveur de mariage, ſans le conſentement du Seigneur ; car outre qu'il peut
l'obtenir , il ne tient qu'à lui de reſter en communion, pour
ſe rendre habile à ſuccéder , & à conſerver par conſéquent ce
qui lui a été promis ou donné, lorſqu'il s'eſt marié; & ſi c'eſt
une fille qui ſoit obligée de ſuivre ſon mari , elle n'a qu'à faire
le reprêt, pour joüir des mêmes avantages à l'égard de ſes pere
& mere,dont elle auroit joüi ſi elle étoit reſtée dans leur communion. L'enfant doit donc toujours s'imputer aux cas dont
on vient de parler , s'il n'a pas eu l'effet de ſon contrat de mariage, parce qu'il n'a tenu qu'à lui de l'avoir.

Ces raisons ont enfin fixé la Jurisprudence, & l'on juge à présent, sans hésiter ; 1°. Que l'on ne peut donner, même en faveur de mariage, & à des enfants communiers, des biens de Mainmorte, sans le consentement du Seigneur. 2°. Que ces biens ne peuvent être hypotéqués sans ce consentement, pour la dote de la fille, ni pour aucune convention matrimoniale des enfants. Les Arrêts qui l'ont décidé au premier cas, sont du 6 Mars 1615, entre François Pierrard & le Seigneur de Mont-by ; & du 17 Avril 1678, entre Clauda Camus & Jean Oudard. Mr. Jobelot dit, qu'on l'avoit déja jugé de même auparavant, en Robbes rouges ; mais il ne cite pas la datte de ce premier Arrêt, ni le nom des Parties. Ceux rendus au second cas, sont du 16 Juillet 1615, du 17 Juin 1622, & du 4 Fevrier 1661 ; ce dernier entre les Peres Carmes de S. Claude, & Etienne Morel, dit l'Huissier de Morbier : l'Arrêt fut rendu les Chambres assemblées. La même chose a encore été jugée le 21 Avril 1687, entre Henri Barrat & Philiberte Verjus.

Si la dote n'a point de priviléges en ce cas, le titre Clérical n'en doit point avoir ; car il n'est ni plus favorable, ni plus privilégié que la dote. Aussi a-t-il été jugé le 9 Fevrier 1688, entre les Tiercelines d'Arbois, & les nommés Midol, Marefchal, que le titre Clérical ne pouvoit être hypotéqué sur le bien de Mainmorte, sans le consentement du Seigneur.

Il faut excepter de cette régle, les donations faites des biens de Mainmorte, par les pere & mere de condition franche à leurs enfants. La Cour a jugé le 27 Juillet 1690, entre le Seigneur d'Audeux, & les nommés Mathias & Nicole de Besançon, qu'elles font valables sans le consentement du Seigneur. C'est parce que les descendants succédent encore aux biens de Mainmorte de leurs ascendants de franche condition, sans être astraints à garder la communion avec eux, qu'on a conservé ce droit en ligne directe descendante, entre les personnes franches ; qu'elles joüissent à cet égard, des immunités de la franchise, même à l'égard des biens de Mainmorte ; & que les enfants de condition franche, pouvant librement succéder à leurs parents, ils peuvent recevoir d'eux, par des donations qui ne font regardées que comme des avancements d'hoirie.

Mais entre Mainmortables, quand l'interêt du Seigneur cesse, ou qu'il ne veut pas s'en prévaloir , la donation entre-vifs du bien deMainmorte vaudra-t-elle au préjudice des communiers? Pourront-ils contester ce qui aura été promis ou donné par cette voie , & refuser de délivrer & payer les dotes constituées en biens de Mainmorte, ou en argent, à leurs freres & sœurs, sous prétexte qu'ils ne se sont pas trouvés dans la communion de leurs pere & mere , quand ils sont décédés ?

Je crois qu'il faut distinguer, entre les héréditaments ou institutions contractuelles, qui tenant lieu de testament, donnent lieu à une pétition d'hoirie, & dont la substance est différée au tems de la mort ; & les donations entre-vifs, qui forment une dette, ou qui transférent le domaine sur le champ , quand même leur effet seroit différé à la mort, par une réserve d'usufruit ou autrement. Au premier cas, il faut être communier au tems de la mort , pour profiter de l'institution contractuelle , comme je l'ai prouvé plus haut. Mais au second, la communion ne me paroît pas nécessaire , même au tems de la donation , parce que suivant que je l'ai déja établi, la prohibition d'aliéner n'a été faite que pour le Seigneur , & en sa consideration; elle n'opére qu'une nullité respective, dont il a seul le droit de se prévaloir ; la Coutume en ce qui concerne l'aliénation , ne parle pas des communiers; tout leur droit se restraint aux successions ; ils sont obligés de payer toutes les dettes de celui auquel ils succédent , & de garder les contrats qu'il a faits: d'où je conclus, qu'ils ne seroient pas fondés à contester les donations des biens de Mainmorte faites par leurs auteurs, qui auroient pû les aliéner à leur préjudice par d'autres voies , ni les hypotéques des dotes par eux constituées.

Une femme de Mainmorte avoit un fils & une fille ; cette derniére étoit hors de la communion de sa mere, qui lui donna la moitié de ses biens , tels qu'elle les délaisseroit après son trépas. Le Seigneur consentit à cette donation. Le frere traita des droits de sa sœur, & lui donna une somme. Le Seigneur , qui étoit l'Abbé de Balerne, en demanda la commise, & il en fut debouté par Arrêt de l'an 1632. Mr. Jobelot croit, que c'est parce que les parts étoient encore indivises, que le frere avoit droit dans le tout, & qu'il n'avoit point fait d'entremise nouvelle. Il faudroit pour entrer dans ce sentiment , suposer qu'un cohéritier peut vendre sa part à son cohéritier , sans le consen-

tement

tement du Seigneur, quoique le bien puiſſe être partagé. Il me ſemble plûtôt, que l'Arrêt fut fondé ſur ce que la donation faite par la mere, contenant une inſtitution contractuelle hors d'un contrat de mariage, elle étoit nulle ; & qu'elle n'avoit pû ſe faire d'ailleurs, au préjudice d'un communier & en faveur d'une fille qui avoit rompu la communion ; c'eſt ce que ſoutenoit probablement le fils, qui s'accommoda avec ſa ſœur, & lui donna une ſomme pour éteindre ſes prétentions; ſon contrat fut regardé comme une tranſaction, qui n'étoit pas ſujette au conſentement du Seigneur.

Soit que la vente ait été faite purement & ſimplement, ou avec les pactes de réachat, commiſſoires, *aut addictionis in diem, aut ſub modo*; le conſentement eſt néceſſaire, parce qu'elle a été parfaite, quoiqu'elle ſe réſolve dans la ſuite ; & comme elle ſe réſout *ex antiquâ cauſâ*, par une clauſe de la vente même, que le Seigneur a aprouvée en conſentant au contrat, le vendeur n'aura pas beſoin d'un nouveau conſentement pour rentrer dans ſon héritage ; non plus que quand il le recouvre pour cauſes de lézion, de nullité, ou parce qu'il à été évincé de ce qu'il avoit reçû en échange ; car il y rentre en ce dernier cas, par l'autorité de la Loi. [1]

S'il arrivoit, que les biens du ſujet fuſſent confiſqués pour quelque délit, ſes biens de Mainmorte ſeroient-ils compris dans la confiſcation? Je ne le crois pas, parce que celui qui ne peut pas aliéner par un contrat, ne peut pas le faire par un délit. [2]

Quoiqu'il ne ſoit point dû parmi nous de droits ſeigneuriaux pour l'échange, on ne peut le faire de fonds Mainmortables ſans le conſentement du Seigneur, même avec d'autres fonds de ſa Mainmorte ; parce que le contrat d'échange, eſt compris ſous la prohibition générale d'aliéner. [3]

Mr. Talbert eſtime, que ſi par une tranſaction ou par une Sentence arbitrale, le fond Mainmortable change de main, le conſentement du Seigneur eſt requis, & c'eſt une opinion commune. [3] Il me ſemble qu'il ſeroit juſte en ce cas, de ſuivre la diſpoſition de la nouvelle Coutume de Bretagne, qui dit, qu'il n'eſt point dû de droits Seigneuriaux, quand la tranſaction eſt faite de bonne foi & ſans fraude. [4] Si par la tranſaction ou par la Sentence arbitrale on fait changer l'héritage

A a

1 *Surd. deciſ.* 182.

2 *Molin.* §. 43. *gl.* 1. *v.* qui dénie le Fief, n. 79.

3 *Clarus.* §. *Feudum. q.* 38 *& 39. Guid. Pap. q.* 48. *Fab. in Cod. lib.* 4. *tit.* 37. *def.* 2.

4 Art. 317. D'Argentré ſur cet art. Brodeau ſur Loüet, lett. T ſom. 5. *& ab eo relati.*

de main, c'est ordinairement pour le rendre à son véritable maître sur lequel il avoit été usurpé ; ce n'est donc pas une aliénation, & l'on ne doit juger qu'il y en a une que quand il paroît que les Parties ont aliéné le fond de Mainmorte, sous couleur de transaction ou de compromis ; mais il faut qu'il en conste clairement, pour que les Seigneurs n'aient pas la liberté de réveiller les difficultés assoupies de bonne foi entre leurs sujets, & qu'ils les puissent seulement punir de leurs fraudes.

Le Seigneur ayant confié sa possession à son emphyteote & sujet Mainmortable, la prescription qui a couru contre eux a son effet contre le Seigneur, & l'on peut induire de son silence un consentement tacite, parce qu'ayant vû l'héritage changer de mains, il a pû demander au nouveau possesseur en vertu de quoi il possedoit, & qu'il lui présentât son titre.

Lorsqu'on quitte & céde les biens de Mainmorte qui sont déja acquis & dont on joüit, le consentement du Seigneur est nécessaire ; mais il ne l'est pas pour répudier les biens & refuser de les acquerir, comme s'ils étoient légués ou échûs par succession, & qu'on répudiât la succession ou le legs ; car ce n'est pas aliéner que de ne pas acquerir. *Pertinet edictum, ad diminuentes patrimonium suum ; non ad eos qui id agunt, ne locupletentur.* [1] Cependant on ne pourroit pas, acceptant une hérédité, & retenant les meubles & biens francs qui s'y trouvent, répudier ceux de Mainmorte, parce que le titre d'héritier est indivisible.

Les baux à ferme n'étant pas translatifs du domaine,& étant au contraire oposés à cette translation, puisque le fermier posséde au nom du maître, & ne peut pas prescrire la propriété contre lui ; l'on en doit conclure en bonne Jurisprudence, qu'ils n'emportent point d'aliénation,quoiqu'ils soient faits à longues années, ou pour un tems indéfini : cependant la commune opinion est, que quand il passe neuf ans, ou que le tems n'en est pas déterminé,ils transferent un droit réel & une espèce de domaine utile, d'où l'on conclut que les droits seigneuriaux en sont dûs. Parmi nous, qui avons rejetté toute prescription moindre de trente ans, les baux à ferme de vingt-neuf ans & au-dessous, ne sont point regardés comme des aliénations, & c'est pour cela que nôtre Coume a permis de laiſſer les héritages de fief à ferme ou rente pour ce tems , ſans le conſentement du Seigneur. L'on peut dire la même choſe des biens de Mainmorte.

Les méliorations faiſant partie du fond de Mainmorte, ne peuvent être venduës ſans le conſentement du Seigneur ; [1] mais je crois qu'elles peuvent être hypotéquées à celui qui prête ſes deniers pour les faire , parce que ſans lui elles ne ſeroient pas faites , & que le Seigneur en profite : *meliorem facit , pignoris cauſam ; & nemo locupletari debet, cum alterius jacturâ.*

Comme nôtre Coutume défend d'hypotéquer l'héritage Mainmortable ſans le conſentement du Seigneur, l'on demande ſi celui qui a prêté les deniers pour faire l'achat du fond de Mainmorte,& le vendeur même,ont hypotéque lorſque le Seigneur n'y a pas conſenti : il eſt hors de doute, que celui qui a prêté ſes deniers n'a point d'hypotéque ſans le conſentement du Seigneur, puiſque le vendeur même ne l'a pas, par la raiſon que la choſe venduë n'eſt pas hypotéquée de droit au payement du prix , [2] & qu'il faut réſerver l'hypotéque par une convention qui ne peut affecter la choſe Mainmortable d'un droit réel, ſi le Seigneur n'y conſent ; [3] mais ſi l'hypotéque eſt réſervée ou ſtipulée par le contrat d'aliénation, & que le Seigneur donne un conſentement indéfini à ce contrat, l'on en peut conclure, qu'il a conſenti à l'hypotéque comme à l'aliénation.

Au reſte , la dette eſt valablement contractée à l'égard du poſſeſſeur des biens de Mainmorte, & il peut être contraint à la payer,même par ſaiſie des fruits de l'héritage Mainmortable, quoique le Seigneur ni ait pas conſenti. 1°. La Coutume ne défend que l'aliénation du fond,elle ne parle pas des fruits. 2°. Ces fruits apartiennent au poſſeſſeur, le Seigneur ne s'y eſt rien réſervé par la conceſſion primitive , & n'a ſtipulé que le retour du fond. Il a abandonné les fruits, à charge qu'on lui payeroit les redevances de la Seigneurie,& le ſujet ne pouroit pas les payer, cultiver & faire valoir les terres, s'il ne lui étoit pas permis de diſpoſer librement des fruits qui en proviennent.Perſonne ne voudroit entrer en commerce avec lui, ni lui prêter dans le beſoin de quoi ſemer,acheter du bétail, & faire valoir le bien de Mainmorte,s'il ne croyoit pas avoir du moins

Aa ij

---

[1] *L. ult. Cod. de jur. emphyt.*

[2] *L. Quamvis. ff. de in rem verſo. L. 1. in fin. de reb. eor.gl. 11. L. Julianus.§.Offerri verſ. recinere de act. empti eod.*

[3] *Surdus deciſ.* 220; *n* 33. *& ſeq.* Bouvot tom. 2. *verb.* Mainmorte, q. 25.

droit de faifir & faire vendre les fruits fans diftinction , s'ils font féparés ou non , tandis que le Seigneur n'a pas un intérêt actuel à en empêcher la diftraction ; comme il arrive dans le cas de l'échûte avant la récolte.Il eft donc de l'interêt du Seigneur même ,que fon fujet puiffe aliéner & hypotéquer les fruits des héritages Mainmortables qu'il poffède.

Sur ces raifons, le Parlement de la Province a jugé , que le créancier,quoiqu'il n'eût point de confentement,pouvoit fe faire envoyer en poffeffion des biens de Mainmorte , pour en joüir à compte de fa créance, ou faire faifir & vendre les fruits pendants par racines. Mr. Jobelot en cite deux Arrêts; l'un fans datte , rendu pour Mougeot Goulet de Dole , contre les Gadriot & conforts ; & l'autre pour les Peres Carmes de Dole en 1646 , au bénéfice d'inventaire de l'hoirie d'Othenin Creftin.

Mr. Jobelot ajoute, qu'il fut auffi jugé au premier plaidoyé de l'Avocat Maton , qu'une donation entre-vifs d'ufufruit de biens de Mainmorte, étoit valable , & devoit avoir fon effet fans le confentement du Seigneur ; qu'il n'avoit point d'intérêt préfent & actuel à l'empêcher. Il raporte encore un Arrêt du 15 Juillet 1613 , dont voici l'hypothèfe. Un nommé Bergier avoit par acte entre-vifs , l'ufufruit de certains biens Mainmortables faifis par decret. Il demandoit que ces biens fuffent vendus chargés d'ufufruit. Le Seigneur s'y opofa , & foutint que les biens de fa Mainmorte n'avoient pû être chargés d'ufufruit , fans fa permiffion. La Cour décida, que les biens feroient vendus chargés d'ufufruit , les redevances Seigneuriales prélevées ; & que l'ufufruit s'éteindroit , fi celui fur qui il avoit été conftitué, mouroit avant l'ufufruitier & faifoit échûte.

Je conclus de ces deux Arrêts , que le poffeffeur du fond de Mainmorte eft maître des fruits de ce fond , même tandis qu'ils font pendants; qu'il peut les aliéner & les hypotéquer , fans préjudice toutesfois des redevances Seigneuriales qui font privilégiées fur ces fruits , & de leur retour avec le fond auquel ils font attachés en cas d'échûte. L'on en peut conclure auffi, que les fervitudes conftituées par le Mainmortable fubfiftent à fon préjudice , & jufqu'à ce que l'héritage qui les fuportoit, retourne au Seigneur , *ex antiquâ & primævâ conceffione* ; car s'il l'acqueroit du Mainmortable , ou qu'il le tint de lui par acte de derniére volonté , il feroit obligé d'en fuporter les charges , comme l'étoit fon auteur ; *tunc enim res tranfit cum onere.*

Puifque la Coutume défend feulement d'aliéner & d'hypotéquer les biens de Mainmorte fans le confentement du Seigneur, il s'enfuit que l'homme de Mainmorte peut aliéner & hypotéquer fes meubles & fes biens francs , pourvû qu'il ne le faffe pas en fraude , comme s'il étoit à la veille d'une échûte imminente. Mr. Jobelot dit qu'il y a plufieurs Arrêts qui l'ont ainfi jugé , & l'on ne met plus aujourd'hui cette queftion en thèfe.

Le confentement à l'aliénation & à l'hypotéque des biens de Mainmorte , eft regardé comme un acte d'adminiftration , & comme un fruit ; c'eft pourquoi le tuteur, le Bénéficier, le pere & le mari, le donnent valablement; & leur confentement lie les fucceffeurs. Mais comme c'eft un fruit qui ne renaît pas, il n'entre pas dans les baux à ferme, fi on ne l'y a pas expreffément compris. Le fimple ufufruitier n'a pas droit de confentir à l'aliénation ni à l'hypotéque de Mainmorte, parce qu'il n'adminiftre pas , & que ce confentement opére un effet perpétuel , & tient par conféquent de la propriété. [1] Il a été jugé le 4 Décembre 1651, entre le Sieur de S. Mauris Grand Prieur & Adminiftrateur de l'Abbaïe de S. Claude,& les Sieurs Romanet & Creftin , que les confentements donnés par le prédéceffeur Abbé , tiendroient contre le fucceffeur. L'on ne doute pas parmi nous , que le Seigneur Eccléfiaftique ait ce droit, non-feulement parce qu'il a la joüiffance & adminiftration , mais encore parce qu'il a les droits utiles & honorifiques du Bénéfice ; que le droit de confentement eft de cette nature , & que la Coutume le donne au Seigneur en général , fans diftinguer l'Eccléfiaftique du Laïc.

Quand il y a plufieurs Seigneurs , il faut obtenir le confentement de celui auquel l'héritage feroit commife ; [2] s'ils font Seigneurs par indivis,on doit obtenir le confentement de tous, & il y auroit lieu à la commife de la part de ceux dont on ne l'auroit pas obtenu. [3] Si la Seigneurie eft contentieufe , quelques-uns foutiennent qu'il faut obtenir le confentement de tous les prétendants ; d'autres difent , qu'il fuffit de le demander à celui qui pofféde. Le plus fûr en ce cas , eft de recourir encore

[1] *Fab. in Cod. de Jur.emphyt. def.*46.

[2] *Fachin contr. lib.*7. *cap.*53.*Burfat conf.*49. *n.* 42.

[3] *Fachin cap.* 54 & 55.*Burfat. conf.* 40. *n.* 32.

à la Juſtice , pour avoir la permiſſion de prendre poſſeſſion ſans encourir la commiſe.

Le conſentement du Seigneur a été requis parmi nous, dans l'aliénation du fief & de la cenſive ; mais la Coutume de le donner , en a formé une obligation. Il ſuffit donc de le demander , & l'on paſſeroit outre ſi le Seigneur ne le donnoit pas, à moins que l'aliénation ne fût faite à un ennemi , & qu'il n'eût de juſtes & preſſantes cauſes de le refuſer ; parce que hors de ce cas , l'aliénation de la cenſive & du fief ne lui fait point de préjudice. [1] Il n'en eſt pas de même dans la Mainmorte ; le Seigneur a ſouvent interêt que le fond Mainmortable reſte à celui qui le poſſéde , ſoit parce qu'il en prévoit l'échûte , ſoit parce qu'il veut le conſerver dans une communion qui lui eſt avantageuſe, parce que plus elle eſt riche & mieux il eſt payé de ſes droits. Ainſi le Seigneur en Mainmorte , n'eſt point obligé de conſentir à l'aliénation ni à l'hypotéque du bien Mainmortable , ſi ce n'eſt dans le cas de néceſſité où le droit naturel le demande , & dont j'ai déja parlé. [2]

L'on s'expoſeroit à la commiſe , ſi l'on s'entremettoit ſans attendre ſon conſentement ; le Parlement l'a déclarée ouverte en ce cas , par Arrêt du 5 Janvier 1625 , en faveur du Seigneur de Chargé. Par un autre Arrêt du 4 Janvier 1613 , rendu entre le Seigneur de Maillot & le nommé Jourdain , il condamna un poſſeſſeur de vingt-huit ans , à ſe défaire de l'héritage mainmortable que ſon pere avoit acquis , & dans lequel l'acquereur s'étoit entremis ſans préſenter ſon titre. La commiſe ne fut pas adjugée , parce qu'elle étoit preſcrite ; mais l'on eſtima le contrat nul , & que le Seigneur pouvoit le faire déclarer tel , *conditione ex Lege.* Il faut obſerver , que dans ce cas , le vendeur avoit continué à payer les redevances ; ainſi le Seigneur en les recevant , n'avoit pas tacitement conſenti à l'aliénation ; & encore qu'on pût dire qu'il l'avoit ignorée, l'acheteur ne fut pas jugé faire commiſe après un ſi long-tems.

Lorſque le Seigneur à qui l'on a préſenté le contrat d'acquiſition & les lods , ne diſſent pas dans quarante jours, on peut s'entremettre ſans danger de commiſe. [3] Mr. Boguet dit que le Parlement de la Province l'a jugé pluſieurs fois de la ſorte , & Mr. Terrier ajoute, que c'eſt nôtre uſage, *hoc jure utimur.* Le Seigneur eſt cenſé avoir conſenti, quand il n'a pas dif-

---

Notes marginales :

[1] *Surdus deciſ. 220. n. 54. Burſat. conſ. 256.*

[2] *Griv. deciſ. 106 in fin.*

[3] *Grivel deciſ. 106 , n. 6. & 10. Boguet tit. 15. art. 13. v. eſt commis, n. 6.*

senti dans le tems que la Coutume détermine. Aussi jugeons-
nous, qu'il ne peut plus retenir l'héritage emphytéotique ou
censuel après les quarante jours, ni le fief après l'année depuis
la présentation des lettres d'acquisition, comme ayant tacitement renoncé au droit de retenuë. J'ai cependant vû observer
en Mainmorte sur le cas proposé, de recourir au Juge pour
avoir permission de s'entremettre ; c'est une précaution qui
est bonne à prendre, pour se mettre à couvert de la commise
en tout événement.

L'opinion commune est, que c'est au vendeur d'obtenir le
consentement du Seigneur, parce qu'il doit fair joüir l'acheteur, & lui remettre son titre. Nous pratiquons le contraire
dans l'aliénation de la Mainmorte, comme dans celle du fief
& de la censive. [1]

Lorsque la qualité de l'héritage mainmortable a été dénoncée par le vendeur & connuë à l'acheteur, celui-ci ne peut
point demander de dommages & interêts au cas que le Sei-
gueur refuse son consentement, & doit se contenter de la restitution du prix, parce qu'il a bien voulu courir le hazard du
refus fait par le Seigneur. [2]

Quand les Seigneurs consentent à l'aliénation & à l'hypotéque des biens de Mainmorte, ils ont coutume de dire, *que
c'est sans préjudice de leurs droits, & de ceux d'autrui.* L'effet
de cette clause, est qu'elle conserve au Seigneur tous ses droits
de directe & autres, même quand il y seroit dérogé par le contrat auquel il consent ; [3] & que son consentement ne le rend
point garant envers un tiers, comme si le Seigneur avoit consenti à la vente d'un fond déja aliéné ou hypotéqué de son
consentement, à un autre. Mr. d'Argentré prouve l'utilité de
cette clause, contre Dumoulin qui dit qu'elle est inutile. [4]

L'on ne doit pas donner effet aux conditions insolites, que
les Seigneurs de la Mainmorte aposeroient à leur consentement, & qui rendroient la condition du possesseur plus mau-
vaise, en lui imposant des charges nouvelles & extraordinaires. [5] Le Parlement n'y a pas égard, ou ne les fait pas exécuter à la rigueur.

Le Seigneur de Ferriere avoit consenti à l'achat fait d'une
maison de Mainmorte, par Girard Pernot homme franc, à
charge qu'il y résideroit, ou qu'il la revendroit dans un certain

1 *Bald. in
rubr. de cont:
empt. q. 2.*

2 *L. Si fratres
Cod. comm.
utr. jud. L. Si
fundum* 25. *de
evict. eod. &
ibi Gl. & Doct.
Tiraq. de re-
tract. §. 12. gl-
1. n. 7 & 8.
Burgundus de
evict. cap.* 23.

3 *Cancer. var.
ref. lib.* 3. *cap.
3. n.* 259. *&
seq. Fachin.
contr. lib.* 7.
cap. 56.

4 Cout. de
Bret. art. 324
n. 6.

5 *L. Cum fi-
tis. §. Caveant.
Cod. de col. &
censit. Boër.
decif.* 132. *Ber-
trand. lib.* 1.
conf. 17.

tems, à peine de commife. L'acheteur ne fit ni l'un ni l'autre ; il fut affigné pour voir déclarer la commife ouverte. Le Parlement le déchargea de la demande en commife , & prorogea le terme qui lui avoit été donné pour réfider ou pour vendre. Ce fut par Arrêt du 24 Mars 1584. Même décifion en pareil cas en 1591.

Le Seigneur de Maifieres avoit confenti à l'achat d'un fond de Mainmorte, à condition que l'acheteur lui préfenteroit de nouveau fon titre dans quatre ans, à peine de commife. Il ne le fit pas ; le Seigneur demanda la commife, & il en fut débouté, par Arrêt du 22 Décembre 1621.

Par un autre Arrêt du 20 Décembre 1664, il fut jugé contre le Seigneur de S. Amour , qu'un Seigneur doit diffentir ou confentir purement & fimplement, fous la claufe ordinaire ; & qu'il ne peut pas obliger l'acquereur à lui payer les lods quand il apofe des claufes & conditions infolites, aufquelles l'acquereur ne veut pas fe foumettre.

Quand le Seigneur omettroit dans le confentement qu'il donne, la claufe de *fauf nôtre droit* , il ne perdroit pas pour cela fes hypotéques , ni l'action privilégiée qu'il a pour le payement de fes droits feigneuriaux fur le fond qui fe vend ; parce qu'on ne lui demande fon confentement, que pour habiliter l'acquereur à la poffeffion du fond de Mainmorte , ou pour que la dette foit hypotéquée fur ce fond, en forte même qu'il en foit chargé en cas d'échûte , & que le Seigneur la paye. Mais le Seigneur n'eft pas cenfé difcéder de fes autres droits , & confentir contre lui-même pour tous les autres cas. Le Parlement de la Province l'a ainfi jugé le 7 Janvier 1659, au premier Plaidoyé de l'Avocat Gorette , pour le Seigneur de Chatelard auquel il étoit dû des cenfes.

L'on demande, fi lorfque le Seigneur a confenti à des hypotéques fur les biens de fa directe Mainmortable , avec la claufe, *fauf nôtre droit & l'autrui* , & qu'ils lui reviennent, il fera obligé de fuporter ces hypotéques. Ce feroit ici le lieu de faire la diftinction commune fur cette matiére, que quand le Seigneur rentre dans les biens de fa directe, *ex Lege aut Statuto,* & en vertu des claufes de la conceffion primitive, toutes les dettes & charges impofées poftérieurement par le vaffal & l'emphytéote, s'anéantiffent ; mais qu'elles fubfiftent, lorfqu'il

rentre

rentre par une acquifition volontaire, ou par le fait du vaffal ou de l'emphytéote, comme en cas de felonie ou de commi-fe. [1] Cependant, quoique l'échûte foit donnée au Seigneur par la Coutume, *ex primævâ caufâ*, nous tenons qu'il eft obligé aux dettes aufquelles il a confenti, parce qu'il en a dû prévoir le cas, & l'excepter nommément; & que la claufe de fauf nôtre droit, ne s'entend que des droits qui lui font déja acquis. Nôtre Coutume le décide de la forte. [2]

1 Brodeau & Louet, lett. C. fomm. 53.

2 Art. 18.

J'ai dit, que la dette contractée par acte portant exécution parée, donnoit droit au créancier de fe faire envoyer en pof-feffion de l'héritage Mainmortable, & d'en faifir les fruits. Il peut auffi faire faifir le fond pour être vendu par decret, mais il ne peut pas en faire faire la délivrance, quand le Seigneur y dif-fent. La queftion eft de fçavoir, fi lorfque le Seigneur ne s'eft pas opofé avant la délivrance, elle peut être faite & avoir fon effet malgré lui. L'affirmative me paroît fondée fur ce que le Seigneur eft averti du decret par les criées, qui forment une ef-pèce de requifition à ce qu'il donne fon confentement; quand il ne diffent pas avant la délivrance, il eft préfumé confentir; la chofe n'eft plus entiére après que la délivrance eft faite; l'ac-quereur a acheté par autorité de Juftice, & de bonne foi; fes deniers font prêts; & on ne peut lui refufer le confentement, fans lui caufer des interéts confiderables, pour lefquels il n'au-roit point de recours. Le Seigneur doit s'imputer d'avoir laif-fé venir les chofes fi avant; & fi l'acheteur ne lui convient pas, il peut encore ufer du droit de retenuë. N'importe que les Sei-gneurs foient colloqués de plein droit pour leurs redevances, & que les créanciers puiffent encore après la délivrance, demander d'être reçûs opofans, en recourant à la Cour pour en avoir la permiffion; parce que cela ne dérange rien à la vente, & n'em-pêche pas qu'elle fubfifte. Mais il n'en feroit pas de même du diffentement qui eft de fait, & qui ne fe doit pas fupléer. Je trouve que le Parlement l'a ainfi jugé, en refufant le 2 Dé-cembre 1599 au Seigneur de la Chaux, de le relever contre l'o-miffion qu'il avoit faite de diffentir à la délivrance des biens de fa directe Mainmortable, qui fe vendoient par decret. Mr. Jobe-lot qui cite cet Arrêt, dit qu'il fut rendu de l'avis des Chambres.

J'obferve à cette occafion, que fi le débiteur a des biens francs & des biens de Mainmorte, le Seigneur & les créanciers peuvent obliger l'impétrant, quand même sa créance seroit consentie, à discuter les biens francs avant ceux de Mainmorte ; parce que le consentement n'est censé donné que subsidiairement, & au cas que les biens francs ne suffisent pas pour satisfaire à la créance. C'est ainsi que le déterminent les Auteurs en pareil cas, pour les biens de fief, dont les droits aprochent de ceux de nos Mainmortes. [1]

Quant à la maniére requise pour donner les consentements en Mainmorte, il faut distinguer ceux qui se donnent aux aliénations, des consentemens d'hypotéque.

Le consentement aux aliénations, est exprès ou tacite ; car on peut l'induire des faits comme des paroles. L'aposition du sceau du Seigneur, prouve son consentement, & c'étoit la maniere de consentir dans les tems reculés. [2] Il en est de même de sa présence au contrat, [3] & de la réception des lods ou des redevances affectées sur l'héritage qui a changé de mains, lorsqu'il reçoit ces redevances du nouvel acquereur. [4] Enfin lorsqu'après la présentation des lettres & lods, il ne diffent pas dans 40 jours, il est censé consentir, comme je l'ai dit plus haut.

Les Auteurs tiennent, qu'on peut prouver le consentement exprès par témoins, mais l'Ordonnance de 1667 y résiste, en ce qu'elle défend d'admettre cette preuve, pour les conventions au-dessus de 100 livres ; & d'ailleurs, comme les consentements d'hypotéque peuvent préjudicier à des tiers, il ne conviendroit pas qu'on pût les prouver par témoins. Il faut donc le faire par écrit ; & cette preuve ne s'induit pas des faits, comme celle du consentement aux aliénations, qui ne préjudicie qu'au Seigneur, qui est l'auteur de ces faits dont on conclut qu'il a consenti ; même pour éviter les fraudes qui se commettoient fréquemment, lorsqu'il étoit loisible de donner les consentements sous seing privé. Le Parlement par un Arrêt de Réglement du 31 Aout 1707, a déclaré que les consentements que les Seigneurs donneroient aux aliénations & à l'hypotéque des biens de Mainmorte, ne vaudroient à l'avenir au préjudice des tiers, s'ils ne sont donnés pardevant Notaires ou Tabellions qui en garderont des minuttes ; ou s'ils ne sont enrégistrés au Greffe de la Justice du lieu où lesdits biens sont situés ; auquel cas ils n'auront lieu que du jour de l'enrégistrement.

Puisque le consentement du Seigneur n'est requis que pour

1 *Gl. Bart. & Alex. in L. Commodis. ff. de re jud. Cocheranus, decis.* 174. *Ciriac. contr.* 324 *&* 325.

2 *L.* 2. *Cod. de rebus alienis, &c. & ibi Gotofr. Bartol. in L. Qui dotis. ff. solut. matrim.*

3 *Minsing. cent.* 4. *obs.* 87. *Fachin. contr. lib.* 7. *cap.* 80.

4 *Guid. Pap. q.* 171. *& ibi notata.*

son interêt, que la nullité qui résulte du defaut de ce consentement est respective & conditionnelle, *si Dominus noluerit contractum tenere*, & qu'il lui est libre de demander la commise ou la nullité de l'aliénation ; il s'ensuit, que l'aliénation vaut *ab initio* entre tous les autres, que le Seigneur y peut consentir quand bon lui semble, même après la mort de ceux qui ont contracté, & que son consentement se retrotrahit, pourvû qu'un tiers n'ait pas un droit acquis intermédiatement, car il ne se rétrotrahiroit pas au préjudice de ce tiers. [1]

Il peut aussi être donné avant l'aliénation, suivant le même principe, mais il doit être interprété strictement ; [2] c'est pourquoi, on prétend que celui qui a obtenu la permission simple d'aliéner son bien de Mainmorte, ne peut pas se réserver au préjudice du Seigneur, une hypotéque sur ce bien, pour la sûreté du prix qu'on lui en a promis ; [3] le pouvoir de vendre ne contient pas celui d'hypotéquer ; [4] & l'on ne peut pas vendre une partie du fond, en vertu de la permission de vendre le tout, parce que le Seigneur pouvant souffrir de ce partage, il n'est pas censé avoir voulu le permettre ; [5] & l'on ne peut pas non plus, quand la personne à qui l'aliénation doit être faite, est désignée dans le consentement, aliéner au profit d'une autre, ni vendre après le tems qui a été déterminé pour cela par la permission ; *& assensus corruit, si omnes qualitates & conditiones non verificentur.* [6] Cependant s'il y avoit des choses qui fussent connexes ou accessoires de ce qui est permis par le consentement, ou porté dans le contrat qui est aprouvé, le consentement s'y étendroit ; ainsi le consentement d'hypotéque donné pour une rente, vaut pour les interêts. [7]

Si le Seigneur a donné simplement la permission de vendre, il semble qu'on est encore obligé de lui présenter le contrat d'aliénation, pour qu'il sçache à qui, & sous quelles conditions la vente a été faite. [8] Mais il ne pourra pas refuser son consentement, s'il n'y a rien contre ses droits & les conditions qu'il a prescrites. [9]

Si après la permission d'aliéner accordée, & avant que l'aliénation soit faite, la Seigneurie change de maître à titre particulier ; comme si elle a passé à un nouveau Bénéficier ou à un acheteur, cette permission deviendra inutile, parce que les choses sont encore entieres au tems de ce changement,

Bb ij

1 Grivel, decis. 105. Bursat. consf. 76. n. 42. Afflictus decis. 286.

2 Surdus decis. 344. Bart. in L. Alio. ff. de cib. & alim. leg.

3 Surdus decis. 220, n. 3 & seq.

4 L. Si pupillorum. L. Si Prætor. ff. de reb. cor. Bart. in L. Sicut. §. Si permiserit. ff. quibus mod. pign. vel hyp.

5 Fachin. contr. lib. 7. cap. 20.

6 Surdus decis. 189 & 314. Arg. L. fin. eod. de Jur. emphyt. L. Si sterilis. §. Si tibi ff. de act. emp. cap. 1. de prohib. alien. feud.

7 Fachin. contr. lib. 7. cap. 57.

8 Gratian, discept. 730. n. 55.

9 Arg. L. Convenerit. ff. de pign. act. & L. Fin. Cod. de Jure Domin. impetr.

1 *Bart. in L. Ex post facto. ff. de vulg. & pup. subst. Molin. §. 13. Gl. 1. n. 55 in fin.*

& que l'on doit confiderer en ce cas le tems de l'aliénation. 1

Mr. Grivel traite la queſtion qui conſiſte à ſçavoir, ſi quand il s'agit de conſentement d'hypotéques, l'on doit ſuivre l'ordre & la datte des conſentements, ou s'ils ſe rétrotrahiſſent tous à la datte du contrat. Il eſt de ce dernier ſentiment, & il cite deux Arrêts qui l'ont ainſi jugé en 1596 & 1604. L'opinion contraire a prévalu, & ne fait plus de difficulté. Quand les biens de Mainmorte ſe diſcutent, quoiqu'il n'y ait point de conſentement, les créanciers qui ont des actes autentiques, touchent à la datte de leurs actes. S'il y a des conſentements, ceux qui les ont obtenus touchent avant ceux qui n'en ont point, quoique ceux-ci ſoient antérieurs en datte de contrats; & lorſqu'il y a pluſieurs dettes conſenties, chacun des créanciers dont les créances ſont conſenties, touche à la datte de ſon conſentement. Les Arrêts qui ont jugé de la ſorte cette derniére queſtion, ſont de 1591, entre le Sieur de Boulot, François Nief & les Braté; de 1598, pour François Vicille de Gillé; de 1617, pour le nommé Fromageot de Joüe; du 8 Novembre de la même année, entre Nicolas Comte de Vercel & Michel Baſſand; du 7 Juin 1622, du 15 Juillet 1677, du 16 Mars 1687, entre Denis Euvrard & les Sieurs Sarragoz & Marin; & du 16 Fevrier 1688, entre les Tiercelines d'Arbois & les nommés Midol Mareſchal.

Rien n'empêche qu'on ne ſuive l'ordre & les priviléges des contrats qui ont une date & une cauſe certaine, entre les créanciers d'un même débiteur, quand le Seigneur n'uſe pas de ſes droits. Lorſqu'il en uſe, il fait préférer ceux dont il conſent les créances, parce qu'il leur donne l'hypotéque. Cependant ceux-ci viennent entre eux ſuivant la datte de leur conſentement, parce qu'ils ont un droit acquis à cette datte, auquel il n'eſt pas libre au Seigneur de déroger après qu'il l'a accordé. 2

2 *Tiraq de retract. conf. §. 1. gl. 10. v. dans l'an. n. 69. Surdus deciſ. 189. n. 19. Burſat. conf. 31. n. 19. & conf. 45. n. 10. & 17.*

L'on a ſeulement douté, ſi après que le bien de Mainmorte eſt ſaiſi par decret, & que les créanciers ſont colloqués, le Seigneur peut donner des conſentements aux uns au préjudice des autres. L'affirmative a été jugée en 1617 pour le nommé Fromageot, parce que le Seigneur pouvant encore empêcher la vente, il peut à plus forte raiſon donner des hypotéques par ſon conſentement.

Que si le prix du bien étoit saisi par les créanciers, le Seigneur ne pouroit pas donner la préférence, parce que son droit n'est que sur la chose même, & ne s'étend pas sur le prix qui est d'une autre nature. *Pretium rei manumortualis, non est manumortuale.* [1]

Mr. Talbert prétend que le créancier ne peut pas se mettre en possession de son assignal spécial, sans le consentement du Seigneur. Je pense le contraire, parce que le créancier n'a point de domaine en ce cas, qu'il joüit au nom d'autrui, & que la Coutume décide au titre des Fiefs, que la femme peut prendre possession des fiefs de son mari assignés pour sa dot & pour son doüaire, sans que le Seigneur y consente. [2]

Nôtre Coutume dit, que *si l'héritage de Mainmorte est alié-né, & la possession réelle prise sans le consentement du Seigneur, il est commis audit Seigneur.*

L'aliénation seule ne donne donc pas lieu à la commise ; il faut que la possession soit prise, & que cette possession soit réelle. Ainsi la tradition qui se fait par les clauses de constitut & précaire, ne suffit pas pour donner lieu à la peine, si elle n'est suivie d'une entremise ou perception des fruits. Cette peine est causée par un délit, ou du moins par une faute : or la faute ne se commet pas par la simple acquisition, mais par l'entremise, sans avoir obtenu l'investiture du Seigneur.

Si le Fermier ou l'usufruitier achetent l'héritage de Main-morte, qu'ils tiennent à titre de bail ou d'usufruit, ils n'en-courent pas la commise en joüissant comme auparavant, pourvû qu'ils ne fassent point d'actes qui ne puissent être imputés qu'au propriétaire, parce que ce ne sera que la con-tinuation d'une possession permise, & que cette continua-tion doit être suposée faite pour la conservation de la chose, à moins qu'elle ne soit trop longue & ne dégénére en fraude.

Mais si l'acheteur qui n'étoit pas Fermier avant son achat, se faisoit faire un bail par le vendeur, & joüissoit en consé-quence sans le consentement du Seigneur, il encourroit la commise, parce que ce seroit une nouvelle possession présu-mée prise en fraude. Le Parlement l'a jugé de la sorte au premier plaidoyé de l'Avocat Voirin le 12 Juillet 1627, entre les Sieurs Chanoines de Chaillot & Sonnet, & les nommés Millot & Mourot.

L'on dit communément, qu'une raison aparente excuse de la commise ; & il a été jugé au mois de Septembre 1613 , entre le Sieur de Montrichard & la Demoiselle Lullier , qu'elle ne pouvoit être demandée qu'en cas de dol, ou d'une ignorance crasse & d'une faute grossiére.

Le Seigneur avoit été présent à un contrat de vente , par lequel un bien de sa Mainmorte avoit été dénoncé franc ; il ne s'y oposa pas , parce qu'il ignoroit la qualité de ce bien ; mais en ayant été informé dans la suite , il demanda l'échûte , & il en fut débouté par Arrêt rendu au mois de Décembre 1605 , sous réserve toutefois de ses droits pour l'avenir , & sans que la qualité de la chose fût changée. Les Parties étoient l'Obédiencier de S. Paul,& le nomméVerneré.

Les Auteurs disent qu'il faut que trois choses concourent pour donner lieu à la commise ; sçavoir , que celui qui a aliéné , ait sçû que ce qu'il aliénoit étoit Mainmortable ; que la possession réelle en ait été prise , sans l'investiture ou le consentement du Seigneur , & que la commise soit deman-dée. [1]

Si donc celui qui a aliéné le bien de Mainmorte , ne l'a pas dénoncé tel à l'acquereur , parce qu'il n'en sçavoit pas la qualité , & que l'acquereur en ait pris de bonne foi la posses-sion réelle sans consentement, il n'y aura pas lieu à la com-mise , parce qu'il n'y a point de dol ni de faute grossiére de la part des Parties. [2] Lorsque nos anciennes Ordonnances établissent cette peine contre ceux qui ne dénoncent pas les cens dont sont chargés les héritages qu'ils aliénent , elle dit que c'est , *si sciemment* ils délaissent de faire la dénoncia-tion. [3]

C'est au Seigneur à prouver que les contractants sçavoient que la chose étoit de Mainmorte [4] ; & il le prouve ordinai-rement , en faisant voir que le vendeur a fait reconnoissance de cette qualité , qu'elle lui a été dénoncée quand il a acquis, qu'il a payé les charges de l'héritage comme étant Mainmor-table , qu'il y a généralité de Mainmorte connuë dans le lieu, & que les contractants qui y demeuroient , n'ont pû ignorer cette condition. Que s'il y a plus de dix ans que ce vendeur a reconnu , ou que la dénonciation lui a été faite , il poura encore être excusé ; parce que l'oubli de ce que l'on a fait avant dix ans, se présume. [1] J'excepterois celui qui a en main les titres qui prouvent la qualité de l'héritage qu'il aliéne, parce que ce seroit du moins une faute grossiére de ne les avoir pas consultés, pour faire une juste dénonciation de ce qu'il est obligé de déclarer par les Loix de la Province.

Si ce que l'on a aliéné fait partie d'un tout, l'on ne perd que cette partie, lorsque la commise a lieu; [2] & si de plusieurs communiers, l'un a aliéné le tout sans la participation des autres, il n'y aura commise que pour sa part; [3] que s'il y a plusieurs Seigneurs, dont les uns ayent consenti & les autres non, la commise n'aura lieu que pour la part de ceux qui n'auront pas donné leur consentement. [4]

Lorsque la Mainmorte n'a pas été dénoncée, la commise est à la charge du vendeur, & à celle de l'acheteur lorsqu'elle l'a été, sans qu'il ait en ce cas aucune action pour le recouvrement du prix, parce qu'il doit s'en imputer la perte. [5] Il en est de même, quand la condition a été cachée de concert entre le vendeur & l'acheteur, parce que l'acheteur profite ordinairement de la réticence frauduleuse en ce cas, & qu'il a bien voulu risquer le prix qu'il a promis ou payé. [6]

Mais je ne crois pas ce que dit Mr. Talbert, que quand la perte de la commise tombe à la charge du vendeur qui n'est pas solvable, & ne peut pas rendre le prix qu'il a touché, l'acheteur peut se faire restituer contre la commise, ou se faire rendre ce prix par le Seigneur; car il doit s'imputer d'avoir contracté avec un insolvable, & de l'avoir payé avant que d'être sûr de son achat. Il en perdroit le prix s'il avoit acheté le bien d'autrui, ou un bien qui fût déja engagé aude-là de sa valeur; pourquoi ne le perdroit-il pas, lorsqu'il fait commise, puisqu'il n'y a pas plus de sa faute dans un cas que dans l'autre?

Je ne crois pas non plus ce qu'il ajoute, qu'il n'y a pas lieu à la commise, quoique l'acheteur ait pris possession, lorsque la vente a été faite avec la clause de, sans préjudice des droits du Seigneur & non autrement; parce que ce seroit un moyen, en mettant cette clause dans tous les contrats, de frauder les Seigneurs, & de les obliger à se pourvoir dans tous les cas d'aliénations, pour se faire présenter les lettres; au lieu que par nôtre Coutume, elles leur doivent être pré-

1 *Ol. in L.*
Furtum. ff. de
usurp. & usu.
cap. Covarr. in
Cap. Possessor.
p. 2. §. 1.

2 *Molin loc.*
cit. n. 3. The-
saur. Q. forens.
lib. 3. q. 59.
3 *L. Si hære-*
des 48. §. 2. ff.
de leg. 1°.
4 *Bursat.*
consf. 40. n. 32.

5 *Guid Pap.*
decis. 305. Gl.
ad Cap. Impe-
rialem de
prohib. feud.
alien.
6 *Math. ad*
dict. decis.

fentées dans quarante jours fous peine d'amende ; & qu'avant que ce délai foit écoulé depuis la préfentation des lettres & lods , l'acquereur ne peut point faire d'entremife en Mainmorte , fans encourir le danger de la commife. [1]

Du refte , l'action du Seigneur s'exerce contre celui qui poffede actuellement , quand même ce feroit un tiers poffeffeur, parce qu'elle pourfuit la chofe & qu'elle eft écrite *in rem.* [2]

La Coutume difant *que l'héritage eft commis* au Seigneur , quand on a pris la poffeffion réelle fans fon confentement , la commife eft acquife de plein droit ; [3] d'où l'on peut conclure que le domaine utile fe réünit *ipfo facto* au domaine direct , avant même que le Seigneur demande la commife. [4] Cependant comme l'opinion commune eft contraire , & que la commife en Mainmorte fe prefcrit par cinq ans, ce qui ne feroit pas s'il y avoit une réünion *ipfo jure* des deux domaines; je penfe qu'on peut dire que la demande eft néceffaire , & que pour éviter les voies de fait, il faut une Sentence qui déclare la commife encouruë ; [5] mais que quand le Seigneur la forme , elle fe rétrotrahit au tems du fait qui y a donné lieu ; d'où je tire cette conféquence , qu'en Mainmorte la commife apartient à celui qui joüiffoit de la Terre qui contient le domaine direct au tems de la poffeffion réelle prife , Fermier , ufufruitier ou autre , quoiqu'elle n'ait été demandée qu'après que cette joüiffance a pris fin , & que les fruits doivent être reftitués du jour qu'elle eft encouruë. [6]

J'ai raporté dans mon Traité des Prefcriptions , les autorités qui prouvent que la commife en Mainmorte fe prefcrit par cinq ans dans le Comté de Bourgogne , & j'ai fait voir depuis quel tems les cinq ans commencent à courir. [7]

Comme le mineur peut être intereffé de plufieurs manieres à cette queftion , il faut l'examiner dans fes différentes hypothefes.

Il ne feroit par recevable à demander d'être reftitué contre le laps du tems , pour prétendre enfuite une commife qu'il auroit laiffé prefcrire ; *quia non reftituitur ad lucrum odiofum cum alterius damno exigendum.* Mais s'il fouffre lui-même de la commife , foit comme vendeur , foit comme acheteur , & qu'il n'y ait point de dol de fa part, il fera reftituable. [8]

Mr.

1 *Fachin. controv. lib.* 7. *cap.* 85.

2 *Burfat. conf.* 91. *n.* 8.

3 *Grivel. decif.* 52. *n.* 16.

4 *Fab. de err. Pragm. decad.* 97. *err.* 9 & 10. *Burfat. conf.* 456. *n.* 32.

5 *Burfat. loc. cit. n.* 35. & *conf.* 155. *n.* 9.

6 *Griv. decif.* 58 & 140.

7 *Part.* 2. *ch.* 7. *p.* 162. *Grivel. decif.* 58 *in fin.*

8 *Traité des Prefcrip. part.* 3. *ch.* 1. *p.* 237. *Maurit. de reftit. in integ. cap.* 248. *Gramm. decif.* 52. *n.* 12. *Colomb. tom.* 4. §. 2.

Mr. Jobelot obſerve que le mineur doit prendre un relief en ce cas, & que la commiſe fut déclarée ouverte par Arrêt du 8 Novembre 1619, contre un mineur qui s'étoit entremis ſans le conſentement du Seigneur dans un bien de Mainmorte, par la ſeule raiſon qu'il n'avoit pas demandé d'être reſtitué contre ſon entremiſe. Il dit auſſi qu'un autre mineur, qui avoit acheté un bien de Mainmorte ſans l'autorité de ſon curateur, & qui s'y étoit entremis ſans le conſentement du Seigneur, fut déclaré avoir fait commiſe, par Arrêt de la même année; quoique ſon contrat fut nul, par le défaut d'autorité du curateur; parce qu'il continuoit à joüir pendant le procès, & qu'il n'avoit pas fait aſſigner ſon vendeur pour voir déclarer le contrat nul.

Ce ne fut donc que parce que ce mineur, qui pouvoit ne pas ſe prévaloir de la nullité de ſon contrat, parce qu'elle étoit reſpective, ne s'en prévaloit qu'en aparence, & pour éluder la demande en commiſe, qu'il fut condamné; car je ne penſe pas, comme Mr. Talbert, que le contrat nul donne lieu indiſtinctement à la commiſe, quand la poſſeſſion réelle a ſuivi; & je crois que ſi la Partie qui a le droit de propoſer la nullité, ſe pourvoit & la fait prononcer avec le contradicteur légitime, il n'y aura plus de commiſe, parce que le contrat qui y donnoit ouverture étant caſſé, elle n'auroit plus ſon principe. [1]

Cette peine eſt cenſée remiſe, ou le conſentement tacitement donné, quand le Seigneur qui ſçait probablement l'aliénation (puiſqu'il y a eu un changement de main) reçoit la reconnoiſſance du nouveau poſſeſſeur, ou les cens & autres droits Seigneuriaux. [2] Mais je crois qu'il faut que ce ſoit le Seigneur lui-même, ou qu'il ait aprouvé le fait de celui qui a agi pour lui en cela. Un Receveur, un Fermier, un Procureur, ou un Commiſſaire à terrier, ne pouroient pas le priver de ſon droit; & j'ai vû juger que nonobſtant qu'un Commiſſaire à terrier eut reçû les reconnoiſſances du nouvel acquereur, le Seigneur pouvoit encore ſe faire préſenter les lettres d'acquiſition, & uſer du droit de retenuë. L'Arrêt fut rendu entre le Seigneur de Létoile & les veuve & héritiers Pierreci. [3]

Tandis que la commiſe n'eſt pas preſcrite ou remiſe, le

---

1 *Burſat conſ.* 82. *n.* 7. *Molin.* §. 33. *n.* 32. *Clarus,* §. *Feudum, q.* 3 ^t, *Zoeſ. in ff. lib.* 19. *tit.* 2. *n.* 57.

2 Colombet, tom. 4. §. 2. *Burſat. conſ.* 254. *n.* 11. *Grat. diſcept.* 638. *n.* 37.

3 *Grat. diſcept.* 633.

droit de la demander passe aux héritiers du Seigneur, & contre les héritiers de celui qui l'a encouruë ; c'est parce qu'elle ne vient pas simplement de la Loi au cas qui se présente, mais qu'elle vient du contrat primitif de concession ; & il y a cette différence entre la commise qui est fondée sur un contrat, & celle qui ne l'est que dans la Loi ; que celle-ci ne passe pas aux héritiers, parce que c'est une peine ; & que l'autre y passe, parce que ce n'est pas tant une peine, que l'exécution d'une convention, *quæ transit ad hæredes.*

Si les Parties discédoient du contrat peu de tems après qu'elles l'ont fait, & cependant après la possession réelle prise, la commise auroit-elle lieu ? il paroît qu'oüi, parce que le droit est acquis au Seigneur par l'acte même de cette possession ; [1] à moins que le vendeur ne rentre dans son fond, en vertu d'un pacte de réachat aposé dans la vente à laquelle le Seigneur auroit consenti, parce que ce consentement influë sur tout ce qui est contenu dans la vente, & qui se fait en exécution. [2]

Lorsque de plusieurs Seigneurs, l'un d'eux acquiert le fond de Mainmorte, & en prend possession sans le consentement des autres, l'on tient qu'il n'en fait pas commise, suivant la Jurisprudence d'un Arrêt rendu en matiére de fief sur une pareille hypothèse au mois de Fevrier 1564, entre les Seigneurs de Longvi & de Gastel. [3]

Si le Seigneur retire l'héritage de Mainmorte qui a été aliéné, ou céde son droit de retenuë, il est préféré aux parents, parce que parmi nous le retrait Seigneurial l'emporte sur le lignager. Mais s'il consent simplement à l'aliénation, ce parent poura user du retrait, & le Seigneur n'aura pas la liberté de retirer après coup, suivant un Arrêt rendu par Rase Racine de Nan, que Mr. Jobelot cite sans en raporter la date. Il y en a un autre du 14 Fevrier 1588, rendu entre Pierre Vernen & les Bouhelier, raporté par M. Boivin sur l'Art. 1 du titre des réachats.

Il y a de la difficulté, quand le parent qui retire n'est pas Mainmortable & communier du vendeur ; parce que c'est ôter au Seigneur la liberté de choisir, & lui faire préjudice en lui donnant un tenementier de condition différente, & de plus difficile convention que celui en faveur duquel il a

---

[1] *Fachin. contr. lib. 7 cap. 84. Tiraq. de retract. conv. §. 1. gl. 7. n. 19.*

[2] *Arg. L. 3. §. Sed utrum. ff. de min. Tiraq. loc. cit. Surdus decis. 444. n. 52 & seq.*

[3] *Molin. §. 20. gl. 1.*

confenti, & dont l'échûte eft moins aparente. Cependant comme cet interêt eft éloigné, & que la Coutume apelle au retrait le parent en général, fans excepter celui qui n'eft pas communier, & à tous les héritages anciens, fans dire que ce ne fera pas en Mainmorte ; je crois que tout parent franc ou Mainmortable, communier ou non, peut ufer du retrait lignager fur l'héritage de Mainmorte, & que le Seigneur qui confent fimplement, veut bien s'y expofer, puifqu'il ne tient qu'à lui d'ufer du droit de retenuë ou de le céder à l'acquereur.

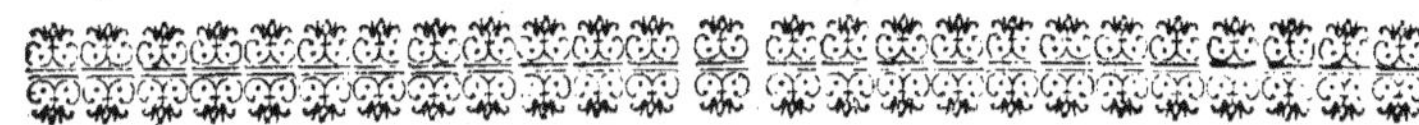

CHAPITRE VI.

Comment finit la Mainmorte.

SUivant le Droit commun, le Mainmortable ne peut pas réguliérement obliger fon Seigneur à l'affranchir, parce que nul n'eft tenu de vendre fon bien, & de fe dépoüiller de fes droits ; [1] mais le Seigneur peut affranchir fon fujet malgré lui, pourvû qu'il le faffe gratuitement, parce qu'il ne fait rien en cela contre la juftice, & que le maître peut affranchir fon efclave quand il lui plaît. [2]

En Savoye les Souverains ont permis aux Seigneurs de contraindre leurs fujets à s'affranchir, & à payer pour ce une fomme proportionnée à leurs biens & au nombre de leurs enfants, fans que les fujets puiffent réciproquement exiger de leurs Seigneurs, qu'ils les affranchiffent pour cette fomme. [3]

En France, ceux qui font tenus à quelques charges perfonnelles, comme ce n'eft communément qu'à caufe de leur réfidence dans la Seigneurie & des biens qu'ils y poffédent ; ils peuvent, en les quittant & abandonnant le lieu, s'affranchir de ces charges. [4] Il en eft de même en Efpagne, en Italie, & dans une partie de l'Allemagne. [5]

Supofant néanmoins que nos Mainmortes foient, comme je l'ai dit plufieurs fois, une modification de l'efclavage, ou qu'elles aient été formées par une convention expreffe ou tacite, je ne crois pas que le Mainmortable puiffe en régle

1 *L Nec eme-*
re. Cod. de Jur.
delib.

2 *F. b. de de-*
dit. lib. lib. 7.
tit. 1. def. 21.

3 *Fab. loc. cit.*

4 *Specul. lib.*
4. *tart. 3. de*
feud. Ducange
verb. Manfata.

5 *Hufan. de*
homin. propr.
cap. 8. quæft. 5.
n. 10.

générale, & s'il n'y a pas une Coutume contraire, s'affranchir de la Mainmorte, en quittant simplement le lieu, & laissant ce qu'il y possède. Aussi avons-nous des Coutumes qui permettent au Seigneur de le revendiquer, quand il fort de fa Seigneurie ; & d'autres qui disent, qu'il n'acquiert pas la liberté, quoiqu'il forte du lieu de la Mainmorte, & que le Seigneur n'ait pas le droit de l'y rapeller.

La nôtre est de cette derniére espèce, car elle dit que l'homme de Mainmorte, ne peut acquérir la liberté fans titre valable ; & que le laps du tems ne lui fert à rien pour cela, quand même il feroit allé demeurer hors de fa Seigneurie. [1]

Cependant quoiqu'elle n'ait pas comme celle du Duché de Bourgogne, un Article exprès qui porte, qu'il n'y a dans cette Province aucun ferf de corps, elle ne laisse pas de contenir implicitement cette disposition par un de fes Articles, dans lequel on lit, *que l'homme de Mainmorte, pour lui & fa postérité à naître, & pour fes enfants nés étant en communion avec lui, peut acquérir la liberté, en abandonnant à fon Seigneur fes meix & héritages Mainmortables, & une partie de fes meubles.* [2] C'est ce que nous apellons l'affranchissement *par défaveu,* que ce fujet obtient quand il le veut, même malgré fon Seigneur.

✻✻✻✻✻✻✻✻✻✻✻✻✻✻✻✻✻✻✻✻✻✻

SECTION PREMIERE.

De l'affranchissement par défaveu.

J'Ai dit ailleurs que nous apellons l'homme d'un Seigneur, non-feulement fon fujet Mainmortable, mais encore fon fujet en Haute-Justice. Le dernier membre de cette proposition fe prouve par l'Article de nôtre Coutume qui porte, que l'aveu emporte l'homme, détenu pour crime qui mérite peine afflictive, & qu'il doit être rendu quand il le demande, au Seigneur qui a pouvoir de connoître du fait, & qui veut bien le faire. [3] Cette disposition étoit fondée fur ce qu'anciennement par la pratique du Royaume, les crimes devoient être punis par les Juges du domicile de l'accufé, quand il y confentoit, & que le Seigneur le revendiquoit. [4] Cette pra-

[1] Art. 1.

[2] Art. 4.

[3] Tit. 14.
[4] Prat. de Maluer. tit. des renvois. Prat. d'Imbert, liv. 3. ch. 6. n. 6.

tique a été changée par les Ordonnances, qui ont établi que
le crime seroit puni par le Juge du lieu du délit, conformément au Droit Romain.

Or tout comme l'aveu faisoit rendre le sujet à son Seigneur
Haut-Justicier en matiére criminelle, le défaveu le lui ôte en
Mainmorte, & nous raproche des usages, suivant lesquels
le sujet se met à couvert des charges Seigneuriales, en quittant la Seigneurie & les biens qu'il y posséde ; avec cette différence toutefois qu'il ne suffit pas parmi nous que le Mainmortable quitte simplement ses biens, parce qu'il peut le
faire, sans avoir la volonté de s'affranchir ; il faut qu'il fasse
connoître que c'est dans le dessein d'acquérir la liberté, &
par un acte exprès que la Coutume exige, car il veut qu'il
abandonne à son Seigneur ses meix & héritages Mainmortables & une partie de ses meubles.

La Cour avoit jugé au mois de Fevrier 1587, contre les
Dames de Corcelles pour un nommé Pernot qui s'étoit affranchi par défaveu en minorité, qu'il étoit restituable pour
cause de lézion. Elle a jugé dèslors le contraire le 6 Aout
1633, avec bien du fondement ; 1°. Parce que le défaveu est
un acte purement volontaire de la part du sujet, & autorisé
par la Loi. 2°. C'est une faveur que la Loi fait au Mainmortable, *& contra beneficium acceptum, restitutio non datur.*
3°. La liberté qu'il recouvre par le défaveu, est d'un si grand
prix, qu'elle n'est pas censée trop chérement acquise par la
perte de ses biens. [2] 4°. La Loi déterminant indistinctement
ce prix & pour toutes sortes de personnes, nul n'est censé
lézé en le payant. 5°. Les biens dont le Seigneur profite par
le défaveu, viennent originairement de lui, ou font un pécule, ausquels il a conservé un Droit ancien.

Je ne crois cependant pas que le tuteur pût faire affranchir
son pupile par défaveu, sans decret du Juge, parce que ce
n'est pas un simple acte d'administration, & qu'il emporte
une aliénation de biens.

Je pense que l'enfant de famille & la femme mariée peuvent se faire affranchir par défaveu, même sans le consentement & l'autorité de leurs mari & pere, parce que s'a-
gissant de la liberté de leurs personnes, ils ne doivent pas
dépendre en cela de la volonté d'autrui ; & que la Coutume

1 *Auth. Quâ
in Provinciâ.
Cod. ub. de
crim. ag. opor-
tuat.*

2 *L. Paulus
39. ff. de fidei-
com. libert.*
Colombet.
tom. 7. §. 7.

accorde le droit fans exception, à tout fujet Mainmortable.
Mr. Talbert eſtime que cette propoſition ne doit pas avoir
lieu, quand les biens qui ſont relâchés au Seigneur, ſont ſujets à l'uſufruit du pere ou du mari, qui n'en ſont pas privés
par l'affranchiſſement ; mais cet uſufruit n'étant qu'une charge
paſſagére, qui vient de la Loi & non du fait du Mainmortable, il me paroît qu'elle ne doit pas empêcher qu'il puiſſe
recouvrer la liberté, puiſqu'il la recouvreroit, quand même
il n'auroit aucun bien qui duſſent être relâchés au Seigneur;
& que quand il en auroit, ils ſeroient abſorbés par ſes dettes
non conſenties ſur les meubles & conſenties ſur les fonds de
Mainmorte.

La Coutume du Duché de Bourgogne preſcrit la forme
dans laquelle les affranchiſſements par déſaveu doivent être
faits ; & comme la nôtre dit ſeulement, que l'homme de
Mainmorte peut acquérir la liberté, en renonçant à ſon
Seigneur ſes biens de Mainmorte, & certaine partie de ſes
meubles, l'on en pouroit conclure que le déſaveu peut être
fait par un ſimple acte autentique, ou ſigné du Mainmortable, & ſignifié à ſa Requête à ſon Seigneur.

Nous pratiquons cependant de faire aſſigner le Seigneur
pardevant le Juge Royal de la Terre, pour voir dire que
moyennant l'abandonnement que le Mainmortable lui fait
de ſes meix & héritages Mainmortables, & de la part des
meubles ſpécifiée par la Coutume, il ſera déclaré franc &
Bourgeois du Roi. Le Juge le déclare tel, & quoiqu'on ait
coutume d'entendre les Gens du Roi ſur cette demande, je
ne vois pas qu'il ſoit néceſſaire, parce que le Roi ni le public n'y ont aucun interêt.

Un Article du projet de la Réformation de la Coutume du
Duché de Bourgogne, porte que ſi l'homme eſt Mainmortable du Roi à cauſe de ſa Duché, il faut qu'il ait des Lettres Patentes adreſſées au Bailli du lieu pour l'affranchir.
Cette voie eſt la plus reſpectueuſe ; mais comme elle eſt diſ-
pendieuſe, & que le Mainmortable uſe du Droit commun de
la Province, ſuivant lequel le Souverain veut bien être jugé,
nous ne la pratiquons pas.

J'ai vû des affranchiſſements par déſaveu, faits dans les Juſtices des Seigneurs de cette Province, qui ont des Bourgs

francs dans leurs Terres, par lesquels les Mainmortables sont déclarés francs Bourgeois de leurs Seigneurs.

Les assignations pour voir faire le défaveu, se donnent au Seigneur, conformément à l'Ordonnance de 1667; [1] si ce n'est qué quand le Seigneur n'est pas domicilié dans la Province, comme il s'agit d'un droit de sa Terre, on a coutume de les donner à la personne de son Procureur d'Office ou autre principal Officier.

L'affranchissement qui se fait par défaveu, est une aliénation de la part du Seigneur, mais c'est une aliénation forcée & nécessaire ; c'est pourquoi il peut être fait avec ceux qui ont l'administration du bien d'autrui ; & en conséquence, le Bénéficier, le pere, le mari, le tuteur, le curateur qui administrent, sont valablement assignés pour voir faire le défaveu. Ce qui en revient, est un fruit qui apartient à celui qui a droit de joüir de la Seigneurie : [2] cependant comme l'affranchissement est un acte de propriété, il doit être fait avec le propriétaire ou celui qui le représente, & on l'assigne avec l'usufruitier, pour y procéder avec les deux.

Quand plusieurs Seigneurs possédent solidairement la Terre, on doit les tous assigner. Si elle est contestée entre deux ou plusieurs personnes, il suffit d'assigner celui qui est en possession. Le Parlement l'a jugé de la sorte le 5 Novembre 1594, entre le Seigneur de Chenecé & le Cardinal de la Beaume, d'une part, & le nommé Chapuis du Village de Chatenois, d'autre.

Quoique la Terre soit substituée, le défaveu se fait valablement au fiduciaire, parce que non-seulement il joüit & il administre, mais encore il est maître jusqu'à l'événement de la condition qui donne ouvertute au fidéicommis.

La grande difficulté en ce point, est de sçavoir si quand un homme originaire Mainmortable d'un Seigneur, s'est établi dans une autre Seigneurie de Mainmorte, il doit faire apeller les deux Seigneurs pour le voir affranchir. Mr. Talbert tient l'affirmative, fondé sur ce que cet homme a deux Seigneurs, & que devant abandonner à celui de son domicile les fonds situés dans sa Terre, il doit l'apeller pour en voir faire l'abandonnement. Il ajoute, qu'il en est de ce cas comme de celui de l'échûte, auquel chacun des Seigneurs a

1 Tit. des ad journemens, art. 3. art. 12.

2 Grivel, décif. 148. n. 18

droit à ce qui eſt chez lui ; *& hic caſus morti comparatur , ut Senatus ut præjudicio firmatum eſt , in cauſâ Domini Mercier, Domini Amion , die* 20 *Decemb. anni* 1660.

L'on ne voit pas ſi cet Arrêt a été rendu dans le cas de l'é-chûte , ou dans celui du déſaveu. Mr. Jobelot ne le cite pas, quoiqu'il ait traité la queſtion après qu'il a été rendu. Il eſt d'un avis contraire, après Mrs. Grivel & Boguet, & il raporte deux Arrêts qui ont expreſſément jugé que l'affranchiſſement étoit valable , quoique l'on n'y eut apellé que le Seigneur d'origine. L'un de ces Arrêts eſt du mois d'Octobre 1587, entre le Seigneur de Mercé & le nommé Billeté ; & l'autre a été rendu entre le Seigneur de Chatillon Guyot & un par-ticulier d'Ornans. Mr. Grivel en cite un troiſiéme du mois de Septembre de la même année 1587 , contre le Sieur Lie-frans. 1

Les raiſons de cette Juriſprudence , font que la Mainmorte quand elle concerne la perſonne , l'affecte individuellement ; & que tout comme un même homme ne peut pas être eſclave de deux Maîtres, ou vaſſal lige de deux Seigneurs, *ex diverſis cauſis* (parce que les droits de ces Maîtres & de ces Sei-gneurs , feroient incompatibles) il ne peut pas être non plus Mainmortable de deux perſonnes , *ex diverſis cauſis* , car ce font des ſervitudes & des droits de même eſpèce. Le Main-mortable qui ſort du lieu de ſon origine, quand même il n'y poſſéderoit plus rien , ne peut pas preſcrire la liberté ; il ne peut pas non plus encourir une nouvelle Mainmorte , tandis que la première ſubſiſte. Cette première Mainmorte ne s'ef-face que par l'affranchiſſement , & les droits du Seigneur du domicile s'éteignent par le ſeul fait du ſujet, lorſqu'il quitte ſon domicile. Ce Seigneur n'a pas droit ſur la perſonne , par-ce qu'elle eſt déja ſujette à un autre ; il ne l'a que ſur les biens qui font dans ſa Terre , que le Seigneur d'origine ne peut pas prendre , l'échûte arrivant, parce qu'une des Seigneuries n'ac-quiert pas ſur l'autre ; ce que la Coutume ne décide d'ail-leurs que dans le cas de l'échûte , & pour ce cas ſeulement, car elle ne dit rien de pareil pour celui du déſaveu ; & Mr. Tal-bert convient que dans ce cas même , le Seigneur d'origine a les meubles qui ſe trouvent au domicile du ſujet qui s'af-franchit, au préjudice du Seigneur du lieu. Ce dernier Seigneur

ne

ne peut donc rien prétendre dans le cas de l'affranchiſſement par déſaveu , puis même que la Coutume quand elle en parle, ne nomme qu'un Seigneur , & ne donne droit qu'à lui ; ce qui doit s'entendre du Seigneur d'origine , lorſqu'il s'en trouve encore un autre.

Je penſe donc que le Seigneur du domicile n'a point de droit ſur la perſonne du Mainmortable originaire d'une autre Seigneurie , & qu'il n'en a ſur ſes biens que quand l'échûte arrive ; que ce n'eſt qu'à ce cas que s'aplique ce que dit la Coutume , qu'une des Seigneuries n'acquiert pas ſur l'autre ; qu'on ne doit pas l'étendre à d'autres cas ; & qu'en conſéquence le déſaveu ne doit être fait qu'au Seigneur d'origine, qui acquiert les biens meubles qui ſont abandonnés par le ſujet, & qui ſe trouvent dans la Seigneurie du domicile. La Coutume du Duché , par laquelle la nôtre doit s'interpréter dans le doute , dit que le Mainmortable doit déſavoüer *ſon ſujet originaire*, pardevant le Bailli du lieu de Mainmorte , *ſuquel le ſujet eſt extrait* ; elle ne fait aucune mention du Seigneur du domicile , parce qu'il ne doit avoir aucune part à cet affranchiſſement. 1

Je ne conviens pas au reſte que le Seigneur du domicile doive avoir dans le cas de l'affranchiſſement par déſaveu , les biens de Mainmorte ſitués dans ſa Terre. Le ſujet qui n'eſt pas ſon Mainmortable perſonnellement , n'eſt pas obligé de les lui abandonner pour s'affranchir ; il ne lui doit rien , parce qu'il ne reçoit rien de lui ; il peut garder ces biens quoique affranchi , parce qu'il n'implique pas qu'un homme franc ait du bien de Mainmorte , & qu'en s'affranchiſſant , il eſt certain qu'il conſerve les biens qui ne dépendent pas de ſon Seigneur d'origine , & qui ne ſont pas ſitués dans la Seigneurie de ſon domicile ; pourquoi ne conſerveroit-il pas de même ceux-ci ? j'avoüe ſeulement que le ſujet , s'il continuë à demeurer après ſon affranchiſſement dans le lieu de Mainmorte où il avoit ſon domicile , deviendra Mainmortable par priſe de meix du Seigneur de ce domicile , qui aura en ce cas ſur lui , les droits d'un Seigneur d'origine.

Suivant un Edit de l'an 1587 , le ſujet qui veut s'affranchir par déſaveu , eſt obligé de donner à ſon Seigneur une déclaration exacte & par ſerment des meubles qu'il lui abandonne.

1 Sect. 1. Ch. 4. de ce Traité.

Si cependant il se forme une contestation sur la fidélité de la déclaration, le Juge doit passer outre à l'affranchissement, suivant le même Edit, sauf à être pourvû aux droits du Seigneur à la suite, en cas de recelé frauduleux de la part du sujet.

Mais il n'est pas obligé de comprendre dans cet état, les habits & linges dont il se sert journellement; quelques Auteurs ajoutent, les outils qui lui sont nécessaires pour gagner sa vie, parce que ces choses ne sont pas comprises dans le pécule de l'esclave, ni dans les cessions des biens que font les débiteurs. [1] Il n'y a que les véritables meubles qui entrent dans cet abandonnement, parce que la Coutume se sert du terme de *meubles* simplement, & ne dit pas qu'on abandonnera *les biens meubles* ; outre que c'est une matiére odieuse qui doit être interprétée à la rigueur contre le Seigneur. Ainsi les dettes & noms de dettes, les raisons & actions, les obligations & les cédules n'y entrent pas, parce que ce ne sont pas de véritables meubles, *sed mediam bonorum speciem constituunt inter mobilia & immobilia,* [2] ni les contrats de rentes qui sont réputés immeubles & biens francs. Le Parlement l'a jugé de la sorte pour les rentes, aux Arrêts de Pâques de l'an 1606, entre le Seigneur de Laubepin & les nommés Etignard.

La Coutume dit, que l'homme qui fait le désaveu, acquiert la liberté en abandonnant une certaine partie de ses meubles. Ce gérondif semble emporter une condition. L'Edit de 1587 qui prescrit de donner une déclaration des meubles, porte, que si le sujet y a procédé par malice ou fraude, le Juge y ordonnera, soit par la nullité du désaveu ou autrement, comme il trouvera convenir, suivant droit & raison.

On peut conclure de là, que s'il se trouvoit que le sujet eut omis de comprendre dans sa déclaration une partie considérable de ses meubles, qu'il les eut cachés & détournés, ou qu'il les eut donnés en fraude, il y auroit lieu à déclarer l'affranchissement nul. Cependant comme l'Edit laisse au Juge la liberté de le faire, & que suivant le Droit commun, l'affranchissement fait, quoiqu'on y ait été trompé, ne se révoque pas; *semel autem causa manumissionis approbata, sive vera sit, sive falsa, non retractetur;* [3] je ne trouve pas

<hr>

[1] *L. Peculii. ff. de peculio. Corvaru. var. ref. cap. 1. n. 5. Cap. Thol. q. 136.*

[2] *L. A divo Pio. ff de re jud.*

[3] *§. Semel. Instit. quib. ex causis. L Justa 9. §. 1. ff de manum. vend. L. Cum ex falsis. de manum. testam. L. Si filius. §. ult. ff. de jur. patr. L. Papinianus. §. ult. de inoff. test. Cod.*

que le Parlement ait déclaré nuls des affranchissemens faits par défaveu, sous prétexte de fraude ; je trouve au contraire qu'un oncle qui avoit donné ses meubles à son neveu, s'étant pourvû douze jours après pour être affranchi, & qu'un pere s'étant pourvû de même, trois mois après avoir fait une donation entrevifs de tous ses biens à son fils, & ayant été l'un & l'autre déclarés francs sur la contumace du Seigneur, ils furent jugés dans la suite s'être affranchis en fraude. Mais on ne cassa pas leur affranchissement : on se contenta d'adjuger au Seigneur les biens donnés, & qui auroient dûs lui être relâchés. Ce fut par Arrêt rendu le 13 Mai 1597, en faveur du Seigneur Dambelin, contre le nommé Etignard,& par un autre Arrêt du 6 Mars 1615, entre le Seigneur de Montby & François Pierard.

Souvent le Mainmortable ne se feroit pas affranchi, s'il avoit crû qu'il lui en coûteroit les deux tiers de ses meubles, & il est plus puni quand on les lui ôte, que si en les lui laissant, on le rapelloit à la servitude : mais comme il peut arriver aussi qu'il ne fut pas assés puni par la seule perte de ses meubles & des biens qu'il auroit dû relâcher, & qu'il a cachés ou écartés en fraude, il seroit juste en ce cas de casser l'affranchissement pour ne pas donner lieu à de fréquentes tromperies par la vûë de l'impunité. L'Edit de 1587 en donne le pouvoir, & il faut faire différence entre une manumission volontaire, que la Loi dit qu'on ne peut pas révoquer, & un affranchissement auquel le Seigneur est forcé, & où le sujet doit s'imputer de n'avoir pas accompli de bonne foi les conditions sous lesquelles il a obligé son Seigneur de l'affranchir. Mr. Petremand dit dans ses notes, qu'en 1558, déja avant l'Edit de 1587, la Cour avoit déclaré nul un affranchissement par défaveu, sur ce que le sujet avoit caché & détourné la plus grande partie des effets, qu'il auroit dû abandonner à son Seigneur.

Nôtre Coutume n'exigeant pas, comme celle du Duché, que le Mainmortable fasse ce défaveu en personne, il peut le faire par Procureur ; Mr. Talbert dit qu'un homme dangereusement malade, ne se peut pas affranchir par défaveu : je crois qu'il faut restraindre cette proposition, au cas qu'il fit tort à quelqu'un par son affranchissement, comme si son échûte étoit imminente.

Il doit relâcher les deux tiers de ſes meubles, quand ſon Seigneur ne lui a pas donné lieu de recourir à l'affranchiſſement, & le tier ſeulement quand il l'y a obligé. Si c'eſt, dit la Coutume, *au tort de ſon Seigneur*; ce qui doit s'entendre, des cauſes graves telles que ſont celles qui donneroient lieu à la commiſe du fief pour cauſe de félonie, ou à la révocation de la donation pour cauſe d'ingratitude; mais il faut pour que l'affranchiſſement ait ſon effet, que ce relâche ſoit effectif, parce que c'eſt une condition, *en renonceant*, &c. Ainſi l'on peut dire que le ſujet qui auroit fait ce déſaveu, demeureroit Mainmortable, tandis qu'il retiendroit ce qu'il a dû relâcher. [1]

[1] *Gl. in L 1. ff. ſi adv. lib.*

L'homme affranchi par déſaveu, eſt libre pour lui & pour ſa poſtérité à naître, & pour ceux de ſes enfants qui ſont en communion avec lui, au tems de l'affranchiſſement. Mais l'on demande s'il rentrera en ſervitude, au cas qu'après avoir été affranchi, il commette quelque cauſe d'ingratitude envers ſon Seigneur. Suivant le Droit Romain, l'affranchi retomboit dans l'eſclavage quand il étoit ingrat; [2] mais on n'en doit pas juger de même de nos Mainmortables qui s'affranchiſſent par déſaveu, parce qu'ils reçoivent la liberté en ce cas, non de leur Seigneur, mais de la Loi, & qu'ils acquiérent leur affranchiſſement à titre onéreux. [3] Il en ſeroit autrement s'il leur avoit été accordé gratuitement, car on en devroit juger comme des donations, qui ſont révocables pour cauſe d'ingratitude.

[2] *L. 2. Cod. de lib. & eor. lib.*

[3] *Nov. 78. cap. 2. Gl. & DD. Inſtit. de ſucceſſ. libert. v. repleatur.*

Mr. Talbert dit qu'on peut s'aſſujettir par convention à ne pouvoir s'affranchir par déſaveu. Cette convention feroit des ſerfs de corps, & comme nôtre Province n'en ſouffre point non plus que le Duché de Bourgogne, il me ſemble que cette convention n'y ſeroit pas obligatoire.

Section II.

De l'affranchissement par convention.

IL arrive souvent que les Particuliers, avant que de s'affranchir par désaveu, conviennent avec leur Seigneur de ce qu'ils lui donneront ; ou que sans faire le désaveu, ils affranchissent leurs personnes & leurs biens par convention ; ou enfin que des territoires entiers sont affranchis par des traités & par des concessions. Chacun de ces cas a ses difficultés.

L'on dit que le vassal ne peut pas affranchir la généralité des sujets & des biens de sa Terre, parce que ce seroit en détruire les principaux droits ; que la Mainmorte personnelle & réelle font partie des fiefs, & quand on les éteint, le Seigneur suserain en souffre ; [1] c'est pourquoi il est d'usage en quelques Provinces, que le Mainmortable affranchi par le vassal, passe avec sa première condition sous le Seigneur suserain, par un droit qu'on apelle *dévolut*, s'il ne s'en est pas accommodé avec lui ; ou du moins qu'il retombe dans cette condition, lorsque le fief retourne à ce Seigneur *ex primævâ causâ*.

[1] Coq. quest. 71. *Ozaz. decis.* 156. *n.* 11. *& seq. Guid. Pap. decis.* 575. Bacquet, des franc-fiefs. ch. 3. n. 14.

Le droit de dévolut n'a pas lieu parmi nous ; nos fiefs sont non-seulement patrimoniaux, mais encore ils ne sont pas de profit. La Coutume qui marque les conditions générales & ordinaires des fiefs, ne deffend pas les affranchissemens. Le Seigneur suserain n'en souffre que dans le cas de la réunion qui arrive *ex primævâ causâ*, & qui est extrêmement rare. C'est un interêt trop éloigné, pour empêcher le vassal d'user de son bien en maître, sur tout pendant qu'il le possède, & sauf à révoquer au cas de cette réunion, l'affranchissement qui seroit trop préjudiciable ; mais qui ne l'est presque jamais, parce que le vassal qui affranchit sa Terre, subroge d'autres droits en place de la Mainmorte, qui conservent la substance du fief ; retient & attire par l'affranchissement de sa Terre, des cultivateurs que la condition de Mainmorte en éloignoit. Nous avons un très grand nombre d'exemples de ces affranchiſſemens généraux dans les ſix ou ſept derniers ſiécles, qui forment un uſage certain : celui de la Terre de Faucogney, donné en 1424 par le Souverain, eſt inſéré dans le Recüeil de nos anciennes Ordonnances. Le Souverain ne l'auroit pas fait, ſi on l'avoit regardé comme un acte illicite & dommageable & le Seigneur de Clairvaux-les-Vauxdains ayant affranchi les Habitans & le territoire de ce lieu, les Fiſcaux de la Cour s'y opoſérent ; mais le Parlement refuſa de recevoir leur opoſition, parce que cet affranchiſſement étoit conforme aux uſages du Pays. Mr. Jobelot rend témoignage de ce fait.

Si les affranchiſſemens généraux ſont permis, les affranchiſſemens particuliers le ſont à plus forte raiſon. Il y a cependant quelque diſtinction à faire entre l'affranchiſſement de la perſonne & celui des biens, & par raport à la qualité des Seigneurs qui affranchiſſent.

L'affranchiſſement des perſonnes eſt beaucoup plus favorable que celui des choſes, & quand il n'eſt que particulier, il ne fait pas un grand préjudice au Seigneur ; parce que tandis qu'il lui reſte la même quantité de meix Mainmortables, d'autres perſonnes viennent s'y établir, & encourent la Mainmorte à la place de celles qu'il a affranchies.

D'ailleurs, comme le ſujet peut s'affranchir malgré lui, & que ce qui revient de cet affranchiſſement, eſt un fruit qui lui apartient, il peut prévenir le déſaveü, en affranchiſſant le ſujet par convention, & le quittant pour ce que bon lui ſemble, ſoit que le ſujet faſſe le déſaveu, ou qu'il ſe contente de la déclaration que le Seigneur fait qu'il l'affranchit. L'on ne voit pas que ni le Seigneur ſuſerain, ni le ſucceſſeur à la Seigneurie en ſouffrent, de maniére qu'ils aient une action pour faire révoquer ce qui aura été ainſi fait.

Il ſuit de là que les vaſſaux peuvent affranchir par convention les particuliers de leurs Terres. L'on a douté ſi les Bénéficiers avoient le même droit. L'affirmative l'a emporté dans l'uſage, pour faciliter les affranchiſſemens ; les raiſons qu'on vient de dire, peuvent leur convenir ; & il y a dans la Province un très grand nombre d'affranchiſſemens de cette eſpèce, accordés par les Bénéficiers, qui ont eu leur effet. Les autorités par leſquelles on prétend prouver que le Prélat ne peut pas affranchir ſans cauſe le Mainmortable de ſon Bénéfice, & sans que son Eglise en profite, [1] ne nous conviennent pas ; car elles parlent des Provinces, dans lesquelles le Prélat ne peut être forcé à l'affranchissement , & où ce qu'on lui donne pour y consentir , doit céder à son Bénéfice ; ce qui n'est pas parmi nous , où la faveur de la liberté semble l'avoir emporté sur les régles étroites , à l'égard des Mainmortables de l'Eglise , dont l'affranchissement seroit trop difficile , s'il ne pouvoit se faire sans cause & sans formalité , à moins que le sujet ne voulût s'exposer à perdre son bien par le désaveu. C'est pourquoi il a été jugé au Parlement de la Province , que le Bénéficier peut affranchir le sujet de son Bénéfice par convention & pour le prix qu'il trouve bon , par Arrêt du 15 Janvier 1624 , rendu entre Mr. de Rye Archevêque de Besançon , & Claude Amiot de Salans ; & par un autre Arrêt de l'an 1640 , entre le Sieur Mairot & le nommé Tricalet. [2] La même chose a été jugée au Raport de Mr. le Marquis d'Arvisenet le 14 Avril 1730 , entre les Buat de S. Claude & les Patillon.

L'héritier grevé peut à plus forte raison affranchir par convention les personnes , parce qu'il a le domaine *pendente conditione*. [3] Je crois cependant qu'à son égard & à celui du Bénéficier, il convient de mettre une restriction à cette faculté ; c'est qu'ils en useront en bons peres de famille & sans fraude ; car s'ils avoient affranchis un trop grand nombre de personnes à la veille de la restitution du fidéicommis , ou de quitter le Bénéfice par mort ou autrement , & sur tout de celles dont les échûtes seroient aparentes ; il me semble qu'il seroit juste de laisser à leurs successeurs le droit de prétendre contre eux & leurs héritiers des dommages & interêts , ou de faire révoquer les affranchissements , principalement si le Bénéficier ou l'héritier grevé n'étoient pas solvables ; car la Loi *Ælia sentia* donnoit en ce cas le droit à la femme , de remettre en servitude les esclaves que son mari avoit affranchis , & qu'elle lui avoit aportés en dot.

Au reste, je ne pense pas comme Mr. Talbert , qui dit que le mari peut affranchir par convention les Mainmortables des Terres de sa femme ; car quoique ce qui revient de l'affranchissement par désaveu , soit regardé parmi nous comme un fruit qui apartient au mari & à tout usufruitier ; ce n'est pas

[1] *Fab. in Cod. lib. 7. tit. 5. def. 3.*

[2] *Grivel. decis. 138. n. 17. & seq. Chass. rub. 9. §. 9. n. 6. Molin. consf. 17.*

[3] *Fab. lib. 7. tit. 5. def. 2.*

un fruit ordinaire, *quia non renaſcitur* , & il ne doit pas dépendre d'eux de le faire naître pour en profiter au préjudice du propriétaire. Il eſt vrai que ſuivant le Droit Romain , le mari pouvoit affranchir les eſclaves que ſa femme lui avoit donnés en dot , & que ſuivant nos uſages , il peut diſpoſer des effets mobiliers que ſa femme lui aporte ; mais c'eſt parce que ſuivant le Droit Romain , il étoit maître de la dot, quand la tradition lui en avoit été faite ; encore après la diſſolution du mariage , le prix des eſclaves qui venoient de ſa femme , & qu'il avoit affranchis , devoit être rendu , & s'il n'étoit pas ſolvable , l'affranchiſſement étoit révoqué. [1] Or nos Mainmortables demeurent dans le domaine de la femme , parce qu'ils font partie de la Terre dont ils ſont ſujets, *glebæ addicti ſunt* ; le mari n'en devient pas le maître, on ne lui en fait point de tradition , & ce ne ſont ni des fruits , ni des meubles qui entrent dans la ſociété conjugale dont il a la pleine adminiſtration , mais des eſpèces d'immeubles qu'il ne lui eſt pas libre d'aliéner. Il ne peut être conſideré à cet égard que comme l'uſufruitier , que Mr. Talbert convient ne pouvoir affranchir les perſonnes par convention, [2] & dont les héritiers ſont cependant tenus aux dommages & interêts du Seigneur , s'il ne veut pas conteſter l'affranchiſſement. [3]

Si le Mainmortable eſt, comme je l'ai dit, une eſpèce d'immeuble , & fait partie de la Terre dont il dépend ; l'on en peut conclure que le mineur, le tuteur & le curateur , ne peuvent pas l'affranchir par convention , ſans cauſe & ſans garder les formalités preſcrites pour l'aliénation des immeubles des mineurs & pupiles. Si cette obligation & ce que j'ai dit du mari , ſemblent aporter quelque difficulté aux affranchiſſements, ce n'eſt qu'un obſtacle paſſager & de peu de durée, qui ne ſuffit pas pour s'écarter de la régle , puiſqu'on peut même le lever à l'égard du mari , en faiſant entrer la femme dans la convention.

Il reſte à voir , ſi quand le Seigneur qui a affranchi par convention, eſt léſé , il ſe peut faire reſtituer. J'eſtime, premiérement, que quand même il ſeroit mineur , il ne peut pas ſe faire reſtituer pour la ſeule cauſe de léſion , de maniere que le ſujet affranchi retombe malgré lui en Mainmorte ; mais

ſeulement

---

[1] *Cujac. ad tit. Cod. de jur. dot.*

[2] *Fab. lib. 7. tit. 5. def. 1.*

[3] *Fab. loc. cit. def. 2.*

seulement pour recouvrer le juste prix de l'affranchissement. [1]
Secondement, qu'il faut excepter de cette régle, le cas du
sujet qui auroit trompé son Seigneur, & se seroit procuré par
dol un affranchissement. [2] L'Edit de 1587 le supose de la sorte,
quand il laisse au Juge la liberté de déclarer nul l'affranchissement du sujet. En troisiéme lieu, qu'il n'y a pas lieu au relief
sous prétexte de lésion, même pour faire augmenter le prix
de l'affranchissement, lorsqu'on est convenu de ce qui seroit relâché en faisant le désaveu, ou d'une somme pour affranchir
par convention , parce qu'il n'y a en ce cas aucun droit acquis au Seigneur au tems de sa convention, par raport auquel
il se puisse dire léfé ; que la liberté n'est pas réguliérement es-
timable, que le sujet & le Seigneur ne l'ont estimée qu'à ce
dont ils sont convenus, & que le sujet peut dire qu'il ne se
seroit pas affranchi, si on lui avoit demandé davantage: mais si
après le désaveu fait, le Seigneur convient avec le sujet de
ce qui doit lui en revenir , & qu'il soit léfé , il peut se faire
restituer pour avoir le juste prix, parce qu'il a remis en ce
cas un droit qui lui étoit acquis.

Quant à l'affranchissement du bien de Mainmorte, les Bénéficiers & les autres Seigneurs qui n'ont que la jouïssance &
l'administration , ne peuvent pas le faire sans cause & sans les
formalités prescrites pour les aliénations qui leur sont per-
mises. Les Seigneurs qui ont la libre disposition de leurs biens,
pourront faire ces affranchissements, en retenant quelques
charges qui conservent la substance du fief, plûtôt sauf aux
suserains leurs droits, dans le cas de la réünion ; mais avant
qu'elle se fasse , ils n'ont pas droit d'agir pour faire révoquer
l'affranchissement, comme il a été jugé entre le Seigneur d'Autume & les Demoiselles Poivre.

Au reste, comme la Mainmorte réelle a une valeur certaine , & qu'elle peut être estimée, si le Seigneur qui a affranchi
de cette servitude est léfé , il peut se faire restituer. Il y a un
Arrêt qui l'a ainsi jugé le 22 Décembre 1711 , au Raport de
Mr. Franchet, entre le Seigneur du Vilars & les Srs. Brodi.

Suivant l'ancien Droit, quand l'un de plusieurs maîtres qui
avoient un esclave commun , l'affranchissoit sans le consentement des autres , sa part accroissoit aux autres maîtres. Justinien a crû qu'il étoit plus juste de décider , que quand l'un

E e

1 *Maurit. de
restit. in integ.
cap. 299. Fab. in
Cod. lib. 7. tit. 5.
def. 3. L. 1. & 2.
Cod. si adv. lib.*

2. *Cap. Servo-
rum. Extr. de
serv. ord.* Coq.
q. 284.

des maîtres affranchiroit l'esclave commun, cet esclave feroit libre pour le tout, à charge par l'esclave ou par celui qui l'avoit affranchi, de dédommager les autres maîtres. [1] Nous avons suivi cette décision, à l'égard de nos Mainmortables. Il y en a un Arrêt rendu contre le Sieur de Latour. Le Sénat de Chambery a jugé plusieurs fois la même chose, [2] & Bouvot cite un Arrêt semblable du Parlement de Bourgogne. [3] C'est parce qu'un des Seigneurs peut disposer de sa part à son gré, & par conséquent s'en départir en faveur du Mainmortable; que la liberté comme la Mainmorte personnelle, font des droits indivisibles; que la même personne ne peut pas être en partie libre & en partie Mainmortable, & que la faveur de la liberté demande que quand un des Seigneurs de Mainmorte a discédé de son droit, les autres en discédent aussi, pourvû qu'on les dédommage.

[1] L 1. & 2. Cod. de comm. serv. man. Cujac. ad d. tit.

[2] Fab. lib. 7. tit. 2.

[3] Bouvot com. 2. v. Mainmorte, Arrêt 26.

✠✠✠✠✠✠✠✠✠✠✠✠✠✠S✠✠✠✠✠✠✠✠✠✠✠✠✠✠✠

SECTION III.

Si le Sacerdoce, le Grade, les Offices & les Dignités affran-
chissent de la Mainmorte.

LEs Canons deffendoient d'associer au ministére des Autels, les personnnes viles & abjectes. *Juxta sacros Canones, vilis persona permanens, Sacerdotii dignitate fungi non potest.* [4] C'est pourquoi il étoit deffendu d'ordonner l'esclave à l'insçû de son maître. S'il avoit sçû l'ordination, & qu'il ne s'y fut pas oposé, il étoit censé l'avoir affranchi; s'il ne l'avoit pas sçû & que l'esclave n'eut reçû que les Ordres mineurs, on le déposoit; s'il avoit reçû les Ordres majeurs, ce sacré caractére dont il n'étoit pas absolument incapable, & qui ne pouvoit pas s'effacer, le mettoit hors de la puissance de son maître; mais il étoit obligé de donner un autre esclave à sa place, & l'Evêque qui avoit ordonné des esclaves, étoit obligé au dédommagement quand il avoit sçû leur condition. [5] C'est ce qui a fait douter long-tems, si les Ordres sacrés n'affranchissoient pas nos Mainmortables.

[4] Cap. Multos 23. dist. 54. Cap. de servorum Extr. de serv. non ordin.

[5] Gonf. ad d. Cap. de servorum.

Nôtre Coutume a décidé pour la négative, [6] & déja l'Em-

[6] Art. 7.

pereur Justinien avoit permis d'ordonner les serfs adscriptices dans les Terres ausquelles ils étoient attachés. [1] Nos Main-mortables ne dépendent pas de leurs maîtres comme faisoient les esclaves;ils peuvent servir aux Autels & desservir des Bénéfices , nonobstant leur condition ; ils peuvent même, suivant nôtre Coutume, s'affranchir par désaveu malgré leur Seigneur.

1 Nov. 123.
cap. 17.

L'Empereur Justinien a statué que l'Episcopat délivreroit les esclaves de la servitude , même adscriptice ; [2] il affranchit de la puissance paternelle , & il est comparé au Patriciat ; d'où l'on pouroit conclure que les Mainmortables qui sont élevés à cette éminente dignité, ou à quelqu'autre Prélature de la Hierarchie Ecclésiastique, sont affranchis par leur promotion ; cependant comme les Seigneurs en souffriroient, que nos Mainmortables ne sont pas attachés à nos Terres comme les adscriptices, qu'ils peuvent satisfaire par d'autres aux charges personnelles qui sont attachées à leur condition , lorsque leurs affaires ou le rang auquel ils sont élevés ne leur permettent pas de le faire eux-mêmes,& que le droit des Seigneurs à l'égard de leurs sujets Mainmortables qui sont parvenus à quelque dignité, se réduit à leur succéder quand ils meurent sans communiers ; j'estime que les Seigneurs ne doivent pas être privés de ce droit, car s'il contient quelque indécence, il ne renferme point d'incompatibilité, & nôtre Coutume disant que le Seigneur prend l'échûte Mainmortable des Prêtres & Clercs, *de quelqu'état qu'ils soient* , ces termes généraux comprennent les Prélats comme les simples Prêtres.[3]

2 Nov. 123
cap. 4.

L'on demande si le Grade qui tire celui qui en est revêtu de l'ordre du peuple,qui est un premier degré pour parvenir aux Magistratures , & qui donne plusieurs distinctions suivant la Loi Romaine, même le droit d'habiter & de s'établir où l'on veut,[4] affranchit de la Mainmorte; & s'il en est de même de la promotion aux Offices & Dignités de l'Epée & de la Robe,auxCharges de la Maison du Roi & de ceux que le Prince anoblit. Si nous refusons cet avantage aux Evêques,à qui l'accorderons-nous ? un Mainmortable peut-il par son fait , priver son Seigneur du droit qu'il a sur sa personne? Si l'on dit que celui du Prince y concourt, la réponse est, qu'on ne présume pas que l'intention du Souverain soit de priver quelqu'un de ses droits, & qu'un privilege est censé surpris lorsqu'il dé-

3 Art.7.Con.
chap. 6.art.8.
& q 283.Mo-
lin.§ 51. n.55.

4 L. Lauda-
bile 4.Cod. de
adv. div. jud.
L. Clarissimis
de dign. eod.

E e ij

1 *Bartol. in
L. Originarios
11.Cod.de agr.
& censu.*

truit entiérement le droit d'un tiers. [1] Disons donc que le Grade & les Offices & Dignités, n'effacent pas la condition du
Mainmortable, & qu'ils l'exemtent seulement de subir par
lui-même les charges personnelles qui aviliroient l'état auquel
il a été élevé, mais qu'il est obligé de les faire remplir par
d'autres.

C'est le sentiment de Mr. Talbert, & il ajoute que ni les Lettres de Noblesse, ni la concession des Offices & Dignités qui
anoblissent, n'effacent pas la Mainmorte. Je ne puis souscrire sur
cela à son sentiment. Le Roi peut affranchir les Mainmortables
de son Royaume, sans le consentement de leurs Seigneurs.

2 *Bacquet
du Droit des
francs-fiefs,ch.
3. n. 13.*

*Regium munus est & monarchâ dignum, servos manumittere, &
servitutis maculam delere* ; [2] quand il anoblit ou qu'il accorde
des Offices & Dignités qui donnent la Noblesse, son intention
est de lever tout ce qui pouroit y faire obstacle ; or la Mainmorte, si elle subsistoit, seroit un obstacle à l'anoblissement,
parce que c'est le plus bas état de la roture qui est oposé à la
Noblesse. Ce sont deux conditions incompatibles, dont l'une
détruit & anéantit l'autre : donc quand le Roi veut anoblir
quelqu'un, il doit premiérement le rendre libre s'il étoit
Mainmortable, & il est censé avoir le dessein de le faire ; *qui
dat esse, dat consequentia adesse.*

Colet cite un Arrêt du Parlement de Bourgogne qui l'a ju-

3 *Statuts de
Savoie, liv. 3.
sect. 1. rem. 1.
p. 19. L. Jube-
mus. Cod. de
præp. sacri cub.
& Gotofred. v.
cubiculo. Bac-
quet loc. cit.*

gé de la sorte le 17 Mars 1667 ; [3] sauf au Seigneur à se faire
dédommager par l'anobli du préjudice que cause la noblesse
qui lui a été accordée.

✠ ✠

Section IV.

*Si le Seigneur peut être privé du droit de Mainmorte, pour
excès commis contre son sujet.*

Les Loix privent souvent de leurs droits ceux qui en abu-
sent. L'usufruitier, l'emphytéote, le fermier & le loca-
taire peuvent être dépoüillés des fonds qu'ils tiennent d'autrui, quand ils en usent mal : l'on peut ôter la juridiction, l'autorité & les priviléges à ceux qui s'en prévalent contre le droit

& l'équité. L'on oblige les peres à émanciper leurs enfants quand ils les maltraitent, ou qu'ils n'en ont pas le foin qu'ils doivent : l'on ôte au mari le droit qu'il a fur la perfonne & les biens de fa femme, lorfqu'il y donne lieu par des févices, ou par fes diffipations ; l'on obligeoit le maître à vendre fon ef- clave quand il le traitoit inhumainement, 1 & le patron per- doit les droits qui lui reftoient fur fon affranchi lorfqu'il s'en rendoit indigne. 2

Les Auteurs ont pris occafion de là de conclure que fi les Seigneurs ufent d'une rigueur exceffive envers leurs fujets, ils peuvent en être punis par la privation de leurs droits. 3 Nôtre Coutume femble avoir pourvû à ce cas, quand elle dit que fi le Mainmortable s'affranchit *au tort de fon Seigneur*, il ne relâ- chera que le tiers de fes meubles; cependant comme il fe peut trouver des vexations fi atroces, que cette peine ne feroit pas fuffifante, le Juge & particuliérement la Cour, peut encore décider en ce cas fuivant les circonftances, que le Mainmor- table doit être affranchi fans rien relâcher à fon Seigneur.

1. *L. 1. §. dif- piciamus. L. 2. §. Dominorum. ff. de his qui funt fui. vel alien iur. inftit. Cod. §. fed hos tempore.*

2 *L fin. Cod. de bon. lib.*

3 *Mifing. cent. 5. obf. 8. Boër q. 304. Guid. Pap. q. 62. & 161. & ibi Math. & Perenf. Th. q. for. lib. 3. q. 63.*

SECTION V.

De la prefcription en Mainmorte.

IL faut diftinguer fur la prefcription en Mainmorte, celle des biens de celle des perfonnes, & la prefcription pour ac- querir la Mainmorte, de celle par laquelle elle s'éteint.

La Mainmorte réelle peut s'acquerir & fe perdre comme les autres droits Seigneuriaux, par l'efpace de quarante ans, & l'homme franc peut devenir Mainmortable par la prefcription, comme je l'ai fait voir dans mon Traité des Prefcriptions, partie 3, chap. 11, pag. 390.

J'ai auffi traité au même lieu la queftion de l'exemption de la Mainmorte perfonnelle par la prefcription. J'ajoute à ce que j'en ai dit, qu'il me femble qu'on doit diftinguer fur cette quef- tion les Coutumes fuivant lefquelles les Mainmortables font de pourfuite, de celles où ils ne le font pas. Dans les premieres, quand un homme fort du lieu de la Mainmorte & s'établit en franchife, il peut prefcrire l'exemption de la Mainmorte, parce que fon Seigneur qui pouvant le revendiqer, ne le fait pas, eft cenfé l'avoir abandonné.

Il n'en eft pas de même des Coutumes qui ne font pas de pourfuite, & dans lefquelles on ne peut pas imputer au Seigneur, fi fon fujet demeure hors de fa Terre ; auffi ces Coutumes, comme celles du Duché de Bourgogne, de Bourbonnois & la nôtre, difent que l'homme de Mainmorte ne prefcrit pas la liberté, que le laps du tems ne lui fert pas, & qu'il lui faut une titre valable pour l'acquerir. Celle de Vitri l'apelle en ce cas *ferf fugitif.* [1] C'eft fur cette raifon, que conformément au Droit Romain, [2] & à nôtre Coutume qui dit que le laps de tems ne peut pas fervir, que l'homme de Mainmorte ne prefcrit pas la franchife, qu'il eft Mainmortable pour lui & fa poftérité, & qu'il lui faut un titre valable pour s'affranchir ; nous eftimons qu'il ne peut pas prefcrire la liberté, & que la prefcription même de cent ans ou d'un tems immémorial ne fuffit pas, fi elle n'eft accompagnée de quelque acte fignalé, éclatant & manifefte, par lequel le Mainmortable fe foit mis en poffeffion de la liberté & y ait perfifté, & que le Seigneur en ait été probablement informé, [3] ou qu'il n'y ait eu contradiction fuivie de trente ou quarante ans de poffeffion.

J'ai auffi examiné, fi lorfqu'un homme étoit mort en poffeffion de la franchife, on ne pouvoit plus après cinq ans depuis fa mort, révoquer fa condition en doute, & le faire déclarer Mainmortable, fuivant ce que la Loi Romaine a établi en pareil cas pour les efclaves. J'ai cité un Arrêt du Parlement qui a jugé qu'on le pouvoit encore : nos Mainmortables n'ont pas la même faveur que les efclaves, dont la fervitude étoit infiniment plus dure. Nôtre Coutume a réduit à trente ans les prefcriptions qui étoient au-deffous de cet efpace. Celle que la Loi Romaine avoit établie fur l'état des perfonnes défuntes, paroît être comprife dans cette difpofition, ou du moins dans celle de l'Article qui dit, que l'homme de Mainmorte ne prefcrit pas la liberté, en quelque lieu qu'il aille demeurer, & qu'il lui faut un titre valable.

ADDITION.

P Endant qu'on imprimoit cet Ouvrage, Mr. Efpiard Préfident à Mortier au Parlement de Befançon, m'a communiqué quelques Arrêts de ce Parlement fur la matiére des Mainmortes ; quoiqu'ils n'aient rien que de conforme à mes principes, j'ai crû qu'il convenoit de les ajouter ici, pour fortifier les preuves des propofitions que j'ai avancées.

Le 30 Mars 1694, une donation de meubles & biens francs, faite par un Mainmortable atteint de maladie dont il mourut, fut jugée nulle ; au Raport de Mr. de Chaillot, entre le Seigneur de Jané, Seigneur d'origine du Mainmortable, & les nommés Michaud & Miniere.

Le Mardi 3 Janvier 1702, il fut jugé à l'Audiance publique, entre les Seigneurs de Villafans & de Cleron, que le Seigneur d'origine dont parle nôtre Coutume, n'eft pas celui de l'origine immédiate, mais de la plus éloignée.

Le 29 Janvier 1704, il fut décidé à la Tournelle, au Raport de Mr. Tinfeau, entre Mr. de Chargé & les Alard, que la communion de biens ne fuffit pas entre perfonnes franches en collatérale, pour qu'elles puiffent fuccéder les unes aux autres dans leurs biens de Mainmorte ; mais qu'il faut encore celle de feu & de pain, & que le mariage de la fille rompt entr'eux la communion, comme il auroit fait entre des perfonnes de Mainmorte.

Le 16 Avril 1704, à la Tournelle, au Raport de Mr. Bocquet de Courbouzon, les conquêts de la femme de Mainmorte qui avoit époufé un homme franc, furent exceptés de fon échûte, & ajugés à fes héritiers, entre le Seigneur d'Autume & les Clerget.

Par Arrêt rendu à la Grand'Chambre, au Raport de Mr. de Mefmay de Genevreüille le 9 Août 1710, pour Mr. le Marquis de Langues contre les nommés Clerc ; il fut jugé que le partage des meubles emportoit la féparation de la communion entre une fœur & fes freres, quoique les fonds fuffent demeurés indivis.

Par un autre Arrêt rendu aux Enquêtes, entre les Jobey de Bellefontaine le 12 Juillet 1724, au Raport de Mr. Mareſchal de Longeville, il fut décidé qu'un frere n'avoit pas rompu la communion avec ſon pere, pour avoir pris une ferme, & l'avoir fait valoir de ſon chef, & ſans qu'il parut que ſes communiers y euſſent part ; parce que ſon pere & ſes freres pouvoient l'obliger à la communiquer, & que ce n'étoit pas une fixation de domicile.

Pierre Clement ſujet Mainmortable de la Seigneurie de Cleron, domicilié à Rome, laiſſa pour héritiers dans le Comté de Bourgogne, Thomas Clement ſon oncle, & Françoiſe Fontaine ſa niéce, qui tirérent deux cens piſtoles des biens qu'il avoit à Rome. Mr. de Mailleroncour Seigneur de Cleron, demanda ces deux cens piſtoles par droit d'échûte Mainmortable, parce que Thomas Clement ſon ſujet, avoit rompu la communion avec ſes parents. Elles lui furent ajugées par Sentence renduë au Bailliage de Beſançon. Apel de la part des parents, qui diſoient que la ſucceſſion ayant été ouverte à Rome, Ville libre & de privilége, ce qui en avoit été tiré, n'étoit pas ſujet à l'échûte ; il y eut partage ſur cette queſtion.

Mr. Favre Raporteur, étoit d'avis de confirmer la Sentence, ſur les raiſons ſuivantes.

L'Article premier de la Coutume du Comté de Bourgogne au titre de la Mainmorte, porte que le Mainmortable ne peut preſcrire la liberté en quelque lieu qu'il aille demeurer, & donne le droit de ſuivre ſa perſonne.

L'Article 14 établit ce droit, à l'égard de ſes biens, en quelque lieu qu'ils ſoient aſſis, quand il dit indiſtinctement, qu'il ne peut diſpoſer par actes de derniére volonté qu'en faveur de ſes communiers. Il réſulte auſſi de l'Article 15, que quand les Mainmortables ſont ſéparés de communion, ils ſont inhabiles à ſuccéder les uns aux autres, & que le droit eſt acquis au Seigneur, puiſqu'il ne leur eſt pas permis de renoüer la communion rompuë, s'il n'y conſent. La déciſion de ces Articles eſt générale ; elle n'excepte & ne reconnoît aucun privilege, elle affecte la perſonne du Mainmortable, elle régle ſon état, & fait qu'il porte ſa condition par tout ; elle influë en conſéquence ſur ſa ſucceſſion, en quelque lieu que les biens qui la compoſent ſoient aſſis. C'eſt pourquoi on ne peut opoſer fer en ce cas la réalité des Statuts; car ils ne dérogent point aux Loix qui réglent l'état de la personne, ni à ce qui en est une suite nécessaire. Sur ce principe, Coquille dans ses Institutions, tit. *des serv. pers.* parlant de la Coutume de Berri, qui porte au tit. de l'état des personnes, que sur les Habitans de Bourges n'y a droit de suite pour condition servile, dit, que comme ceux de Bourges n'ont pas le pouvoir de faire la loi à leurs voisins, ni ôter le droit d'autrui; il en faut conclure, que cet article a lieu seulement à l'égard des serfs du Pays de Berri qui vont demeurer à Bourges, & non à l'égard de ceux du Nivernois, qui portent avec eux leur servitude attachée à leurs os.

Ç'a été aussi l'avis du Parlement de Franche-Comté, puisque dans la Consultation raportée par Mr. Grivel dans sa décision 104, il a crû qu'un Seigneur du Comté de Bourgogne, étoit en droit de suivre son homme Mainmortable établi sous une autre domination dans un lieu franc, & de se faire ajuger les biens qu'il y avoit laissé. Rome n'a point de privilége particulier à cet égard : & s'il y en avoit quelqu'un, il ne pouroit avoir lieu au préjudice d'un tiers qui n'a pas été entendu, & qui a un droit acquis au moment de la séparation de ses sujets : on ne devroit pas d'ailleurs en laisser joüir les François qui quittent leur patrie pour s'établir sous une domination étrangére, au préjudice de leur Seigneur & du droit de suite, qui est un droit commun dans le Royaume. Suivant Ragueau dans son Indice, aux mots, *pourfuite, réclamer, fuite*; Masuer des succeff. Bacquet des Francs-Fiefs, chap. 3, n. 12; Chopin du Domaine, liv. 1, n. 23 & 24; Legrand Cout. de Troies, art. 3, gl. 2; Bodin en sa Républ. liv. 1, ch. 5; Dumoulin sur la Coutume de Berri, art. 1.

Mr. Tinseau Compartiteur disoit au contraire, que la Sentence devoit être réformée, & le Seigneur débouté de sa demande; il se fondoit sur les raisons qui suivent.

Si quelque Ville a dû n'avoir que des Habitants libres, c'est celle de Rome, qui a été si long-tems la Capitale de l'Univers, & qui est encore à présent la patrie commune des Catholiques. Elle joüit de cet avantage à l'égard des Mainmortes, suivant les Jurisconsultes Romains dont les Consultations sont produites au procès, & plusieurs de nos Auteurs en rendent témoignage. Chaff. des Mainmortes, art. 2, v. *quelque part;*

Boguet, art. **1**, v. *eodem*; Oncieu ch. 35 ; Le grand art. 3, gl. 2, n. 4. *Benedictus* , Duret & autres.

On convient que la Coutume du Comté de Bourgogne, est personnelle en ce qui regarde le droit de suite , & qu'elle le donne par tout où il n'y a pas des Loix, Coutumes ou priviléges qui y soient oposés ; mais elle ne peut pas le donner dans les lieux où le contraire est établi par une autorité légitime. Le sentiment oposé de Coquille est refuté par la Thaumassiere, qui dit que le privilége de la Ville de Bourges doit avoir lieu dans tout le Royaume , parce qu'il vient de la concession du Souverain , & non pas simplement de la volonté des Peuples de la Province du Berri; ce qui est apuyé par Tournet, lett. E, ch. 14; & qu'il en est comme de l'esclave, qui devient libre dès qu'il est entré en France. Le Parlement de Franche-Comté , est convenu du privilége des Villes de Touloufe & de Bourges, au nombre 47 de sa Consultation raportée par Mr. Grivel. On doit étendre ce qu'il en a pensé aux autres Villes qui ont un droit semblable. L'on dit en vain que le Seigneur de la Mainmorte a un droit acquis par la séparation de ses sujets Mainmortables , car il ne l'a que pour empêcher que ses sujets ne se réunissent sans son consentement, & il ne les peut pas empêcher de disposer par des actes entre-vifs de leurs meubles & biens francs, ni par conséquent de s'établir dans un lieu de privilége , d'y transporter leurs meubles & d'y acquérir des biens. La succession mobiliaire doit se régler par les Loix du domicile du défunt, particuliérement en matiére favorable, & quand il s'agit de conserver les biens aux héritiers du sang. La succession dont il s'agit a été ouverte à Rome ; les biens de l'hérédité y étoient situés, ils ont dû être partagés & ajugés suivant les Loix de Rome, préférables en pareil cas & pour ce qui est dans le territoire où elles ont leur force, à celles du Comté de Bourgogne qui n'ont pas lieu dans un territoire érranger lorsqu'il y en a de contraires, & même quand il n'y en auroit point , suivant l'Arrêt du Parlement de Paris cité par Mr. Grivel dans sa décis. 104. Enfin la raison alléguée par Mr. le Raporteur, que priver le Seigneur de l'échûte dans le cas qui se présente , ce seroit inviter les sujets Mainmortables à passer dans des Pays étrangers pour y acquérir la liberté, n'est pas suffisante pour dépoüiller dans l'hypothèse , les héritiers du fang , parce qu'outre que c'eft un droit réciproque entre les Souverains, d'accorder des priviléges qui s'exécutent de l'un à l'autre; il ne s'agit ici que de biens acquis à Rome, qu'on n'a raportés dans le Royaume qu'après qu'ils ont paffé dans le patrimoine des parents , fuivant les régles du lieu où ils les ont pris , & qui ne doivent plus être regardés après cela comme le bien du Mainmortable décedé fans communiers, mais comme le patrimoine de fon fucceffeur. *Hæreditas adita , non eft patrimonium defunŝti, fed adeuntis.*

Sur ces raifons, les opinions furent départies à la Grand'-Chambre, fuivant le fentiment de Mr. le Compartiteur ; & par Arrêt rendu aux Enquêtes le 20 Aout 1716, la Sentence du Bailliage & l'apellation furent mifes au néant; les deux cens piftoles raportées de Rome , ajugées aux parents , & le Seigneur de la Mainmorte debouté de la demande de cette fomme.

Le Parlement de Befançon a jugé par cet Arrêt , que l'échûte n'a pas lieu à Rome, quoique cette Ville foit fous une domination étrangere , fur les meubles du Mainmortable originaire qui y étoit domicilié , & qui en ont été tirés après fa mort. Il a reconnu que la Ville de Rome étoit privilégiée à cet égard ; & l'on peut dire encore pour foutenir fon Arrêt, que quand les Loix qui affeŝtent l'état des perfonnes , font contraires les unes aux autres , on régle leurs effets réels par le Reffort dans lequel les biens dont il s'agit font fitués ; & que les meubles qui n'ont point de fituation, fuivent la Loi du domicile, ainfi que les effets perfonnels; comme on peut le voir dans le Traité de la Communauté de Renuffon , dans celui de Lebrun, liv. 1, ch. 1, feŝt. 3, n. 18 , & dans le Journal du Palais, à la datte du 16 Juillet 1679.

La difficulté n'eft pas grande à mon fens, à l'égard des biens fitués dans la Ville du privilege ; car il me paroît hors de doute , qu'ils doivent être ajugés aux héritiers à l'exclufion du Seigneur, puifqu'on leur ajuge , fuivant nôtre Coutume, la part des conquêts de la femme Mainmortable mariée à l'homme franc ; & que la Coutume porte qu'en fucceffion au fujet Mainmortable , chaque Seigneur prend ce qui eft en fa Seigneurie. Il n'y en a point non plus quant aux fonds de Mainmorte, qui font inconteſtablement échûte au Seigneur, indépendamment de l'état de la perſonne. Mais il y a lieu de douter, à l'égard des biens de franchiſe, qui feroient fitués hors du lieu du privilege.

Duret ſur l'Article 25 de la Coutume de Bourbonnois, les donne aux héritiers. Chaſſeneuz ſur l'Article 3 de la Coutume du Duché, au mot, *quelque part*, veut que le Seigneur y ſuccéde, s'ils font dans la Coutume du Duché; & que ce ſoient les parents, ſi les biens francs font hors de cette Coutume. Boguet au contraire ſur l'Article premier de la nôtre, au mot, *quelque part*, dit qu'ils apartiendront au Seigneur, en quelque lieu qu'ils ſoient fitués.

Ce ſentiment de Boguet me paroît le plus juſte, pourvû que ces biens ne ſoient pas aſſis dans une Coutume excluſive de la nôtre, & qui s'opoſe expreſſément à la ſucceſſion du Seigneur. Car la liberté du lieu de privilege ne regarde que les biens qui y font fitués, ou ſi elle influë ſur la perſonne, ce n'eſt que reſpectivement, & par raport ſeulement au lieu du privilege; ce qui n'empêche pas que le ſujet demeure Mainmortable à l'égard de ſon Seigneur; & ſi le Roi même ne doit pas affranchir de la Mainmorte, fans que le Seigneur ſoit indemniſé, comme il a été jugé par un Arrêt du Parlement de Paris, raporté par Bacquet dans ſon Traité des Francs-Fiefs, ch. 3, n. 13, le privilege accordé à une Ville peut-il avoir cet effet que le Seigneur ſoit privé de toute la ſucceſſion? car quand il ne ſuccéde qu'aux biens de ſa Mainmorte, ce n'eſt pas par droit de ſucceſſion, mais de réunion.

L'on opoſeroit en vain, que les Coutumes ne s'étendent pas hors de leur territoire; car ſi cette maxime eſt vraie par raport aux biens, il n'eſt pas moins vrai auſſi que quand elles ont réglé l'état de la perſonne, elles portent par tout cet état & les obligations qui y font attachées. Or le droit de ſuccéder au Mainmortable, eſt une ſuite & un acceſſoire de ſon état, qui peut bien être purgé, ou ſon effet empêché par raport au lieu du privilege, mais qui ne doit pas s'étendre plus loin au préjudice d'un tiers.

Il me femble même qu'on peut perfectionner cette Juriſprudence par quelques diſtinctions. Car ou le privilege eſt accordé par le Souverain du lieu du privilege, & de celui dont le Mainmortable tire son origine ; ou c'est par un Souverain étranger ; ou ce privilege dérive d'une simple Coutume. S'il dérive d'une simple Coutume, il n'opere que sur les biens situés dans le Ressort de cette Coutume ; si c'est par un Souverain étranger, il n'a de force que dans ses Etats : mais si c'est par le Souverain commun du lieu du privilege & de celui de l'origine du Mainmortable, il peut être étendu aux biens de franchise, en quelque lieu qu'ils soient, pourvû que le Seigneur soit indemnisé, suivant la Jurisprudence de l'Arrêt raporté par Bacquet.

On peut aussi juger la question par la qualité du privilege ; car s'il deffend seulement de prendre l'échûte Mainmortable dans le lieu du privilege, il sera borné à cet effet ; mais s'il affranchit la personne, le privilege accordé par le Souverain de deux lieux, aura son effet par tout.

TITRE XV. DE LA COUTUME DU COMTE'
de Bourgogne.

De la Mainmorte.

ARTICLE PREMIER.

L'Homme de Mainmorte ne peut prescrire, ne acquerir franchise ne liberté contre son Seigneur, fors que au cas ci après déclaré : & sans avoir titre vaillable, & laps de tems ne lui peut profiter quelque part qu'il voise demeurer : suposé qu'il voise demeurer hors du lieu de la Mainmorte.

II.

L'homme franc qui va demeurer en lieu de Mainmorte, s'il y prend meix, ou devient par convenance homme de ladite condition, il demeure homme Mainmortable pour lui, & sa postérité à naître.

Déclaration du précédent Article par le Roi Philippe II.
sur requisition des Etats.

Sur ce qu'a été remontré par le récès des Trois Etats du

Comté de Bourgogne , convoqué & affemblé en la Ville de
Dole , le fecond de Mars derniérement paffé ; que au regard
des Articles coutumiers dudit Comté, par lefquels il eft dit ,
que l'homme franc réfidant an & jour , ou prenant meix ,
ou bien décédant en lieu Mainmortable , acquiert ladite
condition; lefdits Etats fupplient Sa Majefté déclarer que ces
Articles coutumiers n'auront lieu au regard des Curés & Chapelains d'origine franche, qui par la defferte des Bénéfices &
réfidence , y décédent en la maifon Paroiffiale , ou autres où
ils demeurent par an & jour ; attendu que c'eft chofe indigne,
que le Prêtre ou Curé étant le Pafteur ou pere fpirituel du
Seigneur même , & demeurant en la maifon Paroiffiale , qui
n'eft tenuë ni réputée Mainmortable , puifqu'elle ne fait
écheute audit Sieur ou autre , à qui telle condition apartiendroit ; & ce pour éviter plufieurs difficultés qui en peuvent
fuccéder ; Sadite Majefté , ce que deffus confideré, & trouvant
ladite Requête bien fondée , a déclaré par cette , que les Articles coutumiers n'auront lieu au regard des Curés & Chapelains d'origine francs. Ordonnant à tous Jufticiers, Officiers
& fujets , fe régler felon ce , nonobftant lefdits Articles coutumiers.

III.

L'homme franc qui fe marie à femme de Mainmorte , &
va demeurer fur le meix de fa femme , de ladite condition
de Mainmorte ; s'en peut aller & partir quand bon lui femble,
vivant fa femme , ou après le trépas d'icelle dedans l'an &
jour ; en délaiffant au Seigneur de la Mainmorte , les meix ,
héritages & biens étants en ladite Mainmorte , & demeure
franc : & s'il meurt demeurant en ladite Mainmorte, il eft
réputé homme Mainmortable & fa poftérité.

IV.

L'homme de Mainmorte pour lui & fa poftérité à naître,
pour fes enfants nés , étant en communion avec lui tant feulement ; peut délaiffer & abandonner fon Seigneur , en renonceant audit Seigneur fes meix & héritages Mainmortables,
& la tierce partie de fes meubles tant feulement , fi c'eft au
tort dudit Seigneur : & fi ce n'eft au tort dudit Seigneur ,
fera ledit homme tenu de délaiffer avec lefdits meix & héritages , les deux parts de fefdits meubles, quelque part qu'ils

foient, & par cette maniere acquerra ledit homme franchife & liberté pour lui, & fadite poftérité deffus déclarée.

Articles fervants d'interprétation.

Et à l'inftance des Etats, déclarons que le fujet Mainmortable prétendant obtenir affranchiffement par la voie de défaveu, fera tenu de outre le général abandonnement de fes biens immeubles au profit du Seigneur de la Mainmorte, donner particuliére déclaration de fes meubles, & par ferment fe purger fur la vérité d'icelle, & qu'il n'en a recelé aucuns: & où toutesfois fur la recherche de la vérité y auroit difficulté, n'entendons que pour autant, la déclaration de liberté foit differée. Bien entendu toutesfois, qu'où ledit fujet y auroit procedé par malice ou fraude, le Juge devant lequel fe traiteroit dudit défaveu, y ordonnera foit fur la nullité d'icelui & de ce qu'en fera enfuivi, ou autrement comme en droituriere juftice, il verra convenir.

V.

L'homme franc affranchit fa femme Mainmortable, au regard feulement des acquêts & biens meubles faits en lieu franc, & des biens, que lui aviendront en lieu de franchife; & fi elle trépaffe fans hoirs de fon corps demeurant en communion avec elle, & fans avoir été féparés; le Seigneur de la Mainmorte dont elle eft née, emporte le dot & mariage qu'elle a apporté, & les trouffel & biens meubles, ou ce que fera en nature defdits trouffel & biens meubles, qu'elle en a aporté.

V I.

Le Seigneur demeure faifi des biens de fon homme Mainmortable, quand le cas de la Mainmorte avient.

V I I.

Le Seigneur prend les meubles, immeubles, & biens quelconques, de la fucceffion des Prêtres & Clercs fes hommes de condition Mainmortable, de quelque état qu'ils foient; s'ils n'ont parents communs & demeurants avec eux, qui leurs doivent fuccéder felon la nature de Mainmorte.

V I I I.

En lieu de Mainmorte, la fille mariée en fon partage peut retourner pour avoir & recouvrer fon partage, ou provifion des biens de pere, ou de mere : pourvû qu'elle retourne

géſir la premiere nuit de ſes nôces, en ſon meix & héritage.

I X.

Si une franche femme ſe marie à un homme de Mainmorte (vivant ſon mari) elle eſt tenuë & réputée de Mainmorte : & après le décès de ſondit mari, elle ſe peut départir du lieu de Mainmorte, & aller demeurer en lieu franc ,
ſi elle veut, & demeure franche comme elle étoit auparavant
ce qu’elle vint demeurer audit lieu de Mainmorte ; en délaiſſant dedans l’an & jour après le trépas de ſondit mari, ledit
lieu de Mainmorte, & le meix , & tous les héritages d’icelui ſon mari étant audit lieu de Mainmorte. Et ſi ladite
femme y demeure plus d’un an & jour , elle ſera de la condition dudit meix Mainmortable.

X.

En lieu & condition de Mainmorte , l’enfant enſuit la
condition du pere.

X I.

Gens de Mainmorte, qui n’ont abandonnés leurs meix ou
héritages Mainmortables en la maniere deſſus déclarée, mais
tant ſeulement s’en ſont abſentés, & dedans dix ans retournent pour ravoir leurdit meix & héritages ; ils y ſeront re-
ceus par leurs Seigneurs, en payant & rendant tous frais &
miſſions , pour réparations néceſſaires faites pendant ledit
tems éſdits meix & héritages : & ſeront les fruits & profit
deſdits meix & héritages, écheus durant leſdits dix ans audit
Seigneur. Et ſi leſdits gens de Mainmorte ne les requiérent
dedans ledit terme de dix ans , leſdits Seigneurs en pourront
faire leur plaiſir & profit.

X I I.

L’une des Seigneuries de Mainmorte n’acquiert point ſur
l’autre ; qu’eſt à entendre , que ſi un homme de Mainmorte
va demeurer en autre lieu Mainmortable, que de ſon Seigneur, & la Mainmorte a lieu , chacun Seigneur prend , &
a ce qui eſt en ſa Seigneurie Mainmortable , tant en meubles comme héritages : & ce qui eſt en franc lieu , tant
meubles qu’héritages , eſt au Seigneur de la Seigneurie Mainmortable de qui il eſt originellement ; & demeure chacun
deſdits Seigneurs ſaiſi de la portion deſdits biens.

XIII.

XIII.

L'homme de Mainmorte ne peut vendre, aliéner, ni hypotéquer l'héritage de Mainmorte, sans le consentement du Seigneur ; & s'il est aliéné, & la possession réelle prise sans ledit consentement, il est commis audit Seigneur.

Est interprété par le suivant, à la requisition des Etats. 1606.

L'héritage de Mainmorte, soit qu'il apartienne à homme franc ou de Mainmorte, ne peut être vendu, aliéné, ni hypotéqué, sans le consentement du Seigneur ; & s'il est aliéné, & la possession réelle prise sans ledit consentement, il est commis audit Seigneur.

XIV.

L'homme de Mainmorte ne peut disposer de ses biens meubles, ni héritages, quelque part qu'ils soient assis, par ordonnance de derniere volonté, ni par donation à cause de mort ; réservé au profit de ceux étant en biens communs avec lui, qui par Droit Coutumier lui pourroient & devroient succéder.

XV.

Gens de Mainmorte communs en biens, qui se divisent & séparent de ladite communion, ne peuvent jamais être réputés communs en biens après ladite séparation, sans le consentement de leur Seigneur.

XVI.

Gens de Mainmorte ne peuvent succéder les uns aux autres, sinon tandis qu'ils sont demeurants en commun.

XVII.

La Coutume par laquelle l'on dit, que le feu & le pain, partent l'homme de Mortemain, est entenduë, quand gens de Mainmorte font leurs dépens chacun à sa charge, & séparément l'un de l'autre, supposé qu'ils demeurent en une même maison.

XVIII.

Le Seigneur (quand échûte, & succession de Mainmorte, a lieu) prend les héritages étans en sa Seigneurie Mainmortable, sans pour raison d'iceux payer les dettes de son homme trépassé : si lesdits héritages, du consentement dudit Seigneur, n'étoient pour ce obligés & hypotéqués ; & s'il prend

G g

les meubles étants en ladite Mainmorte, & dehors, & les héritages étants en lieu franc demeurés de ladite échûte, il eſt tenu de payer ſur iceux les frais funéraux de ſondit homme, & après ſe payera avant toute œuvre, de ce que ſondit homme lui devoit au jour de ſon trépas : & au ſurplus payera les dettes de ſondit homme, tant que leſdits biens ſe pourront étendre, ou les abandonnera aux créanciers.

Article des anciennes Ordonnances au fait des Mainmortes.

L'héritage Mainmortable, acquis depuis le mois de Juin quinze cent quarante-neuf, par homme franc, doit retourner au Seigneur de Mainmorte, ſi ledit homme franc décéde ſans délaiſſer hoirs de ſon corps, ou autre en communion avec lui, qui par droit lui doive ſuccéder.

F I N.

TABLE DES CHAPITRES.

TABLE

DES MATIERES CONTENUES
dans le Traité des Mainmortes.

F

F I N.

TRAITÉ
DES RETRAITS
LIGNAGER,
FEODAL, ET EN CENSIVE.

CHAPITRE PREMIER.

Du Retrait lignager en général.

L E Retrait lignager confiste dans le droit de prendre l'héritage aliéné à titre de vente ou d'un autre contrat équipollent à vente, par un parent auquel il étoit ancien ; en remboursant le prix, les frais & les loyaux coûts, ensorte que l'acquereur soit pleinement acquitté & indemnisé. La conservation dans les familles des biens qui y sont anciens, a été le motif de l'introduction de ce Droit. Il étoit en usage parmi les Hébreux, & le Droit Romain l'avoit admis ; mais comme il troubloit le commerce, les Empereurs Valens, Theodose & Arcadius le rejettérent par une Constitu-

A

1 *L. Dudum*
14. *Cod. de
contr. empt.*

tion expreſſe.[1] Nos Coutumes l'ont rétabli,& pluſieurs d'entre elles lui ont même donné la préférence ſur le Retrait féodal & cenſuel.

Quoique la Coutume du Comté de Bourgogne l'ait beaucoup favoriſé, elle a cependant décidé que le Seigneur cenſier qui voudroit uſer du droit de retenuë, ſeroit préféré au

2 *Art.* 5, tit.
des réachats.

parent; [2] cette diſpoſition a été étenduë au Seigneur féodal par un Edit : le Seigneur qui a le domaine direct, a un droit primitif & ſupérieur, fondé ſur la nature de la conceſſion, ſur le Droit commun, & ſur la Coutume qui lui donne auſſi le droit de retenuë; or *minus dignum, cedit magis digno*; la réunion du domaine utile au direct, eſt plus naturelle, que la tranſlation du domaine utile à un parent par la voie du Retrait; & par nôtre Droit commun le Seigneur eſt

3 *L. fin.Cod.
de jur.emphys.*
4 §. 1. *de
prohib. alien.
feud.*

préferé à l'acheteur du fond donné en emphytéoſe, [3] & le Fief ne pouvoit pas être aliéné ſans ſon conſentement. [4]

L'on a douté s'il y a lieu à cette préférence, quand le Seigneur céde ſon droit de retenuë. Le Parlement de la Province a jugé pour l'affirmative, le 3 Janvier 1620, entre les nommés Meneſtrier & Ferriot; quoiqu'il ne conſtât de la ceſſion que par un écrit privé mis en marge du contrat, & qu'il y fut dit, que le Seigneur avoit reçû les lods; l'on eſtima qu'il les avoit reçûs, comme le prix de la ceſſion de ſon droit; que puiſqu'il pouvoit le céder, il pouvoit auſſi tranſferer la préférence qu'il avoit ſur le parent; & qu'on devoit ajouter foi à ſon écrit privé, tandis qu'on n'en prouvoit pas l'antidatte, parce qu'il n'eſt pas d'uſage dans la Province, que les Seigneurs donnent leurs conſentements,& cédent leurs droits de retenuë par des actes autentiques. Mais il faut que la ceſſion de ce droit ſoit expreſſe, particuliérement quand le Seigneur la fait au vendeur, pour exclure le Retrait lignager; & qu'il n'y ait rien d'équivoque, comme il ſe trouveroit s'il avoit dit : je conſens au préſent contrat, & cependant je céde mon droit de retenuë; ce ſeroit une variation & une contradiction qui pouroit rendre cette ceſſion inutile, & l'on a coutume de ſe ſervir de ces termes : J'uſe de mon droit de retenuë, & je le céde à un tel. Il eſt même à propos quand on reçoit quelque choſe, en faiſant cette ceſſion, de dire que c'eſt pour le prix de la retenuë; car ſi l'on diſoit que c'eſt pour les lods, ce feroit un ſujet de difficulté.

Comme le Retrait lignager gêne la liberté, qu'il eſt ſouvent cauſe que le propriétaire ne trouve pas à vendre ſon héritage ancien, ou qu'il eſt obligé de le laiſſer à vil prix, & qu'il donne occaſion à des pactes frauduleux, & à de faux ſerments ; on le tient communément pour être de Droit étroit, c'eſt-à-dire qu'on y doit obſerver tout ce que les Coutumes qui l'autoriſent ont preſcrit, l'apliquer à la lettre, & ne pas l'étendre à d'autres cas, particulierement quand il y a quelque ſoupçon que le Retrait ſe fait en fraude ; cette maxime eſt d'autant plus juſte parmi nous, que le Retrait lignager eſt contraire à la Loi Romaine, qui eſt nôtre Droit commun, & que la conſervation du bien dans les familles dans leſquelles il eſt ancien, ne nous a pas paru aſſez forte, pour empêcher toute perſonne qui eſt capable de teſter, de diſpoſer à ſon gré de ſes propres par des actes de derniere volonté.

Quoique nous eſtimions que la retenuë féodale ou en cenſive puiſſe être cédée, & que nous l'ayons miſe au rang des Droits utiles, nous ne penſons pas de même ſur le Retrait lignager, parce que le motif qui l'a fait introduire, ne ſe trouveroit pas dans la ceſſion qui en feroit faite à un homme qui ne feroit pas parent ; nous avons un Article qui le décide de la ſorte : [1] mais ce même Article permet de céder le droit de Retrait à un homme du lignage du vendeur, parce que cette ceſſion ne feroit pas ſortir la choſe de la parenté.

Cependant comme le parent qui céderoit ſon droit à un autre plus éloigné, feroit tort à ceux qui auroient été plus habiles au Retrait que le ceſſionnaire, ſi celui-ci pouvoit uſer du droit du cédant ; l'on a entendu cet Article, de maniere que le cédant s'exclut ſimplement de la faculté d'uſer du droit de Retrait, & qu'il ne le tranſmet pas au parent à qui il le céde pour l'exercer à ſa place, & uſer de ſon droit : *abdicat jus à ſe, ſed non tranſmittit.* Le Parlement de la Province l'a ainſi jugé, par Arrêt rendu le dernier Mai 1647, entre les nommés Michel & Epailli ; & dèſlors le 30 Aout 1710, aux Enquêtes, au Raport de Mr. Dorival, entre les Srs. Maigrot, Claude Colin & Claudine Moine.

Il a été jugé auſſi le 12 Décembre 1621, entre les nommés Siroille, qu'encore que la ceſſion du Retrait à un étranger

[1] Art. 10, tit. des réach.

fût nulle, comme étant défenduë par la Coutume, le cédant ne pouvoit cependant plus ufer de ce droit : c'eft parce qu'il s'en départ & y renonce en le cédant, qu'il marque par là qu'il ne veut pas en ufer pour lui, & qu'il mérite de le perdre par fa contravention. *Fruftra Legis auxilium implorat, qui committit in Legem.*

L'on tient communément que le Retrait ne fe divife pas, & que quand plufieurs héritages anciens font vendus par un feul prix, le parent doit les tous retirer, & qu'il ne doit pas être admis à n'ufer de fon droit que fur quelques-uns. Il y a même des Coutumes, qui veulent qu'il retire l'acquêt avec l'ancien, quand ils ont été aliénés l'un & l'autre fans fraude, *unico pretio* : c'eft parce qu'en ce cas l'intention de l'acheteur a été de tout acquérir *in globo*, qu'il a acquis un héritage en confidération de l'autre, & qu'on ne peut le plus fouvent lui en ôter quelques-uns, fans lui faire tort, & diminuer le prix de ce qui lui refte.

Nôtre Coutume contient une difpofition contraire ; car elle dit que de plufieurs héritages anciens vendus enfemble, le parent peut en retirer un & fes apartenances, fans retirer les autres ; [1] ellé a crû qu'il y avoit autant de ventes que d'efpèces venduës : *fcire debemus, in ftipulationibus, tot effe ftipulationes quod fummæ ; & tot ftipulationes, quot res funt* ; [2] mais cette propofition n'eft pas aplicable aux efpèces qui ont été jointes & unies par une raifon particuliere, & dont on n'a fait qu'un feul prix ; car la Loi décide en ce cas, qu'il n'y a qu'une vente. [3]

La difpofition de nôtre Coutume eft non-feulement finguliere, mais encore imparfaite en ce point : c'eft pourquoi elle doit être reftrainte autant qu'il fe peut, comme étant contre l'équité ; ainfi par Arrêt rendu entre les nommés Philippe & Cointe au mois de Mars 1621, il fut jugé dans le cas d'une maifon qui ne pouvoit pas fe divifer commodément, & qui étoit en partie ancienne & en partie acquife, que le parent n'étoit pas recevable à ne retirer que la partie ancienne, lorfque des fonds ont été unis par la deftination du pere de famille, enforte que l'un eft néceffaire à l'autre, comme s'il s'agiffoit d'un jardin acquis pour fervir à une maifon ancienne, on ne devroit pas les féparer par le Retrait,

[1] Art. 9, tit. des réach.

[2] L. Scire 29. ff. de verb. oblig.

[3] L. 5. ff. de condit. inftit. L. 79. de leg. 3. L. 44. de contr. empt. L. 17. de in diem addict. L. 34. de ædilit. edict. eod.

car ils ne font plus qu'un même héritage; & fi nôtre Coutume
permet de retirer l'un de plufieurs anciens héritages vendus ,
elle veut qu'on le retire tout entier; elle veut auffi qu'on retire
les apartenances, & par conféquent le principal & l'acceffoire,
qui diminuënt prefque toujours de valeur quand ils font féparés, & dont un acheteur n'auroit pas acquis l'un fans l'autre.

Il a auffi été jugé par Arrêt rendu à l'Audiance de relevée
du 7 Mars 1729 , entre les Sieurs Paliard Apellants & Anne
Reud Intimée ; qu'à Befançon , le parent doit retraire tout
ce qui a été vendu *unico pretio* , à moins que l'acquereur ne
veüille bien confentir d'en garder une partie. La Coutume du
Comté de Bourgogne , n'a pas force de Loi à Befançon ; elle
n'y eft regardée que comme une autorité écrite , qu'on ne
fuit pas quand elle contient des difpofitions irréguliéres, comme eft celle par laquelle elle permet de retraire l'un de plufieurs héritages vendus pour un feul prix.

On tient communément que les Coutumes qui difpofent
du Retrait font réelles, & qu'on doit fuivre pour l'exercer , la
difpofition de celle fous laquelle le fond qu'on retire eft fitué.
C'eft ce qui a fait penfer à quelques-uns , que ce retrait devoit
être intenté devant le Juge de la chofe. D'autres ont crû , que
ce devoit être devant le Juge du domicile de l'acheteur , &
que l'action étoit perfonnelle *in rem fcripta*. Nous l'avons regardée comme mixte : parce qu'encore qu'elle tende à la dé-
fiftance de la chofe, elle tire fon origine d'un contrat, & elle
eft donnée par la Coutume *condictio ex lege*. Nous eftimons
donc qu'il eft au choix du parent de fe pourvoir pardevant
le Juge du domicile de l'acheteur ou pardevant celui de la
fituation de la chofe. Le Parlement de la Province l'a ainfi
jugé à l'Audiance publique le 20 Mars 1680, entre les Sieurs
Chapuis & Mignot. Mais les Préfidiaux ne connoiffent
pas du Retrait dans leur reffort.

Il fuit de ce que nous eftimons le droit de Retrait réel en
partie, que le parent a le droit lorfque l'héritage a été aliéné
par l'achéteur pendant l'année du retrait , de l'exercer contre
l'acheteur ou contre le poffeffeur actuel , à fon choix (ce qui
eft décidé par nôtre Coutume [1]) & cela quand même l'héritage auroit paffé par plufieurs mains, & que le poffeffeur actuel le tiendroit à titre lucratif.

[1] Art. 13, des réach.

Mais si la seconde aliénation est à titre onéreux, de laquelle est-ce que le Retrayant remboursera le prix? il semble que ce doit être celui de la premiere, parce que c'est celle qui a donné lieu au Retrait ; & tandis qu'il a pû être exercé, l'héritage n'a pas dû être aliéné de nouveau. Il en est comme du réachat conventionnel, qui peut être exercé contre tout possesseur, & dans lequel suivant l'Article trois cens soixante-cinq de nos anciennes Ordonnances, le prix de la premiére vente doit être rendu, en quelles mains que l'héritage ait passé & à quel titre qu'il ait été aliéné, sauf en l'un & l'autre cas, le recours du nouvel acquereur contre son vendeur. Cependant on juge en Bourgogne, que si le prix de la seconde aliénation est moindre que celui de la premiere, le parent en profite, & qu'il peut rembourser sur cette seconde aliénation; *quia emptor potest meliorem conditionem consanguinei facere, non deteriorem.*

Le Retrait étant exercé & dûëment consommé, l'acheteur est quitte de toutes les obligations qu'il avoit contractées par son acquisition. Le Seigneur censier ne peut pas même agir contre lui pour les lods ; c'est parce que son contrat est résolu, qu'il doit être pleinement indemnisé, & que l'éviction qu'il a souffert, vient de la Loi qui subroge à sa place le parent ; lequel par conséquent n'a point de dommage à prétendre, sous prétexte que le contrat auroit été déclaré nul depuis le Retrait. Ainsi le Parlement de la Province a jugé pour le Sieur de la Breteniere le 9 Août 1596, qu'après le Retrait exécuté, l'acheteur est quitte de toutes les charges ausquelles il s'étoit engagé par son acquisition; la même chose avoit été décidée peu de tems auparavant pour le Sieur Prieur de Mortaux, dans le cas du Retrait féodal.

Il suit encore de ces raisons, que les charges, servitudes & hypotéques constituées par l'acquereur s'évanoüissent, parce que le Retrait anéantit son acquisition & tout ce qui l'a suivi ; il en est comme s'il n'avoit jamais acquis. C'est aussi parce que le parent tient l'héritage de la Loi & non de l'acquereur, qu'il n'est pas obligé d'entretenir le bail que l'acquereur a fait, quoique celui-ci soit tenu des dommages & interêts du fermier, parce qu'il n'a pas dû affermer, sçachant qu'il pouroit être évincé par le Retrait.

L'on demande fi le Retrait étant confenti par l'acquereur ou adjugé, il eft libre au parent de s'en défifter en payant les dépens. L'opinion commune eft, qu'il ne le peut plus malgré l'acquereur, & c'eft la plus jufte ; parce que les chofes ne font pas dans leur entier, & que le confentement de l'acquereur ou l'adjudication, forment une efpèce de contrat : la chofe commence à apartenir dèslors au Retrayant, & à être à fon péril ; d'où l'on conclut que s'il y furvient quelque perte ou diminution depuis le Retrait, il doit la fuporter, non pas qu'il ne fut déja le maître de la chofe dont la tradition ne lui avoit pas encore été faite, mais parce que l'acquereur étoit en retard, *in mora tradendi* ; ce qui rend en pareil cas le vendeur refponfable des pertes qui arrivent fur la chofe venduë *in fpecie.*

CHAPITRE SECOND.

Des chofes qui font fujettes au Retrait lignager.

PUifque le Retrait lignager a été introduit pour conferver les biens dans les familles, il s'enfuit qu'il n'y a que ceux qui font anciens au vendeur, & d'une nature ftable, comme les immeubles réels & effectifs, qui foient fujets à ce droit.

Ainfi les meubles quoique précieux, ne font pas fufceptibles du Retrait ; ni les rentes conftituées, & rachetables, parce qu'elles ne font immeubles que par fiction, & qu'elles fe réduifent en argent ; ni les Offices, parce qu'ils font toujours cenfés apartenir au Roi ; ni l'ufufruit, parce que le fond refte au vendeur, & qu'il ne donne pas un droit perpétuel ; ni les fruits pendants & les bois de futaie quand ils font vendus pour être coupés, parce qu'ils font deftinés par l'aliénation qui s'en fait, à être féparés du fond. L'on peut dire la même chofe, des maifons qui ne font pas fondées en terre, comme nous en avons en Breffe, quand on les vend pour être débâties & tranfportées ailleurs.

Il n'y a donc proprement que ces héritages, *res foli,* & les rentes fonciéres & irrédimables, parce qu'elles font un

bien permanent, & qu'elles tiennent lieu de l'héritage même,
qui foient des biens fujets au Retrait. Nôtre Coutume n'en
nomme point d'autres : cependant l'on y affujettit encore
par identité de raifon, les cens Seigneuriaux & emphytéoti-
ques & tous les droits réels qui fubfiftent par eux-mêmes, & qui
peuvent aporter de l'utilité au Retrayant ; ainfi que toute action qui tend à retenir ou à recouvrer l'immeuble, fur lequel
on auroit pû ufer du Retrait en cas d'aliénation ; *is enim qui*
habet actionem ad rem recuperandam, rem ipfam habere videtur: ¹
c'eft pourquoi le droit de rémeré, réfervé par le vendeur &
par lui aliéné dèflors, peut être retiré par le parent : le Parlement de la Province l'a ainfi jugé le 24 Mai 1561, entre les
Tuebois & les Page de la Loie ; & aux Arrêts de Noël de l'an
1563, entre Pierre Jobert & Mr. de S. Mauris.

Que dirons-nous fi la rente fonciére & irrédimable, qui
étant fujette au Retrait, a été amortie par celui qui la devoit ?
il me femble que ce n'eft là qu'une fimple libération, & que
la rente étant éteinte par une convention légitime & fans
fraude, on ne doit pas la faire revivre en faveur du parent,
dont le droit n'eft pas d'ailleurs fi favorable, qu'il puiffe empêcher un propriétaire d'acquerir la liberté de fon fond.
On doit dire la même chofe des fervitudes prédiales, ra-
chetées & éteintes par convention.

Au refte, les biens de Fief ou chargés de cens en directe,
ceux même de mainmorte, peuvent être retirés par le parent
du vendeur ; ce qui ne préjudicie point au Seigneur, car s'il
a ufé du droit de retenuë, il n'y a pas lieu au Retrait ; s'il a
fimplement confenti à l'aliénation, il eft cenfé avoir bien voulu
laiffer au parent l'exercice du droit que la Coutume lui donne ;
& fi c'eft un Seigneur de mainmorte qui n'ait pas encore
donné fon confentement, il poura le refufer au parent qui
lui préfentera le contrat, s'il ne lui eft pas agréable.

La feconde qualité à confiderer dans les biens que l'on
veut retraire, eft qu'ils foient anciens au vendeur ; fur quoi
les Coutumes ont des difpofitions différentes, aufquelles il
faut fe conformer. Le Retrait imite la fucceffion, dans la plûpart de ces Coutumes. A Befançon, le bien n'eft ancien en
Retrait, que quand le vendeur & le parent font defcendus
de l'ancien poffeffeur. Il n'en eft pas de même dans le Comté

de

---

de Bourgogne ; car quoique en fucceffion l'on n'y eftime anciens, que les biens de ligne qui viennent de la fouche commune du défunt & de celui qui prétend fuccéder, nous n'y
diftinguons que de deux fortes de biens, quand il s'agit du
Retrait, les anciens & les acquêts. Nôtre Coutume ne parle
que de ces deux efpèces, & ne les raporte qu'au vendeur,
fans parler de ce qu'ils font à l'égard du parent, ni exiger
qu'il foit de la ligne dont les biens font mouvants ; elle ne
demande autre chofe, fi ce n'eft en général & fans limitation
qu'il foit parent du vendeur qui a aliéné fon ancien héritage.

Il fuffit donc, pour que les biens foient anciens en Retrait
parmi nous, que le vendeur ne les ait pas acquis, & qu'ils
lui viennent d'un de fes parents, foit en ligne directe, foit
en ligne collatérale ; ainfi un parent du vendeur du côté maternel, peut retraire les héritages que le vendeur a eu de fon
pere ou de quelque parent du côté paternel ; cette difpofition
de nôtre Coutume, qui a voulu aparemment éviter la difcution fur l'origine des biens en matiére de Retrait, & y apeller
les parents en général, comme ils le font à la fucceffion par
le Droit Romain ; me paroît être une imperfection, parce
qu'elle donne à ce droit une trop grande étenduë, & qu'elle
fort du véritable motif qui l'a fait introduire ; c'eft pourquoi
on a d'abord eu peine à s'y rendre fur ce point, cependant
elle a été foutenuë par la Jurifprudence des Arrêts ; car le
Comte de S^te. Croix, ayant vendu un Domaine dont il avoit
hérité de fa tante paternelle qui en avoit fait l'acquifition ;
Madame d'Efvans fa coufine du côté maternel, le retira ;
on lui opofoit qu'elle ne defcendoit pas de la perfonne qui
avoit mis les biens dans la famille, & qu'elle n'étoit pas
même parente au vendeur du côté de l'ancien poffeffeur. Mais
le retrait fut jugé valable, de l'avis des Chambres, par Arrêt
du 29 Novembre 1608. Mr. Jobelot dit que la même chofe
a été jugée dèflors, le 4 Août 1689, entre Jean Bichet & le Sr.
Calf ; & Mr. Boguet fur l'article premier du titre des Retraits,
qu'elle l'avoit déja été en 1574.

Non-feulement l'héritage que le vendeur a eu de fes parents
à titre lucratif, eft fujet au Retrait lignager, mais encore celui qu'il a acquis d'eux, lorfqu'il leur étoit déja ancien ; c'eft
parce qu'il ne perd pas cette qualité, tandis qu'il refte dans

B

la parenté , à quelque titre qu'il paſſe de l'un des parents à l'autre ; & que l'on ne doit pas imputer à faute aux parents de ne l'avoir pas retiré ſur une aliénation faite dans la famille ; ainſi un frere ayant acheté de ſon frere un héritage ancien au vendeur , & l'acheteur l'ayant vendu après vingt ans de poſſeſſion ; le fils du premier vendeur fut admis au Retrait ſur cette ſeconde aliénation , par Arrêt du 14 Février 1608. On l'a jugé de même le 22 Mars 1667, entre Claude Pageot & Claude Villermot, d'une part, Jeanne Bartet & Leonard Prudon, d'autre.

Il a été auſſi jugé aux Enquêtes au Raport de Mr. Olivet le 30 Août 1714 , entre les Sieurs Dupleſſis & Daval, que l'héritage acquis par un parent qui n'étoit pas ſucceſſible , parce qu'il n'étoit parent du vendeur qu'au quatriéme degré , demeuroit ſujet au Retrait au cas d'aliénation par ce nouvel acquereur. C'eſt le ſentiment commun , & la plûpart des Coutumes du Royaume, le diſpoſent ainſi. Il ſuffit qu'on ſoit ſucceſſible *habitu* à l'héritage qu'on acquiert, quoiqu'on ne le ſoit pas *actu* , pour qu'il ne ſoit pas regardé comme acquét en Retrait.

L'on a encore paſſé plus loin ſur cette queſtion ; car un parent ayant acheté par decret les biens anciens de ſon parent, & les ayant revendus ; il fut dit que le decret ne purgeant que les hypotéques , & ne changeant pas la qualité des biens, ceux-ci étoient demeurés anciens & ſujets au Retrait, quoique nous ayons un Article de Coutume , qui exclut le Retrait lignager des ventes par decret. L'Arrêt eſt du 21 Septembre 1623, entre Demoiſelle Magdelaine Nardin & Mr. Michatey.

L'on doit conclure à plus forte raiſon, que l'héritage retiré par Retrait lignager, demeure ancien à tous les parents, & ſujet au Retrait en leur faveur. Un Article de nôtre Coutume le décide expreſſément. [1] Il n'en eſt pas de même de ceux qui ſont acquis par droit de Retrait féodal ou en cenſive , & par commiſe ou échûte ; car quand même le Seigneur les réuniroit à ſon Domaine , nous les regardons comme des fruits , & des acquêts auſquels le Retrait lignager n'a pas lieu.

Les héritages dans leſquels on rentre , par une cauſe tirée de l'aliénation même qu'on en avoit faite , ne ſont pas regardés comme acquêts. Ainſi l'ancien qu'on a recouvré par la

[1] Art. 11, des réach.

nullité de la vente, par la reſciſion pour cauſe de léſion, par l'exécution d'un droit de réachat conventionel ou de quelque autre pacte réſolutif, demeure ſujet au Retrait lignager comme il l'étoit avant qu'il fut aliéné.

L'héritage acquis en échange d'un ancien, lui étant ſubrogé, eſt réputé ancien & ſujet au Retrait ; le Parlement de la Province l'a ainſi jugé le 10 Juin 1648, dans le cas de l'échange des fonds dotaux d'une femme contre d'autres héritages. Mais que dira-t-on, s'il y a ſoulte dans l'échange ? Quelques Auteurs penſent qu'il y a lieu au Retrait, juſqu'à concurrence de la ſoulte ; cette opinion me paroît embaraſſante, & ne devoir pas être ſuivie en faveur du Retrait lignager, qui n'eſt pas favorable & qui doit être interprété ſtrictement ; il me ſemble donc, que le Retrait n'a lieu que quand la ſoulte prépondere, & vaut mieux que ce qui eſt donné avec elle par maniére de contr'échange, parce qu'alors le contrat, quoique qualifié d'échange (ce qui ſe fait ſouvent en fraude) eſt une véritable vente. Je trouve cette opinion autoriſée par l'Article de nôtre Coutume qui dit, qu'il y a lieu au Retrait, quand le parent qui donne ſon héritage à cenſe, prend pour entrée, une ſomme qui vaut plus que la cenſe qu'il ſe réſerve. [1]

La maiſon bâtie ou rétablie ſur un fond ancien eſt ancienne, *quia ſolo cedit*, & que c'eſt une acquiſition par acceſſion, qui ne peut être ſéparée de ſon principal ſans qu'on la détruiſe ; mais ſi l'on achéte un jardin, par exemple, pour ſervir à la maiſon ancienne, il ne ſera pas ſujet au Retrait, parce qu'il peut être ſéparé & ſubſiſter par lui-même, *tunc eſt acceſſio diſcreta non concreta.*

La preſcription étant comparée au pacte, ce qui vient par cette voie eſt acquêt, pourvû que le corps de l'héritage ait été preſcrit ; car l'augmentation qui ſe fait en preſcrivant au-delà des limites de l'ancien fond, ne forme qu'un acceſſoire qui ſuit la nature de ſon principal.

La Juriſprudence a varié, ſur la queſtion de ſçavoir ſi la remiſe des biens confiſqués, forme un acquêt ou un ancien. Les derniers Arrêts l'ont jugé un acquêt. On pouroit les apliquer au cas de la remiſe des commiſes & des échûtes ; mais la déciſion de ce cas, dépend beaucoup des circonſtances ;

1 Art. 6, tit. des réach.

comme si la commise étoit certaine & encouruë de plein droit, l'échûte avoüée ou déclarée ouverte, & la remise faite par maniére de concession qui suposât un droit acquis au Seigneur ; tous ces cas doivent former un acquêt. Si au contraire la remise se faisoit par maniére de transaction sur un droit douteux, le bien ne changeant point de possesseur, il conserveroit sa qualité d'ancien.

Enfin nous n'estimons pas ancien, l'héritage acquis du prix de la vente d'un ancien, quoique Mr. Boguet cite un Arrêt contraire ; ni qu'un bien acquis des deniers dotaux, soit sujet au Retrait lignager envers les parents de la femme, quand même il y auroit eu stipulation d'emploi de ces deniers dans le contrat de mariage ; ni que deux freres qui étant communiers ont fait des acquisitions, & qui faisant leur partage ont eu l'un les biens anciens, & l'autre les fonds acquis, ces fonds puissent être retirés comme anciens ; ni que la stipulation de propres fasse des anciens en Retrait.

Quant à la question de sçavoir si l'héritage est présumé ancien, je trouve un Arrêt du Parlement de la Province, rendu entre Mr. de Varambon & Mlle. d'Ancier le 6 Juillet 1592, qui a jugé que le parent doit alléguer dans l'acte du Retrait, que l'héritage qu'il retire étoit ancien au vendeur. Si l'acheteur le nie, le parent est obligé de le prouver, parce que c'est le fondement de sa demande & l'extrême de son action, que cette action est contre le Droit commun, & qu'elle tend à dessaisir un acquereur légitime ; ainsi les fonds sont présumés acquêts en Retrait.

CHAPITRE III.

Des mutations qui donnent lieu au Retrait.

TOute aliénation d'un ancien, dont le prix est en argent ou en quelque chose de semblable, donne lieu au Retrait ; c'est pourquoi encore que nôtre Coutume ne parle que de celle qui se fait par la vente, nous admettons le Retrait dans tous les contrats équipolents à vente ; comme quand le vendeur donne son ancien héritage en payement de ce qu'il doit,

ou qu'il charge l'acheteur de payer fes dettes ; quand il l'é-
change contre une rente conftituée & rédimable, ou avec
des effets mobiliers ; & quand il fe fait conftituer une rente
du prix , même une rente viagére qui finit à la mort , fi elle
peut être regardée comme un jufte prix de la chofe, qui forme
une vente à fond perdu.

L'acquereur n'a pas droit d'opofer au parent que la vente
eft nulle, parce que c'eft l'exception d'un tiers , & que le
Retrait fubrogeant le parent à fa place, le met à couvert de
toute conteftation. Par la même raifon , il ne feroit pas recevable à dire que l'héritage n'apartenoit pas au vendeur ,
puifque d'ailleurs la vente du fond d'autrui eft valable , &
que ce fond eft fujet au Retrait quand le vendeut en a reçû
la poffeffion de fes parents.

Lorfque la vente eft conditionelle , quoique la condition
ait un effet fufpenfif , fi l'acheteur a été mis en poffeffion, il
y aura lieu au Retrait ; cependant le vendeur & l'acheteur
peuvent réfoudre le contrat, fans que le parent ait droit de
s'en plaindre, fi au tems de la réfolution, il n'avoit pas exercé
le Retrait, parce qu'il n'avoit encore point de droit formé ,
non pas même un droit à la chofe *jus ad rem*, qui ne s'acquiert
en cette matiére, que par la déclaration en forme de fa volonté.

Les ventes faites pour l'utilité publique , ne font pas fujettes au droit de Retrait ; non plus que les donations, quand
même elles feroient caufées pour récompenfe de fervices.
Que fi elles tiennent de la vente , & que cette qualité prépondere , ce Retrait aura lieu, & l'on fera eftimer la chofe
donnée & venduë en partie, pour rembourfer l'acquereur du
tout , afin qu'il profite de ce qu'on a eu intention de lui donner. C'eft la Jurifprudence d'un Arrêt du Parlement de
Metz rendu dans une caufe évoquée du Comté de Bourgogne,
entre le Sieur Baffaud & la D^lle. Antoine, le 24 Juillet 1720.

Nous avons un Article de Coutume qui porte, qu'il y a
lieu au Retrait dans le bail à rente , quand le preneur paye
d'entrée un prix qui vaut plus que la rente réfervée ; &
qu'en ce cas le parent entre en la place du preneur, en rem-
bourfant ce prix & les frais, & en fe chargeant de la rente. 1
Hors de ce cas, le bail à rente fonciére non rachetable , ne

1 Art. 5, &c. de rente.

fait pas ouverture au Retrait ; je crois qu'il faut dire la même chofe du bail emphytéotique ; car ce n'eft pas un contrat équipolent à vente , & que le Domaine direct qui eft réfervé avec les droits qui en dépendent , reprefentent le fond aliéné & en tiennent lieu.

Un autre Article décide , que l'échange n'eft pas fujet au Retrait ; [1] ce qu'il faut entendre de l'échange de deux immeubles réels , fait fans fraude ; s'il y a une foulte , le contrat ne changera pas pour cela de nature , à moins qu'elle ne prépondere ; car en ce cas ce fera une vente , fujette au Retrait, quand même les Parties auroient donné à leur contrat le nom de permutation.

Suivant un autre Article de nôtre Coutume , le Retrait lignager n'a pas lieu en vente par decret , [2] ce qui ne doit s'entendre que des ventes forcées qui fe font à l'inftance des créanciers , comme il a été jugé par un Arrêt rendu de l'avis des Chambres , entre les nommés Pertufot & Bolut , le 27 Février 1613,qui fut noté (dit Mr. Jobelot)fur l'exemplaire de la Coutume dont on fe fert au Parlement, pour fervir de régle à l'avenir.

Ainfi donc , le Retrait lignager a lieu dans les fubhaftations des biens des pupilles & des mineurs ; dans celles qui fe font enfuite de l'acceptation par bénéfice d'inventaire, lorfque l'héritier bénéficiaire fait vendre les biens de l'hoirie par decret ; ou quand un débiteur met lui-même fes biens en purgation d'hypotéque & qu'ils font ajugés à fa requête , parce que c'eft une vente volontaire de fa part, dans laquelle il ne fait intervenir les folemnités du decret , que pour la fûreté des acheteurs , qu'il trouveroit difficilement fans cette précaution , lorfqu'il eft chargé de dettes.

Les dettes des vendeurs , font auffi fouvent la caufe que les acheteurs conviennent avec eux , qu'il leur fera permis de faire paffer par decret les biens qu'ils achétent, pour en purger les hypotéques ; y aura-t-il lieu au Retrait lignager dans le cas d'une pareille convention exécutée ? Le Parlement de la Province a jugé l'affirmative , par Arrêt du 29 Août 1669, entre les nommés Biget & Calf , quoiqu'il n'y eut qu'une promeffe de vendre , & faire avoir la délivrance pour quatre mille cinq cens francs , & que les enchéres fuffent montées à plus haut prix : on eſtima que cette promeſſe étoit une vente, dans laquelle la délivrance par autorité de Juſtice, n'avoit été convenuë que pour la ſureté de l'acquereur ; & que dans la thèſe générale, ces ſortes de ventes ſont volontaires, & parfaites avant la délivrance par decret. Sur ce fondement, le Sieur d'Auxon ayant acheté un Fief, avec la faculté de le faire vendre par decret ; après en avoir pris poſſeſſion, il le fit metrre en decret & en eut la délivrance. Mr. Lulier qui avoit le droit de retenuë féodale, en voulut uſer, dans l'année après l'adjudication judicielle du Fief. Le Sieur d'Auxon ſoutint qu'il n'y étoit pas recevable, parce que l'année devoit ſe compter depuis la priſe de poſſeſſion qui avoit ſuivi la vente exhibée au Seigneur, & le Parlement de la Province le jugea de la ſorte.

Lorſqu'un héritage ancien eſt adjugé par licitation à un étranger, les parents des licitateurs peuvent uſer du Retrait, mais l'un des licitateurs ne le pouroit pas, parce qu'ils ſont tous vendeurs.

Pluſieurs Auteurs ont crû, & quelques Coutumes ont décidé, que quand dans une tranſaction l'héritage ancien change de poſſeſſeur, ou que celui qui le poſſédoit donne une ſomme d'argent pour ſe le conſerver, il y a lieu au Retrait. Il paroît cependant plus juſte de l'exclure des tranſactions, même dans les cas ci-deſſus ; à moins qu'elles ne ſoient faites en fraude du Retrait. Car celui à qui l'héritage reſte ou eſt délaiſſé par une tranſaction, n'eſt pas cenſé l'acquerir par un titre nouveau, mais plutôt le conſerver, ou le recouvrer en vertu du titre qu'il avoit allégué, & qui a ſervi de motif au contrat ; que s'il a donné de l'argent, l'on doit préſumer que ce n'a été que pour ſe débaraſſer des frais, des ſoins & de l'incertitude d'un procès.

Le Retrait n'a pas lieu dans les baux à longues années, ni dans les contrats d'engagement & d'anticreſe, parce que ces actes ne transférent pas le Domaine ; non plus que dans le cas de la renonciation ou déguerpiſſement du vaſſal ou de l'emphytéote, parce qu'il n'y a point de prix, & que c'eſt une réunion du Domaine utile au direct, qui ſe fait par la réſolution du contrat qui avoit mis les biens dans la famille.

La promeſſe de vendre, dans les cas ou elle n'eſt pas regardée comme vente, ne donne pas lieu au Retrait. Que si la vente a été faite si secrettement, que le parent n'en puisse pas montrer le contrat ; comme si elle avoit été faite sous seing privé ou verbalement, il poura néanmoins user du Retrait & prouver par témoins qu'il y a eu une vente : l'Ordonnance qui deffend d'admettre la preuve vocale des conventions au-dessus de cent livres, ne le concerne pas, parce qu'il est un tiers & qu'il prouve la fraude. Mais si les témoins du parent ont déposé de la vente, sans en avoir pû désigner le prix, son Retrait sera-t-il efficace ? Il paroît qu'oüi, quand le fait de la vente est bien prouvé, & que le prix peut être déterminé par estimation d'Experts ; parce que c'est par la fraude de l'acheteur, & sa collusion avec le vendeur, qu'il ne conste pas d'un prix certain.

Au reste, le parent a droit d'obliger l'acheteur à lui montrer son contrat, pour qu'il en prenne copie s'il le veut ; ou à lui indiquer la personne publique qui l'a reçû, quand il en a été passé un acte autentique ; que si la vente ayant été faite verbalement, il n'en conste que par l'aveu des contractants, il faut s'en tenir à cet aveu, & le parent ne peut pas le diviser.

CHAPITRE IV.

Des personnes qui sont admises au Retrait lignager.

LA principale condition requise pour user du Retrait lignager, est que le Retrayant soit parent de celui qui a aliéné son héritage ancien. Il y a des Coutumes, qui veulent que le bien ait fait souche, entre le vendeur & le Retrayant ; c'est-à-dire, qu'ils soient descendus d'un tronc commun, par lequel l'héritage ait passé ; telle est la Coutume locale de la Ville de Besançon & de son ancien territoire. D'autres accordent le droit de Retrait aux parents, du côté dont l'héritage est provenu au vendeur, quoiqu'ils ne descendent pas de quelqu'un à qui il ait apartenu. D'autres enfin permettent d'en user à tous les parents du vendeur indistinctement, quand même ils ne lui seroient pas parents du côté d'où lui est venu

l'héritage.

l'héritage. La Coutume du Comté de Bourgogne est de cette espèce.

Les parents de tout sexe & de tout âge, ascendants, descendants & collatéraux, les Ecclésiastiques comme les Laïcs, sont admis au Retrait lignager. Les enfants adoptifs, les illégitimes, quand même ils auroient été légitimés par le Prince, les Religieux, ceux qui sont morts civilement, en un mot tous ceux qui ont une inhabileté civile ou naturelle à la succession *ab intestat*, sont exclus du Retrait ; mais les filles qui ont renoncé, & les enfants exhérédés en usent, quoiqu'ils soient privés de la succession ; parce que c'est un titre particulier qui la leur ôte, & qu'ils ne tiennent pas le droit de Retrait du parent qui les a exhérédés ou fait renoncer. Les parents domiciliés hors du Royaume, n'y seroient pas reçûs au Retrait, parce qu'ils n'y succédent pas. Mais comme le droit d'aubaine n'a pas lieu dans le Comté de Bourgogne, l'on y a admis les parents étrangers au Retrait, par deux Arrêts ; l'un du 8 Février 1610, entre Dorothée Picard & Joseph Bouveret ; l'autre du 30 Juin 1625, entre Madame de Cul & le nommé Clerc.

Dumoulin dit sur la Coutume de Paris, qu'on peut retraire, tant qu'on peut prouver sa parenté ; *licet consanguinei, vicesimum gradum excedant, non frustrantur retractio* : les Coutumes de Normandie, de Nivernois, de Bourbonnois & de Sens, bornent ce droit au sixiéme ou septiéme degré inclusivement, & celle de Bretagne au neuviéme. La nôtre ne le limite pas ; elle le donne en général au parent : mais nous n'apellons pas nos parents, ceux qui passent le dixiéme degré. Ce seroit trop exposer les acquisitions, & les rendre trop incertaines, que d'admettre au Retrait, des personnes au delà de ce degré, dans une Coutume qui donne ce droit à tous les parents du vendeur indistinctement ; & la Loi Romaine, qui est le Droit commun du Comté de Bourgogne, limita au dixiéme degré, le droit de succéder par la parenté ; [1] si on l'étend plus loin, ce n'est que quand il s'agit d'exclure le fisc ; & Mr. Grivel cite un Arrêt de ce Parlement de l'an 1588, qui a jugé que les parents de la ligne, quand ils passoient le dixiéme degré, ne succédoient pas au préjudice des plus proches. [2] On ne doit pas

C

[1] §. *Hoc loco, §. Instit. de succeff. cogn.*

[2] *Decif.* 109.

à plus forte raiſon les admettre au Retrait, qui eſt bien moins favorable que la ſucceſſion aux biens de ligne.

Comme l'enfant dès qu'il eſt conçû, eſt réputé au monde pout tout ce qui fait à ſon avantage, pluſieurs tiennent qu'on peut retraire en ſon nom. L'opinion de ceux qui eſtiment qu'il faut qu'il ſoit né, paroît plus juſte & ſujette à moins d'inconvéniens ; celui qui eſt ſous la puiſſance de ſon pere, peut auſſi uſer du Retrait lignager, quand même il ne ſeroit pas autoriſé ; parce que la Coutume qui l'apelle au Retrait, l'autoriſe pour l'exercer, & qu'il ne doit pas dépendre de ſon pere de l'empêcher de faire valoir un droit qu'il ne lui donne pas ; il peut retraire le bien que ſon pere a vendu , & ſon pere peut l'autoriſer pour le faire, & lui fournir les deniers ſans contrevenir à ſon fait, parce qu'il ne profite pas du Retrait, qui eſt en ce cas un bien adventice. Bien plus, le pere qui a vendu un héritage, peut le retraire en qualité de pere & légitime adminiſtrateur des biens de ſon fils étant en ſa puiſſance, & en fournir le rembourſement. On diſtingue en lui deux qualités dans ce cas , celle de pere, & celle d'adminiſtrateur légitime : ſous la premiere il ne peut pas priver ſes enfants du droit de Retrait que la Coutume leur donne ; & ſous la ſeconde, il ne fait que ce qu'il doit faire en qualité d'adminiſtrateur, & ce que feroient ſes enfants s'ils pouvoient agir , ou leur tuteur à leur place , s'il ne leur en tenoit pas lieu.

Sur ces raiſons, il a été jugé le 21 Avril 1662, entre les nommés Rouſſelot & Barbier , que le fils de famille quoique non émancipé ni autoriſé, pouvoit retraire le bien que ſon pere avoit vendu ; la même choſe avoit été décidée le 10 Juin 1548 ; le 30 Août 1714, aux Enquêtes au Raport de Mr. Olivet, entre les Sieurs Dupleſſis & Daval, un Retrait fait par un fils de famille de l'autorité de ſon pere, d'un bien que ſon pere avoit vendu, fut eſtimé valable. Et le 23 Avril 1723 au Raport de Mr. Maudinet de Montrichier,à la Grand'-Chambre, il a été jugé entre Mr. le Marquis de Broiſſia & la veuve Dufour , que Mr. le Marquis de Broiſſia avoit pû retirer des deniers qu'il avoit fournis & comme légitime adminiſtrateur des biens de ſon fils , des héritages qu'il avoit vendus lui-même. [1]

1 *L.* 2. *Cod.* *Si quis alteri. vel ſibi. L.* 18. *fam.* *erciſc. eod.* Notes ſur Dupleſſis des Retraits lign. ch. 6. ſect. 3. Grim. de retr. liv. 2. ch 12. *Tiraq.* §. 1. *gl.* 11. *n.* 58. *& ſeq.* Coq. Cout. de Niv. ch. 31. art. 1. *Boër. deciſ.* 12. *& 138. Fab. in Cod. lib. 6. tit.* 33. *def.* 1.

Sur les mêmes principes, le mari peut retraire au nom de sa femme, & le tuteur pour son pupile ; le Retrait est un acte profitable & autorisé par la Coutume, qui doit être regardé comme un acte d'administration ; mais il faut une procuration spéciale, à celui qui en use comme Procureur ; c'est une de ces choses *quæ requirunt speciale mandatum*, [1] & ce mandat doit du moins être représenté au tems du Retrait.

Jacques Lamboulé, oncle maternel de Jacques & François Genet, enfans impubéres de Claude-Joseph Genet qui s'étoit absenté, retira en leur nom & en qualité de leur proche parent, un héritage que leur pere avoit vendu. Il se fit ensuite nommer leur curateur par le Juge, & dès lors il se fit confirmer cette curatelle par une déliberation de parents, mais cette déliberation ne fut prise qu'après l'année du Retrait.

Lamboulé fut débouté de ce Retrait, par Arrêt rendu aux Enquêtes au Raport de Mr. Putel de Bourlieres, le 12 Aout 1725, rendu entre ledit Lamboulé, le nommé Genet & Nicolas Beaufils.

Cet Arrêt a décidé, 1°. que le parent n'est pas admissible sous cette qualité, au Retrait pour son parent. [2] Parce qu'il faut un mandat spécial dans ce cas, & qu'on excepte seulement le pere & le mari à raison de leur puissance & autorité, & qu'ils sont administrateurs légitimes.

2°. Que la confirmation de la dation de curatelle faite après l'année du Retrait, étoit intempestive.

Que le curateur simplement donné par le Juge & sans avis de parents, ne peut pas user du Retrait parmi nous, parce que nos anciennes Ordonnances veulent que les curateurs soient élus par les parents. Sans cette formalité l'élection est nulle, & le Retrait fait par le curateur pourroit être désavoüé par le pupille devenu adulte, qui diroit que ses deniers ont été mal employés, & que le fond ne lui convient pas, ou qu'il est trop cher. [3] On en doit juger comme de l'impubére, qui par la raison qu'on vient de dire, pourroit se faire relever contre le Retrait qu'il auroit fait sans l'autorité de son tuteur ; c'est pourquoi les Auteurs tiennent communément, qu'il ne peut pas retirer lui-même & sans le concours de son tuteur, à moins que le tuteur n'aprouve dans l'année le Retrait fait par son pupile. [4]

C ij

----

[1] L. 2. ff. de procur.

[2] Bugnion des Loix abr. liv. 3. art. 112. p. 335. Molin. art. 173. ant. Conf. n. 7. Tiraq. §. 1. gl. 10. n. 97. & seq.

[3] Ferron. in Conf. Burd. tit. de Retr. art. 10.

[4] Ferron. loc. cit. Brodeau sur Loüet l. M. l. 11. Notes sur Duplessis tit. du Retrait, ch. 2. sect. 1. Billecard, Cout. de Chalon, art. 240. Beraut Cout. de Norm. art. 482.

L'acheteur n'eſt obligé de conſentir au Retrait, que quand il le peut faire ſûrement , & qu'il n'a à craindre ni déſaveu ni reſtitution : c'eſt pourquoi quand il y a quelque défaut de pouvoir de la part de celui qui retire , il peut impunément refuſer de l'admettre au Retrait , juſqu'à ce que ce défaut ſoit levé , & il faut qu'il le ſoit dans le tems preſcrit par la Coutume, parce que la ratification qui ſe feroit après ce tems, ne ſe rétrotrahiroit pas au préjudice de l'acquereur.

Il eſt hors de doute , que l'héritier peut retraire l'héritage vendu par ſon tuteur , parce que l'action de retrait qui lui apartient comme parent , ne ſe confond pas par l'adition d'hoirie. Celui qui a aliéné comme tuteur , comme mandataire , comme adminiſtrateur légitime , ou qui a aſſiſté au contrat comme Notaire ou comme témoin , peut uſer du Retrait. Le Parlement de la Province l'a jugé , dans le cas d'un tuteur qui avoit vendu ſous cette qualité , par Arrêt du 14 Février 1588, entre Pierre Verneté & les nommés Bouhelier. S'il avoit cautionné la vente ou promis la garantie en ſon privé nom , ſeroit-il exclus du Retrait ? Non, à moins qu'il n'y eût ſpécialement renoncé , ce qu'il n'eſt pas cenſé faire par une caution prêtée ou une garantie promiſe , qui peuvent avoir d'autres objets. Il faut donc pour s'exclure du Retrait , qu'on ait conſenti à la vente comme Partie en ſon nom propre, dans le contrat , ou qu'on ait renoncé expreſſément au Retrait : que ce ſoit avant ou après la vente , par convention faite avec l'acheteur ou avec le vendeur , il n'importe. Mais ſi de deux acheteurs l'un eſt parent & l'autre non , le parent poura retraire la part de l'autre. [1] Enfin quand même le vendeur auroit ſpécialement promis de garentir du Retrait lignager, il n'y ſeroit pas tenu, & ſa promeſſe ſeroit nulle , parce qu'elle l'expoſeroit à des dommages & interêts par le fait d'autrui. Le Droit de Retrait , tandis qu'il n'eſt pas exercé , eſt une faculté & un Droit public qui ne peut pas être ôté par avance à des tiers : *pactis autem privatorum, Juri publico derogari non poteſt.* [2] En un mot, l'on ne peut faire aucune convention qui empêche des tiers de venir au Retrait, quand d'ailleurs il y a lieu ; & ſi on ne peut pas les en empêcher , on ne s'oblige pas valablement à le

1. *L. Cum debito. ff. de condict. indeb. DD. in L.* 1. §. *Quod ait. ff. quorum legat. & in L.* 1. *Cod. de pact.* Leprêtre cent. 1. ch. 29. Grim. liv. 2. ch. 28. Ferriere Coutume de Paris , art. 129. n. 16. & ſuiv.

2. *Mornac ad L. dudum* 14. *Cod. de contr. empt.* Notes marginales ſur Dupleſſis, du Retr. lign. chap. 6. ſect. 3. n. 6.

faire ; ainsi l'héritier même du vendeur seroit admissible au Retrait nonobstant cette promesse. [1]

Lorsque plusieurs parens concourent dans l'exercice du Droit de Retrait, le plus proche est préferé ; mais il n'y a pas lieu à la représentation en cette matiere. Sur ce fondement il a été jugé le 10 Octobre de l'an 1600, entre Antoine Rudriot & Jean Cocard, que l'oncle & le neveu du vendeur avoient un droit égal au Retrait, parce qu'ils étoient ses parents en égal degré ; quoique le neveu eût succédé préférablement à l'oncle par droit de représentation. [2]

Quand les parents en égal degré concourent, & qu'on ne peut pas connoître lequel a usé du Retrait le premier, l'héritage se partage entr'eux s'il peut être divisé, & s'il ne le peut pas être, on le licite : mais si on peut connoître que l'un ait exercé le Droit avant l'autre, le plus diligent l'emporte, suivant un Arrêt rendu le 8 Février 1610, entre Joseph Bouveret & Dorotée Picard. C'est aussi la disposition du Droit commun & des Coutumes du Royaume : mais il faut observer, que le Retrait est solidaire, de sorte que si deux parents concourent, chacun d'eux doit offrir pour le tout, à moins qu'ils ne s'accordent pour offrir chacun une moitié ; & en ce cas encore, l'un venant à manquer de son côté, l'autre qui a satisfait du sien ne sera pas admis.

Nous avons donné la préférence en deux cas à l'un des parents en égal degré. Premiérement, à celui qui est de la ligne dont l'héritage est mouvant, c'est-à-dire, qui descend de l'acquereur, quand l'autre n'en descend pas. Le Parlement de la Province l'a ainsi jugé le 9 Mars 1684, entre Marguerite Barbe & Pierre Goulet. Secondement, le privilege du double lien l'a emporté en égalité de degré sur le parent même de la ligne dont les biens sont mouvants, mais qui n'avoit pas ce privilege ; ainsi le frere germain du vendeur est préférable à sa sœur consanguine, suivant des Arrêts du 5 Mars 1616, entre Nicolas & Charlotte Vinon ; du 3 Novembre de la même année, & du 13 Avril 1619, entre des particuliers de Caravillers. [3]

On pourroit induire de ces préférences, que puisqu'il a été jugé dans les cas qu'on vient d'observer, que le Retrait imitoit la succession *ab intestat*, les parents de la ligne dont

1. Ferriere Cout. de Paris art. 142 n. 6.

2. Grivel. decis. 40.

3. Joann. Roberin §. Si plures. Instit. de legit. agn. succ n. 2. Chass. du Retrait. §. 1. v. le plus prochain. n 4.

les biens font mouvants, doivent être préférés à ceux qui ne font pas de cette ligne , quoique ceux-ci foient plus proches parents du vendeur; d'autant que la Coutume du Duché de Bourgogne le décide de la forte , & que c'eft le Droit commun des Coutumes , en matiere de Retrait. Je doute cependant qu'on étendît à d'autres cas , la Jurifprudence de ces Arrêts, qui n'ont fait que de donner la préférence en égalité de degré , ce qui n'eft pas directement contraire à nôtre Coutume ; mais ce feroit y contrevenir , que de préférer le plus éloigné au plus proche, fous prétexte que le plus éloigné eft de la ligne, parce que nôtre Coutume apelle par tout *le plus prochain parent* indiftinctement,& fans préférer ceux de la ligne;elle ne dit en aucun endroit, que le Retrait fe réglera par l'ordre des fucceffions , & que les Lignagers y auront la préférence ; elle femble même dire le contraire, quand elle apelle le plus proche parent en général , & il n'y a aucune conféquence à tirer pour nous en faveur des parents de la ligne de la Coutume du Duché & des autres femblables, parce qu'elles ont des difpofitions expreffes à ce regard , qu'on ne trouve pas dans la nôtre.

1 Tit. des réachats.

Il eft vrai qu'elle porte dans l'Article fept , ' que le Retrait n'a pas lieu quand l'héritage eft vendu au prochain parent du vendeur qui lui pourroit fuccéder *ab inteftat* audit héritage ; d'où il femble qu'on peut conclure , qu'elle a voulu imiter l'ordre des fucceffions , & que le parent de la ligne fuccédant *ab inteftat* à l'exclufion du plus proche parent qui n'en eft pas , il doit auffi être préféré en Retrait.

La réponfe eft que cet Article qui ne difpofe qu'au cas de la vente faite au parent qui auroit fuccédé à l'héritage , ne doit pas être étendu à d'autres cas ; & il requiert d'ailleurs deux chofes copulativement ; fçavoir , que la vente ait été faite non-feulement au parent qui auroit fuccédé *ab inteftat* , mais encore que ce parent foit *le plus proche* du vendeur. Si donc le parent de la ligne qui a acheté , n'eft pas en même tems le plus proche, il y aura encore lieu au Retrait fur lui en faveur de ceux qui le précéderont en degré , quoiqu'ils ne foient pas de la ligne , fuivant l'Article 3 , qui dit que fi plufieurs parents viennent enfemble au Retrait , *le plus prochain* fera préféré , & que fi un parent éloigné a ufé du

Retrait le premier, *le plus proche* poura retraire ſur lui, ſans donner aucune prérogative au Lignager ; ce qui n'empêche pas néanmoins, que la diſpoſition de l'Article 7 trouve ſon aplication, en ce qu'il exclut les parents en égal degré à l'acheteur, & qui auroient pû ſuccéder avec lui à l'héritage, de pouvoir le retirer ſur lui ; mais quoiqu'il ſoit de la ligne dont l'héritage eſt mouvant, le parent le plus proche peut retirer ſur lui, ſuivant un Arrêt rendu le 30 Mars 1628 entre les nommés Joliet & Bailly, par lequel l'oncle fut admis au Retrait d'un héritage vendu au couſin germain ; ils étoient tous deux de la ligne dont l'héritage provenoit.

Puiſque nôtre Coutume donne le droit de Retrait aux parents en général, il s'enſuit que ceux qui ſont en degré éloigné, & qui n'auroient pas ſuccédé *de facto*, peuvent en uſer ; ſauf aux parents plus proches, de retraire ſur eux s'ils le jugent à propos. L'Article 3 le décide de la ſorte ; il admet Retrait ſur Retrait, & le proche parent n'eſt pas exclus, quoique le plus éloigné l'ait requis d'en uſer avant que de retraire lui-même : il n'en eſt pas privé non plus, quoiqu'on lui ait offert l'héritage à acheter avant que de le vendre. C'eſt encore un des cas jugés par l'Arrêt du 30 Mars 1628, entre Joliet & Bailly.

Si les enfants, ou la femme de l'acheteur, ſont parents & en droit d'uſer du Retrait, comme ils n'ont pas la liberté de le faire, & qu'ils ont droit d'ailleurs ou eſpérance à la choſe, un autre parent ne pourroit pas retraire, s'il n'étoit plus proche qu'eux, ſauf à eux d'en uſer à la ſuite, au cas que le bien ne leur arrive pas, & qu'il ſorte de la famille. [1]

[1] Coq. q. 139.

CHAPITRE V.

Du tems pour exercer le Retrait lignager

IL étoit juſte de fixer un court délai, dans lequel les parents fuſſent obligés de retraire, pour ne pas laiſſer long-tems les acquereurs dans l'incertitude. Les Coutumes ont communément fixé ce délai à l'an & jour, qui commence à courir dans la plûpart, à l'enfaisinement pour les censives, à la réception en foi pour les fiefs, & à la publication au Siége Royal du Ressort, pour les franc-aleux. Celle du Comté de Bourgogne dit que ce sera *dès la possession réelle prise par l'acheteur*, s'il s'agit d'un fond.[1] Et s'il est question d'une cense, dès le premier payement qui s'en fera en Justice, ou en présence de témoins, dont sera dressé acte.[2]

Le jour a ici été ajouté à l'année, pour lever la difficulté qui étoit de sçavoir, si le jour du terme *à quo*, devoit être compté dans le tems du délai. Si la Coutume disoit par exemple, que le Retrait doit être exercé dans l'année de la vente, l'année n'étant que de 365 jours, & la vente étant faite le dernier jour de Décembre 1731, le parent qui viendroit au Retrait le dernier Décembre 1732, pourroit n'être plus admissible, parce qu'il ne viendroit qu'au 366ᵉ. jour; mais il y sera encore admis, en ajoutant le jour à l'année. Il y auroit moins de difficulté suivant le texte de nôtre Coutume, qui dit que l'an doit se compter *dès* la possession réelle prise, ou *dès* le premier payement fait; car la préposition *dès* qui répond à la latine *à*, semble exclure le jour du terme *à quo*; ainsi nôtre Coutume ayant ajouté le jour à l'année, l'on en pourroit conclure, que dans le cas d'une possession prise, ou d'un payement fait le dernier Décembre 1731, le Retrait seroit encore recevable le premier Janvier 1733.

J'ai trouvé en effet dans les notes de Mr. Jobelot, un Arrêt rendu sur le premier plaidoyé de l'Avocat Comtot, le premier Avril 1675, par lequel un Retrait fait le 7 Avril 1673 sur une vente du 6 Avril 1672, fut jugé valable & fait à tems. Je ne crois cependant pas qu'on doive ainsi entendre nôtre Coutume, & que le jour dont elle parle, soit autre que celui de la prise de possession ou du payement fait; & il semble qu'on peut expliquer l'Arrêt par une autre circonstance. C'est que la possession réelle n'avoit pas été prise, ou que l'heure de la vente & celle du Retrait, étant exprimées dans les actes, & que la vente ayant été faite après midi & le Retrait avant midi, l'an & jour furent comptés *de momento ad momentum*.[3] Quoique réguliérement il ne se compte pas de la sorte, & que le jour du terme *à quo* soit pris tout entier en cette matiere, pour former le délai de l'an & jour.

Mr.

---

[1] Art. 1. tit. des réach.

[2] Art. 2. ibid.

[3] *Mornac. ad L. Dudum.* Cod. de contr. empt. Tronçon, Cout. de. Paris, art. 129. Dumoulin, art. 20. gl 11. n. 12.

Mr. Espiard m'a dit, que le Parlement avoit pensé de la forte dans un Arrêt où il avoit présidé, rendu entre le Sieur Maréchal & les Sieurs Directeurs de l'Hôpital de Beaume. La vente étoit du 28 Juin 1713, & le Retrait du 29 Juin 1714; le Sieur Maréchal foutenoit que le jour du contrat ne devoit pas être compté dans l'an & jour, & qu'on devoit prendre ce terme, *de momento ad momentum*; la Cour rejetta ces deux moyens, elle jugea cependant le Retrait valable, parce qu'il consta que la possession réelle n'avoit été prise que le 5 Juillet 1713; ainsi le Retrait étoit fait dans l'année. L'Arrêt est du 27 Mars 1715, rendu à la Chambre des Enquêtes au Raport de Mr. Chifflet. Il a jugé que l'an & jour en Retrait, ne court que depuis la possession réelle prise.

Beraud fur la Cout. de Norm. art. 452 & 503, observe qu'en Retrait conventionnel, le jour du terme est compté dans l'année, & que fi dans la vente à réachat d'une année, le contrat est du 10 Mars, le Retrait doit être fait le 9 Mars de l'année suivante. Mornac cite un Arrêt du Parlement de Paris, par lequel il a été jugé que le Retrait fait de nuit, n'étoit pas valable. [1] Cette Jurisprudence paroît juste dans le cas du Retrait, qui n'est pas favorable, & qui est un acte qui n'est point forcé de la part de l'acheteur. Ainsi il doit être fait comme les actes judiciaires, pendant le jour, en tems oportun & lieu commode, comme disent les Auteurs.

[1] *Mornac ad d. L. & ad L. Non minorem* 20, *Cod. de transact.*

La possession réelle n'est censée prise que par des actes de possession corporelle & actuelle, faits par l'acheteur ou autre ayant droit de lui; comme sont la culture des héritages & la perception des fruits, les baux à ferme, les actes de Jurisdiction & de propriété, les réparations, méliorations & autres choses semblables, qui ne peuvent se faire que par celui qui a droit de posséder, & qui sont censés venus à la connoissance des parents du vendeur, parce qu'elles sont publiques & notoires. Ainsi les traditions feintes, ni les clauses de constitut & précaire, ne font pas courir le délai. L'Arrêt du Sieur Maréchal & des Directeurs de l'Hôpital de Beaume l'a jugé; & un simple acte par lequel l'acquereur auroit pris possession en présence de Notaire & de témoins, ne suffiroit pas, parce qu'il n'opere pas plus que le contrat

D

même d'aliénation, & que ce n'est pas ce que la Coutume a entendu par la possession réelle qu'elle demande. Le Parlement de la Province l'a ainsi décidé le 12 Septembre 1601, entre les nommés Duchoux & Cornessel, dans le cas d'un Particulier qui avoit acquis une maison à réachat; quoique cet acquereur eût pris possession en présence de témoins, en baisant les portes, & faisant d'autres cérémonies semblables. Il suit de là, que si le vendeur est demeuré en joüissance comme Fermier, tandis que cette joüissance dure, & qu'il ne paroît rien de changé aux yeux du public, le délai ne courra pas; non plus que si après avoir acquis l'usufruit d'un bien ancien au vendeur, on en acquiert ensuite la propriété; le délai d'user du Retrait ne courra qu'après la mort de l'usufruitier, à moins qu'il n'eût fait quelque acte de propriété, qui eût dû venir à la connoissance du vendeur. En un mot, il faut dans ce cas, & autres semblables, des actes publics & notoires, qui marquent le changement de la cause de la possession. Mais la prise de possession réelle poura être prouvée par témoins, quoiqu'il soit de précaution d'en faire des actes.

C'est pourquoi aussi, lorsqu'il y a eu de la fraude dans la vente, comme si l'on a grossi extérieurement le prix d'une somme qui n'ait pas été payée, ou qui ait été renduë; ou si ayant fait une donation en public, le prix a été payé en secret, le délai d'user du Retrait ne court que du jour que la fraude a été découverte; ainsi aux Arrêts de Pâques de l'an 1592, il fut jugé que Mademoiselle de la Riviere avoit pû retraire un fond vendu par son frere aux nommés Franchelet, dix ans après la prise de possession des acheteurs, parce qu'elle aprit & prouva que l'on avoit mis sur le contrat de vente, sept cens frans au-delà du vrai prix.

Si l'aliénation est conditionnelle, de maniere qu'elle soit suspenduë, & qu'il n'y ait ni prix payé ni tradition faite, le délai du Retrait ne courra qu'après la condition accomplie : mais si la condition n'est pas suspensive, & que le contrat s'exécute, sauf à le résoudre aux cas dont on est convenu, comme dans ceux des pactes commissoires, *addictionis in diem*, &c. ce délai ne courra depuis la prise de possession, & avant que la condition soit arrivée, parce que l'aliénation a été parfaite dès le commencement.

Le pacte de réachat eſt de cette derniere eſpèce ; cependant l'opinion commune , eſt que le tems du Retrait ne court pas avant celui du réachat conventionnel expiré ; car juſqu'alors l'héritage n'eſt pas cenſé être abſolument ſorti de la famille , puiſque le vendeur peut l'y faire rentrer. L'opinion contraire qui eſt plus réguliere , a prévalu parmi nous , & il a été décidé par un Article de notre Coutume , que dans le cas même de la vente à réachat , le tems du Retrait lignager couroit après la poſſeſſion réelle priſe , ¹ ce qui n'empêche pas que le vendeur puiſſe uſer de ſon droit ſur le parent , comme il auroit fait ſur l'acquereur.

Quoique le prix ait été augmenté avant le Retrait exercé , par quelque nouvelle convention faite entre le vendeur & l'acheteur , ce n'eſt pas une raiſon pour prétendre un nouveau délai , non plus que ſi l'héritage a été vendu pluſieurs fois ; car le délai courra depuis la priſe de poſſeſſion ſur la premiere vente , ou enſuite de la ſeconde , ſi la poſſeſſion n'a pas été priſe en vertu de la premiere ; mais le Retrait exercé ſur le poſſeſſeur ou acquereur , connu au tems qu'il a été fait , perpétuë l'action contre tous les acquereurs ; & quoique le Retrayant décéde pendant la conteſtation , il tranſmet ſon droit à ſes héritiers , même aux étrangers. ²

2 *L. Poſthu- mus. §. ult. ff. de inoff. teſt.*

S'il y a procès ſur la validité de la vente , ou en reſciſion d'icelle , pluſieurs eſtiment que le tems du Retrait ne court qu'après le procès fini. L'opinion contraire me paroît plus juſte ; car pourquoi eſt-ce que le parent profiteroit des ſoins , des dépenſes & du péril de l'acquereur ? s'il veut tirer avantage du contrat , c'eſt à lui à le ſoutenir. Je trouve que le Parlement de la Province l'a ainſi jugé le 28 Avril 1613 : voici le cas : Jeanne Ramaſſon avoit cédé à François Boillot une maiſon à titre d'échange ; Iſabelle Ramaſſon exerça le Retrait lignager ſur cette maiſon , parce qu'elle prétendit que l'échange étoit ſimulé ; elle le prouva , & ſon Retrait fut admis : dans les quarante jours après le Jugement , Jeanne Sarroté plus proche parente de la venchereſſe , retira ſur Iſabelle Ramaſſon ; mais elle fut déboutée , parce que le procès avoit dû l'informer du premier Retrait , & qu'attendant qu'il fût jugé pour s'en prévaloir en cas de ſuccès , elle avoit laiſſé écouler l'an & jour , depuis la poſſeſſion réelle priſe par le premier acquereur.   D ij

S'il n'y a point de procès, & que le contrat soit bon en lui-même, quoiqu'il puisse être rescindé, comme dans le cas de l'aliénation du bien d'un mineur, le tems ne laisse pas de courir. Il en seroit autrement, si le contrat étoit nul de plein droit ; comme si le mari avoit vendu le bien de sa femme, sans procuration d'elle ; car la ratification ne se rétrotrahit pas en ce cas, & il n'y a point de Retrait à exercer, tandis qu'il n'y a point de vente valable. Le délai ne court donc que du jour de la ratification, quand elle donne l'être à l'acte ; mais il court auparavant, quand la ratification se rétrotrahit, & que l'acte peut subsister sans elle. [1]

1 Lhommeau art. 251.

Les sentiments sont partagés, sur la question de sçavoir, si le parent peut retraire avant la tradition faite à l'acquereur, & qu'il soit en possession réelle : l'on dit, d'une part, que la tradition n'est pas nécessaire pour rendre une vente parfaite, qu'elle n'en est que l'exécution, & que l'acheteur peut obliger le vendeur à la délivrance, sans que celui-ci puisse s'en excuser en payant des dommages & interêts, quand il la peut faire ; que la Coutume qui donne le Retrait, ne dit pas que ce sera seulement en cas de tradition, qu'elle ne parle que de la vente ; & que si elle dit que le délai du Retrait ne courra que du jour de la prise de possession réelle, c'est en faveur du parent qu'elle fixe cette époque.

L'on opose, d'autre côté, que la Coutume a entendu parler d'une vente consommée ; que tandis qu'elle ne l'est pas par la tradition, le bien n'est pas encore sorti de la famille, & que le vendeur en a encore le domaine. Ferriere estime, que si l'acheteur a payé le prix, le Retrait est ouvert, parce que c'est alors qu'il peut forcer le vendeur à lui faire la délivrance ; mais pourquoi ne le seroit-il pas aussi, quand le vendeur a bien voulu se fier à l'acheteur ? Le parent ne peut-il pas en payant lui-même ce prix, obliger le vendeur à la tradition, & doit-il dépendre des contractants qui colluderoient ensemble, pour ne pas payer le prix, ou pour le payer secrettement, de tenir des parents en échec, & les forcer à garder leur argent pendant un tems trop considérable ? il me semble donc, que le parent peut user du Retrait avant la tradition, quoiqu'il n'y soit pas obligé, & que le délai ne courre pas contre lui avant que la possession réelle soit prise :

je conviens cependant, qu'avant le Retrait exercé, les Parties peuvent réfilier le Contrat, fans que les parents ayent droit de s'en plaindre, parce qu'ils n'ont aucun droit formé avant qu'ils aient ufé du Retrait & fait ce qu'ils doivent à cette occafion.

Nous avons un Article dans notre Coutume, qui porte, que fi un parent a ufé du droit de Retrait, un autre parent plus proche peut l'exercer fur lui, pourvû que ce foit dans quarante jours, *à compter du jour* que le premier Retrayant aura pris la poffeffion réelle, & dans l'an & jour du Retrait coutumier. [1]

1 Art. 3 des réach.

Nous avons donc admis Retrait fur Retrait, en faveur du plus proche parent qui avoit l'année entiére, & qui pouvoit attendre jufqu'au dernier jour pour l'exercer, *ne jus proximioris feftinatione remotioris lædatur* : mais il a paru jufte d'abréger le délai du fecond Retrait, en faveur de la diligence du premier ; & comme la Coutume dit, que le fecond doit fe faire dans les quarante jours, *à compter du jour* de la poffeffion réelle prife enfuite du premier, il s'enfuit que le jour de cette prife de poffeffion n'eft pas compté dans les quarante, parce que la prépofition *du* qui répond à la latine *à*, marque un terme *à quo* que notre Coutume exclut du délai en matiére de Retrait. Cependant, comme le plus proche parent n'avoit que l'an & jour pour retraire fur la premiere vente, le Retrait exercé par le parent plus éloigné, ne doit pas rendre fa condition meilleure : ainfi lorfqu'il ne refte pas quarante jours du premier délai, au tems que le premier Retrayant prend poffeffion, le fecond n'a pas les quarante jours entiers, mais feulement ce qui refte de l'an & jour.

Que fi le parent éloigné craignant de faire un Retrait inutile, requeroit le plus proche de déclarer s'il veut retraire, il ne feroit pas pour cela courir le délai de quarante jours depuis fa requifition, & ne pourroir pas fe prévaloir de fon filence ; il faut qu'il retire lui-même, & qu'il prenne poffeffion réelle pour pouvoir ufer du bénéfice que la Coutume lui donne, en abrégeant en ce cas de délai ordinaire.

Un autre Article de notre Coutume, portant que quand l'héritage eft vendu au prochain parent qui pourroit y fuccéder *ab inteſtat*, le Retrait n'a pas lieu ; 1 l'on en a voulu induire, que lorſque le parent plus éloigné a acheté, comme il eſt fucceſſible *habitu*, le plus proche parent ne peut retraire ſur lui, que dans les quarante jours après la poſſeſſion réelle priſe ; mais cette opinion a été rejettée par les Arrêts : ſçavoir le 22 Septembre 1613, entre Mademoiſelle Raclet & Mr. Michotey ; le 7 Mai 1616, entre les nommés Vivot ; le 13 Avril 1619, entre les Villet, & le 30 Mars 1628, entre les nommés Joliet & Bailli. Catherine Vivot avoit acheté de ſon frere conſanguin, un héritage qui lui étoit ancien & de ligne ; Etienne Vivot frere germain du vendeur, fut admis au Retrait dans l'année, & après les quarante jours, depuis la poſſeſſion réelle priſe par l'achetereſſe ; Joliet oncle du vendeur fut auſſi admis après les quarante jours, à retraire un héritage acquis par Bailli de ſon couſin germain. Les autres Arrêts ſont rendus en de pareilles circonſtances ; la raiſon de leur déciſion eſt que l'Article qui diſpoſe que lorſqu'un parent éloigné aura uſé du Retrait, le plus prochain ne pourra retirer ſur lui que dans quarante jours, fait une exception qui doit être reſtrainte dans ſon cas particulier, & qu'il ne faut pas l'étendre à celui du parent qui a fait l'acquiſition, parce que cette exception n'eſt pas favorable.

Enfin le délai pour uſer du Retrait lignager, étant preſcrit par la Coutume contre tous indiſtinctement & ſans exception, il court contre les pupilles & les mineurs, les inſenſés, les ignorants & les abſents, ſans eſpoir de reſtitution, d'autant que le Retrait eſt contre le bien du commerce, & qu'il s'agit pour le Retrayant *de lucro captando*. Le Parlement de la Province l'a ainſi jugé le dernier Mai 1581, contre Samſon de Sanguin, & au mois de Novembre 1615, contre le Sieur de Montrichard, dans le cas de la minorité.

Si l'acheteur a promis au parent de le recevoir au Retrait, cette promeſſe ne doit être entenduë que de l'an & jour, quand même elle ſeroit indéfinie & faite de le recevoir toutes & quantes fois qu'il voudra y venir.

Si pendant l'année ou pendant l'action du Retrait, l'acheteur a aliéné la choſe qui y étoit ſujette, les diligences faites avec lui, interrompent la preſcription à l'égard du ſecond acquereur , & le Retrait pourra s'ajuger avec le premier , s'il n'a aliéné que depuis l'exercice de ce droit , ou qu'il poffé- dât encore la chofe au tems de cet exercice : mais s'il a alié- né auparavant , & qu'il nomme le fecond acquereur , il convient de le mettre en caufe , pour voir déclarer le Retrait bon & valable , & afin d'avoir la liberté d'exécuter contre lui la Sentence qui interviendra.

CHAPITRE VI.

Des formalités du Retrait lignager.

COmme le Retrait tend à défaifir un acquereur légitime, qui ne doit trouver aucune difficulté à fon rembour- fement , quand il fe détermine à l'accepter ; les Coutumes du Royaume ont chargé le Retrayant de beaucoup de con- ditions & de formalités , qui font regardées comme effen- tielles , & qui rendent difficile l'exécution de fon droit.

Celle du Comté de Bourgogne dit feulement , que le pa- rent peut retraire par droit de proximité , la chofe venduë par fon parent, *en rendant le prix & les frais raifonnables dans l'an & jour.* Le gérondif *rendant* emporte une condi- tion, ou du moins un mode , qui empêche l'effet du Re- trait , fi ce mode n'eft pas rempli dans toutes fes circonf- tances , & dans le tems que la Coutume prefcrit.

Il faut donc que le parent offre le prix de l'acquifition & les frais raifonnables faits à l'occafion d'icelle ; & fi l'ac- quereur refufe cette offre , ce qu'il eft cenfé faire quand il ne l'accepte pas, le parent peut le faire affigner , pour voir dire que moyennant les offres qu'il a faites , il fera admis au Retrait ; mais il n'eft pas obligé parmi nous à donner l'affi- gnation dans l'année.

Il eft bon que le parent , ou quelqu'autre perfonne char- gée de fa procuration fpéciale , affifte à l'acte du Retrait , & qu'il en figne l'original & la copie : il paroît cependant que l'offre peut être faite en fon nom , par la perfonne pu- blique qui en dreffe l'acte , & qui étant faifie de l'argent , eſt cenſé avoir un mandat ſpécial pour faire le Retrait; ce qu'elle en dit dans ſon acte, doit faire foi, parce qu'elle eſt dans les fonctions de ſon emploi.

Il faut qu'il conſte du Retrait & de l'offre, par un acte autentique. Des Coutumes veulent qu'il ſoit fait par un Huiſſier aſſiſté de deux Records; & c'eſt une précaution bien juſte dans un acte de cette importance : cependant elle ne ſe pratique pas parmi nous comme étant de néceſſité, parce que nous n'avons ni Coutume ni Ordonnance qui la preſcrive, & que tout exploit d'Huiſſier, dûëment contrôlé, y fait foi. Nous faiſons auſſi quelquefois les actes de Retrait par le miniſtére d'un Notaire aſſiſté de deux témoins, ſuivant la forme des actes que les Notaires dreſſent dans le Comté de Bourgogne.

L'on doit dire dans l'acte de Retrait, que l'héritage étoit ancien au vendeur, & que le retrayant eſt ſon parent, parce que cet acte doit être libellé, ſauf à prouver l'un & l'autre de ces faits, ſi le Retrait eſt conteſté. L'offre doit être faite à la perſonne, ou au domicile réel & actuel de l'acquereur. S'il ne ſe trouve pas chez lui, l'on a coutume d'élire domicile dans le lieu ou au voiſinage, pour recevoir ſa réponſe dans un court délai; & s'il ne répond pas, on tient ſon ſilence pour refus. Si l'acheteur eſt mineur, l'offre faite à ſa perſonne ou domicile, avec requiſition de recevoir le payement d'autorité d'un curateur, ſuffira pour interrompre la preſcription; s'il eſt abſent, & qu'il n'ait ni domicile ni Procureur connu, il faut recourir à Juſtice pour avoir acte de ſa diligence dans l'année; s'il eſt domicilié dans un Château ou Maiſon forte, & qu'il n'ait pas fait élection de domicile ailleurs, ſuivant l'Ordonnance, il ne ſuffira pas de le ſommer de ſe trouver chez un Notaire, pour voir faire les offres réelles, comme il a été jugé par Arrêt rendu aux Enquêtes au Raport de Mr. Tinſeau le 29 Mars 1727, entre Mr. de Beaufremont & le Sieur Henrion. Le même Arrêt a décidé, que l'offre réelle judiciairement faite dans l'année, ne rectifioit pas le défaut de l'offre à la perſonne ou domicile; pluſieurs de Meſſieurs eſtiment, que dans ces circonſtances l'offre réelle auroit pû être faite à Mr. de Beaufremont, au domicile de ſon Procureur d'Office.

L'on

L'on a jugé auſſi par cet Arrêt, que les offres doivent être réelles, énoncées telles dans l'acte, & qu'on ne peut ſe diſpenſer de faire la réalité, ſous prétexte qu'elle ſeroit inutile lorſque l'acquereur refuſe d'admettre le parent au Retrait, comme l'a penſé Mr. le Préſident Favre. La même choſe avoit déja été décidée le 13 Février 1602, entre les nommés Touraiſin & Longin; & déſlors entre Marguerite Bequin & Simon Bagout. L'on s'étoit contenté dans les cas de ces deux Arrêts, de montrer des piéces d'argent qui étoient dans une bourſe, ſans les compter & mettre à découvert. Il faut donc non-ſeulement faire une offre réelle, mais encore mettre l'argent à découvert, le compter, & ſpécifier les eſpèces, pour qu'on puiſſe voir à la ſuite, en cas de conteſtation, ſi les offres étoient ſuffiſantes. L'acte d'offre doit être revêtu de ces faits qu'il faut obſerver, quand même il y auroit conteſtation ſur le prix : au reſte il n'eſt pas néceſſaire d'offrir en mêmes eſpèces que l'achat a été fait, encore qu'il y ait eu une augmentation d'argent intermédiaire; il ſuffit d'offrir de bonnes eſpèces, qui aient cours dans le commerce, & au prix pour lequel elles y ſont reçûës.

Lorſqu'il y a pluſieurs acheteurs ou héritiers d'un acheteur, l'on doit faire les offres à tous en particulier, à moins qu'un ſeul ne poſſédât pour tous; auquel cas on pourroit lui offrir, en ſignifiant l'offre & le Retrait aux autres. [1]

L'on doit offrir tout ce que le vendeur a confeſſé avoir reçû, & qui eſt porté dans le contrat, quand même il ne conſteroit pas de la numération réelle, & qu'on prétendroit qu'il y a ſimulation dans le prix; ſous proteſtation néanmoins, de recouvrer ou diſtraire ce qu'on aura payé ou offert de trop, & ſauf à vérifier à la ſuite, que le prix a été ſimulé. Il y a un Arrêt du 14 Février 1625, qui l'a ainſi jugé.

Si le vendeur a remis une partie du prix à l'acquereur, en conſidération de ce que la choſe auroit été trop venduë, il ſuffit d'offrir ce qui n'a pas été remis; mais hors de ce cas, ſi par exemple la remiſe avoit été faite *ex poſt facto*, en conſidération des ſervices de l'acquereur, ou pour le gratifier, le prix doit être offert tout entier. Que ſi la choſe a été en partie donnée & en partie venduë, enſorte néanmoins que par la prépondérance du prix, il paroiſſe que ce

---

[1] *L. de pupillo, §. Si plurium. ff. de oper. novi nunciat. L. 2. §. fin. de pract. ſtip. eod.*

contrat tient plus de la vente que de la donation, l'on doit offrir tout le prix ftipulé, & encore une fomme pour la valeur de ce qui a été donné, fous proteftation d'augmenter ou diminuer; après quoi on fera eftimer par Experts la chofe aliénée, pour régler la valeur de la donation. Le Parlement de Metz l'a ainfi jugé, dans une caufe évoquée de cette Province, entre le Sieur Baffand & la Demoifelle Antoine, par Arrêt du 24 Juillet 1720.

Quand même l'acquereur devroit au Retrayant des fommes liquides, on prétend que le Retrayant n'eft pas en droit de les lui donner en payement, parce que la Coutume veut qu'il *rende* le prix, ce qui doit s'entendre d'un rembourfement réel & effectif.

Si pendant l'année du Retrait il eft arrivé quelque détérioration à la chofe acquife, qui en diminuë la valeur, comme fi c'eft une maifon qui ait été incendiée, le parent devra néanmoins offrir le prix entier de l'acquifition, s'il veut retraire la chofe : que fi la détérioration arrive après le Retrait, il faut diftinguer s'il a été accepté, ou non ; s'il a été accepté, le Retrayant ne pourra pas fe défifter fous prétexte de la détérioration; mais s'il ne l'a pas été, il pourra fe défifter en payant les frais, parce qu'il n'eft pas encore lié envers l'acquereur.

Lorfque le vendeur a donné du délai à l'acheteur, pour payer le prix de fon acquifition; l'on demande, premiérement, fi le Retrayant doit profiter de ce délai : je crois qu'oüi, parce qu'il eft fubrogé à l'acheteur; que le terme apofé dans un contrat en fait partie ; que ce terme eft quelquefois mis en faveur du vendeur, & que celui qui avance ou retarde un payement, eft cenfé, par raport à cela, plus ou moins payer. [1]

1 *L. Circa Legem* 66. *ff. ad L. falc.*

L'on demande en fecond lieu, fi le Retrayant ne fera pas du moins obligé, quand il veut profiter de ce délai, de prêter caution. L'on dit d'une part, que non, parce que le Retrayant entre à la place de l'acquereur avec toutes fes prérogatives, & que l'acquereur qui eft évincé par l'autorité de la Loi municipale, étant force à déguerpir malgré lui, eft pleinement dégagé; enforte qu'il ne doit pas fe mettre en peine des fûretés du vendeur, qui a dû prévoir le cas du Retrait; d'où l'on conclut, que l'offre d'une caution n'eft pas néceſſaire pour joüir du délai de payer , à moins qu'elle ne ſoit ordonnée par le Juge , à la requiſition de la Partie , & en connoiſſance de cauſe.

L'on dit au contraire , que l'acheteur demeure obligé au vendeur , nonobſtant le Retrait , parce que le vendeur a ſuivi ſa foi , & qu'il n'auroit peut-être pas vendu à crédit aux parents qu'il n'auroit pas eſtimés ſolvables , ou de facile diſcution ; qu'ordinairement le vendeur aliéne par néceſſité , mais que l'acheteur acquiert toujours dans une liberté entiere ; que c'eſt à lui par conſéquent à prévoir le Retrait , & qu'il pouroit ſe dégager au préjudice du vendeur , d'une convention qui ne lui plairoit plus , en ſuſcitant un parent inſolvable qui viendroit au Retrait ; on conclut de là , que l'acheteur n'eſt pas obligé d'admettre le parent au Retrait , s'il ne lui aporte une décharge du vendeur qui n'a pas encore été payé, quoiqu'il ait donné un délai , ou s'il ne lui prête caution bonne & ſolvable. 1

Cette derniere opinion eſt la plus juſte ; elle met les interêts du vendeur & de l'acquereur à couvert , & le Retrayant n'a pas droit de ſe plaindre , de ce qu'on l'oblige à donner des ſûretés convenables , quand il vient au Retrait malgré l'acquereur , & ſans avoir été choiſi par le vendeur. Il ne doit pas même attendre qu'on lui demande caution , il doit l'offrir , autrement ſes offres ne ſeroient pas entieres ni ſuffiſantes. Le Parlement de cette Province l'a ainſi jugé à la Chambre des Enquêtes , au Raport de Mr. Simon , le 17 Février 1724, entre le Sieur d'Eſprel Seigneur de Gouhelans , & Jeanne-Baptiſte Callier.

Cette femme , qui n'avoit offert réellement que la ſomme payée par l'acheteur , & qui s'étoit ſimplement ſoumiſe ſans offrir caution , à payer le ſurplus du prix , dont le vendeur avoit accordé terme à l'acquereur ; tâcha de rectifier ſon offre , en faiſant ſignifier dans le cours de l'inſtance , & encore dans l'année du Retrait , au Procureur qui occupoit pour le Sieur d'Eſprel acheteur , un acte de décharge de la part du vendeur ; mais on n'y prit pas égard , pour deux raiſons. La premiere , parce que le Procureur *ad lites* , n'a pas le pouvoir de recevoir des offres en matiere de Retrait. La ſeconde , parce qu'en offrant l'acte de décharge du vendeur , elle n'a-

E ij

---

1 Dufreſne , liv. 5. ch. 105. Lapeirere , L. R. n. 174. Boniface, tom. 1. liv. 8. tit. 1. ch. 41. Coq. Inſtit. tit. de Retr. Lign. *Zoez in ff. lib. 18. tit. 3. n. 98.*

voit pas réitéré l'offre réelle de son argent. Ainsi ses offres n'étoient pas entieres, parce qu'elles avoient été divisées. Il en auroit pû être autrement, si elle avoit d'abord offert la décharge, & ensuite l'argent, parce que la signification de la décharge subsiste toujours.

Il en doit être de même, quand l'acquisition a été faite à rente rachetable, parce qu'il y a même raison. Que si l'acheteur s'est chargé de payer des dettes à l'acquit du vendeur, il faut distinguer si elles sont exigibles ou non, comme s'il s'étoit chargé de continuer une rente que le vendeur devoit ; en ce cas, comme il y a du bénéfice pour l'acheteur, qui ne paye pas le capital que quand il veut, il paroît juste que le Retrayant en profite, en donnant caution ; mais quand la dette est exigible, le Retrayant doit en raporter des décharges à l'acquereur, ou lui offrir le prix entier ; parce que le vendeur a voulu être dégagé, & qu'il pouroit être inquiété, de même que l'acheteur, si le Retrayant ne payoit pas ; ce que je crois d'autant plus juste, qu'il y a plusieurs Coutumes qui portent indéfiniment, que le Retrayant doit rembourser ou aporter des décharges à l'acquereur, soit que le vendeur ait donné terme ou non ; que plusieurs bons Auteurs le disent, & que c'est la Jurisprudence des Parlements de Paris, Bourgogne & autres.

Si le prix consiste dans l'obligation de faire quelque chose, comme de nourrir & loger le vendeur, le Retrayant doit donner caution qu'il accomplira la charge ; s'il consiste en espèces qui ne soient pas liquides, il doit offrir une somme, sous protestation d'augmenter ou diminuer : cette offre lui conserve le droit de Retrait, quoiqu'elle ne contienne pas la valeur de ce qui n'étoit pas liquide. Il y a un Arrêt de ce Parlement, rendu le 10 Février 1683, entre le Baron d'Igny & Mademoiselle de Ronchaux, qui a décidé que l'offre de cinq mille frans comtois, avec caution de payer le surplus après liquidation, dans le cas de la vente d'un Fief, dont le prix n'étoit pas liquide, suffisoit pour conserver le droit de Retrait, quoique ce prix eût été liquidé à la suite, à dix mille cinq cens francs.

La Coutume dit qu'il faut rendre non-seulement le prix, mais encore *les frais raisonnables.* Ces frais consistent dans ceux du contrat, pour passation, controlle, insinuation, &

groſſe expédiée à l'acheteur ; dans les vins du marché, les épingles, la coëffe, *& ſimilia* ; dans ce qui a été donné aux entremetteurs de la vente, à taxer s'il y a de l'excès ; dans les frais des voyages néceſſaires pour la paſſer, & pour en payer le prix ; dans les lods, & généralement en tout ce qui a été payé, fait ou dépenſé par l'acquereur, comme une ſuite & une dépendance néceſſaire de ſon acquiſition, en bon pere de famille, ſans dol ni fraude : c'eſt pourquoi il convient d'offrir auſſi quelque choſe, ſauf à parfaire, pour les impenſes néceſſaires, quand il y en a eu de faites, & pour les frais de ſemence & de culture, quand on prétend avoir les fruits pendants.

Si l'acheteur a donné quelques ſommes, pour obtenir des ratifications & des conſentements, qui tendoient à lui aſſurer la poſſeſſion de la choſe ; comme cette dépenſe eſt utile, & que le Retrayant en tire avantage, il paroît juſte qu'il la rembourſe, & de même tout ce qui aura été payé pour la deffenſe & la conſervation de l'héritage acquis.

Si la qualité de l'acquereur l'exemtoit des lods, comme ſi c'eſt un Chevalier des Ordres, ou un Secretaire du Roi, qui aient acheté une Terre du Domaine, le Retrayant évinçant l'acheteur, qui a un privilége perſonnel à cet égard, lui doit les lods, comme s'il les avoit débourſés ; & ſi le Retrayant a lui-même le privilége, il ne laiſſera pas de rembourſer à l'acheteur les lods qu'il a payés, ſauf à les répéter du Fermier du Domaine. Si les lods ont été remis à l'acquereur, par quelque conſidération particuliere pour ſa perſonne, il ſemble qu'ils doivent lui être payés ; mais s'ils ont été ſimplement abonnés avec lui, comme on auroit fait avec un autre, le Retrayant en profite.

Dans cette Province où le Retrait féodal ou cenſitif ſont préférables au lignager, il paroît qu'il ſeroit juſte de rembourſer l'acquereur, de ce qu'il auroit payé au Seigneur pour l'empêcher d'uſer du droit de retenuë, parce que le Retrayant en tire avantage. Je trouve cependant un Arrêt rendu aux grandes Vacances de l'an 1554, par lequel il fut jugé que le Retrayant n'étoit pas tenu à rembourſer l'acquereur d'une ſomme qu'il avoit donnée au Seigneur en pareil cas. Cet Arrêt eſt fondé, ſur ce que l'acquereur avoit donné cette fomme volontairement, & que la Coutume n'oblige à rembourfer que les frais raifonnables ; c'eft-à-dire, ce qui a été payé au Seigneur, comme une fuite & une dépendance du contrat, tels que font les lods.

Il faudra dire la même chofe de ce qui a été donné à quelques parents, pour les empêcher de venir au Retrait, & de ce que le roturier qui acquiert un Fief, paye pour avoir permiffion de le poff8der, parce que cette dépenfe n'étant pas caufée par la qualité de la chofe qu'il a acquife, mais par celle de fa perfonne, elle ne doit pas nuire au Retrayant.

Si les frais & loyaux coûts font liquides, ils doivent être offerts en entier, & on doit les diftinguer du prix principal, du moins par les énonciations de l'acte de Retrait ; parce que l'acquereur a interêt que le Retrayant exprime précifément la fomme qu'il prétend rendre à titre de prix principal, pour fçavoir fi elle eft la même que celle qui eft portée par fon contrat : mais quand on a fait cette diftinction dans l'acte, ce ne feroit pas une nullité d'offrir après cela une fomme en bloc, pour le prix & les frais ; il n'y en auroit point non plus à ne pas offrir les interêts du prix principal, fi, comme je le crois, l'acheteur à l'option de garder les fruits, ou de fe faire payer les interêts de fon argent, & qu'il doit s'expliquer fur cette option, avant qu'on foit tenu de lui offrir les interêts : d'ailleurs, l'offre en général d'une fomme pour frais raifonnables, comprend les interêts, quand il en eft dû, fuivant la Jurifprudence d'un Arrêt du Parlement de Bourgogne raporté par Taifand[1] ; & d'un autre Arrêt rendu au Parlement de Befançon, au Raport de Mr. Maffon d'Eclans, le 17 Mars 1724, entre Madame de Pluvaut & Mr. de Maffol, dans une caufe évoquée du Parlement de Dijon. Cet Arrêt décida auffi, que l'offre d'une fomme en bloc pour prix principal & frais raifonnables, fuffifoit, parce que la diftinction du prix principal avoit été faite par énonciation dans l'acte de Retrait, ce qui marquoit affez quelle fomme le Retrayant avoit prétendu offrir pour le prix principal.

Si les frais & loyaux coûts ne font pas liquides, l'on doit offrir réellement une fomme, par raport à iceux, avec fou-

[1] **Tit.** des Retraits, art. 1. n. 19. *in fin.*

miſſion d'augmenter,& proteſtation de diminuer,s'il y échet ; moyennant quoi , & ſi les offres ſont ſuffiſantes d'ailleurs , l'action du Retrait devient perpétuelle , & dure pendant trente ans. Le Parlement de la Province l'a ainſi jugé au mois de Juillet de l'an 1665 , entre le Sieur Avocat Richardot & le nommé Bernard de Gendré , & que l'inſtance en Retrait ne ſe périmoit que par trente ans.

Comme notre Coutume dit ſeulement , que le Retrayant rendra le prix principal & les frais raiſonnables , & qu'elle n'ajoute pas qu'on les conſignera , lorſque l'acquereur refuſera de les recevoir , nous avons crû que l'offre réelle , ſans la conſignation , ſuffiſoit pour opérer le Retrait, & conſerver le droit du Retrayant , ſuivant le ſentiment de Balde ſur la Loi *Acceptam* , au Code *de uſuris* , contraire à celui de Bartole,qui demande la conſignation : en effet,l'offre réelle ſeule met le créancier en retard ; & lorſque nous conſignons , ce n'eſt que pour faire ceſſer le cours des interêts , gagner les fruits , & nous décharger du péril de l'argent : c'eſt pourquoi l'on a déclaré des Retraits valables , quoique les conſeins fuſſent nuls par quelques défauts particuliers. Il y en a deux Arrêts rendus ; l'un aux Enquêtes , le 6 Septembre 1721 , au Raport de Mr. Puſel de Bourſieres , entre les nommés Bucheri & le Marchand Marmillon;l'autre à la Tournelle, au Raport de Mr. Bergeret , le 29 Janvier 1724, pour le nommé Moureau : d'où il ſuit , que la nullité du conſein n'opére pas celle des offres , ni l'excluſion du Retrait ; & par conſéquent, que le conſein n'eſt pas de formalité eſſentielle à cet acte , mais de ſimple précaution pour le parent qui le fait. Cependant comme l'acquereur y a donné lieu par ſon refus , & que le parent qui a ſon argent , n'eſt pas obligé de le garder pendant une conteſtation qui peut être longue , les frais du conſein tombent à la charge de l'acquereur.

L'on a eſtimé dans le Duché de Bourgogne,que le conſein étoit néceſſaire , & que les termes, *en rendant le prix & les frais raiſonnables* , qui ſont les mêmes dans la Coutume de cette Province que dans la notre , doivent être entendus d'un payement qui opérât une pleine libération. Je n'entreprends pas d'examiner ſi l'on y a mieux expliqué le texte de cette Coutume , que parmi nous ; j'obſerve ſeulement que l'explication qu'on y donne dans le Duché, fauve un grand inconvénient : c'eft que notre Coutume, qui a probablement fupofé que le confein fe feroit, n'a point fixé de délai pour offrir de nouveau, lorfqu'après un refus l'acquereur confent au Retrait, ou qu'il eft adjugé, comme ont fait les autres Coutumes, qui fe font contentées de l'offre réelle, fans confein ; de forte que l'acquereur dans l'un & l'autre de ces cas, eft obligé de courir après fa boule, & d'effuyer de nouvelles difficultés pour avoir fon rembourfement.

Comme la Coutume de Paris ne donne que vingt-quatre heures pour offrir ou configner, après que le Retrait a été jugé, & que l'acquereur a remis fes papiers au Greffe ; & d'autres Coutumes huit jours, dès qu'il a tendu le giron, c'eft-à-dire, qu'il a confenti au Retrait, ou que le Retrait a été adjugé ; je penfe que quand l'acquereur y confent après avoir refufé, il peut faire déterminer un délai de huitaine, dans lequel le parent fera obligé de lui payer tout ce qui fera clair & liquide ; & qu'il peut auffi faire fixer ce délai par la Sentence qui adjuge le Retrait, ou par le Jugement fur Requête poftérieure ; paffé lequel délai, fi le parent eft en retard de rembourfer, il demeurera déchû du Retrait, quand même il lui auroit été adjugé, fans que cette peine puiffe être réputée comminatoire, parce qu'elle ne vient pas ici du feul fait du Juge, mais de la nature de la chofe & de la Loi municipale, à laquelle le Juge fuplée, ou qu'il exécute.

Tout étant de rigueur dans l'offre réelle pour le Retrait, qui eft la formalité effentielle & la feule que notre Coutume exige, l'on demande fi le défaut d'une légere fomme peut faire déclarer l'offre nulle : il femble qu'on en doit laiffer la décifion à l'arbitrage du Juge, qui voit fi ce défaut vient du deffein de ne pas offrir tout ce qui eft dû, & en ce cas il eft effentiel ; ou s'il vient d'une erreur de calcul, auquel cas il peut être exécuté, quand il n'eft pas confidérable. 1

Nous n'avons pas reçu la Jurifprudence des Arrêts des Parlements qui ont jugé que quand il y a nullité dans le Retrait, on ne peut plus la réparer, même dans l'année qu'on a pour ufer de ce droit ; & nous nous en tenons à ce que dit Grimaudet, qu'on peut rectifier les défauts en cette matiere

1 *L. Si ita quis, §. fola, ff. de verb. oblig. Fachin. lib. 2. cap. 4. Cancer. var. ref. part. 4. cap. 8. n. 104 & feq. Fab. lib. 1. t. 36. def. 7.*

tiere pendant l'année du Retrait, à moins qu'il n'y ait un
Jugement en dernier reſſort, qui déclare le Retrait nul : mais
la difficulté eſt de ſçavoir, ſi un autre parent qui aura fait
intermédiairement des offres ſuffiſantes, ſera préféré à celui
qui aura rectifié les ſiennes ; il me ſemble que ſi l'acquereur
a opoſé la nullité, le ſecond Retrayant doit être préféré ;
mais que s'il ne s'en eſt pas prévalu, le premier Retrayant
eſt préférable, parce qu'il n'y a que l'acheteur qui ait interêt à opoſer la nullité du Retrait, & qu'il peut la remettre.

CHAPITRE VII.

De la fraude en Retrait lignager.

L'Acheteur fait fraude au parent, quand il ſimule & exprime dans le contrat un prix plus haut que celui dont
il eſt convenu, ou qu'il déguiſe une acquiſition ſujette au
Retrait, ſous le nom d'un contrat qui n'y eſt pas ſujet. Le parent fraude auſſi l'acheteur, quand il prête ſon nom à un
étranger, ou qu'il exerce le Retrait, après être convenu avec
un autre qu'il lui remettra l'héritage.

Ces fraudes ſe prouvent non-ſeulement par actes, mais
encore par conjectures ; & ce n'eſt pas le cas de l'Ordonnance qui rejette la preuve vocale en choſes qui excédent cent
livres, & contre le contenu aux actes ; car elle ne parle que
de ceux qui ont contracté, & n'exclut pas la preuve de ce
qui s'eſt fait en fraude d'un tiers.

Le vendeur eſt témoin habile dans cette preuve, quoique
parent, & quand même il ſeroit Partie : 1 c'eſt parce qu'il eſt
témoin néceſſaire, qu'il s'agit d'un fait oculte, & de prouver une fraude, qui ne le peut être ordinairement que par
les complices ; mais ſon témoignage ſeul ne ſuffiroit pas. Il
faut un autre témoin avec lui, ou qu'il y ait une ſemie-preu-
ve d'ailleurs, ſoit par des confeſſions extrajudicielles, ſoit
par des indices & des préſomptions. Breſon avoit vendu à
Poncelin pour mille livres, une maiſon chargée d'un cens
portant lods, & le contrat portoit quinze cens livres comp-

1 Grimaud
des Retraits,
liv. 5. ch. 2.

tées & rembourſées par le vendeur, en préſence du Notaire & des témoins de l'inſtrument. Le Seigneur demanda la commiſe de cette maiſon, & fut admis à la preuve de la ſimulation du prix ; il fit entendre Breſon, qui avoüa que le prix n'avoit été convenu qu'à mille livres, & qu'il avoit rendu cinq cens livres des 1500, qui avoient été comptées ; quelques autres témoins dépoſérent l'avoir oüi dire au vendeur & à l'acheteur. Par Arrêt rendu à la Tournelle au Raport de Mr. de Chaillot le 21 Décembre 1710, la commiſe fut déclarée ouverte ſur cette preuve.

Ce ne ſeroit pas un indice ſuffiſant de fraude, que d'emprunter de l'argent pour retraire, & même d'engager à ſon créancier le fond qu'on prétend retirer, pour en joüir juſqu'à rembourſement, quand il conſte de l'eſpèce de ce contrat ; [1] mais c'en ſeroit un conſidérable, ſi ſans qu'il parût aucun contrat d'emprunt, un tiers avoit fourni l'argent du Retrait, & en faiſoit les frais : ce fait a été retenu, & que le Retrayant avoit promis au tiers de lui remettre l'héritage, par Arrêt rendu à la Tournelle au Raport de Mr. Maire, le 13 Mars 1731, entre la Demoiſelle Pargues & François David. La Juriſprudence de cet Arrêt fait voir, que nous ne ſuivons pas l'opinion, qui dit, qu'en cas de fraude on doit attendre l'événement pour ſe pourvoir, & que le deſſein de la faire ne ſuffit pas, parce qu'on peut changer de deſſein, & ne pas la conſommer : cette opinion, quoique commune, tend à favoriſer la fraude, & tient trop long-tems les Parties en échec. Le deſſein de la faire concerté avec un tiers, rend le parent indigne du bénéfice de la Loi, *fruſtra Legis auxilium implorat, qui committit in Legem* : il convient ſeulement de ne pas ſe fonder ſur des préſomptions légéres, & de n'admettre que des faits preſſants, comme ſont ceux-ci. *Nimirum ſi pacto inito inter agnatum & eum à quo mutuas accepit pecunias, convenerit ; ut impletis condictionis gentilitiæ ſolemnitatibus, rebuſque in familiam revocatis, quandocumque ſit obnoxius eas creditori remancipare ; pœnali ſtipulatione adjectâ, ſi contra placitorum fidem, quid moliatur ; hoc enim commentum, ſenatorius ordo fraudulentum omnino cenſuit & damnavit.* [2]

Notre Coutume fournit un exemple de fraude en cette ma-

[1] Guillel. Coutume de Bourg. tit. du Retrait, art. 13. q. 1.

[2] Guillel. Coutume de Bourgogne, *loc. cit.*

tiere : c’eſt ſi les Parties ayant fait un échange , *l’une d’elles aufſi-tôt après réachete ſon échange* ; la queſtion eſt d’expliquer le mot d’*aufſi-tôt après* , dont la Coutume ſe ſert ; je crois qu’il doit être entendu de l’année : c’eſt le terme que déſignent pluſieurs Coutumes , & qui eſt communément déterminé en pareil cas par les Auteurs. [1]

Mais ce moyen de prouver la fraude n’exclut pas ceux qu’on pourroit avoir d’ailleurs : car la Coutume dit , *qu’on pourra la prouver par autre maniere* ; & elle ajoute , *que ceux qui auront fait l’échange, ſeront tenus à la requête du Retrayant, d’en répondre par ſerment & dire la vérité* : d’où l’on peut encore induire , que les Parties qui ont contracté , ſont témoins habiles quand il s’agit de prouver la fraude du contrat, comme je l’ai dit , & qu’il a été jugé par l’Arrêt de 1710.

Lon demande , ſi le ſerment que la Coutume permet d’exiger , eſt déciſif ; enſorte qu’étant prêté l’on ne puiſſe plus faire de preuves contraires. Il paroît qu’il n’eſt que catégorique ; car notre Coutume ne dit pas, comme celle du Duché, que les contrahans ſeront tenus de jurer, *ſi l’on veut s’en raporter à leur ſerment* ; elle dit ſeulement , qu’ils ſeront obligés *de répondre par ſerment ſur la fraude* ; & l’opinion commune eſt , que lorſque le ſerment eſt demandé , en vertu d’un Statut ou d’une Coutume qui permet de l’exiger , il n’eſt pas déciſif, & qu’on peut faire la preuve du contraire : au reſte ce ſerment catégorique doit être prêté en perſonne, ſuivant l’Ordonnance au titre des interrogatoires ſur faits & articles : car c’eſt ce qu’on apelle dans le Droit Romain, *confeſſio in jure* ; au lieu que le ſerment déciſoire peut être prêté par Procureur.

Comme notre Coutume n’ordonne aux contractans de prêter ſerment, que dans le cas de l’échange prétenduë frauduleuſe, pourra-t-on l’exiger dans les autres cas de fraude, ſans ſe ſoumettre à y déférer , & ſous réſerve de prouver le contraire ? Notre uſage eſt pour l’affirmative , qui eſt communément autoriſée par les Coutumes ; il y a même équité & même raiſon , que dans le cas prévû par la Coutume. Cependant comme nous n’avons point de texte exprès dans les autres cas , je penſe que pour éviter la difficulté , il eſt bon d’exiger le ſerment dans ces autres cas , par la voie des

F ij

[1] D’Arg. art. 296. Mornac ad L. *Dudum* , Cod. de contra empt. Taiſand , du Retrait , art. 13. n. 1.

interrogats fur faits & articles, crainte qu'on n'opofe qu'il a été déferé, fi on le faifoit faire autrement.

Le parent obligé de répondre par ferment, doit dire nettement & précifément, s'il ufe du Retrait pour lui-même : ainfi une Sentence qui avoit débouté l'acheteur, de la demande à ce que le parent prétât ferment qu'il retiroit pour lui, fut réformée par Arrêt du Parlement de la Province du dernier Juin 1625. Le ferment prêté par procuration fpéciale, que le parent ufoit du droit pour fon profit, fut déclaré infuffifant ; & il lui fut ordonné d'affirmer qu'il ufoit du Retrait pour lui. La même chofe a été jugée dès-lors entre Mademoifelle de Cul & le nommé Clerc. [1]

Si le parent qui a ufé du Retrait fur un héritage, l'aliéne peu de tems après, jugera-t-on qu'il l'a retiré en fraude ? Plufieurs Coutumes décident, que fi l'aliénation en eft faite dans l'an & jour depuis le Retrait, l'acheteur qui a été évincé par cette voie, a droit de rentrer dans l'héritage ; & Mornac dit que c'étoit le fentiment des Avocats de fon tems. [2] Je ne crois cependant pas qu'on le jugeât parmi nous, à moins qu'il n'y eût preuve, que cette vente étoit déja concertée au tems du Retrait ; parce qu'il eft libre à chacun de vendre fon bien, & qu'il fuffit pour qu'il n'y ait point de fraude au Retrait, qu'on l'ait fait pour foi & fans aucune convention avec un tiers. [3]

Quoique le Retrait ait été confommé, s'il y a fraude, quel tems aura le premier acheteur pour recouvrer l'héritage ? & de même le parent, qui a été empêché par une fraude d'ufer du Retrait ? L'on tient communément, qu'ils ont l'an & jour depuis que la fraude a été découverte. [4]

❧❧❧❧❧❧ ❧❧❧❧❧❧ ❧❧❧❧❧❧ ❧❧❧❧❧❧

CHAPITRE VIII.

Des fruits en Retrait lignager.

C'Eft une maxime affez commune en matière de Retrait, que quand on ufe de ce droit fur une vente de biens anciens & d'acquêts, faite pour un feul prix, l'acheteur a

---

1 Brodeau, fur Loüet, L. R. fom. 53. n. 14 : Cambolas, liv. 1. ch. 39. n. 2.

2 *Ad L. Dudum, Cod de contr. empt.*

3 Guill. fur l'art. 13. de la Coutume du Duché de Bourgogne, titre des Retr. q. 1 : d'Arg. Cout. de Bret. art. 256.

4 Brodeau, fur Loüet, L. V. fomm. 53. n. 10.

l'option de retenir les acquêts pour la fomme à laquelle ils feront eftimés, ou d'obliger le parent de retraire le tout, *ut emptor indemnis habeat.* Il femble que la même raifon doit faire juger que l'acheteur a auffi l'option de garder les fruits pour les interêts de fon argent, ou de fe faire rembourfer ces interêts ; car il y auroit bien des cas dans lefquels il ne feroit pas dédommagé, s'il étoit obligé à fe contenter des fruits.

Il peut exiger les interêts, parce qu'ils font compenfatoi-res ; quoiqu'il ne foit pas néceffaire d'offrir une fomme cer-taine pour ce fujet, & qu'il fuffife de fe foumettre à les ajouter, s'il y échet, à l'offre des frais raifonnables ; mais quand il fe détermine à garder les fruits, il y a fouvent de la difficulté, & pour l'éclaircir il faut diftinguer plufieurs hypothéfes.

Les fruits civils, tels que font les loyers de maifon & les arrérages des rentes fonciéres, fe divifent au prorata, entre l'acquereur & le Retrayant. Celui-ci les a depuis le jour de fes offres, quand elles font bonnes & fuffifantes ; & l'autre depuis fon acquifition jufqu'au jour du Retrait.

Quant aux fruits naturels & induftriaux, s'ils étoient pen-dants au tems de l'acquifition, ils en font partie ; *fructus pen-dentes faciunt partem fundi* ; ils ont augmenté le prix de l'a-chat, & par conféquent le parent qui rembourfe ce prix, doit profiter des fruits, & il faut les lui raporter ou en dé-duire la valeur fur la fomme qu'il rembourfe.

S'ils font nés depuis l'acquifition, & que l'acquereur les ait perçûs en maturité, il ne doit pas les rendre, parce qu'il les a fait fiens comme maître du fond.

Mais fi les fruits nés & formés depuis l'acquifition, n'é-toient pas recüeillis au tems du Retrait, à qui les ajugera-t-on ? La Coutume de Paris les donne au Retrayant ; & c'eft la regle du Droit, parce qu'ils font partie du fond, qui cede au parent par fon acte de Retrait : mais les Commentateurs de cette Coutume difent qu'elle eft injufte en ce point ; & que l'équité demande, que ces fruits foient partagés au pro-rata : que fi l'acquereur pendant la conteftation fur le Retrait, négligeoit de faire valoir l'héritage & d'en percevoir les fruits, il en feroit refponfable, comme un poffeffeur de mauvaife foi, qui doit rendre non feulement ce qu'il a perçû, mais encore ce qu'il auroit pû percevoir.

Il y a un cas, auquel les fruits ne feroient pas ajugés au Retrayant, quoiqu'il eût fait des offres fuffifantes pour conferver fon droit : c'eft lorfque le rembourfement n'eft pas liquide ; car jufqu'à ce qu'il foit liquide, ou qu'on ait offert tout ce qui eft dû, l'acheteur fait les fruits fiens ; parce qu'il poffede de bonne foi, qu'il n'eft pas obligé de courir après fon rembourfement, & cependant de fe deffaifir : *agit de damno vitando*, & le Retrayant *de lucro captando* : c'eft pourquoi dans le cas d'un prix qui n'étoit pas liquide, de l'offre de cinq mille frans & de la caution prêtée pour le furplus ; le prix ayant été reglé à 10500 frans, le Parlement de la Province jugea le Retrait valable, mais les fruits furent ajugés à l'acquereur, par Arrêt rendu le 10 Février 1683, entre le Sieur Digni & la Demoifelle de Ronchaux : il en feroit autrement, fi l'acquereur requis de donner un état de ce qu'il prétend, avoit affecté de ne le pas faire, ou groffi injuftement cet état, & qu'il eût fait durer la conteftation pour profiter des fruits ; car il y auroit du dol, *& dolus nemini patrocinari debet.*

Puifque nous avons eftimé que l'offre réelle fuffifoit pour être admis au Retrait, & que le Retrayant n'étoit pas obligé de configner ; il femble qu'on en doit conclure, que dans le cas de cette offre faite de toute la fomme dûë, le Retrayant doit gagner les fruits dès qu'il a offert réellement ; puifque d'ailleurs il a mis l'acquereur en retard, & qu'étant obligé de tenir fon argent prêt pour le délivrer quand l'acquereur voudra accepter fon rembourfement, ou que la caufe du Retrait fera jugée, les fruits doivent lui tenir lieu des interêts de cet argent. Il faut cependant convenir, que l'offre réelle feule n'eft pas auffi efficace que celle qui eft fuivie de la confignation, & qu'il n'y a que celle-ci qui emporte une libération pleine & entiére. L'offre réelle peut bien conferver & perpétuer l'action de Retrait, mais elle ne tient pas lieu du payement, qui doit être fait fuivant la Coutume, pour avoir droit de poffeder l'héritage & en faire les fruits fiens. [1] Il ne tient qu'au Retrayant de configner, fi fon argent eft prêt, & il eft de fon interêt de le faire ; mais il arrive

[1] *Boir. quæft.* 124. *n.* 25. *in fin.* Papon liv. 11. tit. 5. n. 1. Loüet, lett. R. fomm. 35. Bouvot, tom. 1. v. *Retrayant.* Coq. Inftit. tit. du Retr. ligu.

quelquefois, qu'il fait montre de l'argent d'autrui dans une
offre réelle, & presque toujours, quand c'est le sien qu'il a
offert, il le fait profiter pendant le procès du Retrait, parce que notre Coutume n'exige pas, comme plusieurs autres,
que le prix soit représenté à chaque journée, & qu'elle se
contente de l'offre réelle: c'est pourquoi je pense, qu'il faut
consigner pour gagner les fruits qui se perçoivent pendant
la contestation.

L'on demande si un créancier du Retrayant peut faire sai-
sir l'argent qui a été consigné pour le Retrait. La réponse
est, qu'il ne le peut pas, parce qu'il est sous la main de la
Justice, & qu'il n'est plus censé apartenir à son débiteur.
Le Parlement de la Province l'a ainsi décidé dans la cause
de Madame Richardot & du nommé Bouvier de Choisé. [1]

Cependant le Sieur Bouchard ayant usé du Retrait sur une
maison venduë par son parent & consigné, les espèces aug-
mentérent considérablement. Il prétendit, qu'il lui étoit libre de retirer le consein, parce qu'il l'avoit fait volontairement & sans nécessité. Il y fut admis par Arrêt rendu contre
le Sieur Bouveret, & il profita de l'augmentation des espèces.
Le contraire a été jugé dès-lors, & ce me semble avec justice : car les espèces ne sont plus à celui qui les a consi-
gnées, & qui gagne les fruits de la chose à cause de son
consein. C'est un prix déposé pour être délivré à l'acheteur ;
& puisqu'il en court les risques, l'équité veut qu'il en ait
aussi le profit.

[1] *L. Accep-*
tam, *Cod. de*
usur. L. Qui
decem. in princ.
ff. de usur.

CHAPITRE IX.

Des impenses faites pendant l'année du Retrait.

L'Acquereur recouvre les impenses nécessaires qu'il a faites pendant l'année du Retrait, quoiqu'il les ait faites
de son autorité : si cependant elles étoient fort considérables, il conviendroit pour sa sureté, qu'il les fit avec permission du Juge donnée en connoissance de cause ; sur tout
si c'est après l'instance de Retrait commencée. Elles lui doi-

vent être remboursées, quand même elles seroient péries
par cas fortuit, s'il n'y avoit point de sa faute ; & encore
que la Sentence qui a ajugé le Retrait, n'en ait point parlé,
on les estime piéce à piéce & par le menu, pour qu'il n'y per-
de rien.

Mais comme l'acquereur n'est pas maître incommutable,
il ne lui est pas permis de faire des impenses utiles qui rendroient le Retrait onéreux : quand il en a faites, il ne les
répéte pas, sauf à reprendre les matériaux, s'ils lui peuvent
être de quelque profit ; si ce n'est que le Retrayant voulût
rembourser le prix de ces matériaux, & qu'il s'agît d'un bâ-
timent à la Ville. [1] Sur ce fondement, François Dufay & Catherine Fournier sa femme, ayant acquis un verger à Baume
hors de la Ville, pour 250 frans, y bâtirent dans l'année du
Retrait une maison qui leur coûta cinq mille livres. Le Retrayant refusa de les rembourser, & par Arrêt rendu aux Enquêtes, au Raport de Mr. Guegain le 15 Janvier 1717, entre eux & Marguerite Petitevenot, ils furent déboutés du
remboursement de leurs impenses, sauf à eux à reprendre
les matériaux, & condamnés à remettre les choses dans leur
premier état. Si cependant les impenses aportent un avantage considérable au fond, & qu'elles soient modiques, elles seront réputées nécessaires, comme si l'on avoit provi-
gné & planté des arbres à la place de ceux qui seroient
morts. [2] Il n'en seroit pas de même d'un nouveau plan d'arbres. [3]

Quant aux détériorations, il faut distinguer si elles viennent du fait de l'acquereur, ou de sa simple négligence.
Au premier cas, il en doit payer les dommages & interêts.
Il y a un Arrêt du Parlement de Franche Comté qui l'a ainsi
jugé, dans le cas d'une vigne arrachée, & du changement
de nature du fond. Mais au second, comme s'il n'avoit pas
cultivé l'héritage, il n'en est pas tenu ; parce qu'étant propriétaire, on ne peut pas lui imputer sa négligence dans
son propre bien.

CHAPITRE X.

Du Retrait féodal.

LE Retrait féodal confifte dans le droit qu'a le Seigneur dominant, de retenir le Fief mouvant de lui, aliéné à titre de vente, ou de contrat équipolent à vente, en rendant le prix de l'aliénation & les loyaux coûts ; pourvû toutefois qu'il y ait mutation de vaffal : car fi par l'aliénation le vaffal fe réferve les foi & hommage avec quelques droits, comme un cens, il n'y aura pas lieu au Retrait ; fauf au Seigneur à fe pourvoir contre le contrat par nullité ou commife, quand il y échet.

Ce Retrait a lieu de plein droit dans les Pays Coutumiers, & même dans les Provinces qui fe régiffent par le Droit écrit, fi ce n'eft dans le Dauphiné, où l'on tient qu'il faut qu'il foit réfervé par les inveftitures. Il eft fondé fur ce qu'en rendant les Fiefs patrimoniaux, il a paru jufte de laiffer au Seigneur dominant, la liberté de retenir le Fief fervant pour le prix de l'aliénation, afin qu'il puiffe le réünir, ou fe choifir un vaffal qui lui foit agréable & affectionné.

Cette liberté lui eft accordée par le Droit des Fiefs : *conceffa erat Domino, pro æquali pretio redemptio ; nifi hoc beneficium amiferit per refutationem, vel annali filentio :* [1] & nous avons toujours obfervé le Droit des Fiefs en ce point, car notre Coutume n'a pas introduit le Retrait féodal ; elle l'a fupofé établi. [2]

Les Fiefs du Comté de Bourgogne, font d'honneur & de danger. Les vaffaux n'y doivent que les foi & hommage, le dénombrement, & ne pas aliéner leurs Fiefs fans le confentement du Seigneur fuzerain, qui n'a d'autre droit utile que la faifie féodale, par laquelle il fait les fruits fiens, la commife qui lui acquiert le fond dans le cas exprimé par la Coutume, & le Retrait féodal que nous apellons retenuë.

Le Droit des Fiefs avoit donné la préférence aux agnats fur le Seigneur, parce que les inféodations fe faifoient com-

[1] §. *Porro de feud. lib.* 2. *tit.* 9.

[2] Tit. des Fiefs, art. 22. Tit. des réachats, art. 12.

munément pour l'agnation : mais depuis que nos Fiefs font devenus difponibles & patrimoniaux, cette préférence a dû ceffer ; c'eft pourquoi le Seigneur qui veut retenir le Fief, eft préférable au parent dans le Comté de Bourgogne. [1]

L'on a douté fi le Seigneur peut céder ce droit, fur ce qu'il paroît principalement introduit, pour qu'il puiffe réünir le Fief fervant, & que notre Coutume le nomme feul quand elle parle du Retrait féodal : mais Mr. Grivel rend témoignage, que la retenuë féodale a été jugée ceffible par plufieurs Arrêts ; & le Souverain l'a déclaré tel, par Edit de l'an 1608, qui eft fondé fur ce que le Retrait féodal a auffi été introduit, pour que le Seigneur puiffe choifir fon vaffal ; que tout droit eft ceffible de fa nature, s'il n'y a une loi ou des raifons au contraire ; que le Retrait féodal peut être féparé de la propriété ; & que notre Coutume en le fupofant acquis au Seigneur, n'a pas dit qu'il lui feroit perfonnel, & que le Seigneur ne pourroit pas le céder.

Le Souverain de la Province a déclaré, à la requifition des Etats en 1607, que toute obtention du droit de retenuë féodale à lui apartenant, avant la vente & délivrance des biens, feroit tenuë pour obreptice & fubreptice. Cette difpofition ne s'aplique qu'aux ventes forcées qui fe font par les decrets ; elle a été faite pour remédier à ce qu'il arrivoit dans cette efpèce de vente, qu'il ne fe préfentoit pas des aprétiateurs quand on fçavoit que le Retrait féodal avoit été accordé, ce qui nuifoit également au débiteur & à fes créanciers. La juftice de ce motif fait qu'on doit l'apliquer aux Seigneurs particuliers, comme au Souverain, & au Retrait cenfitif, comme au féodal.

Mais il y a eu difficulté, fi la déclaration ne parlant que de la délivrance, le Retrait pouvoit être obtenu d'abord après qu'elle eft faite, avant le nantiffement & l'envoi en poffeffion. L'on dit pour la négative, que l'achat n'eft pas parfait avant le payement, *nifi fit habita fides de pretio* ; ce qui n'arrive pas dans les decrets, où l'on ne délivre qu'à charge du nantiffement, & où les biens qui fe vendent, *non nifi præfenter pecunia diftrahi debent*. [2] Que la délivrance feule ne transfere ni le domaine ni la poffeffion, & que la tradition ne fe fait en ce cas, que par l'envoi en poffeffion ;

traditionibus enim, non nudis titulis, dominiæ rerum transfe-
runtur; que le délai de la retenuë féodale ne court qu'après
l'exhibition du titre, & que le nantiffement, fuivi de l'envoi en poffeffion, doit être exhibé ; enfin, que jufqu'au nantiffement le debiteur, dont on difcute les biens, en peut
anéantir le decret en purgeant les hypotéques ; & que les
biens peuvent être revendus par folle enchére, faute de
nantiffement : d'où l'on conclut, que le Retrait féodal ne
doit être accordé qu'après le nantiffement fait. Le Parlement de la Province l'a ainfi jugé le 8 Août 1619 de toutes voix, entre Mr. Grivel & Mrs. de Lulin & de Vateville.
Mr. Grivel fait fentir dans fes Décifions, qu'il n'eft pas de
l'avis de l'Arrêt ; mais on reconnoît à la qualité de fes
raifons, qu'il penfa ainfi dans fa propre caufe. [1]

    Le Roi n'ufe pas du Retrait pour réünir à fon Domaine,
fi ce n'eft quand le bien de l'Etat le demande ; parce que
le Domaine étant inaliénable, la réünion tireroit les biens
du commerce. Par cette même raifon, il a été réglé que les
Eccléfiaftiques & gens de mainmorte du Comté de Bourgogne, qui uferoient du droit de retenuë à eux apartenant,
fur les fonds qui relevent d'eux en Fief ou en cenfive, feroient tenus de les remettre en main habile dans l'année du
Retrait confommé, à peine de commife des fruits. [2]

    L'acheteur fous la condition de réachat, & l'héritier fi-
duciaire, peuvent ufer du Retrait, & ne font pas obligés
de rendre ce qu'ils ont acquis par cette voie, lorfque le
réachat eft exercé, ou le fidécommis ouvert; parce qu'ils étoient
propriétaires quand ils ont retiré. Il n'en feroit pas de même
de celui qui auroit ufé du droit de Retrait, pendant qu'il poffédoit de bonne foi le Fief dominant; il pourroit être obligé de remettre au propriétaire qui voudroit le rembourfer,
le Fief fervant qu'il auroit retiré & gardé, parce qu'il étoit
fimple poffeffeur fans propriété.

    L'Engagifte du Domaine n'ufe pas du Retrait, fi le droit
ne lui en a été accordé par fon contrat. Il en eft de même
des Fermiers, parce que le Retrait n'eft pas un fruit ordinaire.

    Le mari peut en cette qualité ufer du Retrait féodal, à
caufe du Fief dominant qui apartient à fa femme, parce que

[1] *Decif.* 169.

[2] Déclaration du 18 Mai 1731.

ce droit dépend de son administration ; mais le Fief ainsi retiré par le mari, n'entre pas en communauté, & il apartient à la femme.

Je trouve beaucoup de doute, à la question de sçavoir,
si l'usufruitier du Fief dominant peut user du Retrait, même
par préférence au propriétaire. L'on dit pour l'usufruitier,
que le Retrait est un fruit, & un droit utile qui peut être
cédé à prix d'argent. D'autre côté, la Coutume ne donnant ce droit qu'au Seigneur féodal, semble n'avoir entendu parler que du propriétaire : on trouvera qu'il a été introduit en sa faveur, si l'on considére les motifs qui l'ont
fait établir, & par des vûës qui s'étendent au-delà de l'usufruit ; il ne seroit pas juste de l'en priver, si l'usufruitier n'en
use pas ; & en admettant l'usufruitier à en user concurrem-
ment avec le propriétaire, on surcharge l'acquereur du Fief
servant, parce qu'on multiplie les personnes qui peuvent
user du droit de Retrait.

Je crois que le propriétaire peut seul user de la retenuë
féodale, particulierement dans le Comté de Bourgogne où
les Fiefs ne sont pas de profit : cependant l'opinion commune
est que l'usufruitier peut exercer ce droit ; & que si c'est du
consentement du propriétaire, il conserve le Fief qu'il a retiré ; mais que si ce n'est pas de son consentement, le propriétaire peut se faire remettre le Fief après l'usufruit fini,
en remboursant les héritiers de l'usufruitier.

Si le Fief dominant apartient à plusieurs Seigneurs par indivis, chacun d'eux ne peut retirer que pour sa part ; mais
l'acquereur peut obliger celui qui retire, de le faire pour
le tout. Si la Terre acquise dépend de différentes mouvances,
chaque Seigneur ne doit retraire que ce qui est de sa mouvance, quoique la vente ait été faite pour un seul prix ;
même quand il y a plusieurs Fiefs distincts d'une seule mouvance, le Seigneur peut en retraire l'un & laisser les autres.
Mr. Grivel raporte un Arrêt rendu au Parlement de Franche-
Comté, le 24 Septembre 1604, par lequel de deux Associés
à une Ferme, l'un ayant cédé à l'acquereur le droit de retenuë pour le tout, l'autre qui vouloit en user pour sa part,
fut débouté. Mais il observe, que celui qui avoit cédé le
droit de retenuë, étoit seul nommé dans le bail, & avoit

affocié l'autre. Dès-lors les Affociés ont un mandat tacite &
réciproque, qui fait que l'un peut lier l'autre en ce qui regarde leur fociété fans mandat fpécial. [1] Il n'en feroit pas
de même de deux Seigneurs par indivis ; en ce cas l'un ne
pourroit rien faire au préjudice de l'autre.

Le Seigneur peut ufer du Retrait auffi-tôt que la vente
eft parfaite, quoique la tradition n'ait pas fuivi ; & les Parties
n'ont pas la liberté de révoquer la vente à fon préjudice,
parce que le droit lui eft acquis par leur contrat feul, & avant
qu'il ait déclaré fa volonté.

L'on a douté dans le Comté de Bourgogne, fi la réception en foi & hommage excluoit le Roi du Retrait féodal,
& l'on voit par une décifion de Mr. Grivel, que le Parlement panchoit pour l'affirmative : [2] mais la queftion a été
terminée par une Lettre du Souverain, écrite au Gouverneur
de la Province en 1607, enrégiftrée au Parlement & à la
Chambre des Comptes, qui porte, que le Souverain veut,
nonobftant la réception des foi & hommage, demeurer entier en
fon droit de retenuë, pour lui ou celui à qui il en fera la ceffion.

La même chofe doit être obfervée à l'égard des Fiefs mouvants des vaffaux, parce qu'il y a même raifon, que la Jurifprudence doit être uniforme hors des cas de privilége,
& qu'on a étendu aux vaffaux, ce que le Roi a ordonné
pour lui fur les Fiefs en d'autres circonftances.

Notre Coutume dit, que l'acquereur d'un Fief le perd
par commife, s'il en prend la poffeffion réelle fans le confentement du Seigneur, hors de certains cas qu'elle exprime.
Mrs. Boguet & Grivel ont eftimé qu'il étoit néceffaire d'obtenir ce confentement. [3] Nous avons fuivi l'opinion de Dumoulin, qui penfe qu'il fuffit de le demander avec la défé-
rence convenable, *reverenter petere* : fauf au Seigneur à ufer
du droit de retenuë, dont n'ufant pas, il eft cenfé confentir, & ne peut refufer fon confentement aux perfonnes
capables, ni de les recevoir à foi & hommage.

Il fuit de là que le confentement du Seigneur à l'acquifition, ne le prive pas du droit du Retrait féodal, puifqu'il ne peut pas le refufer, & que l'acquereur en a befoin pour joüir, en attendant que le Seigneur fe détermine
à ufer de fon droit. Le Seigneur ne s'en prive que par une

[1] *Grivel.
decif.* 116.

[2] *Decif.* 112.
n. 14.

[3] *Griv. de-
cif.* 106. n. 12.
Boguet, tit.
des Fiefs, art.
6.

renonciation expreſſe , ou en laiſſant écouler le tems preſcrit , comme le dit le Droit des Fiefs : *beneficium illud amit-*
tit , per refutationem aut annali ſilentio. [1]

Ce droit donne au Seigneur , une année pour uſer du
Retrait féodal , à compter depuis qu'il a été informé de la
vente : *annali ſilentio , ex quo ſciverit computando.* [2] L'on y
doit ajouter le jour , pour éviter la difficulté, *an dies termi-*
ni à quo , computetur in termino ; & la Lettre du Souverain
de l'an 1607 , dont on a déja parlé , porte que ce délai ne
courra, qu'après que l'acquereur aura préſenté ſon contrat
à la Chambre des Comptes , pour y être enrégiſtré.

Dès-lors , par Arrêt rendu entre Mrs. d'Aché & de Che-
necey au mois de Septembre 1618 , il a été décidé qu'on
devoit juger la même choſe en ce cas, à l'égard des vaſſaux , qu'à l'égard du Souverain ; & en conſéquence , que
le délai d'uſer du Retrait féodal ne courroit pas dès la réception en foi & hommage , mais ſeulement depuis que l'acquereur auroit exhibé ſon contrat au Seigneur.

Ce contrat doit être exhibé au Seigneur , quand même
il ſçauroit d'ailleurs la vente , comme s'il y avoit été préſent : il faut qu'il ſoit en forme autentique & tout entier ;
car il a été jugé au mois de Juin 1620 , entre le Sieur Prieur
de Mortau & les Sieurs Fauche , qu'il ne ſuffiſoit pas de
préſenter la délivrance faite dans un decret , & les actes qui
avoient précédé ; mais qu'on avoit dû y joindre le nantiſſe-
ment & l'envoi en poſſeſſion , pour faire voir que l'acquiſition étoit conſommée , & pour que le Seigneur étant pleinement informé , pût délibérer ſur le Retrait , & prendre
ſes meſures ſur les rembourſements à faire.

L'exhibition du contrat doit être faite à la perſonne du
Seigneur , ou à ſon domicile, quand il eſt dans la Province ;
& s'il en eſt abſent, au principal Officier du Fief dominant,
auquel ſe peuvent en ce cas faire les foi & hommage. [3] Elle
peut être faite au Seigneur mineur ou à ſon domicile , parce qu'il a dans cette Province l'adminiſtration de ſes biens
ſous l'autorité de ſon curateur , & que le Retrait eſt un
acte d'adminiſtration. S'il eſt pupille , il faudra faire l'exhibition à ſon tuteur ; & s'il n'en a point, on lui en doit faire
nommer un.

[1] §. *Porro*
de feud. lib.
2. *tit. 9.*

[2] *Dict.* §.
Porro.

[3] Art. 3,
tit. des Fiefs.

Quand il y a plusieurs Seigneurs, l'exhibition doit être faite à chacun d'eux en la maniére qu'on vient de le dire, quand même il y auroit contestation entre eux sur la mouvance; & dans le sentiment que le propriétaire ait seul le droit de Retrait, c'est à lui que l'exhibition doit être faite; mais il la faudra faire aussi à l'usufruitier dans le sentiment contraire.

Par Arrêt rendu aux Enquêtes au Raport de Mr. Hugon le 18 Janvier 1714, entre Joseph Sotison & Antoine Malechard, il fut estimé; 1°. Qu'en matiere de Retrait féodal, on doit suivre la Coutume du lieu du Fief servant; & par conséquent que ce Fief étant situé dans le Comté de Bourgogne, le Seigneur avoit l'an & jour, quoique le Fief dominant fût assis dans le Duché, où le Seigneur n'a que quarante jours; 2°. Que ce délai avoit couru depuis l'exhibition du contrat, faite au Bailli de la Terre pour l'absence du Seigneur; 3°. Que le Procureur d'Office de cette Terre n'avoit pas pû exercer le Retrait féodal en cette qualité, & sans procuration spéciale, parce que cet exercice ne dépend pas de son ministere; [1] 4°. Que ce Retrait avoit été inutilement ratifié par le Seigneur après l'an & jour, depuis l'exhibition faite au principal Officier en l'absence du Seigneur, parce que le droit étoit irrévocablement acquis à l'acquereur au tems de cette ratification.

Le Seigneur doit donc user du droit de retenuë féodale dans l'an & jour de l'exhibition du contrat dûëment faite, & rembourser le prix & les loyauts coûts. Qu'il fasse ce remboursement quand il use du Retrait, ou après, il n'importe, pourvû que ce soit dans l'année; [2] & si l'acquereur ne veut pas accepter le remboursement, il lui doit être offert réellement dans l'an & jour du Retrait, sinon le Seigneur est déchû, quand même il auroit déclaré qu'il use du Retrait, & qu'il se seroit mis en possession du Fief; comme il a été jugé à la Tournelle le 7 Septembre 1723, entre les Sieurs Moureau & Blandin. Le Retrait avoit été fait dans le tems, mais le remboursement n'avoit été fait qu'après l'année, à un tuteur qui n'avoit pas dû le recevoir, au préjudice du droit acquis à ses pupilles.

L'offre réelle, & à découvert en cas de refus, est la seule

---

[1] Molin. art. 12. v. prescription, n. 37 art. 33. Gl. 1. v. Droit de relief, n. 86. Notes sur Duplessis, tit. du Retr. lign. ch. 1. Chopin sur Paris, liv. 2. tit. 6. n. 18.

[2] Molin. §. 20. gl. 7. n. 3.

formalité requife quand on ufe du Retrait féodal. Le confein n'y eft pas nécefiaire, il eft feulement utile pour gagner les fruits, comme on l'a dit en parlant du Retrait lignager. Si dans la vente de plufieurs Fiefs, le prix de chacun étoit réglé par le contrat, de bonne foi & fans fraude, il faudroit rembourfer ce prix par raport au Fief qu'on voudroit retirer ; mais s'il n'étoit pas réglé, l'acquereur en préfentant fon contrat, devroit faire la diftinction des prix, ce qui n'empécheroit pas le Seigneur de les faire ventiler par Experts, & jufqu'à cette ventilation faite, le délai d'ufer du Retrait ne courroit pas; ainfi le Sieur de Cleron ayant acheté plufieurs Fiefs de differentes mouvances, *unico pretio*, & fait les foi & hommage ; Mr. de Poitiers Seigneur fuzerain d'une partie de ces Fiefs, fit ordonner par Arrét du 22 Mars 1702, que la diftinction du prix de chaque Fief feroit faite par Experts, aux frais du Sieur de Cleron, à proportion du prix total de l'acquifition, fi le Sieur de Cleron n'aimoit mieux la faire lui-même; fauf à être impugnée par Mr. de Poitiers: auquel cas la diftinction feroit faite par Experts, aux frais de qui il apartiendroit ; avec déclaration que le délai d'ufer du Retrait fur l'un des Fiefs mouvants de Mr. de Poitiers, ou fur les deux enfemble, ne courroit qu'après ladite ventilation dûëment faite. La même chofe a été jugée au Raport de Mr. Tinfeau le 6 Mars 1705, entre le Sieur Fraillard Seigneur de Berfaillin & les Sieurs Morcel.

Le délai pour exercer le Retrait eft fatal, & court contre toutes fortes de perfonnes, même contre les pupilles & autres privilégiés, du jour de l'exhibition du contrat dûëment faite, & fans efpoir de reftitution, parce que c'eft un délai introduit par la Coutume en général contre toutes fortes de perfonnes, & qu'il s'agit pour le Seigneur, *de acquirendo*.

Mais fi l'exhibition n'a pas été faite, l'action pour ufer du Retrait féodal dure trente ans ; ainfi le Sieur Jacquinot qui avoit acheté un Fief mouvant de la Demoifelle de Fiéfrans, abfente du Pays, fit les foi & hommage au principal Officier, & joüit enfuite plus de dix ans ; après lefquels la Demoifelle de Fiéfrans le fit affigner en préfentation de fon contrat. Le Sieur Jacquinot foutint qu'il avoit fatisfait à tout ce à quoi il étoit obligé, & qu'à raifon de l'abfence du Seigneur il n'avoit pas dû préfenter fes Lettres. Par Arrêt du 23 Juillet 1628, il fut condamné à les préfenter, pour par la Demoifelle de Fiéfrans ufer de fes droits.

Le Sieur Bontemps Seigneur d'Autume, avoit déchargé de la mainmorte les fonds que Demoifelle Jeanne Minfon poffédoit dans fa Terre, fous réferve des droits de lods & de retenuë, & moyennant une fomme de 200 livres; Mr. & Madame Maffon fucceffeurs du Sieur Bontemps, demandérent la refcifion de ce contrat pour caufe de lézion, & exercérent fubfidiairement le droit de Retrait féodal qu'ils avoient obtenu du Roi Seigneur fuferain d'Autume. Ils furent deboutés de leurs conclufions, par Arrêt rendu aux Enquêtes au Raport de Mr. Camus de Filain, le 19 Décembre 1708.

Suivant la note de Mr. Efpiard, qui a préfidé à cet Arrêt, la plûpart des Juges furent d'avis, que l'affranchiffement de la mainmorte réelle n'étoit pas fujet à refcifion pour caufe de lézion, parce que ce n'eft qu'une libération d'autant plus favorable, que la mainmorte réelle donne lieu à la perfonnelle par la prife de meix, & que l'affranchiffement de la mainmorte perfonnelle ne doit pas être refcindé fous prétexte de lézion. Suivant ce fyftême, l'Arrêt feroit contraire à un autre, qui a été rendu entre le Seigneur du Vilars & le Sieur Brodi, que j'ai cité dans mon Traité de la Mainmorte. Mais on lit dans la même note, que plufieurs de Meffieurs les Juges fe fondérent feulement, fur ce que la lézion de trois parts de quatre n'étoit pas prouvée.

La principale queftion qui a été jugée par cet Arrêt, eft que le Retrait féodal n'a pas lieu, dans le cas de l'affranchiffement du fond mainmortable fait par le Vaffal à prix d'argent, lorfqu'il a retenu les droits de lods & de retenuë; & par conféquent le Domaine direct, parce qu'il n'y a en ce cas aucune mutation de poffeffion, ni de Domaine direct ou utile; ce n'eft qu'un changement dans la qualité du fond, qui n'emporte pas une aliénation de la propriété, & qui ne donneroit pas lieu au droit de lod, ni en conféquence à la retenuë, *quæ pari paffu ambulabat*. La remife des fervitudes ne fait pas ouverture aux droits de lods & de Retrait; & quant aux droits Seigneuriaux, il faut diftinguer ceux qui

1 *Molin. art.* 78, *gl.* 3, *n.* 2 & 3. *Argentr. de laud. cap.* 30. Chop. Cout. d'Anjou, tit. des lods, n. 12. *Murnac. ad L.* 14, *ff. de ferv.*

subsistent par eux-mêmes, comme sont des droits de péage & de Jurisdiction, dont l'aliénation emporte un changement de possession & de propriété, de ceux qui étant de simples charges du fond, n'emportent point de changement lorsqu'ils sont remis. 1 Le droit du Seigneur dominant n'est ouvert, que quand il y a lieu au Retrait du Fief; & l'on ne suit pas l'opinion de Guypape, qui vouloit que le Fief retournât en ce cas, libre de toutes charges & hypotéques imposées par le Vassal; comme il entre seulement aux droits de l'acquereur, il est tenu aux mêmes charges que lui. 2

1 Iidem loc. cit. Molin. art. 20, gl. 4, n. 1. Fab. lib. 4, tit. 43, de Jur. emphyt. defin. 78.

2 Molin. ad art. 20, gl. 5, n. 26 & seq. Mornac. ad L. 31, ff. de pign. & hyp. Legrand, Cout. de Troye, art. 83, gl. 2, n. 68. Chopin, Cout. de Paris, liv. 1, tit. 2. Ricard, Cout. de Senlis, art. 203. Argoult, tit. des Fiefs.

CHAPITRE XI.

Du Retrait en Censive.

LE droit de Retrait en censive, est un effet du Domaine direct; c'est pourquoi le Retrait n'a pas lieu, quand l'héritage a été concédé sous la réserve d'un cens simple & foncier, parce qu'il n'y a point de Domaine direct réservé.

Il a lieu dans l'emphytéose, quand même il ne seroit pas nommément réservé, parce qu'il est de la nature de ce contrat; 3 & le Parlement de la Province a délibéré le 15 Juillet 1615, dans la cause du Seigneur de Lavernai, contre un nommé Bugnon dudit lieu, que le contrat emphytéotique ne se régleroit pas par les Articles de la Coutume du Comté de Bourgogne qui parlent du cens, mais par le Droit Ecrit.

3 L. 3, Cod. de Jur. emphyt.

Or par le Droit Ecrit, le preneur à titre d'emphytéose, doit dénoncer la vente au bailleur, pour qu'il y consente & en reçoive les lods, ou qu'il use du droit de retenuë dans deux mois après que le contrat lui a été présenté; 4 ces deux mois sont de soixante-un jours. *Ubi Lex duorum mensium facit mentionem, qui sexagesimo primo die venerit, est audiendus;* 5 & le jour de la présentation du contrat n'est pas compté, parce que c'est le terme *à quo, qui non computatur in termino.*

4 Dict. L.

5 L. 50, ff. de reg. Jur.

Le contrat de bail à cens transfere, suivant le Droit Romain, la pleine propriété, & ne donne par conséquent point d'ouverture au droit de retenuë, au cas

de mutation. Mais notre Coutume connoît une autre eſpèce de cens, qui n'emporte pas la commiſe au défaut de
payement & d'aliénation ſans le conſentement du Seigneur,
comme le cens emphytéotique ; mais qui donne comme lui
les droits de lods & de retenuë ; ce qui fait dire à Mr. Grivel, qu'il reſſemble au cens emphytéotique : *cenſus noſter,*
parum diſtat ab emphyteuſi.

Il en diffère encore en un point eſſentiel ; c'eſt qu'il n'emporte pas, comme dans l'emphytéoſe, les lods & la retenuë
de plein droit, & par la nature du contrat ; mais ſeulement
s'ils ont été ſtipulés ou preſcrits ; car c'eſt de ce cens que
notre Coutume parle, quand elle dit, *que cenſes dûës, porte-*
ront pour les Seigneurs cenſiers, lods, directe Seigneurie, droit
de retenuë ou amende, ſelon que leſdits Seigneurs auront conſ-
titué leſdites cenſes, ou qu'ils en auront uſé. [1]

Le cens qui porte les lods & le droit retenuë, eſt communément dû aux Seigneurs qui ont des Juſtices & des Fiefs. Il
peut être dû auſſi à ceux qui avoient des franc-aleux, & qui
les ont donnés ſous cette condition ; mais ceux qui tiendroient déja des héritages ſous la directe d'un autre, ne pouroient pas en établir une ſeconde à leur profit, parce que
la Coutume le deffend, [2] & qu'il ne peut pas y avoir deux
Seigneurs directs d'un même fond.

Le cens qui n'eſt pas emphytéotique, ne porte donc parmi nous, ni lods, ni retenuë, ni les autres droits de directe,
s'ils ne ſont établis ſur des titres, ou s'il n'en a été uſé par
pluſieurs actes, au moins pendant quarante ans.

Le droit de retenuë en cenſive, ainſi établi, a lieu comme
le Retrait féodal, en tous contrats de vente ou équipollents
à vente ; l'on en peut voir les cas, dans ce que j'ai dit du
Retrait lignager. J'ajouterai ſeulement, que le Parlement de
la Province a jugé par deux Arrêts, l'un du premier Juillet
1606, contre les nommés Boiſſenot de Jallerange, & l'autre
le 3 Juin 1616, au premier plaidoyé de l'Avocat Broch, qu'il
y a lieu aux lods ou au droit de retenuë, lorſqu'un fond eſt
donné par un pere à ſa fille, pour s'acquitter envers elle,
d'une dot qu'il lui avoit conſtituée en argent.

Il a auſſi jugé par Arrêt rendu le 11 Avril 1618, entre le
Procureur Général de la Gruërie, & les nommés Joliot &

H ij

Begillet, que ces droits pouvoient être exercés dans le cas d'un bail à cens perpétuel, quoiqu'il n'y eût aucun argent délivré ; mais il a été décidé qu'ils ne le pouvoient pas être dans celui d'une tranſaction ou remis en place dans un decret; voici le fait. Les biens d'un nommé Trebillet furent vendus par decret : ſon fils obtint du Parlement, la permiſſion de rentrer dans ces biens en rembourſant l'acheteur, dans un tems qui lui fut déterminé ; ſuivant un ancien uſage dont parle Mr. Boivin ; *plerumque Senatus placito, ſubrogantur in locum emptoris, liberi aut aliis proximiores debitoris, reſarciendo emptori expenſas & damnum emergens.* [1] Le fils de Trebillet ne rembourſa pas dans le tems qui lui avoit été preſcrit ; mais comme il étoit mineur, il demanda d'être relevé contre ſon omiſſion ; & ſur le procès intenté en conſéquence, l'acheteur le remit en ſon lieu & place par maniere d'accommodement. Le Seigneur demanda la préſentation de ce nouveau contrat, pour uſer de ſes droits ; il en fut débouté par Arrêt du 15 Décembre 1611, rendu entre les nommés Bruno & Trebillet.

[1] Notes man. ſur l'art. 12, art. des réachats.

Le droit de retenuë en cenſive, peut être cédé parmi nous ; mais je crois que tout comme il eſt deffendu de céder le droit de Retrait féodal, ſur une vente par decret avant l'envoi en poſſeſſion, il en doit être de même en ce cas de la retenuë en cenſive, parce qu'il y a même raiſon, & que l'équité jointe à l'interêt des créanciers, le demande.

Il eſt cependant arrivé, qu'un acheteur par decret n'ayant pas voulu nantir, enſorte que le bien auroit été revendu à ſa folle-enchere, le Seigneur fut admis à nantir à ſa place, par Arrêt rendu le 2 Avril 1704, entre les Sieurs de Chilli & de Reculot : l'on eſtima que les créanciers n'en ſouffroient pas, & que l'acheteur refuſoit de nantir en fraude, parce qu'il avoit reconnu que le Seigneur vouloit uſer de ſon droit de retenuë.

Notre Coutume dit, que le vendeur doit dénoncer la vente au Seigneur ou à ſes Officiers. [2] Le Droit Romain a obligé au même devoir, le vendeur d'un fond qu'il tient en emphytéoſe; mais cette diſpoſition de notre Coutume ne s'obſerve plus, parce qu'il y a été ſupléé par une Ordonnance poſtérieure, qui veut que les vendeurs dénoncent aux acheteurs les cens dont

[2] Art. 3. tit. des cenſes.

les héritages qu'ils vendent sont affectés, à peine de commise, si les sçachant ils ne les déclarent pas; & par l'obligation où est l'acquereur, de présenter son contrat au Seigneur, pour en recevoir les lods ou user de la retenuë, quand ces droits lui sont dûs.

Cette présentation doit être faite dans les 40 jours après la vente, & l'on doit joindre les lods au contrat, parce que notre Coutume dit, qu'ils seront payés dans ce tems; [1] suivant quoi il a été jugé par Arrêt du 15 Mars 1659, entre le Sieur Thiébaud & le Sieur de Bellerupt, que le délai n'avoit pas couru sur la simple présentation des Lettres de l'acquisition sans lods.

L'acquereur doit présenter une copie autentique de son acquisition, à la personne du Seigneur en Justice, s'il est au pays ; ou s'il n'y est pas, à celle de son principal Officier, comme la Coutume le prescrit en matiére de foi & hommage pour les Fiefs ; à moins qu'il n'ait un Procureur pour recevoir ces sortes d'actes, ou qu'il ne soit d'usage dans la Seigneurie, de présenter les Lettres & lods aux Fermiers ou autres préposés à cet effet. [2] Si le Seigneur n'a pas Justice, la présentation doit se faire à sa personne, ou à son domicile, à ses préposés ou à ses Fermiers, suivant l'usage & les clauses du bail.

La présentation du contrat est nécessaire, quoique le Seigneur l'ait sçû d'ailleurs, parce qu'elle ne se fait pas tant pour l'informer, que pour faire courir le délai du droit de retenuë ; [3] & pour que ce délai courre, il faut que le contrat contienne le prix, la chose, & comme se doivent faire les payements, d'une maniére claire, certaine & distincte, afin que le Seigneur puisse juger, s'il lui convient d'user du Retrait. [4] Ainsi Antoine Contant ayant acheté en bloc plusieurs héritages, dont les uns étoient sujets au droit de retenuë, & les autres en étoient exemts, il présenta son contrat & vingt frans pour les lods, sous protestation d'augmenter, & sans distinguer le prix des héritages qui pouvoient être retenus. Par Arrêt du 6 Avril 1593, rendu entre lui & les Confreres du Saint-Esprit de Dôle Seigneurs Censiers, il fut condamné à présenter de nouveau Lettres & lods, & à désigner le prix des héritages censables.

[1] *Eod.*

[2] Procès verbal de la Coutume de Bourg. du 22 Janvier 1569. *Ouid. Pap. q.* 173. *& Ferr. ad dict. q.*

[3] *Cancer. var. ref. p.* 3. *cap.* 2. *n.* 24. *& seq.*

[4] *Cancer. loc. cit. Fontan. de patt. nupt. cl.* 4. *gl.* 12. *n.* 38. *& seq.*

Quoique le Seigneur ait reçû les cens du nouvel acquereur, il n'eſt pas pour cela cenſé avoir conſenti à ſon contrat, à l'effet de le priver du droit de retenuë : il n'a reçû
que ce qui lui étoit dû, *à quolibet poſſeſſore.* La dénonciation de la vente eſt de la forme ſubſtancielle, pour faire
courir le délai, & le droit du Seigneur demeure en ſon entier, tandis qu'elle n'eſt pas faite : c'eſt le ſentiment de Dumoulin. [1] Villers raporte un Arrêt du Parlement de Bourgogne, qui l'a ainſi jugé, [2] & nous en avons un de ce Parlement, rendu le 21 Août 1720, au Raport de Mr. Reud,
entre Mr. de Grammont Seigneur de l'Etoile, & les veuve
& héritiers Pierreci, qui a conſervé au Seigneur le droit de
retenuë, quoique le nouvel acquereur eût payé les cenſes,
& qu'il eût été admis à reconnoître par un Commiſſaire à
Terrier, qui avoit renouvellé le Rentier de la Terre. La Cour
eſtima que ce Commiſſaire étant ſimplement prépoſé pour
recevoir les reconnoiſſances, n'avoit pas pû préjudicier au
droit de retenuë du Seigneur, & qu'il falloit un mandat ſpécial pour cela. *Procurator generalis cum libera, non poteſt vo-*
luntatem Domini declarare, nec eligere unum ex alternative
debitis ; ſed requiritur ſpeciale mandatum. [3]

Il ſuit de là, que le Fermier qui recevroit même les lods,
ne nuiroit pas au droit de retenuë du Seigneur, s'il n'avoit
le pouvoir exprès dans ſon bail, de conſentir les contrats,
recevoir les lods, & uſer de la retenuë, qui eſt un droit attaché à la perſonne du Seigneur, parce qu'il a été introduit,
pour lui donner la faculté de réünir à ſa directe, ou ſe choi-
ſir un Cenſitaire agréable ; [4] mais ſi le Seigneur a reçû les
lods, il ne peut plus retenir, parce qu'il a opté & conſenti
au contrat, en recevant la partie du prix qui doit lui revenir
en ce cas.

Le Seigneur doit uſer du droit de retenuë en cenſive, dans
les quarante jours, après que le contrat d'acquiſition & les
lods lui ont été préſentés. Le jour de la préſentation n'eſt
pas compris dans ce terme ; mais le terme eſt fatal, & court
contre les privilégiés ſans eſpoir de reſtitution : le Parlement
de la Province l'a ainſi jugé entre les Sieurs Prieurs de Mor-
eau & les Sieurs Fauche, en 1600.

Lorſque le Seigneur retient à lui les héritages tenus en

[1] l. 13. gl.

[2] Sur la Coutume de Bourg. tit. des Fiefs.

[3] Ferrer. ad q. 173. Guid. Pap.

[4] Villers, loc. cit.

censive, il doit rembourser le prix & les loyaux coûts, ou les offrir réellement. Il est hors de doute que les fruits lui apartiennent du jour qu'il a fait les offres. [1] Il y a plus de difficulté à l'égard des fruits perçus depuis la vente & avant les offres ; je crois cependant qu'ils doivent aussi lui aparte-nir, parce que la vente demeure en suspens à l'égard du Seigneur, jusqu'à ce qu'il accorde l'investiture ; que l'acque-reur doit lui présenter son contrat dans un bref délai, & que le Seigneur doit user de son droit dans un délai qui est aussi fort court. Je trouve que le Parlement de la Province l'a ainsi jugé, entre le Seigneur de Montigny & la De-moiselle Girardot de Salins ; & je crois qu'on doit dire la même chose dans le cas de la retenuë féodale, d'autant que l'acquereur ne peut pas en ce cas, prendre possession sans le consentement du Seigneur, à peine de commise : mais le Seigneur qui retient, soit le Fief, soit la censive, doit of-frir les intérêts de l'argent pour gagner les fruits perçûs.

1 **L.** *Si fun-dum. Cod. de pact. int. empt. &c. Masuer. tit. de loc. & jur. emphyt. n. 3.*

Les autres questions qui se présentent communément sur le Retrait en censive & sur la retenuë féodale, sont préve-nuës par ce que j'ai dit sur des cas semblables, en parlant du Retrait lignager ; parce que la plûpart des régles sont communes à toutes ces espèces de Retraits.

Mais avant que de finir, je raporterai une décision qui concerne la réunion des Domaines dans le Comté de Bour-gogne, & qui me paroît être de conséquence. Après la guer-re & la peste, qui avoient presque dépeuplé cette Province depuis 1636 jusqu'en 1649, comme il y avoit un grand nom-bre de terres vacantes, on permettoit aux Seigneurs hauts-Justiciers, de faire arpenter leurs territoires. On remplissoit dans ces arpentements, les terriers des Seigneurs qui avoient des directes ; on distribuoit aux particuliers tout ce qu'ils justifioient leur apartenir par titres, ou dont ils étoient en possession au-dessus de quatre ans ; & ce qui restoit, étoit ajugé au Seigneur haut-Justicier, comme un bien vacant, sous le nom de revenant bon.

Le Seigneur de Pelousey voulant faire arpenter son ter-ritoire, céda au Sieur Pierre son Fermier la moitié des re-venants bons qui se trouveroient dans la Terre, à charge que le Sieur Pierre feroit les frais de l'arpentement. Les revenans bons réglés & reconnus, le Sieur Pierre prétendit tenir la part qui lui en étoit arrivée, libre & exemte de toutes charges, sous prétexte qu'elle avoit été réunie au Domaine direct du Seigneur, & que le Seigneur ne l'avoit déclarée affectée d'aucune charge, en la lui cédant. Le Seigneur soutint au contraire, qu'elle étoit chargée de mainmorte & des autres charges générales dans le territoire. Le Parlement de Besançon le jugea de la sorte, par un premier Arrêt rendu au Raport de Mr. Matherot de Desnes. Ce premier Arrêt fut rescindé par Requéte civile, & sur le rescisoire il intervint un Arrêt semblable au premier, à la Tournelle le 20 Juin 1731, au Raport de Mr. Boudret. La question étoit de sçavoir, si dans le Comté de Bourgogne, la réunion se fait de plein droit de la censive au Fief, lorsque le Seigneur ne déclare pas qu'il entend conserver en censive & roture ce qui en étoit, avant qu'il en devint le maître.

L'on disoit pour le Sieur Pierre, que suivant le Droit Ecrit, les servitudes s'éteignent par la confusion. *Servitutes confunduntur, si idem utriusque prædii Dominus esse cœperit* 1, *proprietatem acquisivisti, usum amisisti* 2; *& res sua nemini servit.* L'on ajoutoit, que c'étoit l'usage commun du Royaume, que les droits de Fief & de censive s'éteignent, lorsque le Seigneur dominant acquiert le Fief servant, & que le Seigneur de la censive en fait l'acquisition, à moins qu'il ne déclare qu'il n'entend pas en faire la réunion.

L'on répondoit pour le Seigneur de Peloussey, que cette confusion ne se faisoit dans le Droit, que par la possession de l'un & de l'autre fond 3, & qu'il ne l'avoit jamais eu des fonds en question; que suivant la doctrine de Dumoulin, la réunion des deux Domaines direct & utile, ne se fait pas de plein droit, & à moins que le Seigneur n'ait déclaré que c'est sa volonté 4; que Pontanus estime, que cette réunion ne se fait qu'après que le Seigneur a compris dans son dénombrement, l'ancienne roture par lui acquise, comme étant un Fief 5; que Legrand est de même avis, & atteste que c'est l'usage dans la Coutume de Troye & dans les voisines 6; que la réunion de plein droit convient à la Coutume de Paris & autres, qui disposent que le Seigneur peut se joüer de son Fief, & le donner à son gré en roture, sous

la

---

1 *L.* 1. *ff. Quemad. serv. amitt.*

2 *L. Si tibi. ff. Quib. mod. usuf. amitt.*

3 *L. Si quis ædes. ff. de serv. urb. præd.*

4 *S.* 20. *gl.* 13. *n.* 68. *& 69. §.* 33. *gl.* 2. *quæst.* 13. *n.* 36.

5 *Pontan. in Consf. Bles. art.* 66 *& 67.*

6 *Art.* 50. *n.* 17.

la charge d'un cens jusqu'à une certaine quantité, parce que la réunion ne le gêne pas ; mais qu'elle n'est pas aplicable à notre Coutume, suivant laquelle le vassal ne peut aliéner aucune partie de son Fief sans le consentement du Seigneur, même à titre de cens, à peine de commise ; si ce n'est que l'héritage de Fief fut infructueux, ou eut accoutumé d'être donné à cens [1] ; enfin que la Coutume du Comté de Bourgogne, dit que le vassal peut ascenser de nouveau les héritages de son Fief, qui l'ont été par lui ou ses prédécesseurs depuis trente ans [2] : surquoi la note de Dumoulin porte : *secus ergo, si per triginta annos fuerunt in domanio, & sic desierunt solere concedi* ; d'où il faut conclure, que suivant cette Coutume, la réunion ne se fait de la censive au Fief, quand ils ont été une fois séparés, que par trente ans de possession, ou par une déclaration du Seigneur, qu'il prétend réunir ; & que pendant les trente ans, il est censé tenir lui-même l'héritage en roture, quoique les charges en soient suspenduës ; ensorte qu'il peut l'aliéner sous les mêmes charges. C'est ce qui a été jugé par les Arrêts cités ci-dessus, & que la part des revenans bons acquise au Sieur Pierre, étoit affectée de ses anciennes charges, quoiqu'elles ne fussent pas exprimées, parce qu'elles étoient générales dans le lieu, & que le Sieur Pierre étoit présumé avoir voulu acquerir, & le Seigneur lui laisser sous icelles.

[1] Art. 14, 15 & 16, tit. des Fiefs.

[2] Art. 15.

TITRE XIII. DE LA COUTUME DU COMTE
de Bourgogne.

Réachats.

ARTICLE PREMIER.

LE parent peut retraire par droit de proximité, la chose venduë par son parent (parmi rendant le prix & les frais raisonnables) dedans l'an & jour ; & se compte ledit an & jour, dès le jour de la possession réelle prise par l'acheteur.

I I.

Semblablement a lieu ledit Retrait en rentes & cenſes venduës & aſſignées ſur héritages, & eſt compté l'an & jour, dès le premier payement fait deſdites rentes & cenſes , en préſence du Juge , dont il apperra par acte de Cour, ou en préſence de témoins , dont il aperra par inſtrument.

I I I.

Si pluſieurs parents d'icelui qui aura vendu ſon ancien héritage , viennent enſemble à la retraite dedans l'an & jour deſſus déclaré , le plus ancien des requerans ladite retraite ſera préféré aux autres; & ſi un deſdits parents ſeul requiert ladite retraite , (ſupoſé qu'il ne ſoit point le plus prochain) il l'aura : mais ledit plus prochain le poura recouvrer & retraire de celui qui aura eu ladite retraite , dedans quarante jours , à compter du jour que ledit premier Retrayant aura pris la réelle poſſeſſion de ladite choſe retraite en la maniere deſſus déclarée , pouvû que ce ſoit pendant l'an & jour du Retrait Coutumier.

I V.

L'an & jour que le parent a faculté de retraire l'héritage , la rente , ou cenſe venduë par ſon parent , auquel vendeur ſera par l'acheteur donné réachat ; eſt compté dès le jour de la poſſeſſion réelle priſe par l'acheteur de l'héritage. Et au regard de la rente ou cenſe , dès le premier payement fait d'icelle rente ou cenſe , en préſence du Juge ou témoins , comme ci-deſſus a été dit , & les tiendra le Retrayant à la charge dudit réachat.

V.

En retraite d'héritages chargés de cens portants lods & retenuë , le plus prochain parent du vendeur ne ſera point préféré au Seigneur cenſier qui voudra uſer du droit de retenuë.

V I.

Retrait Coutumier a lieu pour le plus prochain parent de celui qui baille ſon ancien héritage à cenſe , ou rente perpétuelle , & qui en prend prix pour l'entrage , ſi ledit prix excéde la valeur de la cenſe , ou rente : moyennant ce , que ledit Retrayant demeurera chargé de ladite rente , ou cenſe , & rendra le prix & les frais , ainſi que ci-deſſus eſt déclaré.

V I I.

Retrait n'a point de lieu, quand l'héritage ancien eſt vendu au prochain parent du vendeur, qui lui pouvoit ſuccéder *ab inteſtat* audit héritage.

V I I I.

Retrait n'a point de lieu, pour héritages acqueſtés & vendus par celui qui les a acquis.

I X.

Le parent de celui qui a vendu pluſieurs héritages anciens, enſemble les appartenances, ſera reçû à la retraite de l'un deſdits héritages, & de ſeſdites apartenances, ſans retraire les autres héritages vendus, ſi bon lui ſemble.

X.

Le parent ne peut tranſporter le droit de retraction qu'il a par vertu de la Coutume deſſus déclarée, en la choſe venduë par ſon parent, à autre qu'à homme du lignage du vendeur.

X I.

Retraite a lieu pour les parents de celui qui vend héritage ancien, rentes, ou cenſes anciennes, que paravant il a retrait par proximité & ſelon ladite Coutume.

X I I.

En choſes venduës & délivrées par exécution, & decret de Juſtice, n'a point lieu retraction, pour les parents, & lignagers : mais ſi le Seigneur cenſier, de cenſe portant lods & retenuë, les veut retenir, il le peut faire, en rendant le prix & les frais de l'exécution, ou prendre ſes lods. Et ſemblablement a le Seigneur du Fief, la retenuë des choſes féodales venduës par decret.

X I I I.

Le parent pour avoir la choſe venduë, où retraite a lieu, peut intenter ſon action à l'encontre de celui qui poſſéde la choſe venduë, ſupoſé que ledit poſſeſſeur ne l'ait point acquiſe du premier vendeur, tout ainſi que contre le premier acheteur. En échange d'héritages, cenſes ou rentes anciennes, n'a point lieu de retraite, s'il n'y a fraude ; & eſt entenduë la fraude, ſi tantôt après l'échange fait, l'une des Parties réachete ſon échange ; & ſe poura auſſi par autre maniere prouver ladite fraude : & ceux qui auront fait ledit échange, ſeront tenus à la requête du Retrayant d'en répondre par ſerment, & dire la vérité. I ij

TABLE DES CHAPITRES.

TABLE

DES MATIERES CONTENUES
dans le Traité des Retraits.

C

D

R

PRIVILEGE DU ROI.

LOUIS par la grace de Dieu, Roi de France & de Navarre, à nos amés & feaux Conseillers, les Gens tenants nos Cours de Parlement, Maîtres des Requêtes ordinaires de nôtre Hôtel, Grand Conseil, Prevôt de Paris, Baillis, Sénéchaux, leurs Lieutenants Civils, & autres nos Justiciers, qu'il apartiendra : SALUT. Nôtre bien amé ANTOINE DE FAY, Imprimeur & Libraire à Dijon, Nous ayant suplié de lui accorder nos Lettres de Permission pour l'impression d'un Manuscrit qui a pour titre, *Traités de la Mainmorte, & du Retrait Lignager*, offrant pour cet effet de le faire imprimer en bon papier & beaux caractéres, suivant la feüille imprimée & attachée sous le contre-scel des Présentes : Nous lui avons permis & permettons par ces Présentes de faire imprimer ledit Livre ci-dessus spécifié, conjointement ou séparément, & autant de fois que bon lui semblera, & de le vendre, faire vendre & débiter par tout nôtre Royaume pendant le tems de trois années consécutives, à compter du jour de la date desdites Présentes : faisons défenses à tous Libraires, Imprimeurs & autres personnes de quelque qualité & condition qu'elles soient, d'en introduire d'impression étrangére dans aucun lieu de nôtre obéïssance, à la charge que ces Présentes seront enrégistrées tout au long sur le Régistre de la Communauté des Imprimeurs & Libraires de Paris dans trois mois de la date d'icelles: que l'impression de ce Livre sera faite dans nôtre Royaume, & non ailleurs, & que l'Impétrant se conformera en tout aux Réglements de la Librairie, & notamment à celui du 10 Avril 1725, & qu'avant que de l'exposer en vente, le Manuscrit ou Imprimé qui aura servi de copie à l'impression dudit Livre, sera remis dans le même état où l'aprobation y aura été été donnée, és mains de nôtre très-cher & féal Chevalier Garde des Sceaux de France le Sieur Chauvelin, & qu'il en sera ensuite remis deux exemplaires dans nôtre Bibliotéque publique, un dans celle de nôtre Château du Louvre, & un dans celle de nôtre très-cher & feal Chevalier Garde des Sceaux de France le Sieur Chauvelin : le tout à peine de nullité des Présentes; du contenu desquelles vous mandons & enjoignons de faire joüir l'Exposant ou ses ayants causes, pleinement & paisiblement, sans souffrir qu'il lui soit fait aucun trouble ou empêchement. Voulons qu'à la copie desdites Présentes, qui sera imprimée tout au long au commencement ou à la fin dudit Livre, foi soit ajoutée comme à l'Original. Commandons au premier nôtre Huissier ou Sergent de faire pour l'exécution d'icelles tous actes requis & nécessaires, sans demander autre permission, nonobstant clameur de Haro, Chartre Normande & Lettres à ce contraires : CAR tel est nôtre plaisir. Donné à Versailles le trente-unième jour de Décembre l'an de grace mil sept cens trente-deux, & de nôtre Regne le dix-huitiéme. Par le Roi en son Conseil, *Signé*, SAINSON.

Régistré sur le Régistre VIII. de la Chambre Royale des Libraires & Imprimeurs de Paris, N.o 471, fol. 453, conformément aux anciens Réglements confirmés par celui du 28 Fevrier 1723. A Paris le 2 Janvier 1733. Signé, G. MARTIN Syndic.